Guia da NSCA para NUTRIÇÃO NO EXERCÍCIO E NO ESPORTE

Instituto Phorte Educação
Phorte Editora

Diretor-Presidente
Fabio Mazzonetto

Diretora Financeira
Vânia M. V. Mazzonetto

Editor-Executivo
Fabio Mazzonetto

Diretora Administrativa
Elizabeth Toscanelli

Conselho Editorial

Educação Física
Francisco Navarro
José Irineu Gorla
Paulo Roberto de Oliveira
Reury Frank Bacurau
Roberto Simão
Sandra Matsudo

Educação
Marcos Neira
Neli Garcia

Fisioterapia
Paulo Valle

Nutrição
Vanessa Coutinho

Guia da NSCA para NUTRIÇÃO NO EXERCÍCIO E NO ESPORTE

Bill I. Campbell • Marie A. Spano
ORGANIZADORES

Tradução: Solange M. Fukumoto
Revisão científica: Daniela Caetano Gonçalves

National Strength and Conditioning Association

São Paulo, 2015

Título do original em inglês:
NSCA's guide to sport and exercise nutrition
Copyright © 2011 by the National Strength and Conditioning Association
Guia da NSCA para nutrição no exercício e no esporte
Copyright © 2015 by Phorte Editora

Rua Rui Barbosa, 408
Bela Vista – São Paulo – SP
CEP: 01326-010
Tel./fax: (11) 3141-1033
Site: www.phorte.com.br
E-mail: phorte@phorte.com.br

Nenhuma parte deste livro pode ser reproduzida ou transmitida de qualquer forma, sem autorização prévia por escrito da Phorte Editora Ltda.

CIP-BRASIL. CATALOGAÇÃO NA PUBLICAÇÃO
SINDICATO NACIONAL DOS EDITORES DE LIVROS, RJ

G971

Guia da NSCA para nutrição no exercício e no esporte / organização Bill I. Campbell, Marie A. Spano ; tradução Solange M. Fukumoto. – 1. ed. – São Paulo : Phorte, 2015
400 p. : il. ; 26 cm.

Tradução de: NSCA's guide to sport and exercise nutrition
Inclui bibliografia e índice
ISBN 978-85-7655-551-3

1. Atletas – Nutrição. 2. Esporte – Nutrição. I. Campbell, Bill I. II. Spano, Marie A.

15-20305   CDD: 613.2024796
                 CDU: 613.2

ph2194.1

Este livro foi avaliado e aprovado pelo Conselho Editorial da Phorte Editora.

Impresso no Brasil
Printed in Brazil

Sumário

Introdução   9

**1   Alimentos e líquidos para
o treinamento e desempenho esportivo   11**
   Bill I. Campbell, ph.D., CSCS, FISSN e
   Marie A. Spano, MS, RD, LD, CSCS, CSSD, FISSN

   Novos desenvolvimentos em pesquisas da Nutrição 12 •
   Tópicos em nutrição e desempenho 14 • Macronutrientes 14
   • Hidratação 17 • Aplicações profissionais 21 • Resumo 22

2   Carboidrato   25
   Donovan L. Fogt, ph.D.

   Tipos de carboidratos 26 • Regulação corporal de
   carboidratos 34 • Carboidratos e desempenho 41 •
   Aplicações profissionais 47 • Resumo 48

3   Proteína   51
   Richard B. Kreider, ph.D., FACSM, FISSN

   Proteína no corpo 51 • Tipos de proteínas 55 • Proteínas e
   desempenho 63 • Aplicações profissionais 67 • Resumo 68

4   Gordura   71
   Lonnie Lowery, ph.D., RD, LD

   Digestão e absorção da gordura 72 • Tipos de gordura
   73 • Gordura dietética e desempenho 85 • Aplicações
   profissionais 95 • Resumo 96

5   Líquidos   99
   Bob Seebohar, MS, RD, CSCS, CSSD

   Balanço hídrico durante o exercício 101 • Mensuração do
   nível de hidratação 104 • Hidratação e desempenho 106
   • Necessidade hídrica relacionada com a idade 111 •
   Aplicações profissionais 114 • Resumo 116

6 Vitaminas e minerais   **119**
Henry C. Lukaski, ph.D., FACSM

Necessidades de micronutrientes para atletas 124 • Vitaminas e desempenho 126 • Minerais e desempenho 136 • Aplicações profissionais 144 • Resumo 146

7 Suplementos para força e potência   **147**
Colin Wilborn, ph.D., ATC, CSCS, FISSN e
Bill I. Campbell, ph.D., CSCS, FISSN

Creatina 151 • HMB 155 • Proteína e aminoácidos 158 • Beta-alanina 162 • Aplicações profissionais 165 • Resumo 167

8 Suplementos para resistência aeróbia   **169**
Bob Seboohar, MS, RD, CSCS, CSSD

Bebidas esportivas como suplementos ergogênicos 169 • Aminoácidos e proteínas para atletas de resistência aeróbia 174 • Carboidratos de alto peso molecular 180 • Cafeína 185 • Bicarbonato e citrato de sódio 187 • Aplicações profissionais 188 • Resumo 195

9 Nutrient Timing   **197**
Chad M. Kerksick, ph.D.; ATC; CSCS, *D; NSCA-CPT, D*

Nutrient timing e desempenho de resistência aeróbia 198 • Ingestão de nutrientes e recuperação 212 • *Nutrient timing*, treinamento de força e desempenho da força e potência 216 • Aplicações profissionais 230 • Resumo 236

10 Gasto energético e composição corporal   **239**
Paul La Bounty, ph.D., MPT, CSCS e
Jose Antonio, ph.D., CSCS, FACSM, FISSN, FNSCA

Balanço energético 240 • Dietas hipocalóricas 243 • Dietas hipercalóricas 253 • Suplementos esportivos para melhorar a composição corporal 257 • Aplicações profissionais 261 • Resumo 262

11 Análise das necessidades nutricionais   263
   Marie A. Spano, MS, RD, LD, CSCS, CSSD, FISSN

   Avaliação da composição corporal 264 · Registrando e analisando a alimentação 271 · Aplicações profissionais 279 · Resumo 282

12 Consulta e desenvolvimento de planos para atletas   289
   Amanda Carlson Phillips, MS, RD, CSSD

   Fornecendo informações nutricionais 290 · Mantendo a confidencialidade 293 · Desenvolvendo o plano nutricional do atleta 296 · Distúrbios alimentares e transtornos alimentares 309 · Tríade da mulher atleta 314 · Aplicações profissionais 315 · Resumo 317

Referências 319 · Índice remissivo 381 · Sobre os organizadores 395 · Colaboradores 397

Introdução

O que é Nutrição Esportiva? Pergunte a 10 pessoas diferentes, e você provavelmente receberá 10 respostas diferentes. No nível mais básico, Nutrição Esportiva é a prática da ingestão de nutrientes na quantidade correta, em tempos específicos, a fim de melhorar o desempenho do exercício ou do esporte. Enquanto melhorar o desempenho do esporte é meta para alguns, muitos indivíduos não são competitivos em suas atividades, mas preferem estar preocupados com a melhora de sua composição corporal, tempo numa corrida de 5 quilômetros ou o máximo de supino, por exemplo. Um aspecto intrigante da Nutrição Esportiva é que os mesmos princípios aplicam-se tanto a atletas de elite como aos indivíduos que contrataram um *personal trainer* pela primeira vez. Por isso, um dos objetivos principais deste livro é transmitir informações práticas e científicas para esta gama diversa de praticantes de atividade física e atletas competitivos.

A pesquisa científica a respeito do domínio da Nutrição Esportiva aumentou ao longo de algumas décadas. De fato, desde 1990, o número de estudiosos e publicações validadas na área da Nutrição Esportiva tem aumentado exponencialmente. Quase todo artigo de jornal científico na área da Ciência do Exercício e Nutrição inclui pelo menos um estudo ou uma revisão relacionada à Nutrição Esportiva. Embora essa pesquisa responda a um número de questões, ainda permanecem muitas outras sem resposta e opiniões divididas acerca de aspectos fundamentais da ingestão alimentar, da suplementação e do desempenho do exercício. Exemplos incluem a quantidade de ingestão de proteínas que maximizará as adaptações do treino, a segurança da suplementação com creatina e as melhores combinações de suplementos para utilizar a fim de melhorar o desempenho. São essas questões sem respostas e as diferentes opiniões que encaminham a progressão e o crescimento da pesquisa em Nutrição Esportiva. Essa pesquisa é pertinente em muitas populações, de mães de adolescentes que praticam diversos esportes a atletas olímpicos especializados em um padrão de movimento particular.

Este livro discute como a alimentação e os suplementos esportivos interagem com as funções biológicas do corpo. Uma pesquisa pertinente é citada para destacar a ingestão de nutrientes específicos que têm sido apresentados para melhorar o desempenho do exercício e do esporte. Os capítulos também apresentam informações de como avaliar o estado nutricional em atletas e como desenvolver um plano baseado nessa avaliação. Como um todo, o livro dará aos leitores um melhor entendimento de como alimentos ingeridos são metabolizados, estocados e oxidados para energia. A pesquisa apresentada demonstra como a seleção adequada desses nutrientes pode melhorar o desempenho.

Este livro está dividido em 12 capítulos. O primeiro capítulo oferece uma visão geral de como a Nutrição afeta o treinamento e o desempenho. Os próximos capítulos discutem os macronutrientes (carboidratos, proteínas e gorduras), especificamente como esses nutrientes são metabolizados, estocados e oxidados para produção de energia e apresentam recomendações baseadas cientificamente na ingestão desses macronutrientes para melhorar o desempenho aeróbio, anaeróbio e do treinamento de força. O Capítulo 5 discute líquidos, incluindo a necessidade de líquidos para atletas de resistência e força, e resumos de problemas mais comuns resultantes de uma inadequada ou excessiva ingestão hídrica. No Capítulo 6, considera-se os micronutrientes e as suas participações no metabolismo e no exercício. Os próximos capítulos discutem técnicas nutricionais específicas e recursos ergogênicos que demonstraram melhorar o desempenho de resistência aeróbia, de força e de potência, assim como as técnicas nutricionais e os recursos ergogênicos nutricionais que devem ajudar na melhora da composição corporal. Os dois capítulos finais oferecem informações importantes sobre avaliação do estado nutricional e o desenvolvimento de um plano abrangente baseado na avaliação.

Nutrição Esportiva é um termo abrangente que pode incluir uma ótima quantidade de informação. Esperamos que, por meio deste livro, o leitor possa enriquecer seu conhecimento de como os alimentos, os suplementos esportivos e as suas interações com os sistemas biológicos do corpo podem enriquecer o desempenho do exercício e do esporte.

Agradecimentos

Nós gostaríamos de agradecer a todos que têm aberto o caminho e as portas na área da Nutrição Esportiva. Seu difícil trabalho, sua dedicação e seu conhecimento têm criado oportunidades para aqueles, como nós, que os têm seguido. Gostaríamos especialmente de agradecer a Richard Kreider (ph.D.), Jose Antonio (ph.D.) e Jeff Stout (ph.D.) por seus conselhos, sua liderança e seu trabalho extensivo no campo da Nutrição Esportiva.

1

Alimentos e líquidos para o treinamento e desempenho esportivo

Bill I. Campbell, ph.D., CSCS, FISSN
Marie A. Spano, MS, RD, LD, CSCS, CSSD, FISSN

Há muitas variáveis que contribuem para o sucesso de um atleta. As mais importantes são um bom programa de força e condicionamento, Psicologia Esportiva, treino específico do esporte, nutrição, suplementação, descanso e recuperação. Não somente esses fatores afetam, a longo prazo, o treino e o subsequente desempenho, mas eles também podem desempenhar o papel principal em apenas uma competição.

A ciência da nutrição e do desempenho (e também da nutrição e das alterações físicas) está crescendo com grande velocidade. Como esse corpo de pesquisa expande e cientistas examinam cada vez mais de perto os fatores que podem afetar o desempenho do atleta e o seu físico, a necessidade dos praticantes de Nutrição Esportiva também está crescendo. Tanto em nível universitário quanto profissional, nutricionistas esportivos utilizam pesquisa científica para fazer sólidas recomendações aos atletas. Frequentemente, eles trabalham com preparadores, profissionais de força e condicionamento, e treinadores como parte de um time abrangente, cujo objetivo principal é dar assistência aos atletas. Nutricionistas esportivos auxiliam atletas a realizarem alterações importantes em sua ingestão dietética, aplicando técnicas baseadas na liberação de nutrientes, alterando o seu regime de suplementação e dando sentido à informação relacionada aos suplementos. Nutricionistas esportivos também desenvolvem tabelas de treinamentos saudáveis, mensuração da composição corporal e densidade óssea, ajudam os atletas a realizarem a compra de alimentos, ensinam o básico a respeito da preparação de refeições saudáveis e trabalham com um time de profissionais a fim de desenvolver um plano de tratamento para atletas com distúrbios alimentares.

Novos desenvolvimentos em pesquisa da Nutrição

O que há de relevante nas atuais áreas de pesquisa sobre a dieta do atleta? Dos macronutrientes ao balanço eletrolítico de suplementos que aliviam a fadiga, a Nutrição Esportiva incorpora uma pesquisa multifacetada do corpo. Em relação aos macronutrientes, o momento de consumo é tão importante como os macronutrientes específicos consumidos. O *nutrient timing*, prática de consumir um nutriente específico em dado período de tempo próximo do treino ou do desempenho, afeta as alterações físicas, a reposição de glicogênio, a síntese de proteína muscular e o desempenho.

- *Nutrient timing* – a prática de consumir um nutriente específico em um dado período de tempo próximo do treino ou do desempenho para atingir o resultado esperado.

O consumo de carboidrato é uma área do *nutrient timing* que tem um ótimo impacto em muitos atletas. Há vinte anos, a pesquisa sobre carboidratos foi largamente focada em atletas de resistência aeróbia. Assim, desde então, estudos têm verificado a importância do consumo de carboidrato pré e pós-exercício para treino de força como meio de restaurar perdas de glicogênio (Robergs et al., 1991; Tesch et al., 1998), alterando secreção hormonal e influenciando a síntese de proteína muscular (Volek, 2004). Além disso, os tipos de carboidratos ingeridos apresentam uma propriedade crucial, como uma bebida de glicose mais frutose, que possivelmente é a melhor forma de manter-se hidratado (Jeukendrup e Moseley, 2010) e poupar potencialmente o carboidrato endógeno durante o exercício (Currell e Jeukendrup, 2008). Um único carboidrato de alto peso molecular à base de amido feito de amilopectina de cevada pode ser preferível a carboidratos de baixo peso molecular como os monossacarídeos e dissacarídeos, para agilizar a reposição de glicogênio (Stephens et al., 2008).

Já as pesquisas sobre proteína evoluíram de estudos do perfil dos aminoácidos (**PDCAAS** – escore químico de aminoácidos corrigido pela digestibilidade proteica) de diversas fontes de proteínas para a pesquisa do *nutrient timing*, além dos tipos de proteínas (isto é, soro de leite), que podem desempenhar um papel na perda de peso (Lockwoodet al., 2008). Além disso, pesquisadores têm determinado quando e como aminoácidos de cadeia ramificada (BCAAs, na sigla em inglês) e aminoácidos essenciais (EAAs) aumentam a síntese de proteína muscular (Borsheim et al., 2002; Norton e Layman, 2006; Shimomura et al., 2006; Tipton et al., 1999). O macronutriente final (a gordura) pode desempenhar um papel importante na saúde em geral, enquanto alguns tipos de gorduras, como o ácido linoleico conjugado (CLA, na sigla em inglês) e triglicérides de cadeia média, continuam a despertar interesse por sua potencial atuação na melhora do desempenho do exercício e no aumento da perda de peso.

- PDCAAS (escore químico de aminoácidos corrigido pela digestibilidade proteica) – um método de avaliar a qualidade da proteína baseado nas necessidades de aminoácidos em humanos e na facilidade da digestão; 100% é frequentemente utilizada como maior valor (valores acima de 100 são considerados incorretos), e 0 é o menor (Schaafsma, 2000).

Embora a ingestão de **micronutrientes** acima e além da Ingestão Dietética Recomendada (Recommended Dietary Intake – RDI) não tenha demonstrado aumento do desempenho, estudos populacionais estão descobrindo que muitas pessoas não consomem certos nutrientes conforme a recomendação e que alguns indivíduos são deficientes em um ou mais micronutrientes. Suprir uma dieta deficiente, pelo consumo de um micronutriente pode afetar direta ou indiretamente o desempenho. Por exemplo, receber ferro extra, mesmo que você tenha o suficiente na sua dieta, não ajudará no desempenho. Entretanto, indivíduos que estão com deficiência de ferro deveriam perceber uma melhora em seus níveis de fadiga e em seu desempenho atlético se eles corrigirem essa deficiência por meio da suplementação. Em relação a micronutrientes específicos, certos grupos de pessoas tendem mais a apresentar algumas deficiências que outros (mulheres tendem a ser mais deficientes em cálcio e ferro que homens, por exemplo). Em alguns casos, corrigir deficiências de micronutrientes pode aumentar diretamente o desempenho (deficiência de ferro e anemia, por exemplo); e em outros pode, sobretudo, beneficiar a saúde em geral, ajudar a prevenir lesões e doenças (vitamina D, por exemplo) ou acelerar o processo de recuperação (sódio por aumentar a sede e posterior reidratação). O Capítulo 6 apresenta uma análise aprofundada de vários micronutrientes e suas importâncias no desempenho do exercício.

- Micronutriente – uma substância necessária ao corpo em pequenas quantidades. Todas as vitaminas e todos os minerais são micronutrientes.

Possivelmente, o tópico mais procurado entre os atletas seja o dos suplementos. Em uma sociedade fascinada pelo uso de soluções mágicas, atletas também estão à procura de algo que os ajude a serem mais fortes, mais rápidos, mais magros e, possivelmente, ter ainda uma melhor concentração. Consequentemente, uma ampla variedade de suplementos esportivos preenche as prateleiras das lojas e os armários dos indivíduos fisicamente ativos. Felizmente, há pesquisas científicas para evidenciar a alegação da propaganda de alguns desses chamados recursos ergogênicos. Creatina, proteína, cafeína, aminoácidos, bebidas isotônicas, beta-alanina e carboidratos de alto peso molecular são os suplementos mais amplamente pesquisados até agora (esses são explorados em mais detalhes nos Capítulos 7 e 8).

Tópicos em nutrição e desempenho

Na pesquisa sobre dieta de atletas, três das áreas mais populares para os nutricionistas esportivos são macronutrientes, hidratação e recursos ergogênicos. O tipo e a quantidade de macronutrientes, assim como o tempo de consumo, podem ter um grande impacto no desempenho, na recuperação e na saúde em geral. Alterando as variáveis relacionadas com a ingestão de macronutrientes, incluindo o tipo de macronutriente consumido, quando ele é consumido e a quantidade consumida, é possível alcançar um impacto imediato em como o atleta se sente. A hidratação inclui mais que simplesmente resfriar o corpo, tendo em vista que também afeta o estado eletrolítico e o fornecimento de nutrientes. Finalmente, recursos ergogênicos são muito populares entre os atletas que procuram uma vantagem em sua competição. Os recursos ergogênicos compõem uma categoria de suplementos muito grande e variam do ineficaz ao eficaz, assim como do perigoso ao muito seguro para uso planejado.

Macronutrientes

A ingestão de **macronutrientes** (carboidrato, proteína e gordura) é essencial para a sustentabilidade das milhares de atividades, incluindo a preservação da integridade da estrutura e do funcionamento do corpo humano. No campo da Nutrição Esportiva, os macronutrientes são frequentemente discutidos em termos de produção de energia e suas funções na construção do músculo esquelético, que pode, subsequentemente, ser treinado ou estimulado para o aumento da produção da força (Quadro 1.1). Especificamente, carboidrato e gordura são os nutrientes primários utilizados para a produção de energia; a proteína contribui somente com uma pequena quantidade do total de energia utilizada (Lemon e Nagle, 1981; van Loon et al., 1999).

- Macronutriente – substrato necessário para o corpo em grande quantidade. Carboidrato, proteína e gordura são macronutrientes.

Adenosina trifosfato (ATP), fonte de energia na célula, permite a conversão da energia química em energia mecânica. A energia dos alimentos (energia química) não se transfere diretamente para as células para o trabalho biológico. Em vez disso, a "energia de macronutriente" passa através do composto de ATP rico em energia (McArdle, Katch e Katch, 2008). Esse processo pode ser resumido em dois passos básicos: (1) extração da energia química dos macronutrientes e sua transferência para ligações químicas de ATP; (2) extração e transferência da energia química em ATP para abastecer o trabalho biológico, como a contração do músculo esquelético (McArdle, Katch e Katch, 2008). Todos os três macronutrientes são oxidados para obtenção de energia durante o exercício. Diversos fatores regulam a extensão em que cada um dos macronutrientes é oxidado, incluindo o estado nutricional, intensidade do exercício e a condição do treino. A seguir, há uma breve discussão a respeito da maioria das funções dos macronutrientes em termos de atividade de abastecimento e suas habilidades em construir massa corporal magra.

Quadro 1.1 Principais funções dos macronutrientes relacionadas ao desempenho do exercício.

Macronutriente	Função
Carboidratos	Produção de energia (alta intensidade)
Gorduras	Produção de energia (baixa intensidade)
Proteínas	Aumento e manutenção do tecido magro

Combustível para os exercícios aeróbio e anaeróbio

Carboidrato e gordura (na forma de ácidos graxos) são os dois substratos primários oxidados pelo músculo esquelético para prover energia durante o exercício prolongado. Conforme a intensidade do exercício aumenta, maior porcentagem do combustível usado é proveniente do carboidrato. Pessoas que atingem $\dot{V}O_2$máx próximo de 100% utilizam, progressivamente, mais carboidrato e menos gordura (Mittendorfer e Klein, 2003; van Loon et al., 1999). Todavia, quando aumenta a duração do exercício, o metabolismo da gordura é aumentado e o metabolismo do carboidrato é diminuído (Jeukendrup, 2003). As principais fontes de carboidrato são os músculos e o glicogênio hepático, a gliconeogênese hepática (a produção de carboidratos de fontes que não sejam carboidratos) e o carboidrato ingerido. Mesmo que o carboidrato e a gordura sejam as maiores fontes de energia durante o exercício aeróbio, atletas, que treinam aerobiamente de forma constante, variam os valores de contribuição de energia provenientes desses macronutrientes. Medidas da calorimetria do corpo têm mostrado claramente que o treino de resistência aeróbia leva ao aumento da oxidação total da gordura e à diminuição da oxidação total de carboidrato durante uma dada intensidade de exercício (Coggan et al., 1990; Friedlander et al., 1997; Hurley et al., 1986). Embora os aminoácidos não sejam os principais contribuintes na produção de energia, diversas investigações clínicas têm demonstrado que suas contribuições na produção de energia no exercício aeróbio são linearmente relacionadas à intensidade do exercício (Brooks, 1987; Lemon e Nagle, 1981; Wagenmakers, 1998).

A energia usada para realizar exercícios anaeróbios de curta duração e alta intensidade vem da reserva existente de ATP-CP (ATP-creatina fosfato) e oxidação de carboidrato via glicólise (o Capítulo 2 refere-se a uma discussão profunda do metabolismo de carboidrato e glicólise) (Maughan et al. 1997). De fato, a transferência de energia anaeróbia proveniente de macronutrientes ocorre somente a partir da quebra de carboidrato durante as reações glicolíticas (McArdle, Katch e Katch, 2008). Além disso, o catabolismo do carboidrato, ou quebra, é a fonte mais rápida da ressíntese de ATP. Por essa razão e pela quantidade de oxidação, o carboidrato é a principal fonte para a ressíntese de ATP durante a sobrecarga máxima de exercício, durante aproximadamente de 7 segundos a 1 minuto (Balsom et al., 1999; Mougios, 2006).

Proteína para a construção de massa corporal magra

A contribuição da oxidação de aminoácidos para a produção total de energia é insignificante durante o exercício de curta duração e alta intensidade. Provavelmente, conta-se de 3% a 6%, mas tem sido relatado ser tão alto quanto 10% do total de ATP fornecido durante o exercício prolongado (Hargreaves e Spriet, 2006; Phillips et al., 1993; Brooks, 1987). O papel que a proteína faz como substrato durante o exercício é principalmente dependente da disponibilidade de aminoácidos de cadeia ramificada e do aminoácido alanina (Lemon e Nagle, 1981). A proteína tem um papel limitado na produção de energia; sua função principal é aumentar e manter a massa corporal magra. É necessário considerar muitos fatores quando se determina uma quantidade ótima de proteína na dieta para indivíduos que estão se exercitando. Esses fatores incluem a qualidade da proteína, a ingestão calórica, a ingestão de carboidrato, o modo e a intensidade do exercício, e o tempo de ingestão de proteína (Lemon, 2000). Para uma discussão aprofundada dos vários tipos de proteínas e as recomendações específicas de ingestão de proteínas, consulte o Capítulo 3. Uma ingestão de proteína de 1,5 a 2,0 g/kg por dia para indivíduos fisicamente ativos não somente é seguro, mas também deve melhorar as adaptações ao treinamento (Campbell et al., 2007).

Hidratação

A hidratação não é limitada à reposição de líquidos corporais, mas é também um veículo de entrega de eletrólitos, açúcar e aminoácidos. A desidratação e a hiponatremia (pouco sódio no sangue, frequentemente em virtude de super-hidratação na ausência do sódio) ainda afetam "atletas de final de semana" e, do mesmo modo, os atletas experientes. Além disso, a desidratação pode resultar em um aumento da temperatura corporal, levando a doenças relacionadas ao calor (Greenleaf e Castle, 1971). De qualquer jeito, mesmo a desidratação moderada, que é a mais comum, pode levar à diminuição tanto da força como da resistência aeróbia e, subsequentemente, prejudicar o desempenho atlético (Bigard et al., 2001; Schoffstall et al., 2001; Walsh et al., 1994). Os jovens e os idosos são dois grupos de maior risco para doenças relacionadas à temperatura elevada, incluindo cãibras provocadas pelo calor, esgotamento e insolação (Wexler, 2002). Dois fatores principais colocam jovens atletas em risco: (1) eles não transpiram tanto quanto os adultos (transpirar ajuda a dissipar o calor); e (2) eles têm uma área superficial maior em relação à massa corporal, o que aumenta o ganho de calor do ambiente quando a temperatura do ambiente está elevada (Delamarche et al., 1990; Drinkwater et al., 1977).

Nos idosos, alterações da sede e termorregulação relacionadas à idade, contribuem para a desidratação. Indivíduos idosos experimentam uma diminuição da sensação de sede em resposta à queda do volume sanguíneo, uma redução na capacidade renal de conservação de água e distúrbios nos balanços hídrico e eletrolítico (Kenney e Chiu, 2001). Algumas medicações prescritas, também para doenças cardiovasculares (ainda a causa número um de morte nos Estados Unidos), podem prejudicar a homeostase hídrica (Naitoh e Burrell, 1998).

A busca pelo aumento da hidratação tem levado ao exame de agentes de super-hidratação, como o glicerol. Além disso, pesquisadores em Nutrição têm investigado os efeitos da adição de aminoácidos em bebidas esportivas e em bebidas regulares para a reposição de eletrólitos visando melhorar a hidratação e amenizar o dano muscular. Felizmente, indústrias de bebidas continuam a patrocinar pesquisas na efetividade de seus produtos, o que indica um foco contínuo na hidratação e seus efeitos na saúde e no desempenho. Indústrias que conduzem estudos de seus produtos deveriam contratar laboratórios independentes, sem interesse financeiro na empresa em si, para conduzir ensaios clínicos imparciais e bem planejados.

Recursos ergogênicos

Atletas olímpicos atualmente não são diferentes de atletas do ensino médio que tentam fazer um time de basquete júnior, pois ambos estão procurando melhorar o desempenho atlético. Naturalmente, qualquer atleta que tente melhorar seu desempenho, manipulará continuamente seu regime de treinamento. Junto com esse foco na metodologia do treino, é dada frequentemente uma atenção igual ao uso de recursos ergogênicos para a melhora do desempenho. **Recursos ergogênicos** são procedimentos ou artifícios nutricionais, físicos, mecânicos, psicológicos ou farmacológicos com intenção de melhorar o desempenho no exercício ou no esporte. Visto que, por definição, recursos ergogênicos são substâncias ou artifícios intensificadores de trabalho que se acredita aumentarem o desempenho (McNaughton, 1986), eles podem variar da cafeína para o atleta de resistência aeróbia aos óculos do esquiador ou praticante de *snowboard*. Recursos ergogênicos nutricionais recebem muita atenção de atletas e outros na área de desempenho esportivo. Eles podem influenciar diretamente a capacidade fisiológica de um sistema corporal particular e, por causa disso, melhorar o desempenho, ou elas devem aumentar a velocidade de recuperação do treino e competição.

- Recurso ergogênico – substância ou artifício intensificador de trabalho que se acredita aumentar o desempenho. Exemplos incluem procedimentos ou recursos nutricionais, físicos, mecânicos, psicológicos ou farmacológicos para melhorar o desempenho no exercício ou esporte.

Macronutrientes e suplementos esportivos

Recursos ergogênicos nutricionais podem estar em duas categorias amplas: manipulações na ingestão de macronutrientes (carga de carboidrato, aumento da ingestão de proteína durante uma fase de treino de força voltada à hipertrofia etc.) e a ingestão de suplementos dietéticos. Suplementos dietéticos são produtos utilizados com a intenção de se fazer uma dieta mais completa, contendo um ou mais dos seguintes componentes: vitaminas, minerais, aminoácidos, ervas ou outras plantas; uma substância dietética destinada a suplementar a dieta pelo aumento da ingestão dietética total de certos macronutrientes ou calorias totais; um concentrado, metabólito, constituinte, extrato ou combinação de qualquer dos componentes já mencionados e destinados para a ingestão na forma de líquido, cápsula, pó, *softgel* ou *gelcap*, e não representado como um alimento convencional ou como um item isolado de uma refeição ou dieta (Antonio e Stout, 2001; U.S. Food and Drug Administration [FDA], 1994). Suplementos comumente utilizados, como vitaminas e minerais, são considerados recursos ergogênicos somente se o atleta estiver corrigindo uma deficiência. Outros recursos ergogênicos não são tomados especificamente para corrigir uma deficiência, mas como alternativa para um benefício muito específico. Por exemplo, um jogador de hóquei recebendo um suplemento de beta-alanina no tempo de relaxamento, por quatro ou seis semanas antes da pré-temporada, está mirando um componente muito específico de treino e recuperação: amenizar a fadiga. Suplementos esportivos e recursos ergogênicos nutricionais são classificados em uma gama de suplementos dietéticos. Frequentemente, suplementos esportivos oferecem uma substância que é um componente de um processo fisiológico ou bioquímico normal (mono-hidrato de creatina, alfacetoglutarato etc.). Outros recursos ergogênicos nutricionais aumentam as vias fisiológicas e bioenergéticas para intensificar a produção de energia (por exemplo, mono-hidrato de creatina, cafeína) ou de massa muscular esquelética (mono-hidrato de cretina, leucina etc.). O Quadro 1.2 lista os suplementos esportivos comuns e seus benefícios propostos em relação à saúde e desempenho.

QUADRO 1.2 Benefícios propostos por suplementos esportivos populares

Suplemento esportivo	Benefícios propostos
BCAAs (aminoácidos de cadeia ramificada)	Aumento da taxa de síntese proteica
Cafeína	Melhora do desempenho de resistência aeróbia, alerta mental
Creatina	Aumento da força e massa muscular
EFAs (ácidos graxos essenciais)	Saúde geral, perda de peso
Bebidas energéticas	Aumento do alerta e metabolismo
Glicerol	Super-hidratação

continua

continuação

Suplemento esportivo	Benefícios propostos
HMB (ácido β-hidroxi-β-metilbutírico)	Aumento da força e massa muscular; anticatabólico
Bebidas isotônicas	Melhora do desempenho da resistência aeróbia, melhora da hidratação
Triglicérides de cadeia média	Melhora do desempenho de exercícios de resistência aeróbia
Polivitamínicos e poliminerais	Saúde geral
Propulsores de óxido nítrico	Aumento do fluxo sanguíneo para ativar a musculatura
Proteína	Aumento da força e massa muscular; recuperação
Solução patenteada de polímero de glicose altamente ramificado, de alto peso molecular (HMW, na sigla em inglês)	Aumento do desempenho da resistência aeróbia; recuperação

Prevalência do uso de recursos ergogênicos

Ao longo da história, atletas têm experimentado recursos ergogênicos nutricionais para a melhora do desempenho. Os gregos antigos devem ter sido os primeiros a ponderar como ganhar uma vantagem por meio de dieta e suplementação adequadas (Antonio e Stout, 2001). Guerreiros gregos do século V a.C. supostamente usavam coisas como cogumelos alucinógenos e fígado de veado com propósitos ergogênicos (Applegate e Grivetti, 1997; McArdle, Katch e Katch, 2008). Para uma revisão abrangente sobre a história das práticas dietéticas de atletas antigos, consulte Grivetti e Applegate (1997) e Grandjean (1997).

Um olhar nas práticas do passado em suplementação nutricional sugere que atletas de elite em várias civilizações ingeriam substâncias ergogênicas nutricionais. Nos tempos modernos, observa-se uma alteração na prevalência e nos tipos de indivíduos que consomem substâncias ergogênicas nutricionais. Estatísticas de atletas de ensino médio são um sinal sobre essa alteração (Hoffmann et al., 2008). Uma pesquisa sobre a ingestão de suplementação dietética foi administrada em cerca de 3.000 estudantes (com uma distribuição de gênero aproximadamente igual), representando de 8ª a 12ª séries nos Estados Unidos. Os resultados revelaram que 71,2% dos adolescentes relataram o uso de pelo menos um suplemento. Os suplementos mais populares foram os polivitamínicos e as bebidas altamente energéticas. O uso de suplementos para o aumento da massa corporal e da força (por exemplo, creatina, proteína em pó, formulações para ganho de peso) cresceu entre as séries e foi mais prevalente em homens que em mulheres. Os autores concluíram, sem surpresa, que a dependência de suplementos nutricionais e substâncias ergogênicas aumenta durante a adolescência. Outras investigações com pesquisas têm revelado resultados similares (Bell et al., 2004; O'Dea, 2003).

Como um número maior de adolescentes e atletas do ensino médio consome substâncias ergogênicas nutricionais, seus treinadores, preparadores atléticos, *personal trainers*, fisiologistas e pais precisam de uma base de conhecimento maior. Atletas de final de semana, mães interessadas nos efeitos a longo prazo da creatina em seus filhos do ensino médio, e entusiastas da atividade física que lutam para obter um físico mais magro – todos devem ter um conhecimento prático de nutrição e substâncias ergogênicas e como eles afetam a fisiologia do corpo humano. Dado o aumento na pesquisa em Nutrição Esportiva, esse conhecimento tem se tornado mais disponível.

Aplicações profissionais

A necessidade de informação da nutrição e da suplementação corretas entre atletas, técnicos, profissionais de condicionamento e alongamento, condicionadores físicos, treinadores e equipe de apoio é clara. Várias pesquisas, incluindo o General Nutrition Knowledge Questionnaire (GNKQ – Questionário de Conhecimento Geral de Nutrição) e o Eating Attitude Test (EAT-26 – Teste da Atitude Alimentar), têm sido utilizadas como avaliação do conhecimento em nutrição dos atletas (Raymond-Barker, Petroczi e Quested, 2007). A maioria desses testes reflete as limitações em conhecimento dos atletas. Estudos descobriram que educação formal em Nutrição ou questões estreitamente relacionadas não influenciam no conhecimento em Nutrição (Raymond-Barker, Petroczi e Quested, 2007). Além disso, o conhecimento em Nutrição não necessariamente impacta nas atitudes alimentares em mulheres com risco de tríade da mulher atleta (ver p. 310) (Raymond-Barker, Petroczi e Quested, 2007); adolescentes do sexo feminino podem apresentar conceitos equivocados em Nutrição (Cupisti et al., 2002); e atletas universitários em geral não identificam a ingestão recomendada de todos os macronutrientes e também muitos não sabem quais os papéis das vitaminas no corpo (Jacobson, Sobonya e Ransone, 2001). Ademais, técnicos frequentemente têm um baixo nível de conhecimento em Nutrição Esportiva (Zinn, Schofield e Wall, 2006).

> Para completar a lacuna sobre o conhecimento em Nutrição Esportiva, são necessários testes e educação. Após testes na composição corporal de atletas, na densidade óssea e analisando recordatórios alimentares e dados subjetivos (como o atleta se sente, níveis de energia etc.), praticantes podem usar os resultados como um início para a educação. Além disso, o atendimento individualizado de atletas oferece uma ótima oportunidade para cada um questionar suas dúvidas pertinentes. O conhecimento de um nutricionista esportivo sobre as pesquisas atuais e como elas podem ser aplicadas são essenciais para ajudar atletas a encontrarem suas metas de melhora de desempenho. Nutricionistas esportivos utilizam esse conhecimento para desenvolver planos e quadros do progresso para atletas, fazer recomendações e ajudar a desenhar o plano de tratamento para aqueles com distúrbios alimentares.

RESUMO

- Nutricionistas esportivos são parte integral do time de treinamento atlético, que também inclui técnicos, especialistas em condicionamento e alongamento, treinadores, psicólogos esportivos, time de fisiatras e fisioterapeutas.
- Carboidrato e gordura são dois nutrientes que oferecem aos atletas a energia.
- A principal fonte de carboidratos são o glicogênio muscular e hepático, a gliconeogênese hepática (a produção de carboidrato de fontes que não sejam carboidratos), e ingestão de carboidratos.
- O treinamento de resistência aeróbia leva ao aumento da oxidação total da gordura e à diminuição da oxidação total de carboidrato durante o exercício em uma dada intensidade.
- Devido a essa taxa e quantidade de oxidação, carboidrato é a principal fonte de ressíntese de ATP durante exercício máximo, com duração aproximada de 7 segundos a 1 minuto.
- As funções primárias da proteína são: o aumento e a manutenção da massa corporal magra.
- A ingestão de proteína de 1,5 a 2,0 g/kg por dia, para indivíduos fisicamente ativos, não somente é seguro, mas também pode melhorar as adaptações ao treinamento.
- A desidratação pode resultar em um aumento perigoso no centro da temperatura corporal, levando a doenças provocadas pelo calor. Mesmo uma desidratação moderada, o que é mais comum, pode levar a diminuição da força e da resistência aeróbia, e subsequentemente a um desempenho atlético prejudicado.

- Os jovens e os idosos são dois grupos de maior risco para doenças relacionadas ao calor, incluindo cãibras provocadas pelo calor, exaustão térmica e insolação.
- Se a ingestão de micronutrientes acima e além das RDIs não tem mostrado o aumento do desempenho, estudos populacionais revelam que muitas pessoas não consomem as RDIs de certos nutrientes. Além do mais, muitas pessoas são deficientes de certos nutrientes. E o baixo nível de um nutriente ou uma verdadeira deficiência pode, direta ou indiretamente, impactar no desempenho.
- Creatina, proteína, cafeína, aminoácidos, bebidas esportivas para reposição de eletrólitos, beta-alanina e carboidratos à base de amido de alto peso molecular estão entre os suplementos mais amplamente pesquisados até o momento (esses serão explorados mais a fundo nos Capítulos 7 e 8).

2

Carboidrato

Donovan L. Fogt, ph.D.

Carboidratos são compostos constituídos por três tipos de átomos: carbono, hidrogênio e oxigênio. Como exemplo, a fórmula química da glicose (o açúcar presente no sangue como açúcar sanguíneo) é $C_6H_{12}O_6$. A maioria dos carboidratos encontrados em humanos é fornecida por fontes vegetais alimentares. De qualquer modo, alguns carboidratos dietéticos são encontrados em produtos animais, e o fígado pode produzir carboidrato utilizando certos aminoácidos e componentes de gorduras, como o glicerol.

Carboidratos são utilizados pelo corpo em inúmeras funções. Quando se trata de metabolismo energético e desempenho do exercício, os carboidratos apresentam quatro funções importantes em vários tecidos:

- eles são o combustível de energia metabólica para células nervosas e células vermelhas do sangue;
- eles são o combustível de energia metabólica para os músculos esqueléticos, especialmente músculos de exercício;
- como carboidratos são metabolizados, eles servem como um carbono elementar para a gordura entrar no ciclo de Krebs;
- eles poupam o uso de proteínas como uma fonte de energia durante o exercício e o treino intenso.

O papel principal dos carboidratos é como um combustível metabólico para células nervosas e células vermelhas do sangue. Tecidos nervosos podem utilizar formas alternativas de combustível em quantidades muito limitadas, mas células vermelhas do sangue utilizam somente glicose. Sob condições normais, o cérebro utiliza o açúcar do sangue (glicose) quase exclusivamente, e o corpo trabalha para manter a concentração de açúcar no sangue dentro de limites estreitos para desempenhar essa função. Mesmo que as células nervosas e vermelhas do sangue ofereçam a infraestrutura anatômica e fisiológica para funções cardiovasculares adequadas, recrutamento de músculo e fornecimento de oxigênio, essas necessidades de carboidrato não são tipicamente consideradas no contexto do metabolismo do exercício. O segundo papel dos carboidratos no corpo é como um combustível energético para a contração do músculo esquelético. A energia derivada do catabolismo (ou quebra) de carboidratos potencializa os elementos da contração muscular, assim como outros processos biológicos. Dessa maneira, a dependência de carboidratos pelo músculo esquelético aumenta do repouso até o exercício de alta intensidade (discutido mais tarde neste capítulo). Os carboidratos são também oxidados na contração muscular leve. O terceiro papel da oxidação dos carboidratos (a quebra do carboidrato) é servir como um carbono essencial para a entrada de gordura no ciclo de Krebs (também conhecido como o ciclo do ácido tricarboxílico). A acetil-CoA (acetilcoenzima A), derivada de duas unidades de carbono dos ácidos graxos, combina com derivados de carboidratos no ciclo de Krebs, levando à oxidação da gordura. Sem as adequadas etapas do ciclo de Krebs, o metabolismo ótimo da gordura não é possível. Finalmente, o metabolismo energético do carboidrato ajuda a poupar energia proveniente de adenosina trifosfato (ATP) da proteína, mantendo a proteína no seu primeiro papel de manutenção da estrutura do tecido, reparação e crescimento.

Tipos de carboidratos

Nem todos os tipos de carboidratos têm a mesma forma, função e impacto no exercício e desempenho no esporte. A unidade básica, a molécula simples de todos os carboidratos, é o monossacarídeo. Os monossacarídeos dietéticos, absorvidos pelos humanos, têm seis carbonos; enquanto eles variam apenas levemente na configuração química, essas tênues variações contam para as diferenças metabólicas importantes. O número de monossacarídeos ligados oferece a base para a classificação dos carboidratos e ganham funcionalidades no corpo. O termo *açúcar* é comumente usado para se referir aos monossacarídeos e aos dissacarídeos, como sacarose (também conhecido como açúcar de mesa). Os termos *carboidrato complexo* e *amido* são amplamente utilizados para referirem-se a cadeias longas ou polímeros de monossacarídeos em vegetais e alimentos derivados de vegetais como grãos, pães, cereais, legumes, verduras e arroz. As seções a seguir discutem a terminologia para esse e outros tipos de açúcares na dieta. É importante para os atletas entenderem a diferença dos tipos de carboidratos e como eles funcionam no corpo – quais tipos que rapidamente sofrem depleção dos estoques de glicogênio muscular, quais tipos mantêm os níveis de glicose sanguínea durante a competição (essencial para a manutenção da produção da força), e quais tipos promovem saúde em geral (isto é, saúde cardiovascular).

Monossacarídeos

Em humanos, as três moléculas de açúcar de monossacarídeos dietéticos têm composição da fórmula química da hexose (seis carbonos), $C_6H_{12}O_6$. Esses açúcares são glicose, frutose e galactose (Figura 2.1). A glicose, também conhecida como dextrose ou açúcar sanguíneo, é o monossacarídeo mais importante em humanos e o primordial utilizado por células humanas. Esse monossacarídeo é absorvido prontamente da dieta, sintetizado no corpo a partir da digestão e da conversão de outros monossacarídeos, ou liberado de mais moléculas de carboidratos complexos chamados polissacarídeos, como amido ou glicogênio. Além disso, o processo de **gliconeogênese** gera glicose no fígado a partir de resíduos de carbono de outros componentes, como aminoácidos, glicerol, piruvato e lactato.

- Gliconeogênese: a formação de glicose a partir de fontes que não sejam carboidratos.

Após a digestão, a glicose dietética é absorvida do intestino delgado para o sangue a fim de servir como fonte de energia para o metabolismo celular, para reserva intracelular como glicogênio (primeiramente no fígado e no músculo esquelético), ou para a conversão limitada para gordura no fígado. A frutose e a galactose têm pequenas diferenças nas ligações de carbono, hidrogênio e oxigênio. A frutose, também conhecida como levulose ou açúcar da fruta, é o açúcar de sabor mais doce e é encontrado nas frutas e no mel. A frutose dietética é absorvida do intestino delgado para o sangue e entregue ao fígado para conversão em glicose. A galactose existe na natureza combinada apenas com a glicose, formando o dissacarídeo lactose, o açúcar do leite presente somente em glândulas mamárias de humanos e animais lactantes. Do mesmo modo que frutose, o fígado converte galactose dietética em glicose. Dos três monossacarídeos, a glicose é a que tem importância primária, especialmente para pessoas fisicamente ativas ou atletas que estão treinando. Uma vez absorvidas pelo intestino delgado, a frutose e a galactose devem entrar no fígado para a conversão em glicose, o que leva tempo. Em contraste, a glicose ingerida é muito mais prontamente disponível para o trabalho dos músculos.

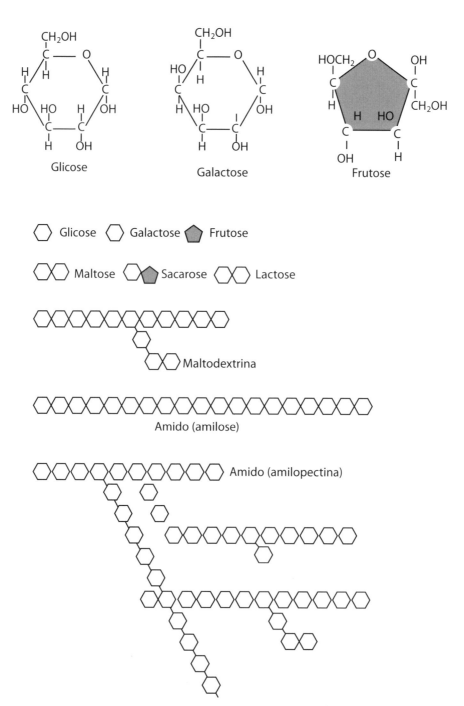

FIGURA 2.1 Estrutura química das moléculas dos carboidratos. Glicose, galactose e frutose são monossacarídeos. Pares de monossacarídeos formam dissacarídeos, como maltose, sacarose e lactose; e cadeias longas formam moléculas de polissacarídeos complexos, como maltodextrina, amilose e amilopectina.

Reimpresso, com permissão, de A. Jeukendrup e M. Gleeson, 2010, *Sport Nutrition*, 2nd ed. (Champaign, IL: Human Kinetics), 4.

Oligossacarídeos

Oligossacarídeos (do grego *oligo*, significa poucos) são compostos de 2 a 10 monossacarídeos ligados juntos. Os dissacarídeos, compostos por dois monossacarídeos, são os oligossacarídeos mais encontrados na natureza. Esses "açúcares em dobro" formam-se quando a molécula de glicose liga-se quimicamente com a frutose para formar sacarose, com galactose para formar lactose, ou com um outro monossacarídeo de glicose para formar maltose. Sacarose, ou "açúcar de mesa", é o dissacarídeo dietético mais comum, contribuindo com um quarto do total de calorias consumidas nos Estados Unidos (Liebman, 1998). A sacarose é abundante na maioria dos alimentos fontes de carboidratos, mas prevalece especialmente em alimentos altamente processados. O açúcar do leite, lactose, é o dissacarídeo menos doce. A maltose, também chamada de açúcar do malte, é encontrada em produtos de grãos, como cereais e sementes. Apesar de a maltose consistir de dois monossacarídeos de glicose, sozinha ela contribui apenas com uma pequena porcentagem de carboidrato dietético. Juntos, mono e dissacarídeos são conhecidos como *açúcares simples*. Esses açúcares são comercialmente embalados sob uma variedade de termos. Açúcar mascavo, xarope de milho, xarope de fruta, melado, cevada, açúcar invertido, mel e adoçantes naturais são todos açúcares simples. Nos Estados Unidos, muitos alimentos e bebidas são adoçados com o barato e extremamente disponível xarope de milho com alta dose de frutose. O xarope de milho com alta dose de frutose contém principalmente glicose, mas contém frutose suficiente para aumentar a "doçura" dos produtos para um nível similar ao da sacarose do açúcar da beterraba ou do açúcar de cana.

Polissacarídeos

O termo *polissacarídeo* refere-se a uma substância de carboidrato que consiste de dez a milhares de moléculas de açúcares simples quimicamente ligadas. Ambas as fontes vegetais e animais contêm essas cadeias grandes de açúcares. Amido e fibra são as fontes vegetais de polissacarídeos, enquanto a glicose é armazenada em tecidos humanos e animais, como glicogênio polissacarídeo.

Amido

Amido é a forma de armazenamento de glicose em vegetais, sendo encontrado em alta concentração em sementes, milho e vários grãos utilizados para preparar pães, cereais, macarrão e outras massas, bem como em vegetais, por exemplo, ervilhas, feijões, batatas e raízes. Esse polissacarídeo conta com 50% da ingestão norte-americana de carboidratos dietéticos (Liebman, 1998). Existem duas formas de amido: (1) amilose, uma cadeia longa e linear de unidades de glicose torcida em forma de espiral; e (2) amilopectina, uma estrutura macromolecular de monossacarídeo altamente ramificada. A proporção relativa de cada forma de amido em um vegetal comestível em particular determina suas características dietéticas, incluindo sua "digestibilidade", ou a porcentagem de um alimento ingerido que é absorvido pelo corpo. Os amidos com uma quantidade relativamente grande de amilopectina são de fácil digestão e absorvidos pelo intestino delgado, ao passo que alimentos fontes de amido com alto conteúdo de amilose são digeridos dificilmente, reduzindo assim a velocidade de como o açúcar liberado aparece no sangue. O termo *carboidrato complexo* é comumente utilizado para se referir ao amido dietético.

Fibra

A fibra é classificada como um polissacarídeo estrutural, não amiláceo. A Academia Nacional de Ciências utiliza três termos para se referir à ingestão humana de fibra (National Academy of Sciences, 2002).

- A fibra dietética consiste em carboidrato não digerível e lignina encontrada em vegetais, incluindo o amido resistente.
- A fibra funcional consiste em carboidrato isolado, não digerível, com efeitos benéficos em humanos (bactérias intestinais podem fermentar uma porção pequena de algumas fibras dietéticas solúveis, produzindo ácidos graxos de cadeia curta, que são absorvidos e utilizados como combustível para as células epiteliais intestinais ou células brancas) (D'Adamo, 1990; Roediger, 1989). A fibra funcional é uma classificação recente e nova de fibra. O termo *fibra funcional* é usado em referência aos efeitos da fibra na melhora da saúde. A fibra funcional pode incluir não somente fontes dietéticas de vegetais não digeríveis, mas também fontes de carboidratos produzidas comercialmente.
- A fibra total é a soma da fibra dietética e da fibra funcional.

As fibras diferem amplamente em características físicas e químicas e na ação fisiológica. As paredes celulares de folhas, talos, raízes, sementes e cascas de frutas contêm diferentes tipos de fibras carboidratos (celulose, hemicelulose e pectina). A celulose é a molécula orgânica (isto é, contendo carbono) mais abundante na terra. As fontes de fibras dietéticas referem-se comumente às insolúveis e solúveis, embora alguns tipos dessas fibras possam ser isoladas e extraídas de alimentos, e marcadas como fontes de fibras funcionais. Exemplos de fibras insolúveis incluem a celulose e a hemicelulose. O farelo de trigo é um produto rico em celulose, comumente consumido. Exemplos de fibras solúveis incluem casca de semente de *psyllium*, betaglucana, pectina e goma guar – presente em aveia, feijões, arroz integral, ervilhas, cenoura, casca de milho e muitas frutas. As fibras dietéticas fornecem volume para os resíduos alimentares que passam pelo trato intestinal, pois carregam uma quantidade considerável de água. Os tipos de fibras insolúveis aparecem para ajudar a função e a saúde gastrointestinais por exercer uma ação de raspagem nas células da parede intestinal, enquanto os tipos de fibras solúveis reduzem o tempo de trânsito necessário para os resíduos alimentares passarem pelo trato digestivo. O boxe a seguir lista exemplos de fibras solúveis, insolúveis e as fontes alimentares de cada uma. A dieta típica norte-americana contém cerca de 12 a 15 g de fibras consumidas diariamente (Lupton e Trumbo, 2006). Essa quantidade é bem abaixo dos 38 g para os homens e 25 g para as mulheres (30 g e 21 g para homens e mulheres acima da idade de 50, respectivamente) recomendadas pelo Food and Nutrition Board of the National Academy (Conselho de Alimentos e Nutrição da Academia Nacional de Ciências) (National Academy of Sciences, 2002).

Tipos e fontes de fibras dietéticas

Fibra solúvel
- Psyllium
- Betaglucana
- Pectina
- Goma guar

Alimentos ricos em fibra solúvel
- Aveia
- Arroz integral
- Vegetais
- Frutas

Fibra insolúvel
- Celulose
- Hemicelulose
- Lignina
- Quitina

Alimentos ricos em fibra insolúvel
- Farelo de trigo
- Farinha de trigo integral
- Vegetais
- Grãos integrais

A fibra tem recebido considerável atenção de pesquisadores e imprensa leiga. Muito desse interesse tem origem nos estudos que relacionam a alta ingestão de fibra, particularmente de fibras de cereais de grãos integrais, com uma menor ocorrência de doenças cardíacas e arteriais periféricas, hiperlipidemia (lipídios elevados nos sangue), obesidade, diabetes e distúrbios digestivos, incluindo cânceres do trato gastrointestinal (Marlett, McBurney e Slavin, 2002).

A adequada ingestão de fibras não afeta diretamente o desempenho atlético, mas melhora o suporte geral da saúde e da prevenção de doenças crônicas.

Glicogênio

O glicogênio, um grande polímero ramificado de unidades de glicose, serve como reserva de carboidratos do corpo. Essa forma irregular, altamente ramificada de polímero de polissacarídeo consiste de centenas a milhares de unidades de glicose ligadas entre si a grânulos densos. A macromolécula de glicogênio também contém as enzimas que são responsáveis por sintetizar e degradar, ou catalisar, o glicogênio, e algumas enzimas que regulam esses processos. A presença de glicogênio aumenta grandemente a quantidade de carboidrato disponível imediatamente entre as refeições e durante a contração muscular.

Os dois maiores locais de armazenamento de glicogênio são o fígado e os músculos esqueléticos. A concentração de glicogênio é maior no fígado, mas por apresentar massa muito maior, a reserva do músculo esquelético tem o total maior de glicogênio (aproximadamente 400 g de glicogênio [70 mmol/kg de músculo ou 12 g/kg de músculo]) (Essen e Henriksson, 1974). O metabolismo do glicogênio no músculo esquelético tem uma função maior no controle da homeostase da glicose sanguínea pelo hormônio pancreático **insulina**, o regulador mais importante da concentração de glicose sanguínea. A insulina promove o fluxo do sangue do músculo esquelético e estimula a captação de glicose, a glicólise e a síntese de glicogênio no músculo esquelético. A glicólise descreve o processo no qual o carboidrato (glicose) é quebrado para produzir ATP. Maximizar o estoque de glicogênio é muito importante não somente para os atletas de resistência aeróbia, mas também para atletas envolvidos em treinos de alta intensidade. O Capítulo 9 explora algumas práticas nutricionais que maximizam a ressíntese de glicogênio após o exercício exaustivo.

- Insulina – hormônio liberado pelo pâncreas em resposta a concentrações elevadas de glicose e aminoácidos no sangue; ela aumenta a captação de ambos pelo tecido.

Índice glicêmico

O índice glicêmico (IG) de uma determinada fonte de carboidratos especifica a taxa de como a concentração de glicose aumenta no sangue após o consumo de 50 g daquele alimento (Burke, Collier e Hargreaves,

1998). O escore glicêmico para um alimento é em grande parte determinado por quão rapidamente o carboidrato ingerido está disponível às enzimas no intestino delgado para hidrólise e subsequente absorção. Por sua vez, o esvaziamento gástrico e a disponibilidade física de um açúcar ou amido para as enzimas intestinais determinam a taxa de digestão intestinal do alimento.

Alimentos como arroz integral, macarrão integral e pães multigrãos têm taxas de absorção lentas e um IG menor. Alimentos com alto IG, como açúcar de mesa refinado (sacarose), incluído em muitas bebidas esportivas e em refrigerantes não dietéticos, arroz branco refinado, massas e purês de batata promovem, apesar de temporário, um aumento marcante na glicose sanguínea, bem como na produção de insulina. Alimentos fontes de carboidratos complexos nem sempre têm uma resposta glicêmica menor que alimentos com açúcares simples, porque a cocção altera a integridade do grânulo de amido, criando um índice glicêmico maior. Considerações similares devem ser dadas à predição de índices glicêmicos de fontes de carboidratos líquidos e sólidos (Coleman, 1994).

Em razão de o carboidrato dietético ser um componente vital da preparação do desempenho e da recuperação do exercício, a necessidade de carboidrato por muitos atletas é aumentada conforme a natureza repetitiva de seus treinos (Costill, 1988). Durante os períodos do treino de atividade física intensa, a necessidade de uma ingestão de carboidratos diária por atletas deve exceder 10 g/kg de peso corporal. Atletas podem tirar proveito tanto de alimentos com carboidratos de alto quanto baixo índice glicêmico para otimizar o desempenho. Como exemplo, o consumo de fontes de carboidratos com alto índice glicêmico é primordial para manter a concentração de glicose sanguínea durante o exercício de resistência aeróbia prolongado (Jeukendrup e Jentjens, 2000; Jeukendrup, 2004) e para a recuperação rápida do glicogênio muscular imediatamente após uma série de exercícios. De qualquer modo, pessoas podem consumir carboidratos complexos, não refinados, que são mais lentamente absorvidos para otimizar a reserva de carboidrato muscular entre as séries de exercícios (Ivy, 2001). A ingestão de carboidratos com baixo IG previne oscilações drásticas na glicose sanguínea enquanto mantém uma prolongada exposição de baixa concentração de glicose sanguínea para o músculo previamente exercitado, durante a recuperação prolongada.

A próxima seção discute a regulação do carboidrato no corpo, incluindo a manutenção da glicose sanguínea, a síntese e a degradação de glicogênio, bem como a glicólise aeróbia e anaeróbia.

Regulação corporal de carboidratos

Os carboidratos servem como fonte de combustível essencial, mas limitada ao corpo. Em repouso, o fígado, o pâncreas e outros órgãos ajudam a manter a concentração de glicose do sangue em um faixa estreita para corresponder às necessidades de energia de carboidrato de vários tecidos corporais. Como o limitado estoque de glicogênio no músculo esquelético é uma fonte vital de energia durante a contração muscular, essa fonte de carboidrato é utilizada economicamente no repouso. Após uma refeição, o corpo armazena o máximo possível de carboidrato na forma de glicogênio, enquanto estimula a utilização de carboidrato como combustível, ajudando a glicemia a retornar a sua condição normal. Quando em jejum, o corpo mobiliza precursores de glicose para a gliconeogênese no fígado (gliconeogênese hepática) enquanto promove a oxidação da gordura para energia a fim de preservar o carboidrato.

Durante o exercício e o desempenho, o corpo aumenta o uso tanto de carboidratos quanto gorduras, e o fígado aumenta a taxa de gliconeogênese com o objetivo de manter a concentração de glicose sanguínea. Os níveis da utilização de carboidratos e gorduras durante o exercício dependem de muitos fatores, mas o fator principal é a natureza do exercício em si (por exemplo, o total de massa muscular utilizada e a intensidade das contrações musculares).

Manutenção da glicose sanguínea

O volume sanguíneo total de um adulto médio é cerca de 5 litros. Esse volume sanguíneo total, no caso de um adulto, contém aproximadamente 5 g de glicose. Os carboidratos da alimentação, a quebra de glicogênio do fígado (glicogenólise hepática) e a gliconeogênese ajudam a manter a concentração de glicose do sangue. Em repouso, a utilização de glicose muscular e glicogênio é muito baixa. O balanço dos hormônios glucagon e insulina no plasma tem efeito regulatório mais forte na glicose sanguínea e no glicogênio de tecidos utilizados no repouso. Quando o açúcar do sangue está abaixo do normal, as células alfa pancreáticas secretam glucagon, um hormônio mobilizador de carboidratos. O glucagon estimula as vias da gliconeogênese e glicogenólise no fígado para trazer a concentração de glicose sanguínea de volta ao normal (Figura 2.2). Quando a concentração de glicose sanguínea está acima do normal após uma refeição, as células betapancreáticas secretam insulina. A insulina remove a glicose do sangue, aumentando o fluxo sanguíneo para os tecidos sensíveis à insulina (principalmente o músculo esquelético e o tecido adiposo) e estimulando a difusão da molécula de açúcar para esses tipos de células. A insulina também estimula o metabolismo celular energético dos carboidratos, promove o armazenamento de glicose como glicogênio, inibe a glicogenólise hepática e muscular esquelética e a gliconeogênese hepática. Do ponto de vista prático, é importante que esses sistemas trabalhem apropriadamente para manter a concentração de glicose do sangue por causa de declínios do desempenho do exercício de resistência aeróbia conforme a concentração de glicose sanguínea diminui.

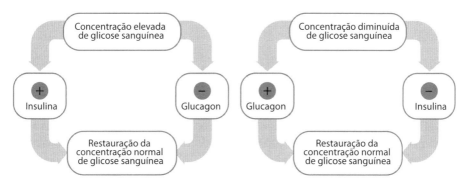

FIGURA 2.2 As funções dos hormônios pancreáticos insulina e glucagon na manutenção da glicose sanguínea.

Síntese de glicogênio

O glicogênio é armazenado no músculo esquelético e no fígado. O glicogênio muscular é muito importante como combustível de exercícios anaeróbio intenso e aeróbio. O glicogênio hepático é degradado em glicose, a qual é então transportada para o sangue; ajuda a manter a concentração de glicose sanguínea durante o exercício de resistência aeróbia. Esta seção explica como o glicogênio é sintetizado.

Na síntese do glicogênio, a glicose intracelular é submetida a diversas modificações para gerar uridina difosfato (UDP)-glicose (Leloir, 1971). Essa reação ocorre em três etapas:

1. A glicose intracelular é **fosforilada** pela hexocinase conforme entra na célula para gerar glicose 6-fosfato.
2. A glicose 6-fosfato é então convertida em glicose 1-fosfato (via fosfoglicomutase).
3. UDP-glicose é sintetizada a partir da glicose-1-fosfato e da uridina trifosfato na reação catalisada pela UDP-glicose pirofosforilase.

A UDP-glicose que é formada é adicionada para o crescimento da molécula de glicogênio. Essa reação é catalisada pela enzima glicogênio sintetase, a qual pode adicionar resíduos de glicose somente se a cadeia de polissacarídeo já contiver mais que quatro resíduos. O glicogênio não é simplesmente um fio longo de repetidos componentes de glicose, é um polímero altamente ramificado. A ramificação é importante em virtude do aumento da solubilidade do glicogênio. A ramificação também facilita a rápida síntese do glicogênio e sua degradação (essencial para prover glicose que pode entrar na glicólise para a produção de energia durante o exercício de alta intensidade).

- Fosforilação – o processo de adição de um grupo fosfato a outra molécula. A fosforilação ativa ou inativa muitas enzimas proteicas.

Quebra do glicogênio

Quando o glicogênio está sob degradação durante o exercício, isso indica que o corpo precisa de ATP para abastecer a contração do músculo esquelético. O objetivo da quebra de glicogênio é liberar compostos de glicose (especificamente, glicose 1-fosfato) para que então, eles possam entrar na via glicolítica, a qual fornece a produção rápida de ATP.

- ATP – composto de fosfato altamente energético sintetizado e utilizado pelas células que liberam energia para o trabalho celular.

No complexo processo da quebra de glicogênio, compostos de glicose individuais são clivadas a partir do glicogênio para formar glicose 1-fosfato (catalisada pela enzima de glicogênio fosforilase). A fosforilase catalisa a remoção sequencial de resíduos glicosil do final não reduzido das moléculas de glicogênio. A glicose 1-fosfato formada na clivagem fosforolítica do glicogênio é convertida em glicose 6-fosfato pela fosfoglicomutase. No músculo esquelético, glicose 6-fosfato liberada pelo glicogênio liga-se à glicose 6-fosfato derivada da glicose que entra na célula pelo sangue, para o processamento de combustível metabólico por enzimas glicolíticas. O fígado e, em menor extensão, os rins podem processar a glicose 6-fosfato liberada pelo glicogênio por meio da glicólise ou podem desfosfolirar a referida glicose 6-fosfato, liberando a glicose no sangue. No metabolismo da glicose celular (isto é, síntese de glicogênio e quebra de glicogênio), a glicose 6-fosfato intermediária tem uma função central nas várias conversões entre armazenamento da glicose e oxidação da glicose (Figura 2.3).

Glicólise

Durante o exercício, o treino intenso e o desempenho do esporte, a ATP é exigida rapidamente para a produção de energia. Um dos processos mais rápidos pelo qual a ATP pode ser gerada é a glicólise. Em geral, a glicólise é a quebra de carboidratos (isto é, glicose) para produzir ATP. A glicólise ocorre no citoplasma da fibra muscular. O resultado fisiológico indispensável da glicólise é a produção relativamente rápida de ATP que pode ser utilizada na contração muscular. Como pode ser visto na Figura 2.4, a glicólise é uma série de 10 reações enzimáticas controladas quimicamente que se inicia com uma molécula de glicose com seis carbonos e termina com duas de piruvato com três carbonos.

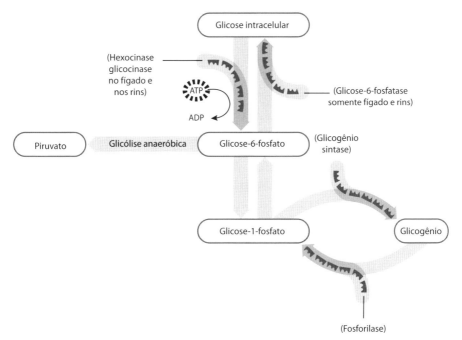

FIGURA 2.3 Função central da glicose 6-fosfato intracelular na glicólise, estoque de glicogênio e glicogenólise no músculo esquelético, no fígado e nos rins.

O piruvato que é produzido no final da glicólise tem dois destinos possíveis: ele pode ser convertido em lactato ou pode entrar na **mitocôndria**. A próxima seção descreve a produção do ácido láctico. Após o piruvato entrar na mitocôndria, ele é convertido em acetil-CoA e, então, entra no que é chamado de ciclo de Krebs. O ciclo de Krebs metaboliza mais os compostos de piruvato-acetil-CoA em uma série de enzimas catalisadas por reações químicas. Finalmente, essas reações no ciclo de Krebs geram compostos de NADH e FADH$_2$; eles carregam elétrons que são levados por cadeia de transporte de elétrons na mitocôndria. A cadeia de transporte de elétron facilita a produção de mais ATP como combustível para a contração do músculo esquelético, mas essa produção de ATP ocorre em uma taxa mais lenta se comparada à produção de ATP glicolítica. É importante entender que a glicólise produz ATP com uma taxa rápida, necessária durante o treino ou o exercício de alta intensidade. Essa ATP é principalmente gerado pela oxidação (quebra) da glicose, então, é fácil compreender a importância do carboidrato adequado na dieta para oferecer o combustível durante o treinamento intenso de exercício ou a competição.

- Mitocôndria – a parte de uma célula responsável pela produção de ATP com oxigênio; contém as enzimas para o ciclo de Krebs, para a cadeia de transporte de elétrons e para o ciclo de ácidos graxos.

Produção e liberação do ácido láctico

Como já observado, o produto final da glicólise é o piruvato. O piruvato pode ser convertido em acetil-CoA na mitocôndria e entrar no ciclo de Krebs, ou ele pode ser convertido em ácido láctico. Quando o piruvato é convertido em ácido láctico, o processo é referido como a glicólise anaeróbia. Uma vez produzido no interior da célula, o ácido láctico rapidamente ioniza pela liberação do íon hidrogênio, reduzindo o pH **sarcoplasmático**. A molécula ionizada restante é lactato. Conforme a produção de ácido láctico aumenta, a diminuição do pH celular tem efeitos deletérios nos numerosos processos metabólicos e contráteis. Portanto, o ácido deve ser protegido imediatamente dentro da célula ou expelido da célula para o tamponamento extracelular. No repouso e durante o exercício de baixa intensidade, uma pequena quantidade de ácido láctico é produzida; a maioria dos ácidos é facilmente tamponada dentro da célula, e alguns são transportados para fora da célula, onde rapidamente se tornam inofensivos. A proteína hemoglobina plasmática tem função de armazenamento mais proeminente; o bicarbonato plasmático também oferece um tamponamento químico extracelular efetivo. A dor muscular ou sensação de "queimação" durante a sustentação ou a contração muscular de alta intensidade é primeiramente em razão da irritação de terminações nervosas livres fora das células musculares pelo baixo pH. A molécula de três carbonos de lactato restante pode ser utilizada como uma potencial fonte de combustível para músculo não exercitado, para o coração e até mesmo para o próprio músculo exercitado (Van Hall, 2000). Durante o exercício de intensidade moderada a alta, correspondente ao **limiar anaeróbio**, a produção de lactato supera a capacidade de tamponamento intracelular, e por essa razão, o excesso de

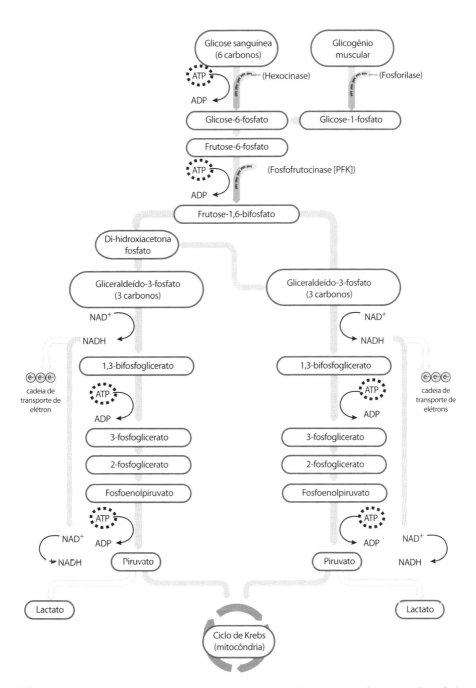

FIGURA 2.4 A glicólise anaeróbia resultante da glicose sanguínea ou glicogênio utiliza ATP e requer a coenzima NAD. Os produtos da glicólise anaeróbia incluem ATP, água, piruvato ou ácido láctico e NADH.

Reimpresso, com autorização, de NSCA, 2008. Bioenergy of exercise and training, by J.T. Cramer, In *Essentials of strength training and conditioning*, 3rd ed., edited by T.R. Baechle and R.W. Earle (Champaign, IL: Human Kinetics), 25.

lactato é transportado para fora da célula. Conforme a intensidade do exercício aumenta, a concentração sanguínea de lactato aumenta de uma forma exponencial. A produção de ácido láctico pronunciada durante uma intensidade maior do exercício tem efeitos prejudiciais no desempenho do músculo. De qualquer modo, a formação desses produtos metabólicos ajuda a facilitar a produção acelerada de ATP anaeróbio dos carboidratos por um curto período de tempo.

- Sarcoplasma – o citoplasma de uma fibra muscular.
- Limiar anaeróbio – um termo comumente usado para referir-se ao nível de consumo de oxigênio no qual há um aumento rápido e sistemático na concentração de lactato sanguíneo.

A fadiga é definida pela inabilidade de manter a potência desejada de saída ou intensidade do exercício durante um exercício anaeróbio de alta intensidade e curta duração, e ocorre em parte em virtude de acúmulo de ácido láctico no trabalho muscular (levando a uma queda do pH). Contrações musculares resistidas de alta intensidade podem rapidamente depletar o glicogênio do músculo exercitado. A diminuição do **substrato** glicolítico intracelular e a taxa limitada da disponibilidade de glicose sanguínea rapidamente precipitam a fadiga muscular e, do mesmo modo, a habilidade do sistema anaeróbio de sustentar a ressíntese rápida de ATP é comprometida. As contrações musculares devem continuar, mas numa intensidade menor conforme o ATP aeróbio está contribuindo mais para as necessidades totais de ATP do exercício muscular.

- Substrato – uma molécula sobre a qual uma enzima age.

Enquanto o acúmulo de lactato é correlacionado à fadiga, não há práticas nutricionais que possam ajudar a diminuir a produção de lactato durante o exercício intenso. Em vez disso, o condicionamento adequado permite ao atleta trabalhar numa alta intensidade associada à redução dos níveis de lactato. De modo geral, é importante que atletas incluam quantidades ótimas de carboidratos na dieta para permitir que eles tenham o desempenho no treino de alta intensidade, o qual resultará em adaptações que promovam a produção de energia a partir de fontes de energia oxidativa (isto é, gordura).

A disponibilidade de carboidratos no corpo controla sua utilização de energia. A concentração de glicose sanguínea fornece regulação do *feedback* da produção de glicose do fígado, com um aumento da glicose sanguínea, inibindo a liberação de glicose hepática durante o exercício. A disponibilidade de carboidratos também pode ajudar a limitar o metabolismo da gordura, diminuindo tanto a mobilização de ácidos graxos quanto a oxidação na célula (Spriet, 1998). Intuitivamente, isso faz sentido metabólico, visto que a oxidação de ácidos graxos é demasiadamente lenta para contribuir de modo significativo com o requerimento de ATP e agiria somente para congestionar o NADH mitocondrial, bem como as concentrações de acetil-CoA, necessitando aumentar a produção de ácido láctico para manter a glicólise anaeróbia.

Carboidratos e desempenho

As seções seguintes descrevem a função dos carboidratos em vários tipos de treino de exercício e desempenho esportivo. Alguns atletas são principalmente aeróbios; outros engajados principalmente em atividades anaeróbias em seus treinos e competições. Independentemente do tipo, todos os atletas e indivíduos fisicamente ativos podem melhorar seu desempenho, realizando exercícios de força. Portanto, a discussão dirige-se à função dos carboidratos no treino de força, assim como as considerações relacionadas aos exercícios aeróbio, anaeróbio e ao desempenho.

Exercício aeróbio

No repouso e durante o exercício, o fígado produz glicose para manter a concentração de glicose sanguínea de 100 mg/dl (5,5 mmol/L) (Kjaer, 1998). A glicose sanguínea pode ser responsável por 30% do combustível total de energia necessária para exercitar os músculos, com o combustível de carboidrato restante derivado do glicogênio muscular armazenado (Coyle, 1995). No exercício prolongado e intenso, a concentração de glicose sanguínea eventualmente fica abaixo dos níveis normais em virtude da depleção de glicogênio hepático enquanto o músculo esquelético ativo continua a utilizar a glicose sanguínea disponível.

Uma hora de exercício aeróbio de alta intensidade diminui o glicogênio hepático em cerca de 55%, ao passo que uma série de 2 horas de exercício aeróbio intenso pode causar a depleção do glicogênio no fígado quase completamente, assim como no músculo exercitado. A depleção é particularmente preocupante durante o exercício após um período prolongado sem alimentação, por exemplo, de manhã cedo ou após um período de exercício de aquecimento, com o resultado de que o atleta começaria uma sessão de treinos ou competição com níveis subótimos de glicogênio. Indivíduos que iniciam uma dieta deficiente em carboidratos rapidamente comprometem as reservas de glicogênio hepático e quase há depleção dos níveis do glicogênio do músculo esquelético. Esse tipo de dieta afetaria negativamente o desempenho em todos, e até mesmo nos exercícios de intensidade mais baixa. Enquanto a ingestão calórica baixa, que normalmente acompanha a prática de dieta pobre em carboidratos, teoricamente promoveria perda de gordura, pode também tornar um exercício aeróbio regular com intensidade moderada, de longa duração, muito difícil.

Um declínio tardio dos níveis de glicogênio no trabalho muscular em exercício resulta em um aumento da dependência da glicose sanguínea como fonte de carboidrato no trabalho muscular. Sem a ingestão de carboidratos, a hipoglicemia (<45 mg/dl; 2,5 mmol/L) pode acontecer rapidamente após a depleção do glicogênio hepático e do músculo exercitado (Shulman e Rothman, 2001; Tsintzas e Williams, 1998). Enfim, isso prejudica o desempenho do exercício e pode contribuir para a fadiga do sistema nervoso central associada ao exercício prolongado.

A fadiga durante o exercício aeróbio prolongado é causada principalmente pela depleção das reservas de carboidrato no músculo exercitado (Rauch et al., 2005). Isso ocorre apesar do estoque suficiente de oxigênio para o músculo e da quase ilimitada reserva de energia disponível da gordura. Atletas de resistência aeróbia comumente referem-se a esse tipo de fadiga como *"hitting the wall"* (batendo na parede). Os sintomas de redução significante de glicose sanguínea incluem fraqueza, tontura e motivação diminuída. O declínio nos resultados de glicogênio muscular na percepção da fadiga, o declínio ainda maior e a depleção necessitam da terminação do exercício ou de uma redução significativa na intensidade do exercício (Ahlborg et al., 1967; Bergström et al., 1967). Desse modo, não deveria ser surpresa que o desempenho ótimo da resistência aeróbia esteja diretamente relacionado ao início do estoque de glicogênio muscular (Ahlborg et al., 1967; Hultman, 1967).

Otimizar os estoques de glicogênio muscular pré-exercício (isto é, >150 mmol/kg de músculo) aumenta o tempo até exaustão em até 20%, bem como o do desempenho da resistência aeróbia por meio do tempo gasto para completar uma dada carga de trabalho (Hawley et al., 1997). A literatura científica sugere, no entanto, que a duração do exercício deve ser pelo menos 90 minutos antes de serem observados os benefícios do desempenho do exercício. Os estoques elevados de carboidratos são apenas um dos benefícios das estratégias de suplementação da dieta cuidadosamente planejada. Durante o exercício de 45 minutos ou mais, o consumo de carboidratos (por exemplo, 0,5 g/min ou 30-120 g/h) ajudará a manter os níveis de glicose sanguínea no exercício e na oxidação (Coyle et al., 1986) e tem sido demonstrado para melhorar a capacidade de desempenho e resistência aeróbia (Coyle et al., 1986; Jeukendrup et al., 1997). Se essa prática pode ou não promover a síntese de glicogênio durante o exercício de baixa intensidade (Keizer, Kuipers e van Kranenburg, 1987) ou compensar o uso de parte do glicogênio muscular durante o exercício, é discutível, com vários estudos demonstrando resultados mistos (Bosch, Dennis e Noakes, 1994;

Coyle et al., 1986; Jeukendrup et al., 1999; Tsintzas et al., 1995). A taxa de 0,5 a 2 g de carboidratos por minuto durante o exercício equipara-se à taxa de oxidação de carboidratos durante exercício aeróbio com moderada intensidade, bem como a taxa de esvaziamento gástrico de soluções de carboidratos diluídas (por exemplo, 6%-8% de bebidas esportivas com carboidratos). Após o exercício prolongado, a reposição de glicogênio muscular dentro de uma faixa normal é um componente essencial para o processo (Hargreaves, 2000). Na essência, esse período de recuperação pós-exercício pode ser considerado a "preparação" inicial para um desafio de exercícios futuros (Ivy, 2001).

A importância de iniciar uma série de exercícios ou sessão de treino com níveis ótimos de glicogênio muscular e reposição rápida de glicogênio após o exercício e antes do desempenho subsequente deveria agora ser evidente. O Capítulo 8 destaca as estratégias específicas da suplementação com carboidrato para o desempenho máximo. Contudo, em termos gerais, o consumo de carboidratos por atletas de resistência aeróbia deveria contar com aproximadamente 55% a 65% da ingestão total de calorias (McArdle, Katch e Katch, 2009). A ingestão de carboidratos geralmente para esse tipo de treino não é drasticamente diferente da recomendada para indivíduos saudáveis (45%-65% do total de calorias). Tenha em mente que, apesar das porcentagens similares, a quantidade absoluta de carboidrato recomendado (em gramas) deve variar muitíssimo, dependendo da ingestão calórica dietética total.

Exercício anaeróbio

O glicogênio musculoesquelético é uma fonte de energia prontamente disponível para o trabalho muscular. Os níveis de glicogênio muscular no repouso são de aproximadamente 65 a 90 mmol/kg de músculo. A taxa na qual o glicogênio é utilizado é altamente dependente da intensidade do exercício. De acordo com o aumento da intensidade do exercício para altos níveis (isto é, acima do limiar anaeróbio ou 70%-80% do $\dot{V}O_2$máx), as necessidades de energia muscular não podem ser relacionadas com a oxidação mitocondrial acelerada dos carboidratos e das gorduras. O glicogênio muscular transforma-se no substrato de energia mais importante, assim que a produção de ATP anaeróbia é necessária para combinar a utilização do ATP rápido pela maquinaria contrátil. A depleção do glicogênio muscular mediante exercício para <30 mmol/kg de músculo resultará em um aumento da dependência de um processo relativamente mais lento de captação da glicose sanguínea como uma fonte de combustível de carboidrato. É importante notar que, independentemente da quantidade de glicogênio muscular, a fadiga durante as séries de exercício de alta intensidade poderia resultar da produção de ácido láctico que a acompanha (levando a uma diminuição de pH) e do acúmulo dele dentro e em volta das fibras musculares exercitadas. Assim, a importância do estoque de carboidratos musculares, com respeito ao desempenho do exercício, é mais relevante durante séries prolongadas (isto é, > 2 minutos) e intermitentes de exercícios de alta intensidade (por exemplo, *drills* e corridas de curta distância).

Exercícios intermitentes de alta intensidade incluem numerosas atividades realizadas em vários tipos de sessão de treino de exercício e em competições de times esportivos. Num curto período de repouso entre séries intermitentes, o músculo tem tempo para limpar ou diminuir parte do ácido láctico (ou ambos), aliviando os efeitos potencialmente prejudiciais desse subproduto. Além disso, o desempenho do exercício de intensidade muito alta, de curta duração (isto é, < 10 segundos) dependerá principalmente da provisão de ATP pelo sistema de energia "imediato" ou "creatina fosfato". Durante as repetições desses exercícios de explosão, no entanto, o glicogênio muscular teria uma função importante na manutenção do conteúdo de ATP muscular ao longo de uma sessão de exercícios, com muitas séries de repetições de alta intensidade e períodos curtos de recuperação.

Apesar da importância dos carboidratos nas atividades anaeróbias, as recomendações gerais de carboidratos para esses atletas são levemente menores que as de um atleta desempenhando mais exercícios de resistência aeróbia. Carboidratos são importantes para ambos os tipos de exercícios, assim como a taxa de utilização de carboidratos e a depleção de glicogênio estão diretamente relacionadas à intensidade do exercício. Durante o exercício aeróbio de baixa intensidade, a fadiga relacionada à depleção de glicogênio ocorreria posteriormente na sessão de exercício, ao passo que a fadiga relacionada à depleção de glicogênio associada com exercício anaeróbio de alta intensidade, seria desenvolvida muito mais cedo. Assim, a otimização dos níveis de glicogênio muscular pré-exercício e a rápida reposição de glicogênio no músculo previamente exercitado são muito importantes durante o treino anaeróbio e a competição. Em razão dos níveis de glicogênio muscular pré-exercício serem similares em atletas aeróbios e anaeróbios, o consumo diário de carboidratos deveria contar de 55% a 65% da ingestão calórica para atletas anaeróbios também. Especificamente, atletas anaeróbios treinam e competem numa base regular de ingestão de 5 a 7 g de carboidratos por quilograma de peso por dia.

Treinamento de força

O treinamento de força, assim como o treino para melhora da força muscular, resistência muscular e potência muscular, consiste em séries repetitivas de trabalho de alta intensidade com intervalos de repouso relativamente curtos. Portanto, os carboidratos são as fontes principais de combustível ao longo de uma sessão de exercícios de força. Assim como no exercício anaeróbio, a intensidade da série ordena o nível de recrutamento da fibra muscular de contração rápida, que em grande parte determina a capacidade de desempenho de um músculo ou grupo de músculos no exercício de força. Durante o exercício de força de alta intensidade (isto é, > 60% 1 repetição máxima [1 RM]), as fibras de contração rápida são intensamente recrutadas e rapidamente fadigam conforme o seu conteúdo de glicogênio é utilizado. Não surpreendentemente, o recrutamento de fibras de contração rápida Tipo IIx (anteriormente designado como Tipo IIb) é aumentado durante as concentrações irregulares de alta velocidade (Nardone, Romano e Schieppati, 1989; Tesch, Colliander e Kaiser, 1986). No entanto, diversos estudos têm demonstrado que os tipos de fibras de contração rápida são recrutados pelas contrações musculares de intensidade moderada (isto é, 60% 1 RM; Tesch et al., 1998) e mesmo de menor intensidade (isto é, 20%-40% 1 RM; Gollnick et al., 1974; Robergs et al., 1991).

Esses resultados sugerem que a fadiga associada com o exercício de resistência muscular, como aquela realizada em muitos indivíduos ou times de esportes em sessões de treino ou competições, poderia ser limitada pelo conteúdo inicial de glicogênio e a taxa de depleção nas fibras de contração rápida recrutadas. Em virtude de atletas de força e potência realizarem treinos intensos várias vezes por semana, a ingestão adequada de carboidratos é necessária para prevenir a depleção gradual de glicogênio no músculo treinado ao longo do tempo. Além disso, a quantidade de glicogênio utilizada nas sessões de treinamento de força também parece estar relacionada à quantidade total de trabalho alcançado e à duração da série do treino de força.

Pela utilização de glicogênio cumulativo no músculo de treino de força durante o exercício ou a competição, incluindo o aquecimento, o alongamento e as sessões de esfriamento, tem sido sugerido que o consumo de níveis mais altos de carboidratos na dieta melhoraria o desempenho do músculo nesses tipos de atividades (Balsom et al., 1999; Casey et al., 1996; Maughan et al., 1997; Robergs et al., 1991; Rockwell, Rankin e Dixon, 2003; Tesch, Colliander e Kaiser, 1986). De qualquer forma, estudos de investigação têm fornecido resultados variados a respeito de práticas nutricionais específicas de carboidratos e desempenho de treino de força agudo (Haff et al., 1999, 2000; Kulik et al., 2008; Robergs et al., 1991).

Apesar da falta de consenso sobre a ingestão de uma dieta rica em carboidratos ou ingestão de carboidratos antes do desempenho do levantamento de peso, é claro que as fontes de carboidratos do músculo esquelético facilitam o desempenho em geral do exercício de força, agindo como o combustível principal durante esse tipo de exercício. Isso é imperativo ao longo de uma sessão inteira de treinamento de força na qual muitos músculos individuais ou grupos de músculos são trabalhados até a fadiga (incluindo a possível depleção de glicogênio), o que resulta num prolongado período pós-exercício de consumo energético para a recuperação muscular. Por causa disso, o resultado em geral do regime de treino (por exemplo, força aumentada, potência) provavelmente seria afetado negativamente quando a ingestão de carboidratos não é ótima.

Outro fator a considerar em relação à ingestão de carboidratos ao longo do tempo da série de treinamento de força é seu efeito no aumento da insulina. A ingestão de carboidratos (particularmente os tipos mais glicêmicos) aumenta drasticamente a secreção endógena de insulina. O hormônio insulina aumenta o estímulo anabólico que o exercício de força produz. Especificamente, a insulina age como um hormônio anabólico poderoso no músculo previamente exercitado em múltiplas maneiras, incluindo:

- promoção da síntese de proteínas;
- diminuição da quebra proteica;
- estímulo da captação de glicose;
- estímulo da reserva de glicogênio (Biolo et al., 1999; Tipton et al., 2001).

Dois desses efeitos da liberação da insulina – aumentar a síntese de proteínas e diminuir a quebra proteica – devem melhorar as adaptações anabólicas crônicas do exercício de força, particularmente se a insulina se elevar próximo do período de tempo de cada série de exercícios de força via consumo de carboidratos. Associada a isso está a recomendação de ingestão de carboidratos líquidos antes, durante e depois do exercício para promover uma recuperação mais rápida e um ganho de massa corporal magra (Haff et al., 2003). O Capítulo 9 expande esse conceito de *nutrient timing* e o impacto que a ingestão de carboidratos tem na secreção de insulina endógena, assim como a melhora do desempenho do exercício observada com tais práticas.

Aplicações profissionais

Atletas podem tomar decisões conscientes sobre o uso de carboidratos baseados no conhecimento de múltiplas perspectivas, incluindo os tipos de carboidratos que podem ser ingeridos, como essa ingestão de carboidratos é regulada e utilizada pelo corpo e como a ingestão de carboidratos influencia no treino aeróbio, anaeróbio e de força. Uma decisão tem a ver com a escolha dos alimentos para melhor restaurar o glicogênio do músculo esquelético que sofreu depleção pelo exercício intenso ou de longa duração.

Por exemplo, se um jogador de futebol está competindo várias partidas em um só dia (como em campeonato), é essencial que o glicogênio seja ressintetizado assim que possível (dentro de algumas horas) para que os níveis de glicogênio depletado não induzam à fadiga nas outras partidas. Nesse caso, é importante que o jogador de futebol escolha alimentos com carboidrato de alto índice glicêmico, uma vez que estes têm demonstrado restabelecer rapidamente o glicogênio muscular esquelético. Para um atleta cuja modalidade principal de treino é o exercício de força, fontes de carboidratos com baixo índice glicêmico seriam recomendadas para o treino de força como parte de hábitos diários de alimentação enquanto alimentos de alto índice glicêmico seriam recomendados para o período pós-exercício imediato, visando à ótima repleção de glicogênio muscular e resposta insulínica (Conley e Stone, 1996).

Os processos fisiológicos da síntese de glicogênio, a quebra do glicogênio e a glicólise são todos os caminhos pelos quais o corpo lida com o carboidrato ingerido. Esses processos permitem a produção rápida de ATP (quebra de glicogênio e glicólise) durante o exercício intenso e permitem o armazenamento de glicogênio (síntese de glicogênio) no músculo esquelético e no fígado para um treino e condicionamento futuros.

Um atleta de resistência aeróbia, como um corredor de longa distância, por exemplo, para prevenir reservas subótimas de carboidratos, deveria consumir aproximadamente 55% a 65% da ingestão total de calorias sob a forma de carboidratos (McArdle, Katch e Katch, 2009). Enquanto essa recomendação fornece uma variação geral da ingestão de carboidratos se comparada às proteínas e às gorduras, a quantidade absoluta de carboidratos recomendada (em gramas) variará tremendamente dependendo da ingestão calórica dietética total e o nível de atividade física. Como um guia geral, atletas que treinam ou competem em uma base regular deveriam ingerir de 5 a 7 g de carboidratos/kg de peso corporal por dia e considerar o aumento dessa quantidade de 8 a 10 g/kg de peso corporal por dia quando o nível das sessões de treino é extremo.

Em comparação, um atleta anaeróbio não precisaria mais que 5 a 7 g de carboidratos/kg de peso corporal por dia. Um atleta anaeróbio, com treinos consistentes de alta intensidade, apresenta a duração relativa de intensidade menor que a de um atleta de resistência aeróbia.

Um atleta engajado em um programa de treinamento de força, no dia a dia, requer mais energia total que indivíduos similares saudáveis de mesma idade e não ativos. Obtendo-se de 55% a 65% do total de calorias dos carboidratos, um atleta de treino de força ou potência pode garantir ter uma energia próxima da ótima. Atletas com uma dieta de 3.500 kcal/dia, em que 65% de ingestão calórica é composta de carboidratos, deveriam objetivar um consumo de aproximadamente 570 g de carboidratos diariamente (cerca de 8 g/kg de peso corporal para um indivíduo de 70 kg. Ao contrário, um adulto não ativo consumindo 2500 kcal/dia, consistindo de 55% de carboidratos, necessitaria consideravelmente de alguns gramas de carboidratos (por exemplo, 349 g) diários (aproximadamente 5 g/kg de peso corporal por dia para um indivíduo de 70 kg).

As prescrições gerais de carboidratos, baseadas no tipo de atleta e na extensão do gasto energético, são apenas guias para ilustrar a necessidade de se atentar à porcentagem de carboidratos na ingestão calórica diária em um programa nutricional para atleta. As estratégias específicas de ingestão de carboidratos para otimizar o desempenho são recomendadas no Capítulo 8.

RESUMO

- Os carboidratos fornecem a fonte vital de produção de energia durante o exercício anaeróbio e aeróbio.
- A redução das fontes de carboidratos corporais durante o exercício diminui o desempenho do exercício e promove a fadiga.
- O consumo adequado dos carboidratos no dia a dia (por exemplo, 55%-65% do total de calorias) é crucial para o desempenho atlético ótimo.
- O carboidrato dietético é um composto vital de preparação do exercício, do desempenho e da recuperação. Assim, a necessidade de carboidratos para atletas é aumentada em razão da natureza repetitiva de seu treino.
- Durante períodos de treinamento físico intenso, a ingestão diária de carboidratos do atleta deve ser tão alta quanto 10 g/kg de peso corporal.

- Um atleta pode levar vantagem de alimentos de alto e de baixo índice glicêmico para o desempenho ótimo. A ingestão de alimentos com alto índice glicêmico durante o exercício prolongado ou imediatamente após o exercício é uma estratégia vital que atletas são encorajados a utilizar para o pico de desempenho e recuperação.
- Quando indivíduos ingerem carboidratos com baixo IG, eles podem prevenir flutuações drásticas na glicose sanguínea enquanto mantém-se uma exposição prolongada e de menor nível do músculo recém-exercitado à glicose sanguínea. Portanto, é vantajoso para atletas ingerirem alimentos com baixo índice glicêmico como parte de sua dieta normal entre as sessões de treino.
- Planejando suas escalas de ingestão de carboidratos, atletas podem garantir estoques ótimos de carboidrato muscular ao iniciarem uma série de exercícios ou uma sessão de treinamento, fornecer carboidratos durante o exercício e repor rapidamente o glicogênio após o exercício e antes de uma atuação subsequente.

3

Proteína

Richard B. Kreider, ph.D., FACSM, FISSN

Proteínas são componentes orgânicos constituídos de uma sequência geneticamente determinada de aminoácidos que servem como os blocos de construção da proteína. Os aminoácidos (Figura 3.1) são unidos pelas ligações peptídicas entre os grupos carboxila e amina. Por essa razão, sequências pequenas de aminoácidos são chamadas de **peptídeos**. Proteínas são encontradas em todas as células do corpo e são necessárias para promover crescimento e reparar danos celulares e teciduais, assim como uma variedade de atividades metabólicas e hormonais. Por exemplo, algumas proteínas servem como enzimas que catalisam reações bioquímicas no corpo. Hormônios também são proteínas que influenciam a atividade metabólica em vários órgãos. Outras proteínas são importantes nos processos de sinalização celular, ao passo que outras ainda influenciam a imunidade. Muitas proteínas são armazenadas sob a forma de proteínas musculares (por exemplo, actina e miosina).

- Peptídeo – uma substância composta por dois ou mais aminoácidos.

Proteína no corpo

Vinte e dois aminoácidos podem ser utilizados para produzir proteínas; estes são listados no boxe a seguir. Isso inclui oito aminoácidos essenciais (nove em bebês e crianças) que devem ser recebidos pela dieta, pois o corpo não consegue sintetizá-los.

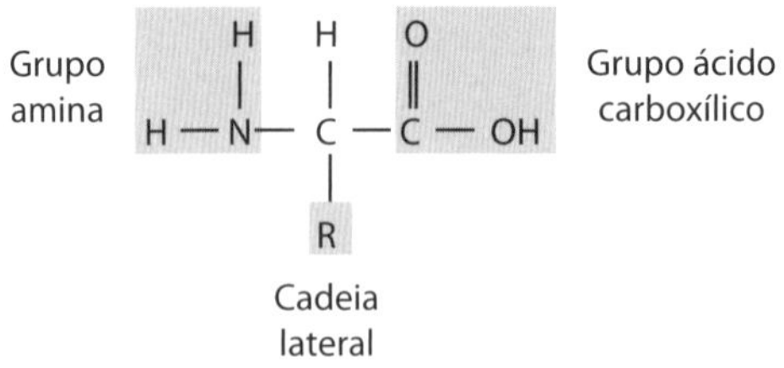

FIGURA 3.1 Estrutura de um aminoácido.

Aminoácidos essenciais, condicionalmente essenciais e não essenciais

Aminoácidos essenciais

Isoleucina	Metionina	Triptofano
Leucina	Fenilalanina	Valina
Lisina	Treonina	

Aminoácidos condicionalmente essenciais

Arginina	Histidina	Taurina
Cisteína (cistina)	Prolina	Tirosina
Glutamina		

Aminoácidos não essenciais

Alanina	Citrulina	Glicina
Asparagina	Ácido glutamínico	Serina
Ácido aspártico		

A proteína deve ser obtida na dieta que oferece, principalmente, uma fonte desses aminoácidos essenciais (EAAs). Sem fontes dietéticas de EAAs, o corpo deve catabolizar seu próprio estoque (por exemplo, músculo) para fornecer EAAs e atingir as necessidades de proteínas essenciais. Também há aminoácidos condicionalmente essenciais. Eles são chamados assim porque o corpo tem dificuldade de sintetizá-los com eficiência, então, eles normalmente podem ser obtidos de uma dieta para que suas quantidades sejam suficientes. O corpo pode sintetizar os aminoácidos remanescentes de modo fácil, assim, eles são considerados não essenciais. A proteína dietética é classificada como *completa* e *incompleta*, dependendo se contém ou não a quantidade adequada de EAAs. As fontes de proteína animal contêm todos os EAAs e são, por conseguinte, consideradas fontes de proteínas completas, enquanto em muitas fontes vegetais de proteínas faltam alguns EAAs (ou seja, elas são incompletas). As fontes de proteínas variam em sua qualidade, dependendo do perfil dos aminoácidos. As fontes de proteínas completas, que contêm quantidades maiores de EAAs, geralmente têm proteínas de alta qualidade.

O objetivo da digestão das proteínas é liberar os aminoácidos das proteínas consumidas (Berdanier, 2000). Durante o processo digestivo, enzimas conhecidas como proteases de hidrólise ou quebra transformam proteínas inteiras em seus componentes de aminoácidos, dipeptídeos e tripeptídeos. Ao contrário da digestão dos carboidratos e dos lipídios, que se inicia na boca pela amilase salivar e lipase lingual, a digestão das proteínas não se inicia até o alimento alcançar o estômago e ser acidificado com o ácido gástrico hidroclorídrico (Berdanier, 2000). Passado o estômago, os aminoácidos são absorvidos através da parede do intestino delgado; eles passam para a corrente sanguínea e então para o fígado via veia porta. A digestão das proteínas leva algumas horas, mas, uma vez que os aminoácidos entram no sangue, eles são removidos dentro de 5 a 10 minutos (Williams, 2002).

Uma troca de aminoácidos ocorre entre o sangue, o fígado e os tecidos corporais, com o fígado servindo como um centro crítico no metabolismo de aminoácidos. A coleção de aminoácidos nesses compartimentos corporais é referida como *pool* de aminoácidos livres. O fígado sintetiza uma mistura balanceada de aminoácidos continuamente para diversas necessidades de proteínas do corpo (Williams, 2002). Do fígado, os aminoácidos são secretados no sangue e carregados como aminoácidos livres ou como proteínas plasmáticas (isto é, albumina e imunoglobulinas). Destinos metabólicos de aminoácidos incluem a formação de:

- proteínas estruturais na forma de músculo esquelético;
- proteínas funcionais, como enzimas;
- proteínas sinalizadoras, como hormônios.

É importante observar que várias células do corpo utilizam somente a quantidade de aminoácidos necessária para satisfazer as necessidades de proteínas. Os aminoácidos na gama de aminoácidos corporais que não são utilizados nem para a síntese proteica e nem na síntese de intermediários importantes metabolicamente, são desaminados (o grupo amina [NH_2] é removido), e os esqueletos de carbono são oxidados ou utilizados para a síntese de glicose ou ácidos graxos (Berdanier, 2000). No processo de desaminação, o grupo amina (NH_2) contendo o nitrogênio, é removido do aminoácido, liberando um substrato de carbono conhecido como um alfacetoácido. O alfacetoácido que é liberado pode ter diversos destinos, incluindo (Williams, 2002):

- oxidação para a liberação de energia;
- aceitar um outro grupo amina e ser reconstituído como um aminoácido;
- ser canalizado para as vias metabólicas dos carboidratos e das gorduras.

O grupo amina que foi formado no processo de desaminação deve ser excretado do corpo (Williams, 2002). O processo ocorre no fígado, no qual o grupo amina (NH$_2$) é convertido em amônia (NH$_3$). Em seguida, a amônia é convertida em ureia, que passa para o sangue e é eventualmente eliminada pelos rins na forma de urina.

Historicamente, a adequação da proteína dietética tem sido avaliada utilizando a técnica do balanço nitrogenado. O **balanço nitrogenado** é uma técnica laboratorial pela qual o consumo e a excreção de todo o nitrogênio são meticulosamente quantificados e suas diferenças líquidas calculadas. A quantidade de proteína necessária para o balanço induzido (quando a ingestão é igual à excreção) é considerada como necessidade dietética (Lemon, 2001). O tipo de proteína que é ingerido na dieta determina a disponibilidade de aminoácidos necessários para reparar tecidos; promover o crescimento; e sintetizar enzimas, hormônios e células. A Ingestão Dietética Recomendada (Recommended Dietary Allowance – RDA) para proteínas é de 1,0 g/kg por dia para crianças de 11 a 14 anos de idade, 0,8 a 0,9 g/kg por dia para adolescentes de 15 a 18 anos de idade, e 0,8 g/kg por dia para adultos (Campbell et al., 2007). No entanto, a intensidade do exercício aumenta a necessidade de proteínas (Campbell et al., 2007). As pessoas envolvidas em um programa geral de condicionamento físico podem normalmente atingir as necessidades de proteínas pela ingestão de 0,8 a 1,0 g/kg por dia. Portanto, indivíduos que são atletas competitivos ou que se engajam em um treino intenso necessitam de mais proteínas do que isso para responder adequadamente ao estímulo que o treino proporciona.

- Balanço nitrogenado – a medida da saída de nitrogênio subtraída do nitrogênio de entrada.

Geralmente é recomendado que atletas consumam de 1,5 a 2,0 g/kg de peso corporal de proteínas para garantir a ingestão adequada de proteínas. Atletas envolvidos nas quantidades moderadas de treino intenso deveriam consumir níveis menores no final da série (120-140 g/dia para um atleta de 80 kg), ao passo que atletas envolvidos em treino intenso de volume alto deveriam consumir níveis maiores no final da série (140-160 g/dia para um atleta de 80 kg) (Kreider et al., 2009). As seções posteriores deste capítulo apresentarão recomendações mais específicas para atletas que realizam treinos aeróbio e anaeróbio.

Tipos de proteínas

A qualidade da proteína é geralmente classificada de duas maneiras. Na primeira usa-se um primeiro método chamado de *coeficiente de eficácia proteica* (PER, na sigla em inglês) que é determinado via avaliação do ganho de peso do crescimento de ratos alimentados com uma proteína particular em comparação com uma proteína-padrão (clara do ovo). Tipos de proteínas com um valor de PER maior são consideradas de alta qualidade. O segundo método é chamado de *escore químico de aminoácidos corrigido pela digestibilidade proteica* (PDCAAS, na sigla em inglês). Esse método é reconhecido internacionalmente como o melhor método de comparação de fontes de proteínas para humanos. Um PDCAAS de 1,0 indica que a proteína excede as necessidades de EAA do corpo e é uma excelente fonte de proteína. Quanto maior o valor de PDCAAS, maior é a qualidade da proteína. A Tabela 3.1 lista os principais tipos de proteínas encontrados em alimentos e suplementos e a qualidade das proteínas, assim como é determinada pela classificação dos métodos PER, PDCAAS ou ambos. A proteína da gelatina (colágeno) e a proteína do trigo são relativamente fontes pobres em qualidade. Carne e peixe são fontes consideradas moderadas de proteínas de alta qualidade. Soja, ovo, leite, soro do leite e colostro bovino são classificados como fontes de proteína de alta qualidade.

TABELA 3.1 Qualidade aproximada de várias formas de proteínas em alimentos e suplementos

Proteína	PDCAAS	PER	Comentários
Gelatina (colágeno)	0,08	–	Baixo custo, mas proteína de pobre qualidade, popular como um suplemento nutricional na década de 1970 e 1980. A gelatina ainda é encontrada em alguns suplementos proteicos líquidos.
Trigo	0,43	1,5	Proteína do trigo tem uma qualidade de proteína relativamente pobre. No entanto, o trigo serve como matéria-prima para os peptídeos da glutamina, os quais são proteínas hidrolisadas que contêm grandes quantidades de glutamina.

continua

continuação

Proteína	PDCAAS	PER	Comentários
Carne bovina, ave, peixe	0,8-0,92	2,0-2,3	Fontes muito boas de proteínas. Contudo, alguns tipos de carne contêm relativamente altas concentrações de gorduras, o que reduz a sua utilidade como forma principal de obter proteínas numa dieta.
Soja	1,00	1,8-2,3	Apesar da falta do aminoácido metionina, a soja é uma excelente fonte de proteína extraída dos grãos de soja. A proteína da soja concentrada (70% de proteínas) e a isolada (90% de proteínas) são, particularmente, boas fontes de proteínas para vegetarianos. A proteína de soja também contém glicosídeos isoflavonas, que têm diversos benefícios potenciais à saúde.
Ovoalbumina (ovo)	1,00	2,8	A proteína da clara do ovo é considerada padrão de referência para a comparação da qualidade da proteína. A proteína do ovo em pó já foi considerada a melhor fonte de proteína em suplementos, mas ela é muito cara se comparada com outras formas de proteínas de alta qualidade, e, portanto, o seu uso em suplementos foi reduzido.
Proteína do leite	1,00	2,8	A proteína do leite contém cerca de 80% de caseína e 20% de *whey protein*. A proteína do leite está disponível na forma concentrada e isolada e tem cerca de 90% de proteínas. As proteínas do leite são comumente utilizadas em suplemento em razão do relativo baixo custo.
Caseína	1,00	2,9	Caseinatos são extraídos do leite desnatado e estão disponíveis como caseinatos de sódio, potássio e cálcio. A qualidade da proteína da caseína é alta e é relativamente de baixo custo. Os aminoácidos liberados são geralmente mais demorados que a *whey protein*.

continua

continuação

Proteína	PDCAAS	PER	Comentários
Colostro bovino (CB)	1,00	3,0	Uma das duas fontes de maior qualidade de proteínas atualmente disponíveis em suplementos proteicos; pode ter alguns benefícios adicionais em comparação às outras formas de proteínas em virtude da alta concentração de fatores de crescimento, imunoglobulinas e compostos antibacterianos. Marcas variam os métodos de coleta: a marca Intact utiliza um método de aquecimento baixo, que mantém as proteínas bioativas intactas. Embora o custo seja mais alto que a maioria dos suplementos proteicos, a evidência preliminar indica que CB deve promover melhores ganhos na força e na massa muscular durante o treino se comparado à *whey protein*. Mais pesquisas são necessárias antes que conclusões definitivas possam ser feitas.
Soro do leite	1,00	3,0-3,2	Uma das duas fontes de maior qualidade de proteínas atualmente disponíveis em suplementos proteicos. A *whey protein* é digerida rapidamente, permitindo uma captação rápida de aminoácidos. O soro do leite está disponível como *whey protein* hidrolisado, *whey protein* isolado *ion exchange* e *whey protein* isolado *cross-flow microfiltration*. Estes têm diferenças sutis no perfil do aminoácido, no conteúdo de gorduras, no conteúdo de lactose e na habilidade de preservar resíduos de glutamina. Não é claro se essas pequenas diferenças teriam algum impacto nas adaptações de treino. Embora a *whey protein* seja uma forma mais cara de proteína boa, é atualmente o suplemento proteico mais popular utilizado por atletas de treino de força.

Baseado em Kreider e Kleiner, 2000.

Leite

Diferentes tipos de leite variam principalmente no teor de gordura e total de calorias. No entanto, eles também variam levemente no conteúdo de minerais, vitaminas (particularmente em vitaminas lipossolúveis) e no perfil dos aminoácidos. Um copo de leite oferece cerca de 8 g de proteínas. Dessas proteínas, aproximadamente 80% é caseína e o restante é *whey protein*. O leite serve como uma fonte muito boa de aminoácidos essenciais e condicionalmente essenciais. Portanto, o leite tem um coeficiente de eficácia relativamente alto de proteínas, cerca de 2,8 (a da *whey protein* é cerca de 3,2). O leite desnatado também tem uma proporção de carboidratos e proteínas muito boa (cerca de 1,5 para 1). Consequentemente, o leite desnatado pode servir como uma boa fonte não somente de proteína, mas também de carboidratos se um indivíduo não for intolerante à lactose.

Diversos estudos têm indicado que o leite antes ou no decurso do exercício (ou ambos, antes e no decurso) pode servir como uma bebida esportiva efetiva (Roy, 2008; Watson et al., 2008). Ingerir o leite após o exercício promove a síntese de proteínas (Williams, 2002; Watson et al., 2008; Bucci e Unlu, 2000; Florisa et al., 2003). Além de promover a síntese de proteínas, o leite desnatado é uma bebida eficaz para reidratação após exercício (Shirreffs, Watson e Maughan, 2007). O foco das seções seguintes será os principais tipos de proteínas encontradas no leite: o soro do leite e a caseína.

Soro do leite

A *whey protein* (proteína do soro do leite) é, atualmente, a fonte mais popular de proteína utilizada em suplementos nutricionais, particularmente no mercado da Nutrição Esportiva. A *whey protein* está disponível nas formas concentrada, isolada e hidrolisada. As diferenças principais entre essas formas são o método de processamento e há pequenas diferenças no conteúdo de gordura e lactose, nos perfis dos aminoácidos e na habilidade de reservar resíduos de glutamina. Por exemplo, concentrados de *whey protein* (entre 30% e 90% de proteínas) são produzidos do líquido do soro do leite pelas técnicas de clarificação, ultrafiltração, diafiltração e secagem (Bucci e Unlu, 2000). Isolados da proteína do soro do leite (≥90% de proteínas) são tipicamente produzidos pelas técnicas de *ion exchange* (IE) ou *cross-flow microfiltration* (CFM). Hidrolisados da *whey protein* (cerca de 90% de proteínas) são tipicamente produzidos pelo aquecimento com o tratamento ácido ou preferencialmente com enzimas proteolíticas seguidas por purificação e filtração.

Os diferentes métodos de processamentos afetam a concentração dos subtipos e dos peptídeos da *whey protein* (por exemplo, β-lactoglobulina, α-lactalbumina, imunoglobulinas, albumina, lactoferrina, lactoperoxidase, peptídeos, glucomacro peptídeos e proteose-peptose) que declaradamente têm propriedades antioxidantes, anticancerígenas, anti-hipertensivas, anti-hiperlipidêmicas, antibacterianas, antimicrobianas e antivirais (Florisa et al., 2003; Toba et al., 2001; Badger, Ronis e Hakkak, 2001; FitzGerald e Meisel, 2000; Wong et al., 1997; Horton, 1995). Algumas dessas proteínas e peptídeos ligam-se às vitaminas e aos minerais e, então, apresentam um importante papel no metabolismo dos nutrientes. Proteínas e peptídeos também foram encontrados para melhorar a digestão (Pelligrini, 2003; Korhonen e Pihlanto, 2003). Teoricamente, o aumento da disponibilidade dietética dessas proteínas e desses peptídeos biologicamente ativos deve promover a saúde geral. No entanto, não se sabe se essas diferenças sutis fariam uma forma da *whey protein* melhor que a outra.

Em comparação com outros tipos de proteínas, a *whey protein* é digerida numa velocidade mais rápida, tem características mistas melhores e é frequentemente considerada uma proteína de qualidade alta. Pesquisas indicaram que o rápido aumento dos níveis de aminoácidos no sangue após a ingestão da *whey protein* estimula a síntese proteica em um grau maior que a caseína (Tipton et al., 2004; Boirie et al., 1997; Fruhbeck, 1998). Teoricamente, indivíduos que consomem *whey protein* frequentemente durante o dia devem otimizar a síntese proteica (Tipton et al., 2004; Willoughby, Stout e Wilborn, 2007; Tipton et al., 2007; Tang et al., 2007; Andersen et al., 2005; Borsheim, Aarsland e Wolfe, 2004). A *whey protein* também pode oferecer uma série de benefícios à saúde em comparação à caseína (veja na próxima seção a discussão sobre caseína), incluindo melhora da imunidade (Di Pasquale, 2000; Gattas et al., 1992) e propriedades anticarcinogênicas (Di Pasquale, 2000; Gattas et al., 1990; Puntis et al., 1989). Por exemplo, Lands, Grey e Smountas (1999) relataram que, ingerindo um suplemento contendo *whey protein* (20 g/dia), durante 12 semanas de treino, houve melhores ganhos da função imune, do desempenho e das alterações da composição corporal do que com ingestão de caseína. Esses resultados têm ajudado a manter a posição da *whey protein* como uma fonte superior de proteína.

Caseína

Caseinatos são fabricados do leite desnatado por uma técnica de processamento que envolve a separação da caseína do soro do leite (isto é, ressolubilização) e então é realizada a secagem. Os caseinatos utilizados em suplementos comerciais são usualmente disponíveis como caseinatos de sódio, de potássio, de cálcio e hidrolisados de caseína. O método de processamento específico empregado afeta o perfil do aminoácido levemente, assim como a disponibilidade de subtipos de caseínas α, β, γ ou κ. A vantagem da caseína é que é uma fonte de proteína relativamente de baixo custo. A caseína está disponível em uma gama de classes que variam dependendo da qualidade, do sabor e das características mistas (Bucci e Unlu, 2000). A maior desvantagem é que a caseína tende a aglutinar quando misturada a fluido ácido e, assim, não se mistura bem a líquidos. Também é digerida numa velocidade mais lenta que outras formas de proteínas. Dados de pesquisas têm indicado diversos fatores que influenciam a síntese de proteínas, incluindo o número de calorias consumidas, a quantidade e a qualidade da proteína ingerida, a resposta insulínica à refeição e a digestibilidade dos alimentos (Beaufrere, Dangin e Boirie, 2000).

O tempo da liberação dos aminoácidos no sangue é influenciado pela velocidade da digestão dos alimentos. Alimentos contendo proteínas que foram digeridas numa velocidade mais lenta (por exemplo, a caseína) tipicamente promovem um menor, porém mais prolongado aumento nos aminoácidos (Di Pasquale, 2000). Consequentemente, a caseína tende a ter um efeito mais anticatabólico que a proteína do soro do leite (Boirie et al., 1997). O **catabolismo** do músculo esquelético refere-se a um processo da quebra muscular. Uma vez que a síntese de proteínas (hipertrofia) e a quebra das proteínas (catabolismo) são mecanismos regulados independentemente, qualquer nutriente que atue como um anticatabólico (reduz a quebra do músculo esquelético) melhora a recuperação do exercício e pode acelerar adaptações para o exercício e para o estímulo de treino.

- Catabolismo – quebra tecidual, especialmente degradação da proteína na massa corporal magra.

Ovo

A proteína do ovo é tipicamente obtida de clara de ovos de galinhas (ovoalbumina) ou de ovos inteiros, por uma variedade de técnicas de extração e secagem. A clara de ovo é reconhecida como a proteína de referência com que outros tipos de proteínas são comparados. O PER e o PDCAAS da proteína do ovo são similares aos da proteína do leite, apenas são levemente inferiores à caseína, ao soro do leite e ao colostro bovino. Numerosos estudos têm avaliado os efeitos da proteína do ovo na retenção de nitrogênio e as adaptações fisiológicas para o treino em comparação a outros tipos de proteína. Os resultados desses estudos geralmente indicam que a proteína do ovo é tão eficaz quanto a proteína do leite, da caseína e do soro do leite para promover a retenção de nitrogênio (Gattas et al., 1992; Gattas, 1990; Puntis et al., 1989). A retenção de nitrogênio é um componente-chave do processo do balanço nitrogenado (discutido anteriormente). Especificamente, se o nitrogênio é retido, então, o balanço nitrogenado é positivo e é uma indicação de que o nitrogênio está sendo utilizado para produzir tecido magro.

Soja

A soja é uma proteína completa, de alta qualidade. O PER e o PDCAAS da proteína da soja são similares aos da carne ou do peixe na dieta e levemente inferiores à proteína do ovo, do leite, da caseína, do colostro bovino e da *whey protein*. Consequentemente, têm-se sugerido que a soja serve como uma fonte excelente de proteína dietética, particularmente para vegetarianos (Messina, 1999).

Pesquisas também indicam diversos benefícios potenciais à saúde. A soja é uma fonte vegetal de proteínas com baixo teor de gordura que, quando adicionada à dieta, pode contribuir para menores níveis de colesterol (Dewell, Hollenbeck e Bruce, 2002; Jenkins et al., 2000; Potter, 1995; Takatsuka et al., 2000). Grãos de soja também são uma boa fonte dietética de fitoestrógenos isoflavonas (por exemplo, daidzeína e genisteína). As isoflavonas se ligam aos receptores de estrógenos e têm propriedades similares ao estrógeno (Allred et al., 2001; Kurzer, 2002; Messina e Messina, 2000; Nicholls et al., 2002; Pino et al., 2000; Tikkanen e Adlercreutz, 2000). Em virtude dos níveis elevados de fitoestrógenos isoflavonas na proteína de soja, tem sido interessante determinar se a soja pode servir como uma alternativa nutricional para a terapia hormonal ou terapia com ipriflavona (ou ambas) em mulheres.

No entanto, em estudos de treinamento de força, avaliando a composição corporal, as comparações de proteína de soja e *whey protein* demonstraram que a proteína da soja é tão efetiva quanto a *whey protein* (Kalman et al., 2007; Brown et al., 2004; Candow et al., 2006). Pouca ou nenhuma pesquisa existe para documentar resultados negativos em homens ingerindo proteína de soja em termos de adaptações de treinos. Na ausência de tais estudos e dado o suporte em outras investigações (Kalman et al., 2007; Brown et al., 2004; Candow et al., 2006; Drăgan et al., 1992), parece que a suplementação da proteína da soja em atletas homens é uma escolha válida.

Colostro bovino

O colostro bovino é um líquido (primeiro leite) produzido pelas glândulas mamárias de vacas durante as primeiras 24 a 48 horas após o parto (Mero et al., 1997; Baumrucker, Green e Blum, 1994; Tomas et al., 1992). Está disponível principalmente como um suplemento, pois há apenas alguns produtores (explorações leiteiras) que comercializam o colostro bovino *in natura*. O colostro bovino tem ótima densidade de nutrientes e qualidade proteica maior que o leite de vaca tradicional. Por exemplo, o PER do colostro bovino é cerca de 3,0; é maior que o da carne vermelha, do peixe, da ave (2,0-2,3) e da soja (1,8-2,3); e é considerado tão bom quanto o ovo (2,8), da proteína do leite (2,8), da caseína (2,9) e da *whey protein* (3,0-3,2). O colostro bovino tem uma concentração relativamente alta de fator de crescimento semelhante à insulina (IGF-I), aos fatores de crescimento (IGF-II, fator de crescimento de transformação [TGF] β), às imunoglobulinas (IgG, IgA, IgM) e aos antibacterianos (lactoperoxidase, lisozima e lactoferrina) não encontrados em outras fontes de proteínas (Mero et al., 1997; Baumrucker, Green e Blum, 1994; Tomas et al., 1992). Esses componentes bioativos devem fortalecer o sistema imune e promover o crescimento. Por essa razão, o colostro bovino foi comercializado como uma única fonte de proteína de qualidade, fatores de crescimento e compostos imunológicos aumentados em numerosos produtos alimentícios (por exemplo, fórmulas infantis, suplementos proteicos).

Gelatina

A gelatina é obtida pela fervura da pele, dos tendões e dos ligamentos de animais. Ela contém proteína, colágeno (o principal componente de ligamentos, cartilagens e unhas) e vários aminoácidos. É classificada como uma proteína incompleta, pois não tem o aminoácido triptofano. A gelatina é comumente utilizada em alimentos como um estabilizador, bem como na indústria farmacêutica como um agente encapsulador (Hendler e Rorvick, 2001). Em razão de a gelatina conter diversos aminoácidos (prolina, hidroxiprolina e glicina) encontrados no colágeno, é frequentemente comercializada como um suplemento que oferece suporte para a saúde de ossos e ligamentos.

Identificar o melhor tipo de proteína para os produtos nutricionais é difícil. Diferentes tipos de proteínas podem oferecer vantagens específicas sobre outras, dependendo da população-alvo ou do resultado desejado. Por exemplo, a proteína da soja pode ser a melhor escolha para vegetarianos, para indivíduos interessados em aumentar a disponibilidade dietética de isoflavonas, ou para pessoas que querem manter uma dieta pobre em gorduras. A proteína do ovo é geralmente bem aceita entre consumidores e pode ser uma alternativa atrativa para ovolactovegetarianos. A proteína do leite é de baixo custo e serve como uma fonte de alta qualidade de caseína e *whey protein* para pessoas que não são intolerantes à lactose. A caseína deve servir como uma boa fonte de proteínas para minimizar o catabolismo proteico durante períodos prolongados entre as refeições, assim como durante o sono ou em pessoas que mantêm uma dieta hipocalórica. Entretanto, a ingestão frequente de proteína do soro do leite deve otimizar a síntese proteica e a função imune. Finalmente, o colostro bovino parece ser uma proteína de alta qualidade que pode melhorar adaptações de treino, mas é de alto custo comparado com as outras formas de proteínas.

Proteínas e desempenho

A ingestão adequada de proteínas é essencial para maximizar as adaptações induzidas pelo treinamento, particularmente no desenvolvimento de força. Além disso, como a proteína pode ser metabolizada para energia, a ingestão adequada de proteínas é uma preocupação particular de atletas em esportes de resistência nos quais se demanda energia, como triatlos ou maratonas. As próximas sessões destacam vários aspectos de ingestão de proteínas para diversos tipos de atletas e preferências de atividade física – aeróbia, anaeróbia e treino de força.

Exercício aeróbio

O entendimento geral é que a contribuição de proteínas para exercício aeróbio prolongado varia entre 5% e 15% do gasto energético total, dependendo da intensidade e da duração da série de exercício (Antonio e Stout, 2001; Mero, 1999). Por essa razão, pensou-se que as necessidades de proteínas dietéticas para atletas de resistência não foram maiores que para um indivíduo sem treino. No entanto, pesquisas utilizando métodos avançados de avaliação do gasto energético e do balanço proteico têm indicado que as necessidades de proteínas de atletas de resistência são levemente maiores que a população geral (por exemplo, 1,2-1,4 g/kg por dia) (Lemon, 2001). Em estudo de referência, Tarnopolsky, MacDougall e Atkinson (1988) compararam atletas de corrida de longa distância com um grupo controle de sedentários em relação a duas ingestões de proteínas diferentes para determinar seus efeitos no balanço nitrogenado. Um período de 10 dias de ingestão normal de proteínas foi seguido por um período de 10 dias de ingestão de proteínas alteradas em ambos os grupos de indivíduos masculinos. Os dados do balanço nitrogenado revelaram que os atletas de resistência aeróbia necessitaram de 1,67 vezes mais de proteínas dietéticas que os do grupo controle de sedentários. Atletas de resistência aeróbia excretaram mais ureia do total diário que os fisiculturistas ou os controles. Os autores concluíram que esses atletas necessitam de ingestão de proteínas diária maior que indivíduos sedentários para atingirem as necessidades de proteínas que catabolizam durante o exercício aeróbio.

Utilizando esse fator de ingestão de proteínas, Friedman e Lemon (1989) instruíram cinco corredores de longa distância bem treinados para consumirem duas dietas diferentes por um período de seis dias cada um. Em um dos períodos de intervenção de seis dias, os corredores consumiram a proteína conforme a RDA (cerca de 0,8 g/kg de peso corporal por dia). Por outros seis dias, os corredores tiveram consumo 1,7 vezes maior (cerca de 1,5 g/kg de peso corporal por dia). Durante cada experiência, os corredores seguiram seus programas de treinamento regulares (7-10 milhas de corrida diária). As estimativas de retenção de nitrogênio de todo o corpo (um indicador de síntese proteica e quebra de proteínas) foram obtidas de perdas de nitrogênio pela urina e pelo suor. As diferenças na ingestão de proteínas combinadas com as medidas de excreção de nitrogênio mostraram diferenças significativas na estimativa da retenção de nitrogênio pelo corpo todo entre as duas ingestões proteicas. Especificamente, a retenção de nitrogênio permaneceu positiva durante a experiência com alta dose de proteínas, mas significativamente reduzida na experiência com menor dose de proteínas. Os autores declararam que a atual recomendação de proteínas da RDA (0,8 g/kg de peso corporal por dia) pode ser inadequada para atletas envolvidos com exercícios de resistência aeróbia crônicos de alta intensidade. Uma vez que aproximadamente 1,5 g/kg de peso corporal por dia resultou numa retenção positiva de nitrogênio nesse grupo de atletas, atletas engajados nessa modalidade de treino deveriam procurar ingerir essa quantidade de proteínas em suas dietas.

Embora seja fácil obter essa quantidade de proteínas na dieta, pode ser vantajoso para atletas de resistência aeróbia escolher o momento adequado para ingerir proteínas a fim de otimizar adaptações de treinamento (Kerksick et al., 2008). Por exemplo, estudos têm demonstrado que a ingestão de proteínas (0,5 g/kg) com carboidratos (1,5 g/kg) após o exercício é mais eficaz na promoção da retenção de glicogênio que na ingestão de apenas carboidratos (Zawadzki, Yaspelkis e Ivy, 1992). Além disso, a ingestão de creatina (uma combinação de três aminoácidos) com carboidratos supostamente promove maior armazenamento de glicogênio que a ingestão apenas de carboidratos (Green et al., 1996). Igualmente, a carga de creatina antes da carga de carboidratos tem demonstrado promover a supercompensação de glicogênio (Nelson et al., 2001).

A ingestão de EAA e proteínas com carboidratos após o exercício teria também reforçado a síntese de proteínas (Borsheim et al., 2002; Tipton et al., 1999) e ajudaria a mediar os efeitos imunossupressores do exercício intenso (Gleeson, Lancaster e Bishop, 2001). Finalmente, algumas evidências sugerem que a ingestão de aminoácidos de cadeia ramificada com carboidratos durante o exercício deve ajudar a diminuir os efeitos catabólicos do exercício (Mero, 1999; Coombes e McNaughton, 2000; Bigard et al., 1996; Carli et al., 1992; Rowlands et al., 2008). Consequentemente, para atletas de resistência aeróbia, é importante ingerir a proteína suficiente na dieta para manter o balanço nitrogenado. Pode haver algumas vantagens na ingestão de pequenas quantidades de proteínas ou aminoácidos antes, durante e depois do exercício para ajudar atletas a suportarem melhor o treinamento (Kerksick et al., 2008). Para mais informações sobre o momento ideal da ingestão do nutriente, veja o Capítulo 9.

Exercício anaeróbio

Como discutido anteriormente, por muitos anos o pensamento convencional era o de que a proteína não contribuía significativamente para o metabolismo energético durante o exercício prolongado. Por essa razão, a contribuição de proteínas ou aminoácidos para demandas de energia do exercício anaeróbio foi pensada para ser mínima. A literatura atual agora sustenta que proteínas são degradadas, que elas contribuem para o metabolismo, mesmo durante uma série simples de exercício de alta intensidade (Bloomer et al., 2005, 2007), e que o treinamento influencia o conteúdo de enzimas envolvidas no metabolismo das proteínas (Howarth et al., 2007). Uma série simples de exercício de força também estimula a expressão do gene relacionado com a síntese de proteínas (Hulmi et al., 2009). A realização de uma série de *sprints* ou séries sucessivas de exercício intenso promove a degradação e a oxidação de proteínas (De Feo et al., 2003). Além disso, a realização de séries de exercícios em condições de depleção de glicogênio promove uma degradação maior e a utilização de proteínas como um combustível metabólico (Wagenmakers, 1998).

Os carboidratos permanecem como o combustível principal necessário para o exercício de alta intensidade, mas a proteína pode servir como uma fonte de combustível durante séries intermitentes e prolongadas de exercício de alta intensidade. Por essa razão, é importante ingerir carboidratos em conjunto com proteínas ou aminoácidos (ou ambos) antes, durante e depois do exercício para repor os aminoácidos utilizados durante o exercício e otimizar a recuperação (Kerksick et al., 2008). No geral, atletas participando de exercícios anaeróbios deveriam consumir 1,5 a 2,0 g/kg de proteínas por dia.

Treinamento de força

Pesquisas têm estabelecido que atletas de treino de força necessitam ingerir uma quantidade suficiente de proteínas na dieta para manter um balanço nitrogenado positivo e **anabolismo** (Lemon, 2001). Estudos também indicam que a ingestão de proteínas ou aminoácidos antes, durante ou depois de exercício intenso (ou mais que um desses pontos no tempo) pode influenciar os caminhos da síntese de proteínas (Willoughby, Stout e Wilborn, 2007; Esmarck et al., 2001; Tipton e Ferrando, 2008; Tipton et al., 2001). Diversas perguntas permanecem:

- A suplementação de proteínas promove a hipertrofia muscular durante o treinamento?
- Os diferentes tipos de proteínas promovem melhores adaptações de treinamento?
- O *nutrient timing* influencia nas respostas do treinamento?

A respeito da primeira pergunta, uma série de estudos tem demonstrado que a suplementação da dieta com proteínas promove melhores adaptações de treino durante o treinamento de força que a ingestão de uma quantidade isoenergética de carboidratos (Andersen et al., 2005; Hulmi et al., 2009; Kalman et al., 2007; Hayes e Cribb, 2008; Kerksick et al., 2006, 2007; Kraemer et al., 2006). Além disso, diferentes tipos de proteínas (combinadas com carboidratos ou com outros nutrientes ergogênicos, como creatina e ácido β-hidroxi-β-metilbutírico [HMB]) podem trazer benefícios adicionais (Willoughby, Stout e Wilborn, 2007; Rowlands et al., 2008; Hulmi et al., 2009; Kalman et al., 2007; Solerte et al., 2008; Kendrick et al., 2008; Candow et al., 2008; Cribb, Williams e Hayes, 2007). Consequentemente, evidências crescentes indicam que atletas de força devem ingerir quantidades de proteínas no limite superior do intervalo de 1,5 a 2,0 g/kg por dia, bem como ingerir proteínas ou aminoácidos tanto antes, durante ou depois do exercício (ou mais que um desses tempos) a fim de otimizar as adaptações do treinamento (Campbell et al., 2007; Kerksick et al., 2008; Lemon, 2001).

- Anabolismo – a construção das células corporais e substâncias de nutrientes, especialmente a construção de proteínas e massa muscular no corpo.

Muitos estudos examinaram a combinação de aminoácidos e carboidratos em suplementos no período de tempo que engloba uma sessão de exercício de força, mas poucos direcionaram a suplementação com proteína intacta (como soro do leite e caseína) após o exercício de força e seus efeitos sobre balanço nitrogenado. Tipton et al. (2004) estudaram a ingestão de caseína e *whey protein* e seus efeitos no anabolismo muscular após o exercício de força. Eles concluíram que a ingestão do soro do leite e da caseína, após o exercício de força, resultou em aumento similar no balanço da proteína muscular líquida e da síntese da proteína muscular líquida, apesar de diferentes padrões de respostas de aminoácidos sanguíneos (uma resposta mais rápida de aminoácidos no plasma pela *whey protein* e uma resposta mais sustentada pela proteína caseína). Em um estudo similar, Tipton et al. (2007) observaram se a ingestão de proteínas inteiras antes do exercício estimularia uma resposta superior comparada com o pós-exercício. Eles relataram que o balanço líquido de aminoácidos mudou de negativo para positivo após a ingestão de *whey protein* em ambos os momentos. Para mais informações sobre a importância do momento adequado para ingestão de proteínas e do exercício de força, veja o Capítulo 9.

Aplicações profissionais

Ao contrário das gorduras e dos carboidratos, as proteínas não são primariamente um combustível metabólico que é oxidado durante o exercício e a atividade física. Em vez disso, a função principal das proteínas em relação ao desempenho atlético e do exercício é aumentar a massa muscular e a força funcional em resposta ao estímulo do exercício e do treinamento. Esse entendimento leva a duas das mais comuns perguntas sobre proteínas:

- Quais são os melhores tipos para ingerir?
- Quanto de proteína deveria ser consumido ao longo do dia?

Em relação ao melhor tipo de proteína, é bastante claro que as proteínas de origem animal (carne bovina, frango, leite, ovo) são superiores às proteínas de origem vegetal. As fontes de proteínas animais contêm todos os EAAs e são consideradas fontes completas de proteínas, ao passo que muitas fontes de proteínas vegetais não apresentam alguns dos EAAs (ou seja, são incompletas). Tipos de proteínas podem variar em sua qualidade dependendo do perfil de seus aminoácidos. As fontes de proteínas completas, que contêm quantidades maiores de EAAs, geralmente são proteínas de maior qualidade. Especificamente, de acordo com o sistema de avaliação das proteínas conhecido como escore químico de aminoácidos corrigido pela digestibilidade (PDCAAS), fontes de proteínas como ovo, leite, soro do leite e colostro bovino são classificados como proteínas de alta qualidade. Proteína de soja, uma proteína vegetal, também é uma proteína de alta qualidade de acordo com esse sistema de classificação. Carnes magras, como peito de frango, peru assado e atum, bem como leite desnatado, são excelentes escolhas de proteínas em razão dos seus conteúdos de proteínas relativamente altas e pouco conteúdo de gordura.

Suplementos proteicos também são uma boa maneira de obter proteínas de alta qualidade. A maioria de suplementos proteicos comercializados para atletas contém proteínas à base do soro do leite, da caseína, do ovo e da soja. Os suplementos proteicos oferecem proteínas de alta qualidade e podem ser relativamente preparados de maneira fácil durante uma viagem. Esse é o principal benefício dos suplementos proteicos – conveniência –, especialmente quando se considera que os alimentos completos contêm proteínas necessárias para serem compradas, preparadas ou cozidas e depois, talvez, refrigeradas.

As recomendações da ingestão de proteínas têm sido um tópico popular na Nutrição Esportiva por muitos anos. A ingestão de 1,5 a 2 g de proteínas por quilograma de peso corporal é recomendada para atletas e indivíduos fisicamente ativos. Para um indivíduo com 91 kg, isso equivale a aproximadamente 135 a 180 g de proteínas por dia. Para um indivíduo de 54 kg, essa recomendação equivale a aproximadamente 80 a 110 g de proteínas por dia. A proteína deveria ser ingerida a cada refeição em doses aproximadamente iguais. Considerando que um atleta de 91 kg coma cerca de cinco vezes ao dia, a ingestão deveria ser 30 g de proteínas em cada refeição (20 g de proteínas por refeição para um atleta de 54 kg. A ingestão regular de proteínas de alta qualidade durante o dia garante que os músculos esqueléticos tenham blocos de construção anabólica (aminoácidos) para sustentar o crescimento do tecido magro. O conceito de quando ingerir proteínas em relação ao treinamento e à atividade física é referido como momento da ingestão de proteína. Esse tópico é abordado com mais detalhes no Capítulo 9.

RESUMO

- As fontes de proteínas animais contêm todos os EAAs e são consideradas fontes de proteínas completas, enquanto em muitas fontes de proteínas vegetais faltam alguns dos EAAs (ou seja, são incompletas).
- Geralmente, recomenda-se que atletas consumam de 1,5 a 2 g/kg do peso corporal de proteínas para garantir a ingestão adequada de proteínas.
- Leite (soro do leite e caseína), ovo, soja e colostro bovino são classificadas como fontes de proteínas de alta qualidade.

- A ingestão adequada de proteínas é essencial para maximizar as adaptações induzidas pelo treino, particularmente no desenvolvimento de força.
- A ingestão de proteína de alta qualidade regularmente durante o dia garante que músculos esqueléticos tenham blocos de construção anabólicos (aminoácidos) para sustentar o crescimento de massa magra.

4

Gordura

Lonnie Lowery, ph.D., RD, LD

Como uma fonte de "combustível-padrão" para humanos, a gordura (triacilglicerol) é abundante no corpo. Um atleta relativamente magro, com 15% de gordura corporal, carrega aproximadamente 10.000 g de triacilglicerol reservado no tecido adiposo, oferecendo 90.000 calorias (kcal) de energia. Essa energia é suficiente para completar múltiplas maratonas e muitas sessões de exercício de força. Além disso, aproximadamente 300 g (2.700 kcal) de triacilglicerol está presente nas gotículas de lipídios intramusculares.

No entanto, a gordura é muito mais que combustível. Existe uma complexa diversidade de gorduras, com variações dependendo das composições dos ácidos graxos e da colocação do esqueleto de **glicerol**. Essas variações podem exercer efeitos farmacêuticos conforme eles influenciam sistemas biológicos. Muitos (mas não todos) desses efeitos similares aos farmacêuticos ocorrem porque as gorduras dietéticas que os atletas ingerem são incorporadas às membranas das células, afetando processos bioquímicos e a natureza física de células. Os resultados podem incluir efeitos anti-inflamatórios, antidepressivos, anticatabólicos e outros efeitos que são de interesse de atletas com treino pesado (Lowery, 2004). Uma grande parte da literatura existente aborda vários tipos de ácidos graxos e suas fisiologias, mas a aplicação específica para atletas ainda está nos primeiros estágios. A seção *Gordura dietética e desempenho* fornece detalhes sobre a relação entre gorduras e desempenho atlético.

- Ácido graxo – um componente maior das gorduras que é utilizado pelo corpo para energia e desenvolvimento de tecido.
- Glicerol – uma substância de três carbonos que serve como componente da estrutura central dos triglicérides.

Digestão e absorção da gordura

Certamente, a fim de tirar vantagem das gorduras como uma fonte de combustível ou um "nutracêutico", um atleta deve digeri-la (quebra) e absorvê-la dentro do corpo. A digestão da gordura se inicia na boca, com a enzima chamada lipase lingual; a gordura é quebrada pelas lipases gástricas e pancreáticas. A bile, que é produzida no fígado, reservada e secretada sob demanda pela vesícula biliar, em seguida mistura e emulsifica a gordura parcialmente digerida no intestino delgado proximal. Então, quase que estranhamente, essas moléculas quebradas de ácidos graxos e glicerol são recombinadas nas células intestinais, incorporadas dentro de quilomicrons e enviadas para dentro da circulação linfática. Finalmente, os pacotes de gorduras absorvidos entram na corrente sanguínea e têm seus conteúdos extraídos por uma enzima presente nas bases dos capilares, a lipase lipoproteica. É aí somente que os ácidos graxos constituintes podem ser transportados para a célula de gordura ou célula muscular exercitada. Uma vez nos músculos, eles podem entrar na "caldeira" mitocondrial como um combustível (Figura 4.1). Durante períodos sem alimentação, o cenário muda bastante. É principalmente nesse momento que ácidos graxos "livres" são derivados da reserva de células adiposas, sob a influência da adrenalina e a enzima lipase hormônio-sensível. Os ácidos graxos livres mobilizados podem circular para trabalhos musculares ligados à proteína albumina.

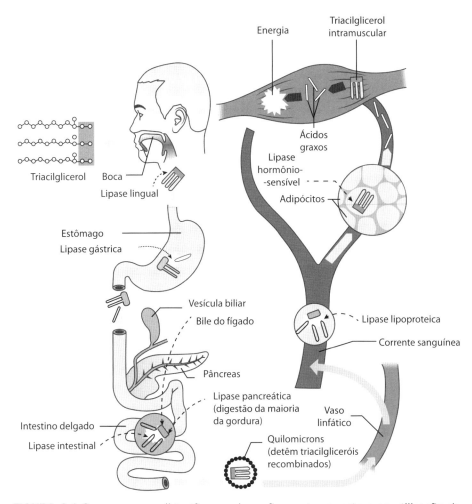

FIGURA 4.1 Os passos na digestão, na absorção, no transporte e na utilização da gordura dietética.

Tipos de gordura

A gordura contém somente átomos de carbono, hidrogênio e oxigênio, mas as formas como esses átomos são ligados entre si e seus números dão às gorduras várias classificações e funções biológicas. A discussão a seguir mostra essas diferenças. Um entendimento das diferenças permite ao atleta escolher os tipos apropriados de gordura para otimizar a saúde e o desempenho.

Diferenças químicas nos tipos de gorduras

Gorduras podem ser categorizadas em dois tipos principais: saturada e insaturada; mas é importante fazer distinções mais profundas que essas. Um olhar na Figura 4.2 ajudará a entender essas diferenças. Ao longo das últimas duas décadas, cientistas em Nutrição têm aumentado o interesse nisso, porque essas muitas diferenças afetam a fisiologia do atleta. De fato, pesquisadores têm manipulado tipos diferentes de gordura a fim de melhorar o desempenho do exercício, conceder ganho de peso saudavelmente, induzir perda de gordura corporal e controlar doenças inflamatórias, bem como emocionais. Então, quais são essas diferenças?

- Graus de saturação: o número de duplas-ligações entre carbonos.
- Posição das duplas-ligações entre carbonos: a posição das duplas-ligações contadas a partir do final da cadeia de ácidos graxos.
- Comprimento da cadeia: o comprimento da cadeia de carbono que forma os ácidos graxos.
- Posição de ácidos graxos: diferenças onde as cadeias de ácidos graxos estão ligadas (ou omitidas) no esqueleto de glicerol da molécula de gordura. Esses podem ser manipulados pelos químicos de alimentos para produzir potenciais efeitos ergogênicos.

Graus de saturação

Em primeiro lugar, observa-se que ácidos graxos são "extremidade" da molécula de gordura (triacilglicerol). As cadeias de ácidos graxos têm a maioria das quilocalorias (kcal) e a maioria dos efeitos similares aos farmacêuticos. É de seus graus de insaturação (o número de duplas-ligações de carbonos) que ácidos graxos, e, portanto, sua molécula-mãe de triacilglicerol, obtém a designação saturada, monoinsaturada e poli-insaturada. Isto é, um ácido graxo pode conter nenhuma, uma ou múltiplas duplas-ligações de carbonos, respectivamente (veja a Figura 4.2). Quanto mais duplas-ligações de carbonos há em um ácido graxo, menos "saturado" ele é com átomos de hidrogênio.

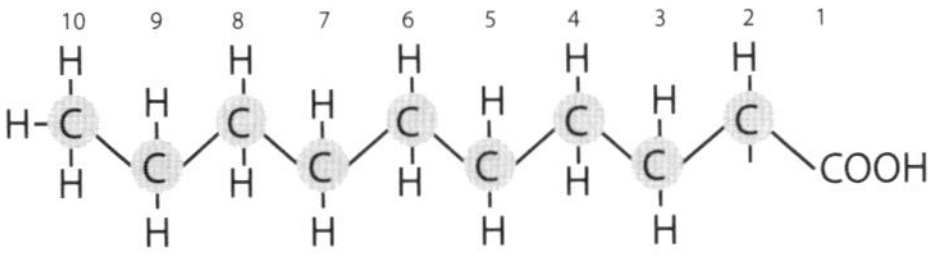

a. Ácido cáprico (cadeia média, saturado)

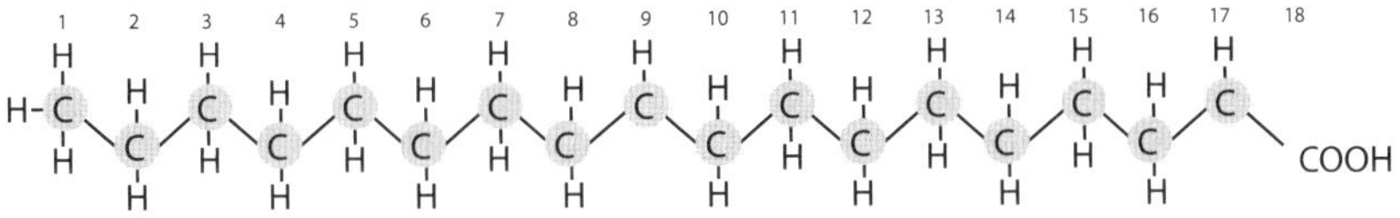

b. Ácido esteárico (18 carbonos, saturado)

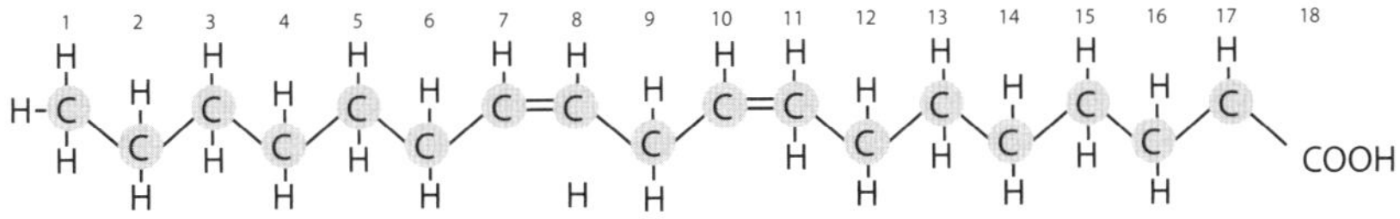

c. Ácido linoleico (duas duplas-ligações, poli-insaturado)

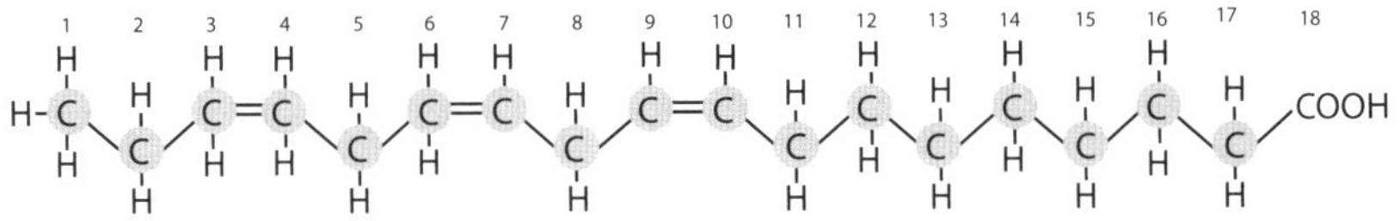

d. Ácido linolênico (três duplas-ligações, poli-insaturado)

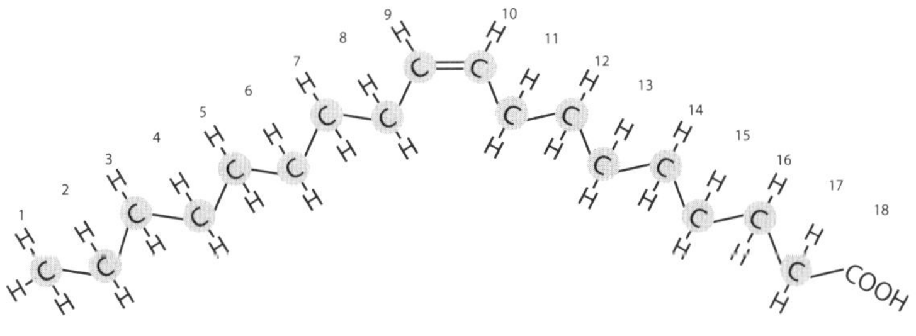

e. Ácido oleico (cis, monoinsaturado)

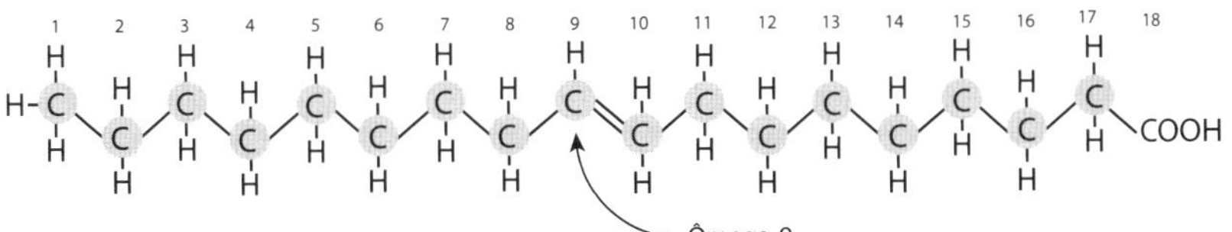

f. Ácido elaídico (trans, monoinsaturado) — Ômega-9

FIGURA 4.2 Seis moléculas de triacilglicerol diferentes mostram a variação do número de duplas-ligações, a posição das duplas-ligações e o comprimento da cadeia. Além disso, o formato da molécula varia em ácidos graxos *cis* e *trans*, como visto nos exemplos de ácido elaídico e ácido oleico.

Ácidos graxos saturados e cadeias de ácidos graxos com nenhuma dupla-ligação (consulte as cadeias dos ácidos cáprico e esteárico na Figura 4.2, a e b) têm sido condenados por afetar negativamente os receptores da lipoproteína de baixa densidade (LDL) de colesterol no fígado, aumentando, assim, o colesterol LDL sérico (e, por conseguinte, risco de doença cardíaca). Materiais educacionais desde o início da década de 1970 têm incluído essa observação, mas pesquisas mais recentes sugerem que ainda há diferenças entre os ácidos graxos saturados. Por exemplo, ácido esteárico, um ácido graxo de 18 carbonos (Figura 4.2b), não parece ser tão aterogênico quanto outros ácidos graxos saturados (Mensink, 2005). Além disso, pesquisas recentes atualmente sugerem uma função realmente útil para a concentração de colesterol sérico elevada entre atletas de força, como é discutido posteriormente neste capítulo.

Os ácidos graxos monoinsaturados tiveram uma recepção muito mais positiva entre os dietetas. Por exemplo, ácido oleico (Figura 4.2e), do qual o azeite de oliva é tão rico, tem sido relacionado ao aumento da longevidade e à redução da morbidade. Esse efeito benéfico é evidente em observações na dieta do Mediterrâneo, que é rica em azeite de oliva, e as populações que consomem essa dieta tendem a viver mais que outras. Pesquisas controladas indicam que óleos ricos nessa gordura monoinsaturada melhoram a pressão arterial e o metabolismo da glicose, comparados às dietas ricas em carboidratos ou gorduras poli-insaturadas (Park et al., 1997; Rasmussen et al., 1995; Thomsen et al., 1995). O óleo de canola também é rico em ácido oleico, oferecendo uma alternativa mais em conta e levemente mais versátil. Uma porção de três nozes, amendoins e manteigas vegetais também são excelentes fontes de ácido oleico.

As gorduras poli-insaturadas (ou seja, ácidos graxos poli-insaturados dos quais a molécula-mãe de gordura obtém a sua designação) têm duas ou mais duplas-ligações entre carbonos. Mais notoriamente, isso inclui o ácido linoleico (duas duplas-ligações, Figura 4.2c), altamente consumido nas culturas ocidentais; ácido linolênico (três duplas-ligações, Figura 4.2d), pouco consumido em culturas ocidentais; e ácidos graxos de óleo de peixe, o ácido eicosapentaenoico (EPA, na sigla em inglês; cinco duplas-ligações) e o ácido docosaexanoico (DHA, na sigla em inglês; seis duplas-ligações), os quais também são pouco consumidos nas culturas ocidentais. Esses últimos ácidos graxos, em razão de seu grande número de duplas-ligações, às vezes, são chamados de ácidos graxos altamente insaturados (HUFA, na sigla em inglês). Um balanço dos vários poli-insaturados é importante, porque esses ácidos graxos podem ter efeitos opostos no corpo. Ou seja, uma dieta rica em ácido linoleico aumenta o estado inflamatório brando, que tem sido ligado à doença cardiovascular, à diabetes e a outras doenças crônicas prevalentes nas culturas ocidentais (Boudreau et al., 1991; Calder, 2006; Kapoor e Huang, 2006; Simopoulos, 2002). Além disso, o exercício de alta intensidade leva a um estado inflamatório que pode melhorar ou piorar, dependendo da quantidade de ácido linolênico e ácido linoleico ingeridos. Especificamente, a ingestão de EPA e DHA, que têm propriedades anti-inflamatórias, podem neutralizar a inflamação de grau brando gerada pelo exercício de alta intensidade (para mais informações sobre EPA e DHA, veja a seção "Ácidos graxos essenciais"). A inclusão de mais ácidos graxos derivados do óleo do peixe modera esse efeito. Infelizmente, há pouquíssima informação sobre a piora da inflamação à base de ácido linoleico em condições atléticas, como bursite e tendinite.

Posição de dupla-ligação entre carbonos

Nenhuma discussão sobre ácidos graxos poli-insaturados (PUFA, sigla em inglês) seria completa sem uma explicação da posição das duplas-ligações entre carbonos. Nesse caso, as categorias ômega-3 e ômega-6 tornam-se significativas (a categoria dos monoinsaturados está no ômega-9, o que tende a receber menor atenção). "Ômega" refere-se à posição da primeira dupla-ligação entre carbonos, contando do final do grupo metila (Figura 4.2f). Isso é importante em relação a diversos efeitos nutracêuticos. Por exemplo, óleos de peixe contêm ácidos graxos ômega-3 e são anti-inflamatórios, enquanto a maioria dos óleos vegetais contém predominantemente ácidos graxos ômega-6, que são pró-inflamatórios. Tipicamente duas ligações simples entre carbonos "regulares" separam as duplas-ligações mais raras entre carbonos em moléculas de PUFA. Essas duplas-ligações também podem ser designadas pela contagem do final "delta" ou carboxila (a extremidade que liga-se a um glicerol quando uma molécula de gordura é formada). Assim, o ácido linolênico, o qual é pouco consumido de fontes como linhaça e nozes, é completamente descrito pela contagem de ambas as extremidades de sua cadeia. É um ácido graxo poli-insaturado ômega-3, "delta" 9,12. Um suplemento de gordura popular é o ácido linoleico conjugado (CLA, na sigla em inglês), encontrado na carne bovina e nos laticínios. Ele tem duplas-ligações mais próximas umas das outras, o que é típico; uma versão de CLA por exemplo é o ácido graxo ômega-7, delta 9,11. A seção *Suplementos de gorduras para atletas* discute esse suplemento de gordura com maiores detalhes.

Outra posição diferente relacionando as duplas-ligações entre carbonos não diz respeito à posição numérica na cadeia dos ácidos graxos.

Em vez disso, diz respeito ao tipo localizado de uma dada dupla-ligação. Este é o descritor *cis versus trans*. A maioria dos ácidos graxos "naturais" exibem a configuração *cis*. Nessas gorduras, os átomos de hidrogênios dos carbonos da dupla-ligação estão ausentes no mesmo lado da cadeia de ácidos graxos. O resultado em formato de "grampo de cabelo" é evidente no ácido oleico, exemplo na Figura 4.2e. Reciprocamente, ácidos graxos configurados *trans* (ou gordura *trans*), criados por produtores de alimentos em um processo chamado hidrogenação, têm átomos de hidrogênio ausentes nos lados opostos da cadeia, dando-lhes um formato linear, como o exibido pelo ácido elaídico (Figura 4.2*f*). De fato, os efeitos deletérios das gorduras trans produzidas pelo homem, como as presentes em algumas massas, biscoitos, frango e batata fritos, são muito parecidos com aqueles atribuídos às gorduras saturadas (por exemplo, doença cardiovascular), metabólica e fisicamente. Por exemplo, um triacilglicerol, com três ácidos graxos muito lineares ligados ao seu esqueleto de glicerol, envolver-se-ia mais firmemente com seus semelhantes em uma membrana celular em comparação a um triacilglicerol com ácidos graxos "dobrados".

- Gordura *trans* – também conhecida como ácido graxo trans, tipicamente refere-se a um tipo de gordura processada que é utilizada em produtos assados como *donuts*, pães, biscoitos, batata frita, bolinhos e muitos outros produtos alimentícios processados, como a margarina e molhos de salada.
- Hidrogenação – um processo utilizado na indústria alimentícia, no qual o gás hidrogênio é borbulhado no óleo em alta temperatura para criar ácidos graxos trans, o que aumenta a vida de prateleira ou a consistência (ou ambos) do óleo original. Óleos hidrogenados também transmitem certas características benéficas ao "paladar" em produtos alimentícios acabados.

Comprimento da cadeia

Em um nível mais profundo que o grau de insaturação, o fato físico do comprimento da cadeia também é importante. As cadeias de ácidos graxos variam amplamente de comprimento, com 4 a 22 carbonos, mas são mais tipicamente de cadeia longa, com 16 a 22 carbonos. Exemplos de ácidos graxos de cadeia curta (mais raro) (menos que 6 carbonos de comprimento) são aqueles feitos por bactérias no intestino, a partir da ação sobre a fibra dietética ou encontrados na manteiga de leite de vaca. Exemplos de ácidos graxos de cadeia média (também raro) (6-12 carbonos de comprimento) são ácido cáprico e ácido láurico derivados de óleos tropicais que são vendidos como suplementos esportivos. Os ácidos graxos de cadeia longa (isto é, 16-22 carbonos de comprimento) são mais comuns e incluem todas as gorduras mono e poli-insaturadas previamente discutidas, incluindo ácido linoleico (ômega-6, tipo cis, 18 carbonos), ácido linolênico (ômega-3, tipo cis, 18 carbonos), ácido oleico (ômega-9, tipo cis, 18 carbonos), ácido elaídico (ômega-9, tipo trans, 18 carbonos), EPA (ômega-3, tipo cis, 20 carbonos) e DHA (ômega-3, tipo cis, 22 carbonos). Veja a Tabela 4.1. As cadeias de ácidos graxos que são classificadas como ácidos graxos de cadeia média (6-12 carbonos de comprimento) têm sido estudadas em relação à melhora do desempenho de resistência aeróbia. A fundamentação teórica de ingestão desses triglicérides de cadeia média (TCM) é que eles devem poupar o glicogênio muscular e melhorar o desempenho de resistência aeróbia. Infelizmente, a maioria dos estudos que investiga esse aspecto da ingestão de TCM não mostrou melhoras no desempenho de resistência aeróbia. Contudo, como observado na seção *Ácidos graxos de cadeia média*, há muitos outros benefícios para atletas que ingerem esse tipo de gorduras.

TABELA 4.1 Tipos de gorduras dietéticas

Tipos e exemplos	Número de átomos de carbonos: número de duplas-ligações entre carbonos	Fontes dietéticas	Ingestão recomendada [†]
Ácidos graxos saturados			
Ácido butírico	4:0	Manteiga de leite de vaca	–
Vários tipos de cadeia média (por exemplo, ácidos cápricos e láuricos)	6-12:0	Óleos tropicais, suplementos dietéticos e médicos	<30 g por porção para prevenir dificuldade intestinal
Ácido palmítico	16:0	Gordura animal, óleo de palma	Gordura saturada <33% da ingestão de gorduras; <10% da ingestnao calórica
Ácido esteárico	18:0	Gordura animal, manteiga de cacau	Gordura saturada <33% da ingestão de gorduras; <10% da ingestão calórica
Ácidos graxos monoinsaturados			
Ácido oleico (cis, n-9)	18:1	Óleos de oliva, canola e amendoim	>33% da ingestão de gordura; ~15% da ingestão calórica
Ácido elaídico (trans, n-9)	18:1	Óleos parcialmente hidrogenados: algumas margarinas, massas, biscoitos, frango frito, batata frita	Mínimo
Ácidos graxos poli-insaturados			
Ácidos linoleicos* (todos cis, n-6)	18:2	A maioria dos óleos vegetais: petiscos, óleos engarrafados, incluindo de milho, algodão, cártamo e assim por diante	Ingestão adequada: 17 g diárias para homens e 12 g diárias para mulheres

continua

continuação

Tipos e exemplos	Número de átomos de carbonos: número de duplas-ligações entre carbonos	Fontes dietéticas	Ingestão recomendada [†]
Ácidos graxos poli-insaturados			
Ácidos linoleicos conjugados** (cis + trans, n-7 ou n-6)	18:2	Carne bovina e laticínios, suplementos dietéticos	3,0-7,5 g de dose pesquisada; ingestão típica diária < 250 mg
Ácido linolênico* (todos cis, n-3)	18:3	Nozes, produtos com linhaça, óleo de canola e óleo de soja (alguns)	Ingestão adequada: 1,6 g diárias para homens e 1,1 g diárias para mulheres
Ácido gama linolênico (todos cis)	18:3	Óleos de prímulas, borragem e cassis, suplementos dietéticos; produzidos no corpo de outros ácidos graxos	~500 mg diárias de dose pesquisada
Ácido eicosapentaenoico (EPA) (todos cis, n-3)	20:5	Salmão, sardinhas, arenques, suplementos dietéticos	Valor diário de 160 mg (extrapolado); efeitos de doses-respostas (mais = a efeito maior); limite total de EPA + DHA para <3,0 g diárias
Ácido docosaexaenoico (DHA) (todos cis, n-3)	22:6	Salmão, sardinhas, arenques, suplementos dietéticos	Valor diário de 160 mg (extrapolado); efeitos de doses respostas (mais = a efeito maior); limite total de EPA + DHA para < 3,0 g diárias
Triacilgliceróis incomuns (2 ou 3 ácidos graxos + glicerol)			
Triacilgliceróis estruturados	–	Pesquisas e fórmulas medicinais	10 g de dose de pesquisa (oral)
Diacilglicerol	–	Óleo culinário	14 g por porção de colher de sopa

[†] Métodos de recomendações podem variar: % do total de quilocalorias ou % do total da ingestão de gorduras, gramas ou miligramas; recomendações baseadas nas sugestões do U.S. Department of Agriculture, Valores Diários, Ingestões Adequadas, intervenção e estudos observacionais, e estimativas computadas pelo autor.
* Ácido graxo essencial.
** Ácido linoleico conjugado é na verdade um conjunto de ácidos graxos, comumente, cis-9, trans-11 ou trans-10 ou cis-12.

Posição do ácido graxo

A posição do ácido graxo é a diferença final e pode ser manipulada; químicos em alimentos podem especificamente arranjar ou omitir ácidos graxos do esqueleto de glicerol de uma molécula de triacilglicerol. O resultado pode ser o que é chamado de um triacilglicerol estruturado (arranjo cuidadoso de ácidos graxos na molécula de glicerol) ou, alternativamente, um diacilglicerol (omitindo o meio ou o ácido graxo sn-2). Essas manipulações talvez sejam as inovações de ponta da tecnologia de gorduras para atletas e são discutidas na seção *Gordura dietética e desempenho* posteriormente no capítulo.

Ácidos graxos essenciais

Os potentes e variados efeitos fisiológicos de muitos ácidos graxos são talvez melhor exemplificados pelo fato de que humanos devem consumir certos tipos para prevenir os sintomas das deficiências. Os dois ácidos graxos essenciais são **ácido linoleico** (ômega-6) e ácido **linolênico** (ômega-3). O consumo desses ácidos graxos é necessário, pois humanos são deficientes das enzimas delta-12 e delta-12 desaturase. Essas enzimas celulares adicionariam duplas-ligações entre carbonos (pontos de saturação) nas posições 12 e 15 na síntese de ácidos graxos conforme a cadeia é construída. Novamente, observe que ácido linolênico é um ácido graxo ômega-3 (essencial) com duplas-ligações nas posições 9, 12 e 15, contando do final delta (carboxila). Sem a provisão de tais duplas-ligações e, neste caso, desses ácidos graxos, os vertebrados (por exemplo, humanos) apresentam sintomas, como retardo no crescimento, dermatites, lesões renais e até mesmo podem morrer. Isso se deve em parte ao ácido linoleico e ao ácido linolênico consumidos serem construídos em ácidos graxos mais fisiologicamente importantes que constituem as membranas celulares e formam eicosanoides. Os eicosanoides, derivados de ácidos graxos essenciais, influenciam muitos sistemas corporais e têm funções-chave na inflamação e na imunidade.

- Ácido linoleico – um dos dois ácidos graxos essenciais; um ácido graxo com 18 carbonos com duas duplas-ligações, também referido como ácido graxo ômega-6. Na maioria das dietas ocidentais, esse ácido graxo é mais consumido que o ácido linolênico (ômega-3).
- Ácido linolênico – um dos dois ácidos graxos essenciais; um ácido graxo de 18 carbonos com três duplas-ligações, também conhecido como ácido graxo ômega-3. Esse ácido graxo é pouco consumido na maioria das dietas ocidentais.

Um interessante exemplo adicional de ácido graxo ômega-3 é o ácido docosaexanoico (DHA). Como outro ácido graxo com efeitos nas membranas celulares, com a produção de eicosanoide (por exemplo, prostaglandinas) com interações genéticas, o DHA também produz efeitos fisiologicamente válidos (Arterburn, Hall e Oken, 2006). De fato, alguns têm argumentado para o reconhecimento formal do DHA como uma gordura essencial por causa desses efeitos serem mais que meramente auxiliares. Estudos intervencionais em animais, epidemiológicos e em humanos sugerem que o DHA melhora a função neurológica e visual em bebês em desenvolvimento (Innis, 2008; Hoffman et al., 2004; Weisinger, Vingrys e Sinclair, 1996). O ácido docosaexanoico é o maior componente da massa cinzenta cerebral. O oferecimento de DHA como parte de um suplemento de óleo de peixe melhora o humor e pode beneficiar na depressão psicológica (Logan, 2003; Su et al., 2003).

Os benefícios de DHA se estendem além do cérebro e dos olhos. A suplementação com ácidos graxos n-3, incluindo DHA, reduz o componente inflamatório de diversas doenças crônicas, algumas mais que outras (Browning, 2003; Calder, 2006). Um suplemento de óleo de peixe contendo 1,1 g de EPA e 0,7 g de DHA por dia tem demonstrado reduzir a resposta do cortisol ao estresse (Delarue et al., 2003). A suplementação de DHA com EPA reduz o total da concentração sérica de triacilglicerol, a pressão sanguínea, a agregação plaquetária e a inflamação e diminui mortes por arritmia cardíaca (Breslow, 2006; Richter, 2003). De fato, pesquisas sugerem que alguns dos efeitos do ácido linolênico (essencial, ômega-3) são profundamente relacionados ao DHA (Breslow, 2006; Calder, 2006; Ehringer et al., 1990; Su et al., 1999). Por essas razões, é discutido se o DHA é um terceiro ácido graxo essencial (Muskiet et al., 2004).

Observa-se, entretanto, que mais pesquisas são necessárias para elucidar se DHA, EPA ou alguma combinação é o melhor para gerar benefícios cardiovasculares, entre outros (Breslow, 2006). Essa quebra poderia ser de relevância particular aos atletas masculinos, cujas mais altas concentrações de testosterona diminuem os níveis teciduais de DHA (Childs et al., 2008). A respeito da dose, Arterburn, Hall e Oken (2006) relataram que uma grande dose (2 g) de DHA diária maximiza as concentrações do plasma em um mês. A Tabela 4.1 mostra a ingestão diária recomendada de ácidos graxos individuais. Nota-se também que o DHA pode ser convertido em EPA no corpo, mas o inverso não ocorre (Arterburn, Hall e Oken, 2006). Muitas fontes naturais e suplementos dietéticos incluem uma mistura de DHA e EPA (ômega-3 mistos), e alguns recomendam uma dose diária combinada de menos que 3,0 g (Morcos e Camilo, 2001).

Discussões de ácidos graxos essenciais são, no entanto, insuficientes para enfatizar o impacto da gordura dietética na saúde. No contexto do conceito da "dieta balanceada", percebe-se que a sociedade ocidental não estimula uma ingestão balanceada em relação à gordura dietética. De acordo com o Instituto de Medicina (IOM), a ingestão dos ácidos graxos ômega-6 e ômega-3 deveria se aproximar da razão de 7 para 1 (Institute of Medicine, 2002). Alguns pesquisadores e dietetas sugerem uma razão ainda menor. Essas recomendações, baseadas em evidências fisiológicas, paleonutricionais e outras, são muito diferentes, sendo a razão de quase 17 para 1 no consumo de ocidentais na atualidade (Simopoulos, 2002). Para afirmar essa diferença, populações ocidentais, como os norte-americanos, ingleses e australianos, consomem muito vastamente a gordura ômega-6, enquanto consomem pouco a gordura ômega-3 (Simopoulos, 2002; Mann et al., 1995; Meyer et al., 2003). Em virtude da competição desses tipos de gordura com respeito à incorporação nas membranas celulares, à produção de prostaglandinas, às concentrações de citocinas, às interações genéticas e outros efeitos, essa é uma prescrição para inflamação, tromboses e outras aberrações fisiológicas. Também ligado ao conceito do equilíbrio estão os benefícios à saúde bem conhecidos da dieta do Mediterrâneo, com ênfase no azeite de oliva. Essa fonte, rica em ácidos graxos ômega-9 (ácido oleico), é em parte razão para a dieta do Mediterrâneo ser considerada saudável (Perez-Jimenez, Lopez-Miranda e Mata, 2002). Embora seja considerado mais "neutro" em relação à inflamação, melhor que um anti-inflamatório em si, o ácido oleico pode, contudo, alterar a proporção de gorduras ômega-6 (inflamatório) para ômega-3, se substituir algumas das gorduras ômega-6 na dieta.

A pesquisa científica sobre ácidos graxos essenciais e desempenho atlético está no seu início. Os benefícios à saúde da ingestão de ácidos graxos essenciais para atletas são claros, ao passo que estudos a respeito do desempenho são ausentes. Todavia, um estudo recente examinou os efeitos da suplementação de ômega-3 em lutadores jovens (aproximadamente 18 anos de idade) sobre a função pulmonar durante treino de luta intenso. Lutadores consumiram cápsulas contendo 1.000 mg/dia de ômega-3 (180 mg de EPA e 120 mg de DHA) enquanto participavam do treino de luta três vezes na semana, por 12 semanas. No final do estudo das 12 semanas, os autores relataram que lutadores que ingeriram a suplementação de ômega-3 melhoraram significativamente sua função pulmonar se comparados ao grupo placebo sob as mesmas condições de treino e teste pulmonar. Com a popularidade e a atenção que os ácidos graxos essenciais têm alcançado, mais pesquisas sobre ácidos graxos essenciais e desempenho do exercício são prováveis.

Colesterol

O **colesterol** não é classificado como uma gordura dietética, mas é um lipídio importante. Apesar de ter conotações negativas para a maioria dos norte-americanos, o colesterol dietético é atualmente uma substância controversa. Primeiro, as interpretações de seus efeitos deletérios diferem entre os Estados Unidos e o Canadá. As autoridades canadenses reduziram seu impacto nas concentrações séricas de colesterol atuais, no risco cardiovascular (McDonald, 2004) e não consideram em comum a recomendação norte-americana de restringir o colesterol dietético para menos de 300 mg por dia, importante o suficiente para inclusão nas diretrizes dietéticas do Canadá. Isso não quer dizer que os canadenses veem o colesterol circulante sem impacto no risco cardiovascular; em vez disso, a visão é de que o colesterol dietético tem uma influência relativamente menor nos níveis sanguíneos de colesterol e provavelmente na doença cardiovascular.

- Colesterol – uma substância gordurosa complexa, com muitas funções importantes no corpo; pode ser produzida no corpo ou fornecida por meio de alimentos de origem animal.

Em segundo lugar, o colesterol dietético pode desempenhar funções ainda não reconhecidas em atletas de força. Nesse sentido, o colesterol dietético pode, atualmente, manifestar-se como vantajoso. Um trabalho anterior feito por Riechman et al. (2007) sugeriu correlações entre ingestão do colesterol dietético, ganho de massa magra e força entre treinadores de força mais velhos (60-69 anos). Apesar de não ser causal, a relação com o ganho de massa magra foi significante ($R^2=0,27$), sugerindo que mais de um quarto da variação no ganho de massa magra observada durante o treino de força foi atribuído ao colesterol dietético. Curiosamente, isso dá algum crédito às sugestões históricas e menos científicas de treinadores de que atletas de força deveriam consumir grandes quantidades de ovos inteiros e carne bovina. Mais pesquisas serão necessárias em pessoas jovens. Como essa pesquisa sobre o colesterol ainda está em seu estágio inicial, não está claro agora qual a melhor forma de conciliar quaisquer potenciais benefícios com os potenciais efeitos adversos na saúde vascular.

Gordura dietética e desempenho

Certos exemplos sugerem como os efeitos da gordura diferem entre atletas e pessoas saudáveis sedentárias ou pacientes em situações clínicas. Por exemplo, o treinamento físico pode alterar favoravelmente a relação de ácidos graxos dos tecidos no corpo (Andersson et al., 2000; Helge et al., 2001). Esse benefício, da mudança não dietética para um maior conteúdo de ômega-3, não é visto em sedentários. Além disso, o consumo de uma dieta hipolipídica, frequentemente seguida por atletas, altera favoravelmente a proporção de ácidos graxos no tecido (Raatz et al., 2001). Isso é no mínimo em razão de uma menor presença de ácidos graxos ômega-6 (e, portanto, menos competições). Muitos atletas não percebem que eles podem reduzir (melhorar) suas proporções de ômega-6 e ômega-3 nos tecidos por simplesmente consumir menos gordura dietética total.

Dietas extremas, porém, podem tornar-se problemáticas. Como exemplo, os "benefícios" de dietas com muita pouca gordura e rica em fibras, sugeridas por alguns pesquisadores, induzem alterações que atletas podem querer evitar. Por exemplo, as concentrações de testosterona reduzidas (Dorgan et al., 1996; Hamalainen et al., 1983; Reed et al., 1987) dessas ingestões podem ser benéficas para um paciente com risco de câncer de próstata dependente de andrógenos, mas não deve ser benéfico para um atleta que precisa de um adicional de 10% a 15% de testosterona circulante. A maioria dos atletas está consciente de que a testosterona é vantajosa para a recuperação atlética e para o crescimento muscular.

Outra recomendação dietética popular e, às vezes, extrema, é a diminuição da ingestão de quilocalorias, que pode também ser problemática para atletas. Com o frequente gasto calórico em treinamentos ou em exigências calóricas para adição de massa magra, não seria vantajoso para atletas restringir muito a energia que impulsiona o progresso. Considerando todos os fatores, o conteúdo de gorduras da dieta pode variar de 20% a 40% do total de quilocalorias, sem efeito no desempenho da força (Van Zant, Conway e Seale, 2002).

Gordura como combustível do exercício

Os efeitos a longo prazo da gordura dietética em um atleta não são as únicas considerações; é importante entender problemas mais agudos também. Em relação às gorduras dietéticas como combustível do exercício, os dois maiores fenômenos são o "efeito metabólico cruzado" (Tabela 4.2) e a "duração do efeito", ou a "troca de gordura" (Tabela 4.3). O primeiro envolve um cruzamento da oxidação da gordura no repouso e em intensidades menores para a utilização dos carboidratos em altas intensidades. Isto é, há uma relação inversa entre a "queima" de gordura direta (medida pela razão de troca respiratória) e a intensidade do exercício (medida pelo batimento cardíaco e $\dot{V}O_2$máx) (Brooks, 1997;

Klein, Coyle e Wolfe, 1994; Sidossis et al., 1997). O controle bioquímico e o imediatismo da necessidade de energia são razões para esse cruzamento. Mesmo atletas de resistência aeróbia altamente treinados, com a capacidade de oxidar gorduras aumentada, eventualmente "trocam" a utilização por carboidratos, embora em intensidades mais altas que em pessoas com perfil menos aeróbio.

O efeito da duração, no entanto, envolve a relação oposta. A duração do exercício é positivamente correlacionada com a utilização de gorduras (Lowery, 2004). Durante o exercício prolongado, de baixa intensidade (maior que 30 minutos), a utilização dos carboidratos como combustível para a atividade muda gradualmente para um aumento da dependência nas gorduras como combustível. A dependência maior nas gorduras pode ser demonstrada pela medida dos níveis de glicerol no sangue. Lembre que uma molécula de triglicérides consiste de uma molécula de glicerol e três ácidos graxos. Se a gordura for utilizada como combustível da atividade, a molécula de triglicérides necessita ser quebrada (químicos utilizam o termo "hidrólise" para se referirem a essa reação) em uma molécula de glicerol livre e três ácidos graxos livres. O glicerol e os ácidos graxos são considerados "livres" em razão de eles não estarem ligados uns aos outros, como eles estavam sob a forma de triglicérides. Conforme a duração do exercício aumenta, ocorre um aumento dos níveis sanguíneos de glicerol (Tabela 4.3), indicando que os triglicérides foram quebrados e que os ácidos graxos estão sendo utilizados como combustível no exercício de baixa intensidade.

Dois pontos sobre exercício para a perda de gordura corporal merecem ser reiterados aqui. Primeiro, nem toda gordura corporal é armazenada em células adiposas. Uma porcentagem significativa vem de aproximadamente 300 g de triacilglicerol intramuscular armazenado. Uma pesquisa estabeleceu que essas gotículas lipídicas dos músculos são uma porção da gordura oxidada, vista com o uso de calorímetro. Em segundo lugar, o cruzamento e a duração do fenômeno não necessariamente sugerem que a redução da gordura corporal é somente alcançada diretamente durante o exercício prolongado de baixa a moderada intensidade em jejum. De fato, repetir séries de exercício de alta intensidade estimula a biogênese mitocondrial que melhoraria a utilização da gordura durante o dia do atleta. Além disso, treinos de alta intensidade reduzem a reserva de glicogênio que, subsequentemente, seria reabastecido pelo carboidrato ingerido, caso contrário, um nutriente deve ser convertido e armazenado como gordura corporal (essas são razões-chave do porquê muitos atletas de potência são tão magros). A escolha da intensidade e a duração do exercício são, então, parcialmente determinadas pela necessidade do atleta para o condicionamento aeróbio *versus* a necessidade para o repouso e para a prevenção do *overtraining* (do tipo simpático).

TABELA 4.2 Oxidação das gorduras contra carboidratos durante jejum em exercícios de intensidades diferentes

Intensidade do exercício*	RER**	Tipo de combustível	Bioquímica***
Baixa (<25% $\dot{V}O_2$máx)	0,70	Gorduras	$C_{16}H_{32} + 23\ O_2$ $16\ CO_2 + 16\ H_2O$
Moderada (50% $\dot{V}O_2$máx)	0,85	Gorduras + carboidratos (carboidratos de modo crescente)	Utilização de mistura de palmitato e glicose
Alta (100% $\dot{V}O_2$máx)	1,00	Carboidratos	$C_6H_{12} + 6\ O_2$ $6\ CO_2 + 6\ H_2O$

*Exercício de baixa intensidade pode ser muito prolongado (diversas horas) e exercício de moderada intensidade um pouco menos (talvez de 1 a 4 horas), ao passo que exercício de alta intensidade é medido em minutos apenas.

**Razão de troca respiratória (RER, na sigla em inglês) avaliada num calorímetro (volume de CO_2 produzido/volume de O_2 consumido cada minuto) é frequentemente utilizada de modo trocável com o quociente respiratório (RQ), que é tecnicamente um termo de respiração celular. As medidas da RER validam a bioquímica à direita na Tabela.

***Observe que, conforme as medidas de RER, o CO_2 produzido/O_2 consumido para a "queima" de palmitato ($C_{16}H_{32}$) = 16/23 = 0,70, que aumenta com a intensidade voltada para a utilização da glicose 6/6 = 100.

TABELA 4.3 Mobilização das gorduras durante o jejum das diferentes durações do exercício

Duração do exercício	Glicerol sérico[†]
Prolongada, >60 minutos	Alto
Moderada, 30 a 60 minutos	Moderado
Curta, <30 minutos	Baixo

[†] As concentrações séricas de glicerol (quebra e mobilização das gorduras) são elevadas durante o jejum prolongado (isto é, mesmo no repouso), bem como durante o exercício prolongado de baixa a moderada intensidade; em geral, maior mobilização das gorduras durante o exercício relacionado à maior oxidação das gorduras.

Carga de gorduras

Para aumentar e sustentar as adaptações do treinamento físico, atletas têm cada vez mais procurado a manipulação das gorduras dietéticas. Isso leva à forma de manipulação dos alimentos e administração de suplementação dietética. Manipulações dos alimentos focam no fato de que ingerir mais gorduras – mesma "carga de gorduras" – pode aumentar concentrações de triacilglicerol muscular armazenado e aumentar a atividade da enzima da "queima de gorduras". Aumentar bruscamente 300 g da reserva de triacilglicerol intramuscular pareceria vantajoso em relação ao suprimento de combustível simples. Um olhar mais a fundo das células musculares revela gotículas lipídicas imediatamente adjacentes aos "fornos" mitocondriais que impulsionam o desempenho da resistência aeróbia, levando ao interesse de aumentar esses depósitos de combustível prontamente acessíveis. Isso é especialmente verdadeiro, dado que atletas de resistência aeróbia têm maior capacidade de armazenar essas gotículas de gorduras comparados a sedentários (van Loon et al., 2004) (curiosamente, o acúmulo de gordura celular é parte do mecanismo por trás do diabetes, mas em atletas não é prejudicial). Porém, ingerir mais gorduras dietéticas não se destina simplesmente a aumentar o conteúdo do "tanque de gasolina" intramuscular de um indivíduo. Ao adaptar-se para uma dieta rica em gorduras, um atleta fica melhor utilizando a gordura reservada (Fleming et al., 2003; Zderic et al., 2004). Uma estratégia, então, é planejar um regime dietético pré-evento, que permita em uma ou duas semanas o aumento do armazenamento de lipídios e a melhora da enzima oxidativa de gorduras.

Infelizmente, a primeira constatação de estudos sobre a carga de gorduras parece ter um aumento da proporção (em vez da redução) do esforço percebido (RPE, na sigla em inglês), com desempenho global inconsistente ou diminuído. Embora alguns estudos tenham sugerido um tempo prolongado até exaustão após uma carga de gordura (o que é bom), o aumento da sensação de esforço associado a uma não melhora da potência aeróbia (Fleming et al., 2003; Hargreaves, Hawley e Jeukendrup, 2004; Stepto, 2002) tem levado muitos pesquisadores e técnicos a abandonar ou modificar a estratégia de carga de gorduras. Parece que ter simplesmente mais gordura intramuscular ou mesmo aumentar a oxidação da gordura não equivale a melhorar desempenho na maioria dos esportes. Isso induziu pesquisadores a tentarem regimes de carga de gorduras seguidos de consumo abundante de carboidratos no pré e durante exercício. Apesar de mostrar marcantes alterações aparentemente favoráveis no metabolismo de combustível, essas investigações permanecem questionáveis em relação ao desempenho real (Williams, 2005).

Suplementos de gorduras para atletas

Embora sejam relativamente raros no estoque ocidental de alimentos, suplementos de gorduras são especialmente interessantes em razão de dois fatos biológicos. Primeiro, as membranas celulares em geral incorporam a gordura ingerida mais recentemente, um fenômeno bastante profundo. Por exemplo, em quantidades relativamente grandes, EPA e DHA podem substituir o ácido araquidônico (todos cis, n-6, 20:4) mais inflamatório nas membranas celulares, alterando a cascata de prostaglandinas celulares (Boudreau et al., 1991). Utilizando a analogia de um balão com água para representar uma célula, isso significa que a "borracha" do balão se altera, e não simplesmente o seu conteúdo, como seria verdadeiro com a ingestão de carboidratos. Além disso, a membrana celular pode permanecer alterada por um tempo prolongado. Alguns estudos com o uso de óleos de peixe relatam períodos de 10 a 18 semanas de eliminação (Endres et al., 1989; Kremer et al., 1987). Segundo, os conteúdos e as operações celulares mudam quando tipos incomuns de gorduras são providas como combustível. Por exemplo, os suplementos de triacilglicerol de cadeia média (os quais são distinguidos pelo comprimento dos ácidos graxos e não por suas insaturações) podem ser mais rapidamente absorvidos e queimados (oxidados) nas células, como discutido a seguir.

Óleos de peixe

Provavelmente, o tipo mais difundido de suplementação de lipídio sejam os óleos de peixe. Eles oferecem tanto EPA quanto DHA, em cerca de 50% do total do conteúdo da cápsula (gel); EPA é usualmente predominante. Produtos mais concentrados, às vezes chamados de óleos de peixe força extra, contêm mais dos "ingredientes ativos" EPA e DHA e podem alterar a proporção para mais ou para menos de DHA. Essa é a razão pela qual entusiastas de óleos de peixe justificam olhar para a dose total de EPA com DHA em um produto, em vez de simplesmente dosar pelo total de gramas de óleo de peixe bruto. Alimentos gordurosos, entretanto, oferecem, por vezes, um misto de ácidos graxos e tendem para somente um tipo predominante do que outro.

Normalmente, declarações sobre suplementos esportivos pretendem atribuir vários efeitos benéficos múltiplos que são exagerados ou deliberadamente enganosos, mas os numerosos efeitos do consumo de suplementos de EPA-DHA são baseados em evidências, tornando-os muito populares. Há razões além dos longos períodos de eliminação (os quais poderiam ser negativos bem como positivos). O simples fato de que a gordura ômega-3 é pouco consumida na maioria das culturas ocidentais cria um estado de deficiência relativa ou desequilíbrio. Essa deficiência relativa é o que destaca os vários efeitos fisiológicos observados anteriormente no capítulo. Por exemplo, Archer et al. (1998) relataram que a população norte-americana, particularmente no centro-oeste, consome muito pouco gordura do peixe para alcançar efeitos cardioprotetores. Isso faz a suplementação interessante. Outros fatores que aumentam o interesse em suplementos de óleo de peixe incluem o baixo nível de preocupação sobre contaminação por metais pesados (mercúrio) em comparação a alguns frutos do mar (Lowery, 2004) e uma recomendação da American Heart Asssociation que a suplementação deve ser necessária em populações selecionadas (Breslow, 2006). Como regra geral, os dietetas reconhecem que corrigir uma deficiência induz mais efeitos positivos potenciais e confiáveis que uma hipersuplementação de um nutriente que é consumido de forma adequada.

Publicações abordando como o EPA e o DHA podem beneficiar atletas são raras e incluem um elemento de especulação em razão de uma escassez de pesquisa específica em populações. Contudo, existem pesquisas em pessoas saudáveis e naquelas com lesões ou problemas atléticos. Uma revisão de Lowery (2004) sugeriu que efeitos de anti-inflamatórios e antidepressivos (elevando humor) desses ácidos graxos ômega-3 devem beneficiar atletas que treinam pesado ou aqueles que sofrem de excesso de treinamento. Um estudo posterior de Simopoulos (2007) também demonstrou que os efeitos anti-inflamatórios foram benéficos para atletas, sugerindo 1 a 2 g diários de EPA mais DHA.

Condições como tendinites, bursites, osteoartrites e até mesmo síndrome do *overtraining* (por exemplo, depressão) são exemplos de patologias específicas de atletas que podem ter melhorado por meio da suplementação de ômega-3. O efeito protetor contra a quebra da cartilagem, por exemplo, nas condições de artrite (Curtis et al., 2000), pode ser benéfico para a longevidade da carreira do atleta, do mesmo modo que pode ter efeitos de proteção aos ossos (Fernandes, Lawrence e Sun, 2003), embora mais pesquisas sejam necessárias para esportes específicos. Os benefícios para broncoconstrição induzida pelo exercício também foram relatados (Mickleborough et al., 2003). Além disso, pesquisas emergentes podem sugerir uma função à gordura ômega-3 na redução da gordura corporal. Há uma pesquisa que parece ter uma base sólida em virtude do conhecimento da natureza inflamatória da obesidade, particularmente da obesidade visceral (por exemplo, citocinas [Bastard et al., 2006]), e as características corretivas anti-inflamatórias dos óleos de peixe. Tal trabalho está nos primeiros estágios e ainda não ofereceu o teor de evidência crítica necessário para chamá-las de recomendações (relacionadas à composição corporal). Finalmente, pesquisas sobre a relação entre a gordura ômega-3, a recuperação muscular e a dor do exercício é variada e aparece relacionada à dose e à idade (Cannon et al., 1995; Lenn et al., 2002; Phillips et al., 2003).

Ácido linoleico conjugado

Talvez o próximo suplemento de ácido graxo mais popular entre os atletas, o qual, na verdade, é um grupo de **isômeros** posicionais, seja o ácido linoleico conjugado (CLA). Desde antes da Primeira Conferência

Internacional sobre CLA em 2001, porém, pesquisadores perceberam que humanos são "hiporresponsivos" comparados a animais como os camundongos. Em certa medida, isso é lamentável em razão das qualidades anticatabólicas de redução de gordura drásticas exibidas pelo CLA nesses animais (Pariza, Park e Cook, 2001; Park et al., 1997). Uma segunda geração de pesquisas em animais tem, desde então, designado qualidades individuais aos isômeros cis-9, trans-11 (melhora do crescimento) *versus* os isômeros trans-10, cis-12 (antilipogênico, lipolítico ou ambos) (Pariza, Park e Cool, 2001). Porém quaisquer benefícios consistentes aos humanos e aos atletas, em particular, têm ainda de ser elucidados. Das razões para a ineficácia relativa em estudos com humanos podem-se incluir métodos de doses diferentes (frequentemente 3 g diárias em pesquisas humanas *versus* 0,5% a 1,0% do peso dos alimentos ou total de calorias em estudos com animais), duração do estudo e as diferenças entre as espécies. As taxas metabólicas em jejum e as curvas de crescimento de roedores comparados com humanos parecem ser confusas.

- Isômeros – compostos que têm fórmulas moleculares idênticas, mas diferem na natureza ou na sequência de ligação química de seus átomos.

A ingestão humana de CLA proveniente dos alimentos, como laticínios e carnes, foi relatada ser de 151 mg diários para mulheres e 212 mg diários para homens; quase todos esses são do tipo cis-9, trans-11 (Terpstra, 2004). Pesquisas muito limitadas em humanos sugerem o aumento na força ou massa corporal magra, ou em ambos, com a suplementação (Lowery, 1999; Terpstra, 2004), enquanto outros dados sugerem uma pequena redução na gordura corporal (Williams, 2005). Protocolos de força e composição corporal dos estudos em humanos não foram padronizados, portanto, nenhum benefício foi comprovado. Desde a publicação de alguns resultados positivos sobre a composição corporal, emergiu o interesse sobre a sensibilidade à insulina prejudicada potencialmente, sobre a esteatose hepática (Ahrén et al., 2009; Wang e Jones, 2004) e sobre os efeitos inexpressivos em relação ao peso corporal e à redução da gordura em porcos e humanos (Wang e Jones, 2004). Assim, estudos em humanos permanecem raros comparados às pesquisas em animais, mas continuam. Apesar de uma metanálise ter indicado um modesto e variável efeito sobre a redução de gordura corporal em humanos, que se aproximou de 1 kg de perda após 12 semanas (Whigham, Watras e Schoeller, 2007), atualmente, isômeros CLA não parecem ser vantajosos em humanos como outros suplementos de ácidos graxos.

Ácidos graxos de cadeia média

Como anteriormente mencionado, outro importante aspecto da seleção dos ácidos graxos na Nutrição Esportiva é o comprimento do ácido graxo. Ácidos graxos de cadeias curtas, médias e longas exercem diferentes efeitos fisiológicos. Por exemplo, apesar do EPA e DHA serem discutidos na seção *Posição de dupla-ligação entre carbonos* deste capítulo, seus comprimentos também importam. Eles são mais longos que os ácidos graxos mais comuns e, portanto, são diferenciados pelo comprimento de suas cadeias e não simplesmente pela presença da dupla-ligação ômega-3. Tem cerca da metade do comprimento de EPA e DHA os ácidos graxos de cadeia média ácido cáprico (10 carbonos, Figura 4.2*a*) e ácido láurico (12 carbonos), tipicamente derivado do óleo de coco e óleo da semente de palma. A falta relativa de cadeias de ácidos graxos em triglicérides de cadeia média (TCM) os faz comportarem-se muito diferentemente no corpo.

Comparados aos ácidos graxos comuns 16- e 18-carbonos, os TCM são solúveis em água o suficiente para serem absorvidos diretamente na corrente sanguínea, sem a necessidade de vasos linfáticos como é típico (Figura 4.1). Uma vez na corrente sanguínea e atingindo os tecidos, como o fígado e o músculo esquelético, os TCM podem também ser quebrados em "fornos" mitocondriais das células sem a necessidade usual de enzimas carnitinas-transferases. Assim, grande interesse foi gerado na década de 1980 em testar o TCM como um combustível de desempenho imediato. Infelizmente, essa pesquisa, utilizando aproximadamente 25 a 30 g de TCM pré-exercício e, por vezes, juntamente com carboidratos, não revelou nenhum benefício em relação à melhora do desempenho ou efeito poupador de glicogênio durante o exercício (Horowitz et al., 2000; Vistisen et al., 2003; Zderc et al., 2004). Houve, então, especulações de que grandes quantidades devem ser necessárias para oferecer benefícios, mas dificuldades gastrointestinais já foram um problema com muitos indivíduos. Pesquisas foram realizadas com grandes doses de TCM (71 a 85 g), mas sintomas, como cãibras e diarreias, foram novamente problemáticos (Calabrese et al.,1999; Jeukendrup et al., 1998).

O interesse nos efeitos ergogênicos do TCM, de maneira lógica, pode ter tomado foco de outros benefícios potenciais aos atletas. Uma boa parte da Nutrição Esportiva envolve o ganho de peso e a recomposição corporal. Isso pode ser uma possibilidade de interesse futuro para o TCM. Triglicérides de cadeia média são fontes de calorias, que são bioquimicamente menos utilizadas para serem armazenadas como gordura corporal em razão do rápido transporte para o fígado (por beta-oxidação de ácidos graxos e formação de cetona) e aumento da termogênese comparados ao triacilglicerol (Aoyama, Nosaka e Kasai, 2007). De fato, novas pesquisas sugerem gordura corporal reduzida sobre o período da ingestão de TCM (Aoyama, Nosaka e Kasai, 2007; Takeuchi et al., 2008). Pesquisadores explicaram que a gordura e as calorias adicionais beneficiam comumente atletas subalimentados (Horvath et al., 2000; Lowery, 2004; Venkatraman, Feng e Pendergast, 2001; Venkatraman, Leddy e Pendergast, 2000), e o TCM ou os nutrientes similares podem ser uma forma vantajosa de oferecê-los.

Triglicérides estruturados

Ácidos graxos de cadeia média estão novamente ganhando atenção, em parte pela renovada pesquisa (atualmente em progresso) sobre "triglicérides estruturados". Triglicérides estruturados são moléculas especiais de triacilglicerol formadas por um processo químico conhecido como esterificação. Durante esse processo, os ácidos graxos especialmente escolhidos são colocados no esqueleto de glicerol. As primeiras pesquisas sugeriram que a redução da qualidade da gordura corporal e uma série de dificuldades intestinais rodearam os triacilgliceróis estruturados que continham uma mistura de ácidos graxos de cadeia média e de cadeia longa (Aoyama, Nosaka e Kasai, 2007; Takeuchi et al., 2008). Além disso, um triacilglicerol estruturado com um ácido graxo-alvo no meio, ou na posição sn-2, pode fornecer melhor esse ácido graxo no corpo. Triacilgliceróis estruturados conferem melhora da retenção de nitrogênio e menos estresse hepático do que misturas físicas simples de vários tipos de gorduras nas situações clínicas (Lindgren et al., 2001; Piper, 2008). Contudo, barreiras, como tecnologia ou custo, têm prevenido a utilização difundida na Nutrição Esportiva.

Além dos triglicérides estruturados (também conhecidos como triacilgliceróis estruturados), o outro grande ajustamento de moléculas de gordura inteiras é o uso de diacilgliceróis. Essas moléculas foram introduzidas no Japão, em 1999, como óleo de cozinha, e, desde então, tornaram-se disponíveis nos Estados Unidos (Flickinger e Matsuo, 2003). Em diacilgliceróis, o esqueleto de glicerol do triacilglicerol fonte tem o ácido graxo do meio (sn-2) removido. Esses óleos são oxidados mais rapidamente (em vez de serem armazenados no corpo) quando eles substituem os óleos típicos (Flickinger e Matsuo, 2003). O mecanismo envolve uma falta de 2-monoacilglicerol durante a digestão, afetando a absorção e o metabolismo.

Aplicações profissionais

Quanto de gordura é recomendada na dieta do atleta? Infelizmente, não existe um padrão para a ingestão ótima de gorduras. A faixa de distribuição aceitável do macronutriente gordura é de 20% a 35% da ingestão calórica (Institute of Medicine, 2005). Quando a ingestão de gorduras está em 30% do total de calorias, a Diretriz Dietética para Norte-Americanos (U.S. Department of Health e Human Services and U.S. Department of Agriculture, 2005) recomenda que a porção de energia proveniente de ácidos graxos pode ser de 10% saturada, 10% poli-insaturada, 10% monoinsaturada e que fontes de ácidos graxos essenciais devem ser incluídas. Em geral, atletas relatam uma média de ingestão de gorduras de 35% do total de calorias (Hawley et al., 1995). A área em que a maioria dos atletas precisa planejar é a distribuição da fonte de gorduras. A ingestão de gorduras com o balanço igual de gorduras saturadas, poli-insaturadas e monoinsaturadas não ocorre por acaso. As gorduras saturadas são abundantes na típica dieta norte-americana e são encontradas em gorduras animais, como carne vermelha e carnes escuras de aves. Gorduras monoinsaturadas são encontradas em óleos vegetais, como azeite de oliva, óleo de canola e no amendoim. Gorduras poli-insaturadas são encontradas em nozes, queijo e peixe. Atletas precisam ter certeza de que eles estão selecionando uma variedade de alimentos para obter o balanço recomendado entre os tipos de gorduras.

Enquanto a pesquisa é limitada, parece que a ingestão das gorduras pode variar conforme a porcentagem de calorias totais e não afetar o desempenho do exercício. Quando a ingestão das gorduras for de 20% do total de calorias, se comparada a 40% do total de calorias, não há efeito no treino do exercício ou no desempenho da força do exercício em homens moderadamente treinados (Van Zant, Conway e Seale, 2002). Em relação ao exercício aeróbio, pesquisadores da Suíça (Vogt et al., 2003) compararam os efeitos de uma dieta contendo 53% de gordura e uma dieta contendo somente 17% de gordura em 11 atletas de duatlo masculinos (um duatlo consiste em corrida e ciclismo). Após os indivíduos ingerirem uma dieta rica ou pobre em gorduras por cinco semanas, não houve diferença no tempo que levaram para correr meia maratona ou no resultado total do exercício durante uma prova contrarrelógio com o tempo de 20 minutos na velocidade máxima, em um cicloergômetro.

Com base nesses estudos, parece que a porcentagem do total de calorias derivadas das gorduras não tem um grande impacto no desempenho do exercício ou no desempenho atlético. Mas, embora isso pareça ser o caso na maioria das circunstâncias, os atletas precisam ter cuidado para não atingirem o extremo – ingerindo bastante ou muito pouco de gordura dietética.

O consumo de muita gordura pode levar ao alto consumo de calorias, o qual leva ao ganho de peso sob a forma de gordura. Em razão de o tecido adiposo não contribuir para o movimento, ele age como "peso morto" e diminui relativamente a produção de força. Atletas nos esportes, nos quais o tamanho físico maior é benéfico, podem ser mais inclinados a esse problema. Por exemplo, atacantes de futebol americano são mais propensos a consumirem excesso de calorias e serem classificados como com sobrepeso ou obesos que jogadores de outras posições (Mathews e Wagner, 2008).

Entretanto, se a ingestão de gorduras é muito baixa, o desempenho pode ser reduzido. Atletas que participam de ginástica, patinação artística e eventos de classe por peso (por exemplo, luta) são mais propensos a consumirem muito pouca gordura dietética. Horvath et al. (2000) avaliaram o desempenho de resistência aeróbia de atletas de resistência aeróbia masculinos e femininos após ingerirem dietas isocalóricas, com a variação do conteúdo de gorduras. Os atletas consumiram dietas isocalóricas, consistindo de 16% de gorduras, 31% de gorduras ou 44% de gorduras, durante quatro semanas antes de corrida a 80% do $\dot{V}O_2$máx até a exaustão voluntária. Os autores relataram que a dieta com 31% de gorduras resultou numa melhora significante no desempenho da resistência aeróbia em comparação a 16% de gorduras da dieta. Porém, não houve diferenças no desempenho da resistência aeróbia entre os grupos da dieta com 31% e 44% de gorduras.

A recomendação é que atletas consumam uma dieta habitual de aproximadamente 30% de gorduras. Desses 30%, 10% deveriam ser saturadas, 10% poli-insaturadas e 10% monoinsaturadas. Seguindo essas sugestões de ingestão de gorduras, evitam-se práticas extremas de bastante ou muito pouco consumo de gordura dietética.

RESUMO

- A classificação da gordura inclui graus de saturação (o número de duplas-ligações entre carbonos); a posição das duplas-ligações entre carbonos (a colocação das duplas-ligações contadas a partir do final da cadeia de ácidos graxos); o comprimento da cadeia (o comprimento da cadeia de carbono que constitui os ácidos graxos); e a colocação dos ácidos graxos (diferenças em que cadeias de ácidos graxos são ligadas ou omitidas das moléculas do esqueleto de glicerol das gorduras). Um entendimento dessas diferenças habilita os atletas a escolher os tipos adequados de gorduras para otimizar a saúde e o desempenho.

- A gordura é o combustível principal no repouso e durante o exercício de baixa intensidade.
- A gordura vem de uma ampla variedade de tipos, alguns que são essenciais, incluindo o ácido linolênico de linhaça e nozes (ômega-3, poli-insaturada); EPA e DHA do óleo de peixe (ômega-3, poli-insaturada); e ácido oleico do azeite de oliva e óleo de canola (ômega-9, monoinsaturada).
- A gordura confere benefícios nutracêuticos, inclusive ajudando a manter hormônios sexuais, melhorando potencialmente o humor, reduzindo a inflamação e auxiliando no controle de gordura corporal.
- É recomendado que atletas consumam uma dieta habitual de aproximadamente 30% de gorduras. Desses 30%, 10% podem ser saturadas, 10% poli-insaturadas e 10% monoinsaturadas.
- Dietas que têm pouquíssima gordura estão associadas a concentrações reduzidas de testosterona e desempenho do exercício.
- O consumo de muita gordura pode levar a um alto consumo de calorias totais, o que leva ao ganho de peso sob a forma de gordura corporal.
- Suplementos de gorduras (ácido linolênico conjugado, ácidos graxos de cadeia média e triglicérides estruturados) não demonstraram melhoras consistentes no desempenho do exercício.

5

Líquidos

Bob Seebohar, MS, RD, CSCS, CSSD

A água é o nutriente mais importante para o corpo humano. Ela compõe aproximadamente 60% do peso corporal médio de uma pessoa e pode variar entre 45% e 75% (Dunford e Doyle, 2008). A quantidade de água no corpo de uma pessoa depende de fatores como idade, sexo, composição corporal e o tamanho total do corpo. A água é armazenada em diferentes locais no corpo, incluindo gorduras, ossos, músculos e plasma sanguíneo (Dunford e Doyle, 2008). A euidratação, o estado em que a quantidade de água é adequada para atender as demandas fisiológicas do corpo, deveria ser o objetivo diário para qualquer indivíduo ativo. A hiperidratação, um excesso da quantidade de água, e a hipoidratação (às vezes referida como desidratação), uma quantidade insuficiente de água, são dois extremos da ingestão de líquidos que podem ser perigosos.

A água corporal é separada em dois compartimentos diferentes no corpo: fluido intracelular (ICF, na sigla em inglês), que reserva cerca de 65% da água corporal total; e o fluido extracelular (ECF, na sigla em inglês), que contém o restante de 35% de água corporal total. O fluido extracelular é posteriormente separado no líquido do espaço intersticial entre as células; a água intravascular, dentro dos vasos sanguíneos; e os líquidos em outros locais, como líquido cerebroespinhal. A despeito das barreiras que separam os compartimentos, a água se move quase facilmente entre o ICF e o ECF. O ECF age como uma passagem para a água entrar no espaço ICF (Sawka, Wenger e Pandolf, 1996).

O ICF e o ECF são compostos de substâncias similares, mas em concentrações muito diferentes. No ECF, o maior **cátion** é o sódio, e os maiores **ânions** são o cloro e o bicarbonato. Outras substâncias encontradas no ECF contêm potássio e proteína. A composição no ICF é bem diferente. O potássio é o maior cátion, e o fosfato e a proteína são os maiores ânions. O sódio está presente, mas em concentrações muito menores. Essas composições diferentes entre o ECF e o ICF são importantes para o transporte dos líquidos e dos eletrólitos através das membranas celulares. Há pressão constante de sódio "escoando" para dentro das células e para o potássio "escoar" para fora delas, e essas concentrações são reguladas pela bomba de sódio-potássio nas membranas celulares (Sawka, Wenger e Pandolf, 1996). Veja a Figura 5.1.

- Cátion – íon carregado positivamente.
- Ânion – íon carregado negativamente.

Enquanto há diferenças na composição entre esses dois espaços, a concentração total de solutos (**osmolaridade**) é a mesma. Se a concentração no compartimento mudar, uma alteração ocorre. Durante a transpiração excessiva, a água é perdida e o volume do plasma muda, resultando numa concentração maior de sódio no plasma. Conforme a água move-se para fora das células, as células diminuem em seu volume. O corpo é muito eficiente em manter a homeostase (equilíbrio ou balanço), e, assim, o oposto também é verdadeiro: se a concentração de sódio no ECF é baixa, a osmolaridade será menor que no ICF, e o corpo moverá a água para dentro das células (Sawka, Wenger e Pandolf, 1996).

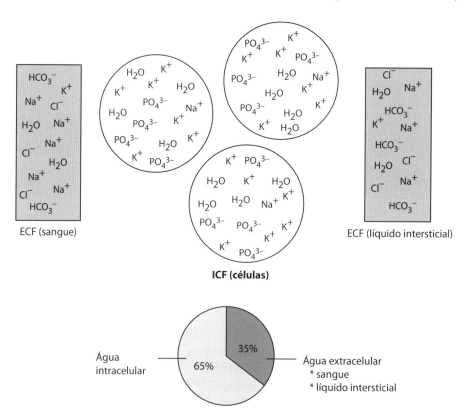

FIGURA 5.1 Quando o corpo está em balanço hídrico, a maior parte da água (H_2O), do potássio (K^+) e do fosfato (PO_4^{3-}) estarão no fluido intracelular (ICF); e a maior parte do sódio (Na^+), do cloro (Cl^-) e do bicarbonato (HCO_3^-) estarão no fluido extracelular (ECF). Embora os tipos de componentes nesses dois espaços sejam diferentes,

a concentração total de solutos (osmolaridade) é a mesma. Se a concentração total dos solutos mudar em espaço, o corpo moverá a água de um espaço para outro a fim de manter o balanço.

Adaptado, com autorização, de M. Dunford, 2010, *Fundamentals of sport and exercise nutrition* (Champaign, IL: Human Kinetics), 114. Adaptado, com permissão, de M. Dunford, 2009, *Exercise nutrition, version* 2.0 (Champaign, IL: Human Kinetics), 33.

- Osmolaridade – concentração da solução.

Quando a solução (ou bebida) contém a concentração total de soluto igual à concentração de soluto do sangue humano, a solução é considerada isotônica. Fluidos são mais bem absorvidos pelo corpo humano quando eles são isotônicos. Uma **bebida hipotônica** é uma solução cuja osmolaridade é menor que a do corpo e é esvaziada do estômago mais rapidamente; uma **bebida hipertônica** é uma solução com osmolaridade maior que a normal do corpo e é esvaziada do estômago mais lentamente. Por exemplo, muitas bebidas esportivas são **bebidas isotônicas**, enquanto suco naturalmente adoçado é uma bebida hipertônica e, portanto, é esvaziada lentamente em comparação a uma bebida esportiva (Rehrer et al., 1990).

- Bebida hipotônica – uma solução com menos osmolaridade que aquela do corpo e, portanto, é esvaziada do estômago mais rapidamente.
- Bebida hipertônica – uma solução com maior osmolaridade que a normal do corpo e, assim, é esvaziada do estômago mais lentamente.
- Bebida isotônica – uma bebida com uma concentração de solutos igual à do sangue. A absorção ótima de fluidos ocorre quando a solução é isotônica.

Balanço hídrico durante o exercício

Durante o exercício, um aumento na temperatura central corporal aumentará o fluxo sanguíneo para a pele e a perda de suor no esforço esfriará o corpo. A evaporação é o primeiro meio de perda de calor durante o exercício e pode ser substancial em ambientes mais quentes (Sawka et al., 2007). As características individuais, como o peso corporal, a predisposição genética e o estado de aclimatização do calor, influenciam a proporção de suor para qualquer atividade (Yamamoto et al., 2008). Assim, indivíduos que praticam o mesmo esporte, e aqueles que praticam esportes diferentes e posições de jogo diferentes, têm uma variação muito grande de sudorese e eletrólitos. A perda de suor afeta profundamente o total de água corporal (ECF e ICF).

Por um período de 8 a 24 horas, a perda de água pode ser completamente reposta para estabilizar o total de água corporal normal, entre 0,2% e 0,5% da massa corporal se forem consumidos fluidos e eletrólitos adequados (Cheuvront et al., 2004). Atletas bem treinados podem ter valores de água corporal total relativamente altos em virtude de suas massas magras corporais. Outro fator que afeta a água corporal total é o glicogênio. Grandes reservas de glicogênio podem aumentar a água corporal total por causa de 3 a 4 g de água estarem ligados a cada grama de glicogênio armazenado (Olsson e Saltin, 2008). Essa é uma importante consideração para alguns atletas que competem em classes de peso ou esportes acrobáticos, como luta, levantamento de peso, boxe, ginástica, *tae kwon do* e patinação artística. Embora manter reservas de glicogênio maximizadas seja importante, consumir uma dieta rica em carboidratos nos dias antes da pesagem, para esportes de categorias de peso, pode alterar a categoria de peso em que o atleta participará. Atletas em muitos esportes estéticos e de categoria de peso devem consumir uma dieta adaptada à sua compleição física e à necessidade de peso.

Desidratação

A hidratação normal é vital não somente para o bom desempenho atlético. Mais importante ainda, o balanço hídrico é crucial para as funções cardiovasculares e termorregulatórias normais (Petrie, Stover e Horswill, 2004). A desidratação aumenta o risco de desenvolver potencialmente a insolação com risco de vida. O risco da desidratação e, subsequentemente, de doenças do calor, é maior em ambientes quentes, úmidos e em altitude. Os atletas que se exercitam em altitudes superiores a 2.300 m são provavelmente aqueles que vivenciam perda de fluidos acima ou além daqueles em razão do exercício (McArdle, Katch e Katch, 2006).

A desidratação maior que 2% do peso corporal pode prejudicar o desempenho atlético (Sawka et al., 2007). A principal causa da desidratação em atletas é a perda de suor que não é compensada pela ingestão de líquidos. Cada atleta tem uma taxa de suor diferente baseada em condições ambientais, tipo de roupas, equipamentos usados, taxa metabólica e área de superfície corporal. O começo da sudorese é amplamente determinado pela taxa metabólica do atleta e pelo núcleo da temperatura corporal, que depende da intensidade do exercício e da massa corporal (Godek et al., 2008).

Dados os fatores que contribuem para a perda de suor, torna-se óbvio que atletas em esportes específicos e posições específicas nesses esportes estão em maior risco de desidratação em comparação a seus companheiros atletas. Jogadores de futebol americano, jogadores de hóquei e lutadores, todos têm um risco aumentado para desidratação baseada em vários fatores não relacionados ao exercício. A grande superfície do corpo e o equipamento de proteção de jogadores de futebol americano os colocam em risco aumentado para a desidratação. No time de futebol americano, os atacantes têm um risco maior para desidratação em virtude de sua superfície corporal ser maior (Godek et al., 2008). Jogadores de hóquei, por causa de seus equipamentos de proteção, também têm maior risco (Noonan, Mack e Stachenfeld, 2007). Lutadores também estão com o risco aumentado, pois eles podem se envolver numa prática de perda de peso prejudicial, como desidratação, na tentativa de ingressar em certa categoria de peso (Kiningham e Gorenflo, 2001).

Hiponatremia

A hiponatremia associada ao exercício, uma baixa concentração de sódio no sangue, é muito comum em atletas de resistência aeróbia e foi primeiramente descrita na década de 1980. Apesar de o mecanismo exato não ser claro, fatores associados com a hiponatremia incluem:

- o excesso de consumo de líquidos hipotônicos;
- a perda excessiva de sódio através do suor;
- suor excessivo com a ingestão de líquidos com baixo teor de sódio.

Em geral, na hiponatremia sintomática, em eventos que duram menos que quatro horas, é atribuível beber muito líquido e ingerir pouco sódio antes, durante e algumas vezes, após o evento (Laursen et al., 2006). Os sinais e os sintomas de hiponatremia incluem desorientação, confusão, dor de cabeça, náusea, vômito e fraqueza muscular. Se ficar sem tratamento, essa condição pode progredir rapidamente e causar convulsões, inchaços cerebrais, coma, edema pulmonar e parada cardiorrespiratória (Montain, 2008).

- Hiponatremia – concentração perigosamente baixa de sódio no sangue. Uma combinação de fatores pode contribuir para a hiponatremia; mas, em atletas, a causa típica são séries longas de exercícios combinadas com o consumo de somente água.

As mulheres podem ter maior risco para desenvolver hiponatremia em eventos de resistência aeróbia mais longos, possivelmente por um número de fatores psicossociais e biológicos (Swaka et al., 2007). Curiosamente, as recomendações de ingestão hídrica para mulheres têm frequentemente sido baseadas em dados de perda de suor de homens, que são, obviamente, muito altas para a maioria das mulheres e podem levar à maior diluição de sódio no corpo em razão de um menor estoque de água corporal total (Speedy, Noakes e Schneider, 2001).

Atletas que vivenciam hiponatremia não podem reconhecer os primeiros sinais e sintomas, que aparecem quando a concentração de sódio sanguíneo alcança 130 mmol/L (Speedy, Noakes e Schneider, 2001). Estes incluem gases, inchaços, náusea, vômito e dor de cabeça (Hew--Butler et al., 2005). Conforme a severidade da hiponatremia aumenta e a concentração de sódio sanguíneo cai abaixo de 125 mmol/L, mais sinais e sintomas graves aparecem, incluindo estado mental alterado (por exemplo, confusão, desorientação e agitação), convulsões, dificuldade respiratória (em razão do edema pulmonar) e apatia. Ao extremo, a hiponatremia pode ser muito perigosa e resulta em coma e morte (Hew-Butler et al., 2005).

É fácil para atletas tornarem-se hiponatrêmicos e desidratados por escolherem somente água ou alimento e bebida com pouco ou nenhum sódio. Para indivíduos que têm uma proporção de suor maior e concentração maior de sódio no suor, bebidas esportivas comerciais não devem conter sódio suficiente para ajudar com a prevenção da hiponatremia. Em geral, a recomendação é escolher uma bebida esportiva contendo um mínimo de 20 mEq de sódio (460 mg) por litro de líquido.

Não há recomendação concreta em relação à ingestão eletrolítica antes do exercício, apesar de muitos atletas consumirem alimentos salgados e bebidas antecipadamente para prevenir a hiponatremia. O consumo de uma quantidade adequada de sal no dia a dia, especialmente por pessoas que transpiram muito sal, é recomendado; e em alguns casos, o uso de comprimidos de sal pode ser garantido durante o exercício, enquanto eles são consumidos com líquido suficiente para manter o balanço de líquidos e eletrólitos. Indivíduos ativos deveriam limitar a ingestão hídrica para minimizar a desidratação e deveriam consumir alimentos e bebidas ricos em sódio durante o exercício mais longo que 2 horas a fim de prevenir o consumo excessivo e limitar o risco do desenvolvimento de hiponatremia (Speedy, Noakes e Schneider, 2001).

Mensuração do nível de hidratação

O nível de hidratação do atleta deveria ser avaliado durante o treino para garantir a hidratação adequada, tanto durante o exercício quanto no repouso. O ideal seria que o método para testar a hidratação fosse sensível e suficientemente preciso para detectar alterações do total de água corporal de 2% para 3% do peso corporal. O teste do nível da hidratação no campo deveria ser prático do ponto de vista do tempo, do custo e da técnica. A **gravidade específica da urina** (USG, na sigla em inglês) é um teste de campo quantificável e é o método preferido para avaliar o nível de hidratação antes do exercício em atletas. Os dispositivos da gravidade específica da urina variam de abaixo de US$100 dólares a US$300 dólares e são extremamente práticos para viagens e fáceis de utilizar em ambientes de campo.

- Gravidade específica da urina – uma ferramenta utilizada para mensurar o nível de hidratação.

Indivíduos podem avaliar seus próprios níveis de hidratação pela verificação da quantidade de urina que produzem, avaliando a cor da urina e estimando alterações no peso corporal. A utilização de uma dessas medidas de hidratação por si só não é recomendada por cada um ter as suas próprias limitações. A cor da urina é determinada especialmente pela quantidade de urocromo, um produto da quebra da hemoglobina (Maughan e Shirreffs, 2008). Quando uma grande quantidade de urina é excretada, a urina é diluída e os solutos são menos concentrados. Isso oferece à urina uma cor pálida. Quando uma pequena quantidade de urina é excretada, a urina é mais concentrada. Isso oferece à urina uma cor escura (Maughan e Shirreffs, 2008). O gráfico da cor da urina mostra oito cores na escala que reflete um relacionamento linear entre a cor da urina e a sua gravidade específica e osmolaridade (Armstrong et al., 1994). É importante lembrar que certos componentes dietéticos podem fazer a urina aparecer mais escura, incluindo as vitaminas do complexo B, o betacaroteno, as betacianinas e alguns corantes artificiais de alimentos e medicações (Maughan e Shirreffs, 2008). Os atletas deveriam prestar atenção particular a esses fatores se eles estiverem utilizando a cor da urina frequentemente para determinar o nível de hidratação.

Quando um atleta está hidratado, a urina deve ser de cor pálida e abundante, embora os atletas devam manter em mente que pode aparecer mais escura e mais brilhante se tomaram um polivitamínico ou complexo B uma hora ou próximo disso antes de urinar. Em geral, a urina deveria ser da cor de uma limonada diluída. Se for mais escura e concentrada, o atleta estará desidratado. Se a urina for laranja ou marrom, é imperativo que o atleta procure um médico imediatamente.

O peso corporal é outra ferramenta do nível de hidratação. Para indivíduos bem hidratados, que estão com variação do balanço energético, o peso corporal (mensurado pela manhã após urinar) deveria ser mais ou menos 1%. Tenha em mente que, de manhã, as alterações do peso corporal podem ser influenciadas pelas alterações dos movimentos do intestino e pelos hábitos alimentares. Nas mulheres, as variações hormonais durante o ciclo menstrual devem influenciar o peso corporal. Durante a segunda metade da menstruação, o peso corporal aumenta levemente (Kirchengast e Gartner, 2002); em dias antes da menstruação, as mulheres podem ter um aumento da retenção de água e ganho de peso corporal (Rosenfeld et al., 2008).

A sessão de pesagem antes e depois de um exercício pode também ser útil para ajudar a determinar se atletas estão cumprindo suas necessidades de líquidos durante o treino. A abordagem mais fácil é que atletas se pesem nus antes de uma sessão de treino (de preferência uma de intensidade da competição) e imediatamente após o exercício. A diferença no peso proverá uma boa estimativa da perda de fluidos e da quantidade de líquidos que deveria ser ingerida subsequentemente para manter o nível de hidratação; é preciso ter em mente todas as potenciais alterações no nível de hidratação com base no ponto em que está o ciclo menstrual feminino. Por exemplo, para alguém que pesa 77 kg antes de uma sessão de treino e 76 kg após, a perda é de 1 kg. Para que os fluidos se equilibrem, 150% do equivalente à perda de peso é necessário para a reidratação (veja a página 104), dessa forma, esse atleta deveria consumir de 1.120 a 1.420 ml de líquidos para atingir a euidratação. Testar a cor da primeira urina da manhã, avaliar a USG e observar alterações no peso corporal deveria prover informações suficientes para detectar quaisquer alterações no balanço hídrico (Sawka et al., 2007).

Hidratação e desempenho

É especialmente importante que os atletas prestem muita atenção ao balanço hídrico e eletrolítico durante o exercício de resistência aeróbia por causa do aumento da probabilidade de tornar-se desidratado, superaquecido ou experimentar as consequências do balanço eletrolítico alterado. Enquanto muitos pensam em corrida e ciclismo de longa distância como "os" esportes de resistência aeróbia, os atletas que jogam futebol americano, futebol, hóquei e uma variedade de outros esportes também têm um aumento do risco de desidratação, doenças do calor e baixa concentração de sódio no sangue.

Em comparação à atenção dada ao balanço hídrico em atletas de resistência aeróbia, muito menos atenção tem sido dada ao balanço hídrico durante exercícios de força e potência. Uma explicação plausível é que atletas são mais propensos a ficarem desidratados durante séries longas de exercício aeróbio; a curta duração de muitos eventos de força e potência, somada à rápida disponibilidade de líquidos, faz a desidratação menos preocupante.

Exercício de resistência aeróbia

A manutenção do balanço hídrico e eletrolítico é crucial para indivíduos que se engajam em exercícios de resistência aeróbia. De fato, a perda de apenas 2% de líquidos do peso corporal tem demonstrado reduzir o desempenho do exercício tanto em ambientes quentes como temperados (Maughan e Shirreffs, 2008). No entanto, em um estudo de triatletas de Ironman, uma redução de 3% da massa corporal durante a competição não teve efeitos adversos na termorregulação ou temperatura corporal (Institute of Medicine, 2005), indicando que alguns atletas podem ser melhores reguladores de calor e necessitam de estratégias diferentes de fluidos.

Antes do exercício

É importante que as pessoas iniciem o exercício euidratadas e com os níveis de eletrólitos normais. A boa prática de hidratação durante o dia, focando no consumo de líquidos e alimentos com alto percentual de água, como frutas e vegetais, deveria ser o principal objetivo. Se pelo menos de 8 a 12 horas tiverem passado desde a última sessão de exercícios e o consumo de líquidos foi suficiente, o indivíduo deveria se aproximar do estado de euidratado. Entretanto, para alguém que perdeu uma quantidade significante de líquido e não repôs com líquidos e eletrólitos em quantidades necessárias para estabelecer a euidratação, é necessário um protocolo agressivo de hidratação pré-exercício (Sawka et al., 2007).

Pelo menos 4 horas antes do exercício, os atletas deveriam consumir aproximadamente 5 a 7 ml de líquidos por quilo de peso corporal. Eles deveriam consumir mais líquidos de modo lento, aproximadamente 3 a 5 ml/kg de peso corporal, 2 horas antes do exercício, se não estiverem urinando ou se a urina estiver escura (Sawka et al., 2007). O consumo de alimentos ricos em sódio nesse momento pode ajudar a estimular a sede e reter líquidos. Se o sódio for consumido numa bebida, a quantidade recomendada é de 20 a 50 mEq (460-1.150 mg) por litro (Sawka et al., 2007).

Uma prática comum antes de um evento é os atletas tentarem a hiperidratação com água. Essa prática não é aconselhada porque aumenta-se o risco de urinar durante o evento ou de diluir os níveis de sódio no corpo, aumentando, assim, o risco de hiponatremia (Laursen et al., 2006). Para a promoção de um estado de euidratado antes do treino ou da competição, a palatabilidade de líquido é de extrema importância. A palatabilidade ou a falta dela contribuirá ou prejudicará as estratégias de hidratação pré-exercício. Normalmente, os líquidos devem ser levemente adocicados, devem conter sódio e devem estar em temperatura fresca.

Durante o exercício

O objetivo de beber durante o exercício é prevenir a desidratação excessiva (a perda de água maior que 2% do peso corporal) e alterações excessivas no balanço eletrolítico (Sawka et al., 2007). Apesar de as estratégias de reposição de líquidos serem altamente individualizadas, atletas deveriam objetivar de 90 a 240 ml de uma bebida com 6% a 8% de carboidratos-eletrólitos a cada 10-20 minutos durante o exercício com duração maior que 60 a 90 minutos. Isso ajudará na hidratação e na promoção de melhor desempenho durante o exercício prolongado (Sawka et al., 2007; Jeukendrup, Jentjens e Moseley, 2005).

É sabido que o consumo de carboidratos durante o exercício mantém os níveis de glicose sanguínea e reduz a fadiga. Uma bebida esportiva geralmente contém o seguinte (Institute of Medicine, 2005; Jeukendrup, Jentjens e Moseley, 2005):

- de 20 a 50 mEq de sódio (460-1,150 mg) por litro;
- de 2 a 5 mEq de potássio (78-195 mg) por litro;
- cerca de 6% a 8% de concentração de carboidratos.

Barras energéticas, géis e outros alimentos, dependendo das necessidades da pessoa e preferências, podem também suprir essa combinação (Institute of Medicine, 1994). Consumir bebidas com sódio (20-50 mEq/L de líquido) ou lanches contendo sódio ajudará a estimular a sede e a reter água (Ray et al., 1998). Além do sódio, uma bebida esportiva com proteínas também pode aumentar a retenção de líquidos. Em um estudo sobre a retenção de líquidos após desidratação (2,5% de perda de peso corporal), os pesquisadores deram a 13 indivíduos bebidas contendo carboidratos e proteínas (6% e 1,5%, respectivamente), somente carboidratos (6% de solução) ou água num volume igual ao da perda de peso corporal sobre um período de recuperação de 3 horas. A retenção de líquidos foi significativamente maior para o grupo carboidrato-proteína do que no grupo somente carboidrato. Ambos, carboidrato-proteína e somente carboidrato, só foram melhores que o grupo reidratação com água. Os autores concluíram que a retenção de líquidos após o consumo de uma bebida com carboidrato-proteína foi 15% melhor que após o consumo de bebida com somente carboidrato e 40% melhor que o pós-consumo de água (Seifert, Harmon e DeClercq, 2006).

Após o exercício

Após o exercício, o objetivo é repor completamente qualquer *deficit* de líquido e eletrólito de uma série de exercícios (Sawka et al., 2007). Os atletas devem consumir 150% do peso perdido para atingir a hidratação normal no prazo de 6 horas após o exercício (Maughan e Shirreffs, 2008). Portanto, em termos práticos, a recomendação é ingerir de 600 a 720 ml de líquidos para cada 0,5 kg de peso corporal perdido durante o treino. Apesar de a água pura ser efetiva para reidratação, os atletas devem considerar uma bebida esportiva ou consumir sua água com alimentos que contenham eletrólitos, como sódio e cloro, para repor as perdas de eletrólitos (Dunford, 2006).

Alguns estudos têm demonstrado que, como um todo, as bebidas alcoólicas e as cafeinadas têm efeitos diuréticos, mas tais efeitos são passageiros e, portanto, essas bebidas contribuem para a recomendação de hidratação diária. Entretanto, se a reidratação rápida é o objetivo do pós-exercício, é indicado evitar bebidas alcoólicas e cafeinadas nas primeiras horas após a atividade (Dunford, 2006). O líquido escolhido no período pós-exercício deve promover a reidratação rápida.

Dependendo da quantidade de tempo antes da próxima sessão de exercício, consumir alimentos ricos em sódio e bebidas com água após a competição ou uma sessão de treinamento deve ser suficiente. O sódio é um dos principais nutrientes que os atletas devem consumir no período pós-exercício para retornar a um estado euidratado, pois ele ajudará a reter líquidos ingeridos e estimulará a sede. Embora as perdas de sódio pelo suor difiram entre indivíduos, o que pode tornar difícil a prescrição de sódio individual durante esse período, um pouco de sal extra, adicionado às refeições ou aos lanches, pode ser particularmente útil para aqueles com altas perdas de sódio pelo suor (Swaka et al., 2007).

Desempenho de força e potência

Enquanto um grande número de estudos têm levado a recomendações específicas para o consumo de líquidos e para a mensuração do nível de hidratação em atletas de resistência aeróbia, alguns estudos têm observado os efeitos da desidratação sobre a força e a potência. Coletivamente, esses estudos têm produzido resultados mistos: alguns indicam que a desidratação moderada pode afetar certos aspectos do desempenho; e outros sugerem que mesmo a desidratação severa não tem efeito. A variação de resultados pode ser por causa, em parte, das diferenças de metodologia e das medidas obtidas.

Em um estudo, cientistas examinaram os efeitos da desidratação progressiva sobre a força e a potência, mensuradas por meio da força, capacidade de salto e função neuromuscular. Doze homens recreativamente ativos completaram seis séries de exercícios de força num estado progressivo de hipoidratação causado por praticar *jogging* no calor. Nenhuma diferença foi notada na altura do salto vertical, dados de eletromiografia ou extensão isocinética da perna numa taxa de 120°. No entanto, quando indivíduos perdem 1% de suas massas corporais por meio da hipoidratação, extensões isométricas de perna foram significativamente reduzidas. Numa redução de 2,6% da massa corporal da hipoidratação, extensões isocinéticas de perna numa taxa de 30° foram significativamente reduzidas. Nenhum efeito dose-resposta foi observado em quaisquer variáveis testadas, exceto no limiar de força isométrica e isocinética a 30° (Hayes e Morse, 2010). Outro estudo examinou o efeito da euidratação *versus* desidratação progressiva (2,5% e 5% abaixo da massa corporal) na altura do salto vertical, agachamento e agachamento isométrico. Nenhuma diferença foi notada entre os experimentos em todas essas medidas. No entanto, a hipoidratação (em ambos, 2,5% e 5% abaixo na massa corporal) diminuiu significativamente o desempenho do exercício de força durante conjuntos de um protocolo de agachamento de seis séries (Judelson et al., 2007b).

Em contraste a esse estudo, há outros que não mostram absolutamente nenhum efeito da desidratação na força e na resistência muscular. Um estudo cruzado mensurou alterações na força muscular isométrica e na resistência após uma queda de 4% na massa corporal em razão da desidratação por exposição intermitente à sauna, em sete homens. Os autores observaram que não há nenhum efeito, embora esse nível de desidratação fosse duas vezes os pontos de atalhos críticos mais frequentemente recomendados para atletas competindo em exercício de resistência aeróbia (Greiwe et al., 1998).

Enquanto os estudos sobre desidratação, força e potência têm fornecido resultados mistos, após contar as diferenças metodológicas, pesquisadores revisam evidências encontradas que a hipoidratação parece diminuir a força em aproximadamente 2%, a potência em aproximadamente 3% e a resistência de alta intensidade em aproximadamente 10% (Judelson et al., 2007a). Além dessas alterações observadas no desempenho, muitos esportes são multifacetados e requerem resistência muscular, força e resistência aeróbia e, portanto, desidratação afetaria o desempenho nesses esportes. Assim, a desidratação afetaria uma ou mais variáveis que contribuem para o desempenho atlético. Por exemplo, um atleta num time de pessoas peso leve, que desidrata a fim de atingir o peso pode se habilitar a participar, mas seu desempenho ficará abaixo dos padrões comparado ao seu melhor. Além disso, dependendo das condições climáticas, ele pode ser colocado em risco aumentado para doenças do calor.

Além de potencialmente prejudicar a resistência aeróbia e muscular e aumentar o risco de doenças do calor, a desidratação pode aumentar o risco de o atleta desenvolver rabdomiólise, uma lesão potencialmente muito grave ao músculo esquelético, resultando no vazamento de grande quantidade dos conteúdos intracelulares do plasma (Beetham, 2000; Knochel, 1992; Bergeron et al., 2005).

Treinamento de força

O exercício de força está associado com demandas metabólicas únicas. No entanto, poucas pesquisas avaliaram o efeito da desidratação sobre o treinamento de força e não há consenso definitivo se a desidratação diminui o desempenho muscular. Em um estudo que investigou os efeitos da hidratação em marcadores do metabolismo, os dados indicaram que a indução de um estado de desidratação (até 4,8%) alterou os sistemas endócrino e metabólico internos antes e depois da série de treinamento. Especificamente, hormônios catabólicos, cortisol, epinefrina e norepinefrina aumentados, os quais alteram a resposta anabólica pós--exercício (Judelson et al., 2008). Esses dados sugerem que um estado de desidratação aumenta o estresse de uma sessão de exercício de força e deve interferir com as adaptações de treinamento.

Outro estudo direcionado ao efeito de desidratação no dano muscular, que mediu a mioglobina e a creatina quinase especificamente, não mostrou nenhuma diferença nesses marcadores de dano muscular no estado euidratado, no 2,5% ou no 5,0% desidratado. Todavia, apesar de o resultado não ser estatisticamente significante, os autores notaram que quanto mais desidratados os participantes eram, menos trabalho total eles desenvolveram (Yamamoto et al., 2008).

Em resumo, enquanto alguns dados indicam que a hidratação beneficiaria atletas a desenvolver treinamento de força, não é possível conceber um protocolo de hidratação com base científica. Portanto, atletas de treino de força devem ser encorajados a enfatizar técnicas de boa hidratação ao longo do dia, em um esforço para manter-se tão hidratados quanto possível antes, durante e depois do treinamento.

Necessidade hídrica relacionada com a idade

Os dois grupos de população que têm um maior risco de desidratação e doenças do calor são crianças e idosos. Por esses dois grupos serem mais propensos a terem problemas relacionados à hidratação e, no caso de pessoas idosas, alterações no balanço eletrolítico, é imperativo que nutricionistas esportivos estejam atentos a essas populações e também que eduquem pais e treinadores.

Crianças

Necessidades hídricas para crianças são mais difíceis e problemáticas do que para adultos, porque poucas pesquisas publicadas estão disponíveis nessa faixa etária. Diversos fatores contribuem para um risco aumentado de doenças do calor em crianças. Crianças e adolescentes geram mais calor por unidade de massa corporal que adultos (Falk, Bar-Or e MacDougall, 1992). Ademais, uma vez que a criança está desidratada, seu centro de temperatura corporal aumenta para uma extensão maior que a de um adulto (Unnithan e Goulopoulou, 2004). Além disso, a desidratação voluntária (não ingerindo líquido suficiente quando é oferecido durante o exercício) é muito comum em crianças (Bar-Or et al., 1992). Além de contribuir para um risco maior de doença do calor em crianças, há o fato de que elas têm mais glândulas sudoríparas ativadoras de calor por unidade de área de pele (Falk, Bar-Or e MacDougall, 1992), mas a taxa de suor deles é menor por glândula sudorípara que em adultos (Falk, Bar-Or e MacDougall, 1992; Bar-Or, 1980), e eles parecem acumular mais calor do ambiente (Petrie, Stover e Horswill, 2004). Além disso, o limiar do suor é maior em crianças que em adultos, e mais sódio e cloro são perdidos pelo suor (Meyer et al., 1992).

Alguns estudos sobre crianças e adolescentes têm mostrado que a taxa de suor por hora varia de 510 a 1.260 ml (Ballauff, Kersting e Manz, 1988; Bar-Or, 1989; Sawka e Pandolf, 1990). A desidratação de 2% do peso corporal em adultos parece diminuir a capacidade de exercício e o desempenho, enquanto apenas 1% de desidratação tem os mesmos efeitos em crianças (Kenney et al., 1990). Por isso, é muito importante fornecer o máximo possível de prescrição individual de líquidos para crianças ativas. Recomendações gerais de líquidos no calor incluem beber até a criança não sentir sede, mais outros 120 e 240 ml para crianças e adolescentes, respectivamente (Unnithan e Goulopoulou, 2004). Crianças devem beber de 120 a 240 ml de líquidos antes da atividade, 120 ml a cada 15 minutos durante o exercício e pelo menos 480 ml após o exercício para promover a reidratação (Bar-Or et al., 1997). O sabor é um componente crítico em bebidas para crianças. Bebidas levemente aromatizadas contendo sódio e carboidratos aumentam a sede e efetivamente reduzem ou previnem a desidratação voluntária em meninos. Curiosamente, meninas devem ter menos inclinação à desidratação voluntária em razão de suas baixas taxas de suor (Bar-Or, 1996). No entanto, as estratégias de reposição de líquidos ainda aplicam-se às meninas.

Pessoas idosas

Desequilíbrios hídricos e eletrolíticos são comuns em adultos mais velhos, porque o envelhecimento está associado com certas alterações fisiológicas em adaptação renal, respostas de fluxo sanguíneo, taxas de suor, sensação de sede e nível de líquidos e eletrólitos que afetam a termorregulação (Rosenbloom e Dunaway, 2007). Alterações relacionadas à idade incluem redução da função renal, que pode causar excreção de água renal maior que em adultos jovens (Rolls e Phillips, 1990). Além disso, a idade leva a alterações estruturais nos vasos sanguíneos, que diminuem o fluxo sanguíneo para a pele como um meio de dissipar o calor. De fato, adultos mais velhos podem ter entre 25% e 40% menos fluxo sanguíneo para pele, em uma dada carga térmica, que em adultos mais jovens (Kenney et al., 1990). Finalmente, indivíduos idosos podem ter taxas de suor menores e também podem iniciar a transpiração mais tarde em uma sessão de exercício em comparação aos adultos jovens (Kenney e Fowler, 1988). Essas três alterações podem predispor indivíduos mais velhos aos desequilíbrios hídricos, especialmente quando um estímulo de exercício é introduzido. Alterações renais adicionais causadas pelo envelhecimento biológico incluem:

- um declínio na taxa de filtração glomerular (TFG) (uma medida da função renal indicando a taxa na qual o sangue é filtrado pelos rins);
- habilidade reduzida da concentração urinária (Tarnopolsky, 2008);
- habilidade menos eficiente de conservação de sódio (Reaburn, 2000);
- habilidade reduzida para excretar uma grande quantidade de água (Rolls e Philips, 1990).

Todas essas alterações reduzem a homeostase hídrica e eletrolítica, que podem predispor pessoas idosas à hipovolemia (uma redução anormal do volume sanguíneo) e desidratação (Rosenbloom e Dunaway, 2007; Rolls e Phillips, 1990).

Pessoas idosas também têm risco maior para **hipernatremia**, um aumento nas concentrações plasmáticas de sódio maior que 145 mEq/L. Isso pode resultar de um perda excessiva de água e eletrólitos causada pela poliúria (produção excessiva de urina), diarreia, sudorese excessiva ou ingestão inadequada de água. No entanto, para muitos indivíduos idosos, a diminuição da sede relacionada à idade deve ser a causa primária (Epstein e Hollenberg, 1976). Embora a extensão de hipernatremia nos idosos não tenha sido estabelecida, parece que quando escolhas de líquidos são palatáveis e não há doenças presentes, pessoas idosas não têm problema para manter o balanço hídrico durante condições sedentárias. Beber líquidos em abundância e ter uma dieta com sódio reduzido pode ser uma combinação perigosa para adultos mais velhos, porque eles podem tornar-se hiperidratados por causa da habilidade diminuída de reter sódio e excretar água (Crowe et al., 1987; Kenney e Chiu, 2001; Thompson, Burd e Baylis, 1987).

- Hipernatremia – sódio sanguíneo elevado, geralmente causado pela desidratação.

Indivíduos idosos são menos habilitados a regular a quantidade de líquidos no corpo em casos de privação ou excesso de hidratação. E, como já mencionado, a habilidade da concentração urinária diminui (Tarnopolsky, 2008; Seckl, Williams e Lightman, 1986; Burrell, Palmer e Baylis, 1992), bem como a habilidade para excretar uma grande quantidade de água (Phillips et al., 1993a). Em um estudo comparando indivíduos jovens e mais velhos saudáveis em estado desidratado, o grupo mais velho tinha uma sensação de sede diminuída com 24 horas de privação de líquidos, enquanto o grupo mais jovem mostrou uma resposta forte de sede (Tarnopolsky, 2008). O grupo de idosos não mostrou nenhum aumento na secura da boca, aumento da sede ou sabor desagradável na boca. Juntos, esses dados em conjunto com outros achados, indicam que pessoas idosas estão predispostas à desidratação (Phillips et al., 1993b).

A recomendação é que períodos de reidratação sejam mais longos em adultos mais velhos, em comparação com adultos jovens, após eles terem experimentado a desidratação (Epstein e Hollenberg, 1976). O consumo de líquidos deve começar no início de uma sessão de exercícios para prevenir o quadro de desidratação (Campbell e Geik, 2004). Não existe nenhum dado publicado baseado na estratégia de reposição exata de líquidos para pessoas idosas. A recomendação de reposição de líquidos para atletas mais jovens pode ser utilizada para estabelecer um plano de hidratação para atletas especializados (Rosenbloom e Dunaway, 2007).

Aplicações profissionais

A monitoração cuidadosa do nível de hidratação e do balanço hídrico é crucial não somente para o desempenho atlético, mas também para a prevenção de doenças do calor, insolação e hiponatremia. Por isso, é essencial que nutricionistas esportivos não somente ajudem atletas a monitorar os seus níveis de hidratação e eletrolítico, mas também os ensinem como fazer isso por si mesmos e a estarem atentos aos sinais de desidratação, ao superaquecimento e à hiponatremia.

Atletas podem fazer duas coisas fáceis para avaliar o seu nível de hidratação. Primeiro, eles devem prestar atenção à frequência da micção, à cor da urina e à quantidade. A cor da urina deve ser amarelo pálido e abundante (apesar de que, se houver consumo de vitamina B, sob a forma de complexo B, polivitamínicos ou alimentos funcionais, a urina pode tornar-se mais brilhante e mais escura). Atletas deveriam também ter o hábito de se pesarem antes e depois de cada sessão de treino. Se eles perdem 2% de seu peso corporal do período anterior para o posterior à prática, eles precisam fazer um trabalho melhor de hidratação antes e durante o treino.

Para cada 0,5 kg perdido, eles deveriam consumir de 600 a 720 ml de líquidos, de preferência sob a forma de bebida esportiva ou uma bebida com sódio adicionado para ajudar a manter a concentração de sódio sanguíneo.

Todos os anos, pessoas morrem de hiponatremia. Embora o maratonista, que leva muito tempo para terminar a prova (4-5 horas ou mais) e consome somente água, esteja mais propenso a sofrer de hiponatremia do que um jogador de basquete, nutricionistas esportivos devem estar cientes do potencial de hiponatremia numa ampla gama de atletas. Como exemplo, um jogador de Frisbee com aproximadamente 40 anos, Mike, estava jogando em um torneio num sábado à tarde, quando ele sentiu-se tonto e confuso. Seus colegas de time não reconheceram que houve um problema até ele ter um colapso. Após ele ter sido rapidamente levado à sala de emergência, ele entrou em coma por alguns dias e seu pai disse que ele tinha inchaço no cérebro. Mike tinha consumido somente água durante o torneio, não ingeriu sal em sua alimentação, nem muitos alimentos processados (nos quais é frequente o alto teor de sódio), colocando-o em um risco aumentado para hiponatremia. Apesar de ele recuperar-se totalmente do coma, essa situação poderia ter sido prevenida com educação adequada.

A desidratação pode dificultar a maioria dos tipos de desempenho atlético, dos exercícios de resistência aeróbia aos esportes que exigem movimentos de potência explosiva. Dois grupos que precisam ser monitorados de perto e educados em relação à desidratação e às doenças do calor são as crianças e os idosos. A seguir, algumas recomendações gerais de hidratação para atletas, que devem ser adaptadas conforme forem requeridas para atingir as necessidades únicas do esporte e do indivíduo:

- Pelo menos 4 horas antes do exercício, os atletas precisam beber aproximadamente 5 a 7 ml de líquidos por quilograma de peso corporal, e cerca de 3 a 5 ml por quilograma de peso corporal 2 horas antes, se eles não estiverem urinando ou se a urina estiver escura (Sawka et al., 2007).
- O líquido consumido antes do exercício deveria conter de 20 a 50 mEq (460-1.150 mg) de sódio por litro (Sawka et al., 2007).
- Os atletas devem consumir entre 90 e 240 ml de uma bebida com 6% a 8% de carboidratos-eletrólitos a cada 10-20 minutos durante o exercício com duração maior que 60 a 90 minutos (Sawka et al., 2007; Jeukendrup, Jentjens e Moseley, 2005).
- Os atletas devem escolher uma bebida esportiva que contenha de 20 a 50 mEq de sódio (460-1.150 mg) por litro; 2 a 5 mEq de potássio (78-195 mg) por litro; e cerca de 6% a 8% de concentração de carboidratos para utilização durante o exercício (Institute of Medicine, 2005; Jeukendrup, Jentjens e Moseley, 2005).

- Para aqueles com altas taxas de suor e concentrações de sódio no suor, bebidas esportivas comerciais não devem conter sódio suficiente para auxiliar na prevenção da hiponatremia. Em geral, é recomendado que atletas escolham bebidas esportivas contendo no mínimo 20 mEq de sódio (460 mg) por litro de líquido.
- Os atletas devem consumir de 600 a 720 ml de líquidos para cada 0,5 kg de peso corporal perdido após o treino. Água pura deve ser utilizada somente após o exercício quando é combinada com alimentos que contêm sódio (Dunford, 2006).

RESUMO

- Os líquidos são de extrema importância para manter a boa saúde e o desempenho para qualquer indivíduo praticante de esporte. Muitas variáveis afetam as necessidades e o nível de hidratação; assim, o tempo adequado e a aplicação de diferentes estratégias de hidratação e reidratação durante todo o ano de treinamento são importantes para afinar as prescrições líquidas individuais.
- A hidratação normal é essencial para o desempenho atlético e para as funções cardiovasculares e termorregulatórias normais. A desidratação maior que 2% do peso corporal pode prejudicar o desempenho atlético. A desidratação também aumenta o risco de doenças do calor.
- Os atletas podem considerar a ingestão de uma bebida esportiva que contém proteínas para melhora da reidratação durante o período de recuperação após o exercício (Seifert, Harmon e DeClercq, 2006).
- Não há evidência conclusiva de diminuição significativa do desempenho no treinamento de força quando é realizado num estado de hipoidratado. Atletas de força devem ser encorajados a enfatizar boas técnicas de boa hidratação ao longo do dia no esforço de permanecer hidratados tanto quanto possível, antes e depois da sessão de treino.
- Fatores associados à hiponatremia incluem beber líquidos hipotônicos em excesso, perda excessiva de sódio por meio do suor e transpiração excessiva com a ingestão de líquidos com baixo teor de sódio. Em geral, a hiponatremia, em eventos com duração de menos de 4 horas, pode ser atribuída à ingestão de muito líquido e de muito pouco sódio antes, durante e, algumas vezes, depois do evento (Laursen et al., 2006).
- Atletas devem limitar a ingestão de líquidos somente o quanto for necessário para minimizar a desidratação e devem consumir

alimentos e bebidas ricos em sódio ao longo do exercício com duração maior que 2 horas, a fim de prevenir o consumo de excesso de líquidos e a hiponatremia (Speedy, Noakes e Schneider, 2001).
- Recomendações gerais de líquidos para crianças incluem beber até a criança não sentir sede, mais outros 120 e 240 ml para crianças e adolescentes, respectivamente (Unnithan e Goulopoulou, 2004). As crianças devem beber de 120 a 240 ml de líquidos antes do exercício, 120 ml a cada 15 minutos durante o exercício, e pelo menos 480 ml após o exercício para promover reidratação (Bar-Or et al., 1997).
- Não há dados atuais que forneçam base para estratégia de reposição de líquidos exata para pessoas idosas; orientações para a reposição de líquidos para atletas mais jovens podem ser utilizadas a fim de estabelecer um plano de hidratação para atletas especializados (Rosenbloom e Dunaway, 2007).

6

Vitaminas e minerais

Henry C. Lukaski, ph.D., FACSM

O avanço da consciência da sinergia entre dieta e atividade física estimula o interesse sobre as funções que os **micronutrientes** (vitaminas e minerais) têm na saúde e no desempenho físico máximo. A evidência do aumento da atividade de vias metabólicas dependentes de micronutrientes e de produção de energia, adaptações bioquímicas em tecidos e altas taxas de *turnover* e perdas expandiram o interesse na relação da Nutrição de Micronutrientes e da atividade física (Rodriguez, DiMarco e Langley, 2009). O teor de vitaminas e minerais dos alimentos é baixo (de microgramas [µg] a miligramas [mg]) comparado ao da proteína, do carboidrato e da gordura (até centenas de gramas [g]). Mas os micronutrientes têm efeitos biológicos potentes como componentes de proteínas. Nesse sentido, permitem reações complexas que usam a energia potencial em macronutrientes para prover os processos biológicos inerentes ao treinamento físico e à recuperação (Lukaski, 2004; Volpe, 2007).

- Micronutriente – mineral, vitamina ou outra substância que é essencial, mesmo em pequenas quantidades, para o crescimento ou para o metabolismo.

As Ingestões Dietéticas de Referência (Dietary Reference Intakes – DRIs) são recomendações que visam prevenir inadequações nutricionais que poderiam levar à deficiência e prejudicar a saúde e as funções (Institute of Medicine, Food and Nutrition Board [IOM], 1997, 1998, 2000, 2001, 2003, 2005). A Ingestão Dietética Recomendada (Recommended Dietary Allowance – RDA) é um valor que atinge as necessidades de cerca de 98% das pessoas saudáveis. É calculada de dados que vem de estudos rigorosos. Já a Ingestão Adequada (Adequate Intake – AI) é um valor elevado o suficiente para prevenir a inadequação. Deriva de dados de pesquisa menos completa. Vale ressaltar que a atividade física foi considerada um fator na DRI para apenas um terço dos nutrientes (Tabelas 6.1 e 6.2).

TABELA 6.1 Funções relacionadas ao exercício e Ingestões Dietéticas Recomendadas (RDAs) de micronutrientes para indivíduos (19-50 anos)

Nutriente	Função	RDA Homens	RDA Mulheres	Atividade física considerada	Efeito da atividade na requisição
Vitaminas					
Tiamina (B_1), mg	Reações nas vias da produção de energia	1,2	1,1	Sim	Evidência limitada[a]
Riboflavina (B_2), mg	Transferência de elétron na produção oxidativa	1,3	1,1	Não	Efeito pequeno[b]
Niacina, NE*	Transferência de elétron na produção oxidativa de energia	16	14	Não	—
Piridoxina (B_6), mg	Quebra de aminoácido e glicogênio	1,3	1,3	Sim	Efeito pequeno[c]
Cianocobalamina (B_{12}), μg	Reciclagem de folato e síntese de hemoglobina	2,4	2,4	Não	—
Folato, μg DFE*	Regeneração celular e síntese da hemoglobina	400	400	Não	—
Ácido ascórbico (vitamina C), mg	Antioxidante	90	75	Sim	Efeito não demonstrado[d]
Retinol (vitamina A), μg RAE*	Antioxidante	900	700	Não	—
Tocoferol (vitamina E), mg	Antioxidante	15	15	Sim	—

continua

continuação

Vitaminas e minerais

		RDA			
Nutriente	**Função**	**Homens**	**Mulheres**	**Atividade física considerada**	**Efeito da atividade na requisição**
Minerais					
Ferro, mg	Produção de energia aeróbia	8	18	Sim	Aumento da necessidade[e]
Magnésio, mg	Produção de energia aeróbia	400	310	Sim	Efeito limitado[f]
Zinco, mg	Metabolismo energético e troca gasosa	11	8	Não	Efeito limitado[g]
Cobre, µg	Metabolismo do ferro, produção de energia aeróbia e antioxidante	900	900	Não	–
Fósforo, mg	Metabolismo energético	700	700	Não	–
Selênio, µg	Antioxidante	55	55	Não	–
Iodo, µg	Metabolismo energético	150	150	Não	–
Molibdênio, µg	Desconhecida	45	45	Não	–
Iodo, µg	Metabolismo energético	150	150	Não	–
Molibdênio, µg	Desconhecida	45	45	Não	–

*NE = equivalentes de niacina; DFE = equivalentes de folato dietético (1 µg de folato de alimento ou 0,6 µg de ácido fólico de alimentos fortificados ou suplementos); RAE = equivalentes de atividade de retinol (1 µg de retinol = 12 µg betacaroteno) (Institute of Medicine, Food and Nutrition Board, 1998).

[a] Evidência limitada de necessidade aumentada com exercício prolongado.
[b] Aumento do desempenho com suplementação de B_2 de indivíduos com nível baixo; caso contrário, resultados inconsistentes.
[c] Baseado na diminuição do nível de B_6 em atletas e sem requerimento, por si só.
[d] Baseado na atividade física e do nível de vitamina C.
[e] Aumento da ingestão para exercícios pesados regulares e intensos (30%-70%); efeitos benéficos em mulheres não anêmicas, com deficiência de ferro.
[f] Evidência limitada de um efeito da depleção de magnésio em algumas medidas de desempenho.
[g] Evidência limitada de um efeito de nível baixo de zinco em algumas medidas de desempenho.

TABELA 6.2 Funções relacionadas ao exercício e Ingestões Adequadas (AIs) de micronutrientes para indivíduos (19-50 anos)

Nutriente	Função	AI Homens	AI Mulheres	Atividade física considerada	Efeito da atividade na requisição
Vitaminas					
Vitamina D, µg	Absorção e utilização de cálcio	5	5	Não	–
Vitamina K, µg	Formação da coagulação e dos ossos	120	90	Não	–
Biotina, µg	Gliconeogênese	30	30	Não	–
Ácido pantotênico, mg	Síntese de glicogênio	5	5	Não	–
Colina, mg	Formação de acetilcolina, creatina e lecitina	550	425	Sim	Efeitos possíveis[a]
Minerais					
Cálcio, mg	Formação de ossos	1.000	1.000	Sim	Evidência insuficiente
Flúor, mg	Desconhecido	4	3	Não	–

continua

continuação

Minerais

Nutriente	Função	AI Homens	AI Mulheres	Atividade física considerada	Efeito da atividade na requisição
Cromo, µg	Facilita a insulina	35	25	Não	–
Manganês, mg	Antioxicante	2,3	1,8	Não	–
Sódio, g	Regulação hídrica, condução nervosa e contração muscular	1,5	1,5	Sim	–
Potássio, g	Regulação hídrica, transporte de glicose, reserva de glicogênio e produção de ATP	4,7	4,7	Não	–
Cloro, g	Regulação hídrica, condução nervosa e contração muscular	2,3	2,3	Sim	–

[a]Exercício vigoroso diminui as concentrações plasmáticas de colina; suplementos aumentaram suavemente o desempenho.

Este capítulo oferece uma visão geral dos papéis biológicos de vitaminas e minerais em apoio da função fisiológica durante o exercício, e destaca os efeitos do nível reduzido de micronutrientes em medidas de desempenho físico. O capítulo também identifica os pontos em que os micronutrientes podem afetar o metabolismo durante a atividade física e descreve os efeitos da ingestão reduzida de micronutrientes na atividade física.

Necessidades de micronutrientes para atletas

Os micronutrientes incluem vitaminas (são **compostos orgânicos**) e minerais (são elementos inorgânicos que existem na forma sólida); eles não podem ser produzidos pelo corpo e, portanto, devem ser consumidos em alimentos e bebidas. Os micronutrientes formam compostos bioativos, geralmente proteínas. Eles não são fontes diretas de energia, mas facilitam a produção de energia e a utilização de carboidratos, gorduras e proteínas; transportam oxigênio e dióxido de carbono; regulam o balanço hídrico e protegem contra o dano oxidativo. Como apresentado na Figura 6.1, muitas vitaminas do complexo B (tiamina, riboflavina, niacina, B_6 e ácido pantotênico) e alguns minerais (ferro, magnésio, cobre e zinco) são necessários para o metabolismo dos carboidratos em energia para o trabalho muscular. Ferro, cobre, vitamina B_6, B_{12} e folato são exigidos na formação das células vermelhas do sangue (RBC, na sigla em inglês) e no transporte de oxigênio (O_2) para as células musculares. O zinco é essencial na remoção do dióxido de carbono (CO_2) do trabalho muscular e na conversão do lactato em glicose. Na glândula adrenal, a vitamina C é necessária para a produção de epinefrina, a qual age na liberação de ácidos graxos livres (FFA, na sigla em inglês) do tecido adiposo. A niacina pode bloquear a liberação de FFA durante o exercício. As vitaminas C e E, o betacaroteno e alguns minerais (zinco, cobre e manganês) neutralizam espécies reativas de oxigênio (ROS, na sigla em inglês) e previnem danos de radicais livres em músculos e outros tecidos.

- Compostos orgânicos – compostos produzidos principalmente de átomos de carbonos.

A avaliação das necessidades de micronutrientes para o desempenho físico ótimo exige avaliação simultânea da ingestão de nutriente e das medidas bioquímicas do estado nutricional (Lukaski, 2004). Apenas um número limitado de investigações atingiu esses critérios. A confiança exclusiva no autorrelato da ingestão alimentar para caracterizar o estado nutricional é problemática, em razão do sub-relato de ingestão alimentar

(Magkos e Yannakoulia, 2003). A avaliação da adequação da ingestão de micronutrientes depende da DRI apropriada (RDA ou AI) (IOM, 2003). A baixa ingestão de micronutrientes geralmente resulta em deficiências subclínicas caracterizadas pela redução de indicadores bioquímicos do estado nutricional e da função fisiológica debilitada. A Figura 6.2 apresenta uma visão de como a deficiência subclínica de diversos sais minerais (zinco, ferro, riboflavina e magnésio) leva a reduções no desempenho do exercício e nos marcadores de desempenho. Deficiências evidentes e clínicas são raras, sem excesso de perda ou absorção prejudicada (IOM, 1997, 1998, 2000, 2001).

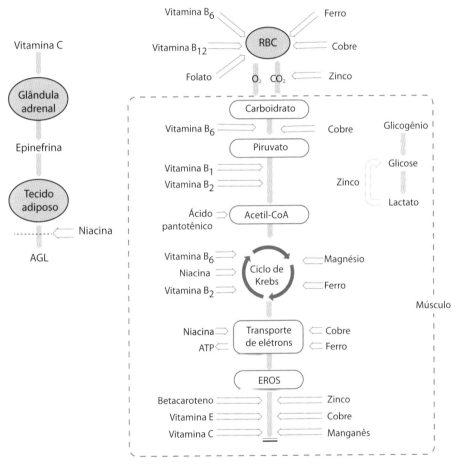

FIGURA 6.1 Resumo das funções das vitaminas e dos minerais relacionados ao desempenho físico.

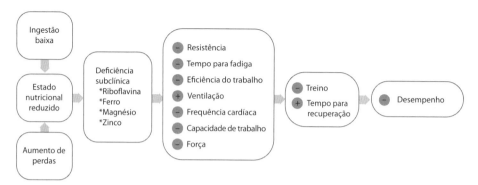

FIGURA 6.2 Resumo dos efeitos da nutrição reduzida de micronutrientes sob aspectos de desempenho físico.

Vitaminas e desempenho

Treze vitaminas são exigidas para a vida. Elas são descritas como hidrossolúveis e lipossolúveis. A ingestão adequada de vitaminas do complexo B (vitaminas hidrossolúveis) é importante para garantir a produção de energia ideal, a construção e o reparo do tecido muscular (Woolf e Manore, 2006). As vitaminas do complexo B têm diversas funções importantes diretamente relacionadas ao exercício – produção de energia durante o exercício, produção de células vermelhas do sangue, bem como o envolvimento na síntese proteica, na reparação de tecidos e na manutenção, incluindo o sistema nervoso central. Apesar dessas importantes funções, poucos estudos sobre ingestão de vitaminas têm apontado diretamente valores ergogênicos para atletas. Contudo, algumas vitaminas podem ajudar atletas a tolerar o treino para um nível elevado, pela redução do dano oxidativo (vitaminas C, E), ajudar a manter o sistema imune saudável durante o treino pesado (vitamina C), ou ambos. As seções seguintes oferecem mais detalhes sobre as funções específicas que as vitaminas apresentam nos resultados da dieta e do desempenho dos atletas.

Vitaminas hidrossolúveis

Há nove vitaminas **hidrossolúveis** (oito vitaminas do complexo B e a vitamina C). A solubilidade delas na água limita os seus estoques no corpo por períodos prolongados de tempo. A ingestão excessiva de vitaminas hidrossolúveis sob a forma de suplementos resulta na excreção do excesso pela urina.

- Hidrossolúvel – capaz de ser dissolvido em água.

Tiamina

Tiamina é o termo comum usado para vitamina B_1. Sua forma **biologicamente ativa** é a tiamina pirofosfato, que age como uma **coenzima** no metabolismo dos carboidratos e das proteínas para produzir energia (IOM, 1998). Ela converte piruvato em acetilcoenzima A e alfacetoglutarato em succinilcoenzima A no ciclo de Krebs para a produção de energia oxidativa, particularmente durante o exercício (Tabela 6.1). Ela também participa na descarboxilação (remoção de um grupo CO_2) de aminoácidos de cadeia ramificada, que contribui para a produção de energia no músculo. A tiamina é amplamente encontrada em alimentos, incluindo grãos integrais, cereais enriquecidos, pães, grãos, vegetais de folhas verdes, carne de porco, sementes de girassol e laranjas.

- Biologicamente ativa – referindo-se a uma substância específica, que tem efeito na atividade metabólica de células vivas.
- Coenzima – qualquer molécula pequena que é necessária para o funcionamento de uma enzima.

A RDA para tiamina é 1,2 e 1,1 mg/dia para homens e mulheres, respectivamente, e também está relacionada com a ingestão energética, 0,5 mg/1.000 kcal por dia (IOM, 1998). De acordo com a pesquisa, mulheres ginastas e lutadoras consomem menos que os níveis de RDA de vitamina B1 (Short e Short, 1983; Loosli e Benson, 1990; Economos, Bortz e Nelson, 1993). Assim, atletas que consomem dietas hipocalóricas para atingir os padrões de peso parecem estar sob risco de baixo nível de tiamina. Faltam evidências de um efeito adverso da baixa ingestão de tiamina. Num estudo clássico foi relatado que nem a força muscular, nem o desempenho de corrida foi afetado adversamente em homens jovens alimentados com dietas de conteúdo variável de tiamina (0,23; 0,33; 0,53 e 6,3 mg/1.000 kcal por dia) (Keys et al., 1943). Homens alimentados com 0,5 e 5 mg de tiamina nao mostraram nenhuma alteração na capacidade de resistência aeróbia, apesar dos debilitados marcadores bioquímicos do nível de tiamina (reduçao da atividade do eritrócito transcetolase e da atividade da tiamina pirofosfatase aumentada) (Wood et al., 1980). Outros estudos falharam em mostrar um benefício da suplementação de tiamina na força muscular ou no desempenho do exercício, apesar de melhoras no estado nutricional da tiamina (Fogelholm et al., 1993; Doyle, Webster e Erdmann, 1997; Webster, 1998).

Riboflavina

A riboflavina é o termo comum usado para a vitamina B_2. A riboflavina atua no sistema de transporte de elétron mitocondrial como as coenzimas flavina mononucleotídeo (FMN) e flavina adenina dinucleotídeo (FAD). Essas enzimas participam na transferência de elétrons proveniente da quebra de carboidratos e das gorduras para a formação de adenosina trifosfato (ATP). A riboflavina também é necessária para a conversão da vitamina B_6 para a forma ativa (IOM, 1998). Fontes de alimentos de riboflavina incluem leite e laticínios, ovos, grãos e cereais integrais, carnes magras, brócolis, iogurte, *whey protein* e amêndoas.

A RDA para a ingestão de riboflavina é 1,3 e 1,1 mg/dia para homens e mulheres, respectivamente, ou 0,6 mg/ 1.000 kcal (IOM, 1998). Geralmente, atletas têm uma ingestão adequada de riboflavina, com a exceção de mulheres ginastas (Short e Short, 1983; Loosli e Benson, 1990; Economos, Bortz e Nelson, 1993; Beshgetoor e Nichols, 2003; Kirchner, Lewis e O'Connor, 1995). O treinamento físico aumenta as necessidades de riboflavina de adultos. Durante o treino, atletas vivenciam a diminuição do nível reduzido de riboflavina (Fogelholm et al., 1993; Keith e Alt, 1991). Estudos metabólicos em mulheres alimentadas com 0,2 mg comparadas com 0,6 mg de riboflavina diariamente, por 12 semanas, com ou sem perda de peso, mostraram o nível reduzido de riboflavina (atividade reduzida do eritrócito glutationa redutase) (Belko et al., 1984, 1985). Embora os ganhos na captação máxima de oxigênio após o treino não tenham diferido com a ingestão adequada de riboflavina, o estudo não foi designado para detectar as diferenças de desempenho (Belko et al., 1984, 1985). Dezenove por cento dos atletas adolescentes participantes de treinamento físico tiveram baixo nível de riboflavina no início; o nível melhorou com a suplementação de riboflavina (2 mg/dia, seis dias por semana, por dois meses), bem como a condição física (Suboticanec et al., 1990). Esse resultado é consistente com uma observação prévia da melhora do desempenho da resistência aeróbia após a suplementação com várias vitaminas do complexo B (van der Beek et al., 1994).

Niacina

A niacina é o termo comum usado para vitamina B_3 que existe como o ácido nicotínico e a nicotinamida, a qual é metabolizada para formar nicotinamida adenina nucleotídeo (NAD) e nicotinamida adenina dinucleotídeo fosfato (NADP), que servem como coenzimas. O NAD é um carreador de elétrons na quebra de carboidratos, gorduras, proteínas e glicogênio para produzir ATP; NADP é um doador de hidrogênio na via da pentose fosfato (IOM, 1998). Alimentos com alto teor de proteínas são boas fontes de niacina. Carnes magras, peixe, aves, produtos de grãos integrais, feijões, amendoins e alimentos enriquecidos fornecem abundantemente a niacina.

As RDAs para niacina são 14 e 16 mg/dia para mulheres e homens, respectivamente (IOM, 1998). Apesar de a niacina ser um nutriente essencial para o metabolismo energético, não há evidências de qualquer efeito benéfico com suplementação em doses excedendo a RDA (Heath, 2006). Doses de niacina excedendo 50 mg (comparadas à da RDA de 14 a 16 mg), administradas de forma criteriosa antes do exercício bloquearam a mobilização da gordura e reduziram o desempenho da resistência aeróbia (Pernow e Saltin, 1971; Galbo et al., 1976; Murray et al., 1995).

Vitamina B_6

A vitamina B_6 também é comumente referida como piridoxina. Esse termo inclui todas as formas da vitamina biologicamente ativas; piridoxina, piridoxal e piridoxamina são as formas comumente encontradas nos alimentos. O piridoxal fosfato é um cofator para enzimas que transformam aminoácidos. Também serve como um cofator para a glicogênio fosforilase, que regula a gliconeogênese e glicogenólise durante o exercício (IOM, 1998). Os maiores níveis de B_6 são encontrados em alimentos com alto teor de proteína (carnes, aves, peixe, germe de trigo, produtos de grãos integrais e ovos). Outras fontes são bananas, grãos de soja, cenouras cruas, brócolis, espinafre e abacates.

As RDAs para vitamina B_6 são 1,7 e 1,5 mg/dia para homens e mulheres, respectivamente (IOM, 1998). Aproximadamente, um terço das mulheres atletas e 10% dos homens falham em alcançar a RDA (Leklem, 1990; Manore, 2000). A baixa ingestão de energia e as más escolhas alimentares contribuem para a diminuição da ingestão de vitamina B_6. Pesquisas em homens e mulheres fisicamente ativos mostram que 5% a 60% dos atletas têm o nível de B_6 diminuído (Fogelholm et al., 1993; Stacewicz-Sapuntzakis e Borthakur, 2006). O desempenho de resistência aeróbia não se alterou em homens fisicamente ativos alimentados com dieta contendo 2,3 ou 22 mg de B_6 por nove dias (Virk et al., 1999). No entanto, baseado no aumento da perda urinária de B_6, dados sugerem que 1,5 a 2,3 mg de B_6 são necessários para manter adequado o nível de B_6 em adultos participantes de treinamentos de resistência aeróbia (Fogelholm et al., 1993; Manore, 2000).

Folato

Outro nome para folato é vitamina B_9. Essa vitamina age como uma coenzima para muitas enzimas, facilitando a transferência de um carbono que é crucial para a síntese de DNA e para o metabolismo dos aminoácidos. Também age na reparação celular e no crescimento, incluindo a formação das células vermelhas do sangue (IOM, 1998). Fontes dietéticas de folato incluem vegetais de folhas verdes, cereais enriquecidos, grãos, nozes, legumes, fígado e levedura de cerveja. Cereais prontos para consumir, pães e outros produtos de grãos são boas fontes de folato.

A RDA para folato é de 400 µg de equivalentes de folato dietético (DFEs, na sigla em inglês) por dia. O DFE corresponde a 1 µg de folato alimentar, 0,6 µg de ácido fólico em alimentos enriquecidos, ou 0,5 µg de suplemento de ácido fólico (IOM, 1998). Homens ativos têm a ingestão de folato adequada, mas mulheres tendem a consumir 130 a 364 µg/dia (Woolf e Manore, 2006, Keith et al., 1989; Faber e Benade, 1991). Entre atletas de resistência aeróbia do sexo feminino, 8% a 33% têm baixas concentrações plasmáticas de folato (Matter et al., 1987; Beals e Manore, 1998). As concentrações plasmáticas de folato não foram diferentes entre atletas de resistência aeróbia recreativos (mediana de 8,6 ngl/ml) e em controles relacionados aos gêneros (8,3 ngl/ml) (Herrmann et al., 2005). A suplementação de folato para deficientes em folato, mas não anêmicos, não melhorou o desempenho físico. Mulheres maratonistas, com baixo folato plasmático (<4,5 ng/ml), suplementadas com folato (5 mg/dia por 10 semanas), aumentaram os parâmetros hematológicos, mas não melhoraram o desempenho na esteira, a função cardiorrespiratória ou a resposta metabólica durante o exercício se comparadas aos controles depletados em folato e tratados com placebo (Matter et al., 1987).

Vitamina B_{12}

A vitamina B_{12} também é conhecida como cobalamina. Cobalamina é um termo geral para o grupo de compostos contendo cobalto, chamados corrinoides. Ela funciona como uma coenzima para a transferência dos grupos metil na formação do DNA, particularmente com folato na formação da hemoglobina (IOM, 1998). A vitamina B_{12} é encontrada somente em alimentos de fontes de origem animal, como carnes, aves, peixe, ovos, queijo e leite.

A RDA para um adulto é 2,4 mg/dia; a média da dieta onívora contém 5 a 15 mg (IOM, 1998). A ingestão de B_{12} foi baixa em atletas de resistência aeróbia do sexo feminino (Keith et al., 1989), mas adequada em outros grupos de atletas homens e mulheres (Steen et al., 1995; Ziegler, Nelson e Jonnalagadda, 1999). Evitar alimentos de origem animal aumenta o risco de baixa ingestão de B$_{12}$. Faltam evidências de melhor desempenho com suplementação de B$_{12}$. Estudos iniciais estabeleceram claramente que o desempenho não melhora com a suplementação de B$_{12}$. Adolescentes do sexo masculino, suplementados diariamente com 50 µg de B$_{12}$, por sete semanas, não melhoraram o desempenho de corrida ou a capacidade do treino (Montoye et al., 1955). Além disso, outras experiências com suplementação com homens jovens, passando por vários regimes (injeções de 1 mg, três vezes por semana, por seis semanas [Tin-May-Than et al., 1978], ou 0,5 µg/dia, por seis semanas [Read e McGuffin, 1983]) falharam ao mostrar qualquer efeito benéfico na força ou na resistência aeróbia.

Outras vitaminas B

Ácido pantotênico é um composto de coenzima A, que é a substância maior para a produção de energia no ciclo de Krebs (Tabela 6.2). Também está envolvido na gliconeogênese (IOM, 1998). A biotina é uma coenzima envolvida no metabolismo de aminoácidos e é uma coenzima da gliconeogênese (IOM, 1998). O ácido pantotênico é encontrado em produtos de origem animal e vegetal, incluindo carnes, ovos, legumes e grãos integrais. Fontes de biotina incluem gema de ovo, fígado, leguminosas, vegetais folhosos verde-escuros, nozes e grãos de soja.

As RDAs para o ácido pantotênico e a biotina são 5 mg e 30 µg, respectivamente (IOM, 1998). Os dados da ingestão habitual dessas vitaminas do complexo B e os indicadores bioquímicos dos níveis são ausentes. A suplementação de ácido pantotênico (1,8 g/dia, por sete dias) não teve efeitos benéficos nas respostas metabólicas durante os 50 km contrarrelógio ou no desempenho (Webster, 1998). Os dados nos efeitos da suplementação de biotina nas medidas do desempenho não estão disponíveis.

A colina atua como um neurotransmissor (acetilcolina), como um doador de metila na formação da creatina e um transportador de lipídios (fosfatidilcolina ou lecitina). Apesar de o exercício afetar os níveis plasmáticos de colina de forma diferente (por exemplo, dependendo da intensidade e da duração), a evidência inicial sugere que a colina suplementar, administrada regularmente durante o exercício prolongado, possa melhorar desempenho (Deuster e Cooper, 2006). Mais estudos são necessários para determinar se essa melhora no desempenho é consistente e se pode ser repetida.

Vitaminas do complexo B

Em razão do conhecimento de que as vitaminas B afetam cumulativamente o metabolismo energético, foram feitas pesquisas a respeito dos efeitos da suplementação com vitaminas múltiplas no desempenho físico. A restrição combinada de tiamina, riboflavina e B_6 dietéticas diminuiu significativamente a capacidade aeróbia máxima (~12%), diminuiu a potência máxima (~10%) e acelerou o início do acúmulo de lactato sanguíneo (7%) em homens ciclistas treinados (van der Beek et al., 1994). Apesar de nenhuma vitamina B ter sido identificada com qualquer prejuízo no desempenho, esse achado enfatiza a necessidade de ver as vitaminas B como necessárias para o desempenho ótimo.

Vitamina C

A vitamina C também é referida como ácido ascórbico. Essa vitamina tem várias funções biológicas que podem afetar o desempenho físico. Apesar de não influenciar diretamente as ações enzimáticas, a vitamina C é necessária para sintetizar catecolaminas e carnitina, as quais transportam ácidos graxos para o interior da mitocôndria para a produção de energia. Ela reduz o ferro inorgânico, auxiliando a absorção no intestino e serve como um **antioxidante** potente para regenerar a vitamina E de seus subprodutos oxidados (IOM, 2000). As fontes alimentares de vitamina C incluem frutas e vegetais (especialmente frutas cítricas e vegetais de folhas verdes), como brócolis, batatas, tomates e morangos.

- Antioxidante – uma substância que previne os danos causados por radicais livres. Os radicais livres são substâncias químicas altamente reativas, que frequentemente contêm oxigênio. Eles são produzidos quando moléculas são divididas para obter produtos que tenham elétrons não pareados. Esse processo é chamado oxidação.

A RDA para o ácido ascórbico é 90 e 75 mg para homens e mulheres, respectivamente (IOM, 2000). Estressores fisiológicos aumentam as necessidades de vitamina C. Apesar de muitos atletas consumirem quantidades adequadas de vitamina C, 10% a 30% dos homens atletas universitários e mulheres atletas de resistência aeróbia consomem menos que a RDA (Keith, 2006). Até 15% dos atletas têm concentrações plasmáticas de vitamina C indicativas de deficiência (Telford et al., 1992). Num estudo clássico, foi demonstrado que o baixo nível de vitamina C prejudica o desempenho. Adolescentes que consumiam uma dieta baixa em vitamina C e depois foram suplementados com vitamina C (100 mg/dia por quatro meses) melhoraram a capacidade de treino em

48% comparados ao grupo controle que tinha o consumo baixo de vitamina C e tratado com placebo, cuja capacidade de trabalho aumentou apenas cerca de 12% (Lemel 1938). Adultos com deficiência de vitamina C suplementados com vitamina C (500 mg/dia por duas semanas ou níveis de RDA por oito semanas) aumentaram significativamente a eficiência do treino e a potência aeróbia durante o exercício de esteira (van der Beek et al., 1990; Johnston, Swan e Corte, 1999).

Vitaminas lipossolúveis

As vitaminas A, D, E e K são associadas a fontes de gorduras dietéticas e armazenadas no tecido adiposo (IOM, 1997, 2000, 2001). Essas vitaminas lipossolúveis não têm função direta na produção de energia (Tabelas 6.1 e 6.2). As vitaminas A e E agem como antioxidantes, revertendo a redução da síntese proteica associada à idade em modelos com roedores (Marzani et al., 2008), e o nível de vitamina D deve estar relacionado à força muscular. Não há evidência ligando a vitamina K ao desempenho físico.

- Lipossolúvel – capaz de ser dissolvido em gorduras.

Vitamina A

A forma fisiologicamente ativa da vitamina A é o retinol, que pode ser formada do betacaroteno, uma pró-vitamina. A vitamina A protege as células epiteliais de danos, tem uma função importante na visão e ajuda a manter função imune (IOM, 2001). Sua função no exercício é como um antioxidante. São fontes dietéticas de vitamina A: fígado, manteiga, queijo, ovos e produtos de laticínios fortificados. O betacaroteno, precursor do retinol, é encontrado em vegetais e frutas amarelas e laranjas, bem como em vegetais folhosos verde-escuros.

Formas químicas diferentes da vitamina A (retinol, betacaroteno e outros carotenoides) contribuem para atingir a RDA, a qual é expressa como equivalente de retinol (REs, na sigla em inglês). A RDA é 900 RE ou 4.500 IU para homens e 700 RE ou 3.500 IU para mulheres (IOM, 2001). Atletas geralmente relatam a ingestão de vitamina em excesso da RDA. Corredores de longa distância (Peters et al., 1986), bailarinos profissionais (Cohen et al., 1985), mulheres (Welch et al., 1987) e homens atletas universitários (Guilland et al., 1989; Niekamp e Baer, 1995) têm ingestão adequada de vitamina A. Alguns estudos que investigaram adolescentes e adultos jovens (lutadores [Steen e McKinney, 1986], bailarinas [Benson et al., 1985] e ginastas [Loosli et al., 1986]) relataram que esses atletas tendem a consumir somente 30% a 40% da RDA da vitamina A, fator atribuído ao fato dessa população evitar a gordura dietética. Em contrapartida, outros estudos têm relatado que a ingestão de vitamina A foi adequada em ginastas adolescentes e bailarinos (Soric et al., 2008; Filaire e Lac, 2002). Pesquisas de atletas internacionais não mostram evidências de baixos valores de retinol plasmáticos, mas indicam taxas variáveis (Stacewics-Sapuntzakis e Borthakur, 2006). Os efeitos da suplementação da vitamina A no desempenho físico não são intensivamente estudados. Um estudo anterior não relatou nenhuma mudança no desempenho na corrida de homens que mantiveram uma dieta baixa em vitamina A por seis meses seguidos por uma fase de repleção de seis semanas (Wald, Brougha e Johnson, 1942).

Vitamina E

Vitamina E é, algumas vezes, referida como α-tocoferol, apesar de α-tocoferol ser apenas um dos oito isômeros dentro da família da vitamina E. O termo genérico, vitamina E, refere-se aos compostos naturais denominados tocoferóis e tocotrienóis, dos quais o α-tocoferol é considerado o mais ativo biologicamente. A vitamina E serve como um antioxidante nas membranas celulares e protege contra estresse oxidativo (IOM, 2000). As principais fontes alimentares de vitamina E incluem vegetais, nozes, grãos integrais, germe de trigo e manteiga de amendoim.

A RDA para vitamina E é 15 mg de α-tocoferol para adultos (IOM, 2001). Pesquisas de atletas revelam ingestão adequada de vitamina E (dieta e suplementos) (Economos, Bortz e Nelson, 1993). No entanto, quando somente fontes dietéticas foram consideradas, 53% dos atletas universitários (Guilland et al., 1989), 50% das ginastas adolescentes (Loosli et al., 1986) e 38% de bailarinas (Benson et al., 1985) consumiram menos que 70% da RDA. Curiosamente, a ingestão média de vitamina E para atletas foi de 77% da RDA se comparada com somente 60% da RDA entre pessoas do grupo controle sedentário, sugerindo uma similar, embora reduzida, ingestão de vitamina E entre indivíduos fisicamente ativos e sedentários (Guilland et al., 1989).

Os efeitos da suplementação de vitamina E no desempenho físico são inconsistentes. A suplementação de vitamina E não afetou o desempenho durante uma corrida de 1 milha, teste de subida no banco, teste de natação de 400 m e testes de condicionamento motor de adolescentes do sexo masculino suplementados com 400 mg de α-tocoferol diariamente, por seis semanas (Sharman, Down e Sen, 1971); a capacidade de trabalho e a força muscular de nadadores universitários do sexo masculino suplementados com 1,200 IU de vitamina E por 85 dias (Shephard et al., 1974); o consumo máximo de oxigênio em jogadores de hóquei no gelo suplementados com 800 mg diariamente, por 50 dias (Watt et al., 1974); resistência aeróbia e resposta do lactato sanguíneo em nadadores competitivos suplementados com 600 mg diariamente por seis meses (Lawrence et al., 1975); ou testes de condicionamento motor, função cardiorrespiratória durante testes ergométricos e 400 m de natação em nadadores dos sexos masculinos e femininos treinados suplementados com 400 mg diariamente, por seis semanas (Sharman, Down e Norgan, 1976). Assim, suplementos de vitamina E não melhoram o desempenho. Similarmente, entre ciclistas de elite, suplementação de α-tocoferol (400 mg) por cinco meses não melhorou o desempenho (Rokitzki et al., 1994). Em contraste, homens suplementados com α-tocoferol (400 mg por 10 semanas), em altitude, tiveram níveis baixos de lactato durante o exercício comparados ao grupo placebo (Simon-Schanass and Pabst, 1988). Um benefício potencial da suplementação de vitamina E, sozinha ou em combinação com vitamina C, diminui a produção de estresse oxidativo. Efeitos de desempenho desses antioxidantes combinados são inconclusivos (Gaeini, Rahnama e Hamedinia, 2006; Aguilo et al., 2007; Ciocoiu, Badescu e Paduraru, 2007).

Vitamina D

A vitamina D é por vezes referida como colecalciferol. Apesar de a função principal da vitamina D ser a absorção de cálcio e o metabolismo dos ossos (IOM, 1997), dados epidemiológicos sugerem uma função para a vitamina D na força muscular. A deficiência da vitamina D tem sido associada com a dor musculoesquelética e com a disfunção neuromuscular (Plotnikoff and Quigley, 2003; Hoogendijk et al., 2008). As fontes alimentares de vitamina D são produtos laticínios enriquecidos, ovos, atum, salmão, arenque, ostras, camarão e cavala. Além disso, a síntese de vitamina D é promovida com a exposição da pele ao Sol.

A ingestão adequada de vitamina D é 5 µg (200 IU) para adultos (IOM, 1997). O conhecimento de que existem receptores da vitamina D no músculo esquelético aumenta o interesse na interação desse nutriente e no desempenho físico (Pfeifer, Begerow e Minne, 2002). Em uma revisão de desempenho atlético e vitamina D, os autores indicam que o desempenho físico e atlético é sazonal; culmina quando os níveis de vitamina D atingem seu ponto máximo, diminui à medida que a vitamina D diminui e alcança o seu ponto mais baixo quando os níveis da vitamina D estão na sua mais baixa concentração (Cannell et al., 2009). Coerentemente com isso, atletas que praticam e competem em ambiente fechado, evitando a exposição ao Sol, estão em risco de diminuir os níveis da vitamina D em qualquer época do ano (Cannell et al., 2009,

2008; Holick, 2007). Adultos mais velhos, com baixas concentrações séricas de 25-hidroxi vitamina D (< 40 nmol/L), têm a diminuição da força dos membros inferiores (Pfeifer, Begerow e Minne, 2002; Bischoff-Ferrari et al., 2004). Se o baixo nível de vitamina D prediz força debilitada, parece estar determinado em adultos mais jovens, adolescentes e crianças. Do mesmo modo, associações entre suplemento de vitamina D e ganho de força necessitam ser investigadas.

Minerais e desempenho

Os minerais são elementos inorgânicos que existem como sólidos (IOM, 1997, 2001, 2005). Sódio, potássio, cloro, cálcio, fósforo, magnésio e enxofre são designados como macrominerais porque a ingestão recomendada excede 100 mg/dia e o corpo contém mais que 5 g. Os hormônios controlam os níveis de muitos dos macrominerais no corpo. Ferro, cobre, cromo, selênio e zinco são denominados elementos traço, pois a ingestão recomendada é menor que 10 mg/dia. Os mecanismos precisos para absorção e excreção regulam o conteúdo do elemento traço nas células. Flúor, boro, iodo, manganês e molibdênio são elementos ultra-traço com ingestão menor que 5 mg/dia (Tabelas 6.1 e 6.2).

Em contraste com a situação das vitaminas, há crescentes dados sobre efeitos adversos da baixa ingestão de alguns minerais nas medidas do desempenho físico. Faltam pesquisas a respeito das interações entre desempenho, ingestão e nível de cobre, fósforo, selênio, iodo, molibdênio, potássio e cloro. Portanto, essa seção foca no ferro, magnésio, zinco e cromo, enfatizando resultados desde a publicação das DRIs para minerais.

Macrominerais

Os minerais têm duas categorias: macrominerais e minerais traço. O total de conteúdo de minerais do corpo é aproximadamente 4% do peso corporal. Os macrominerais estão presentes no corpo em quantidades maiores que os minerais traço e incluem cálcio, fósforo, magnésio, sódio, cloro e potássio.

Sódio, potássio e cloro

Esses minerais existem como eletrólitos, principalmente nos líquidos corporais (IOM, 2005). O sódio é um cátion extracelular que mantém o líquido corporal e o balanço ácido-base, bem como a função dos nervos.

O potássio é predominantemente um cátion intracelular e regula o balanço hídrico, a transmissão de impulsos nervosos para músculo, a utilização energética nas células musculares e a produção de ATP. O cloro é, em grande parte, um ânion extracelular que participa do balanço hídrico e da transmissão do impulso nervoso. O sódio é amplamente encontrado em alimentos, juntamente com o cloro. O potássio é encontrado em frutas e vegetais, laticínios, carne e peixe.

O sódio, o cloro e o potássio modulam a troca de líquidos dentro dos compartimentos dos líquidos corporais, permitindo uma troca bem regulada de nutrientes e produtos residuais entre a célula e seu ambiente líquido externo. A ingestão individualizada recomendada de sódio deve depender da taxa de suor e da perda de sódio durante o exercício. Por exemplo, jogadores de futebol americano da Division I Collegiate (Divisão I de Jogadores Universitários de Futebol Americano) diferiram em suas perdas de sódio durante um treino em campo de "dois por dia". Especificamente, os jogadores de futebol americano com um histórico de cãibras perdem aproximadamente duas vezes mais sódio pelo suor quando comparados aos jogadores de futebol americano sem esse histórico (Stofan et al., 2005). Para a maioria dos indivíduos sem um histórico de cãibras, a realização da ingestão recomendada de sódio (1,5 g/dia) é adequada para manter o balanço de sódio.

Cálcio e fósforo

Esses minerais têm um papel-chave na formação dos ossos, que contém mais de 90% do cálcio e do fósforo do organismo (IOM, 1997). O cálcio é necessário para a condução de nervos e para a contração muscular, bem como para a síntese e para a quebra do glicogênio. O fósforo está presente em cada célula como um componente do DNA, ATP, creatina fosfato e 2,3-difosfoglicerato (2,3-DPG), que regula a liberação do oxigênio para os músculos durante o exercício. As fontes dietéticas de cálcio e fósforo são leite, laticínios, brócolis, couve, nabo, nozes e legumes.

A ingestão adequada de cálcio para adultos é de 1.000 mg por dia. A RDA para adultos é de 700 mg de fósforo tanto para homens como mulheres. Estudos clínicos utilizando atletas e suplementação de cálcio são raros; quando conduzidos, eles oferecem aos participantes da pesquisa uma quantidade de cálcio ou fósforo bem acima da ingestão adequada ou da ingestão dietética recomendada para esses minerais.

Um desses estudos ofereceu 35 mg de cálcio por quilograma de peso corporal por dia, por um período de quatro semanas, em conjunto com 90 minutos de treino de resistência aeróbia por dia, cinco dias por semana. Os investigadores avaliaram a produção de testosterona total e livre em resposta à suplementação de cálcio antes e depois de uma rotina de treino intenso. No final de quatro semanas de treinamento físico e intervenção na suplementação de cálcio, não houve diferenças significantes nem no total, nem na testosterona livre em atletas ingerindo o suplemento de cálcio, se comparados a atletas nomeados apenas para um grupo de exercícios. Dados científicos na suplementação de fósforo são mais prevalentes, mas a maioria dos estudos publicados não sustenta melhoras no desempenho do exercício de resistência aeróbia (Bredle et al., 1988; Kreider et al., 1990).

Magnésio

Os ossos contêm quase 60% do magnésio do corpo. Somente uma pequena porcentagem do magnésio, a qual existe um componente de mais de 300 enzimas, está em tecidos moles (IOM, 1997). O magnésio regula muitos processos fisiológicos, incluindo o metabolismo energético como um componente da adenosinatrifosfatase (ATPase) e 2,3-DPG e gliconeogênese. As fontes alimentares de magnésio incluem frutas, vegetais, nozes, frutos do mar, grãos integrais e laticínios. Algumas garrafas de água e água pesada (água rica em minerais) são fontes práticas de magnésio.

A RDA para homens e mulheres é 400 e 310 mg/dia, respectivamente (IOM, 1997). Pesquisas dietéticas de atletas revelam que a ingestão de magnésio é igual ou excede a RDA para homens, mas não para mulheres atletas, que consomem de 60% a 65% da RDA (Nielsen e Lukaski, 2006). Independentemente do gênero, atletas que participam em esportes com categorias por peso ou naquelas competições que incluem um componente estético, tendem a consumir quantidades inadequadas de magnésio dietético (<55% da RDA) (Hickson, Schrader e Trischler, 1986). No entanto, a ingestão de magnésio de atletas avaliados, por se alimentarem no ambiente do centro de treinamento, excederam a RDA (Fogelhlm et al., 1992).

A perda de magnésio do corpo aumenta após o exercício pesado. O exercício aeróbio intenso causou mais de 21% da perda urinária de magnésio no dia do exercício, se comparado ao grupo controle ou sem exercícios; os valores retornaram aos níveis sem exercício no dia após o exercício (Deuster et al., 1987). A quantidade de magnésio urinário foi relacionada com o grau de anaerobiose induzida pelo exercício, classificada pelo consumo de oxigênio após o exercício e a concentração plasmática de lactato (Deuster et al., 1987). Assim, a necessidade de magnésio aumenta quando o metabolismo glicolítico é dominante.

A suplementação de magnésio de atletas competitivos pode melhorar a função celular. Entre mulheres atletas com concentrações plasmáticas de magnésio no limite mínimo abaixo da taxa de valores normais, a concentração total de creatina quinase sérica diminuiu após o treino nas mulheres suplementadas diariamente com magnésio (360 mg/dia, por três semanas) em comparação às atletas que receberam placebo (Golf, Bohmer e Nowacki, 1993). A concentração de lactato sérico e o consumo de oxigênio durante um teste de desempenho exaustivo de remo diminuíram em remadoras de elite com baixo magnésio sérico inicial e suplementadas com magnésio (360 mg/dia) por quatro semanas, em relação às remadoras que receberam placebo (Golf, Bohmer e Nowacki 1993). Em resposta a um programa de treino de força de sete semanas, a força das pernas aumentou mais em homens jovens consumindo suplemento de magnésio (250 mg), além do magnésio incluído na dieta (totalizando 8 mg/kg do peso corporal), comparados ao grupo placebo (Brilla e Haley, 1992).

As alterações no magnésio dietético afetam a nutrição de magnésio e o desempenho (Lukaski e Nielsen, 2002). Mulheres que receberam uma quantidade baixa controlada comparada à ingestão adequada de magnésio (180 *versus* 320 mg) tiveram retenção negativa (ingestão – perda) e diminuíram os indicadores do nível de magnésio (células vermelhas do sangue e concentrações de magnésio muscular). Durante o exercício submáximo, a frequência cardíaca aumentou (10 batidas por minutos) e a eficiência do treinamento diminuiu (10%) com a ingestão baixa de magnésio.

Elementos traço

Por definição, elementos traço são componentes químicos que naturalmente ocorrem no solo, nas plantas e nos animais em concentrações mínimas. Embora necessários em quantidades muito menores que os macrominerais, os elementos traço, também conhecidos como minerais traço, sao essenciais para a saúde e o desempenho ótimos.

Ferro

Esse elemento metálico é crucial na formação de compostos necessários para o transporte e para a utilização do oxigênio. A hemoglobina, o principal composto que contém o ferro, transporta o oxigênio para as células. Compostos de ferro celulares incluem mioglobina, citocromos e algumas enzimas do ciclo de Krebs (aconitase, NADH desidrogenase succinato desidrogenase). Quase 30% do ferro no organismo é armazenado em tecidos, com 70% envolvido no metabolismo do oxigênio (IOM, 2001). As fontes alimentares de ferro incluem proteína heme (hemoglobina e mioglobina), encontrada em alimentos de origem animal.

Fontes de ferro não heme incluem frutas secas, vegetais, legumes, grãos integrais e cereais enriquecidos. Ferro heme é mais bem absorvido e utilizado que ferro não heme (10%-35% *versus* 2%-10%) (IOM, 2001). A absorção do ferro heme não é significativamente afetada pelos compostos dietéticos (Monsen, 1988), enquanto a absorção de ferro não heme é afetada (IOM, 2001; Hallberg, Hulten e Gramatkovski, 1997). A proteína da carne e a vitamina C aumentam a absorção de ferro não heme (IOM, 2001; Siegenberg et al., 1991); e taninos (encontrados no chá, no vinho e em alguns alimentos), cálcio, polifenóis e fitatos (presentes em grãos integrais) diminuem a absorção de ferro não heme (IOM, 2001; Siegenberg et al., 1991; Cook et al., 1997; Hallberg et al., 1991; South e Mille, 1998).

A RDA para o ferro é 8 e 18 mg/dia para homens e mulheres, respectivamente (IOM, 2001). Homens atletas geralmente consomem quantidades adequadas de ferro, mas mulheres atletas, que participam de esportes de resistência aeróbia ou atividades que exigem baixo peso corporal (por exemplo, bailarinas e ginastas), tendem a consumir menos que a RDA para ferro (Haymes, 2006). A ingestão de ferro por mulheres atletas, que consomem suplementos, excede a RDA (Deuster et al., 1986). A baixa ingestão de ferro é a principal causa de deficiência de ferro em mulheres.

A deficiência de ferro ocorre em estágios. A depleção inicial de ferro no tecido, caracterizada pela ferritina sérica baixa (< 12 µg/L) e pelo aumento da capacidade total de ligação de ferro (> 400 µg/dl), é prevalente em 15% a 20% de mulheres, 20% a 37% de mulheres atletas, em 20% a 25% de garotas e 25% a 47% de mulheres atletas jovens. Enquanto a concentração de < 12 µg/L para a ferritina sérica é aceita como ponto de corte clínico, em mulheres atletas, as taxas dos atalhos para depleção de ferro ficam entre 20 e 35 µg/L (pelo menos na prática). Sinais de ferritina sérica baixa aumentam a absorção de ferro. Em seguida, o teor de ferro das células vermelhas do sangue diminui; o número de receptores de transferrina nas células aumenta e, então, o número desses receptores aumenta no soro. Elevadas concentrações (> 8,5 mg/L) de receptor solúvel de transferrina sérica (sTfR) indicam uma deficiência de ferro funcional. O estágio final da deficiência de ferro é precedido pelo estágio 2 da deficiência de ferro sem anemia ou IDNA (na sigla em inglês). O estágio final da deficiência de ferro é a anemia com diminuição da hemoglobina (< 130 g/L para homens e < 120 g/L para mulheres). A prevalência da anemia é 5% em mulheres, 5% a 12% em atletas e 6% para garotas, independentemente da participação atlética (IOM, 2001).

- Anemia – uma diminuição no número de células vermelhas do sangue, o que reduz a quantidade de oxigênio transportado para os tecidos.

Está bem estabelecido que a anemia reduz a captação máxima de oxigênio, a capacidade de trabalho, a resistência aeróbia e aumenta o lactato plasmático; esses prejuízos são corrigidos com a suplementação de ferro (Gardner et al., 1977; Edgerton et al., 1981). A controvérsia, porém, existe em relação aos efeitos da IDNA no desempenho e no metabolismo (Haas e Brownlie, 2001). Apesar de ensaios com suplementação de mulheres atletas com IDNA mostrarem aumento da ferritina sérica e diminuição do lactato durante o exercício sem melhoras no desempenho (Matter et al., 1987; Schoene et al., 1983; Lukaski, Hall e Siders, 1991), outros estudos com garotas adolescentes e mulheres atletas com IDNA mostraram melhoras no desempenho da resistência aeróbia ou na captação máxima de oxigênio (Rowland et al., 1988). Um fator que pode explicar a inconsistência dos resultados é o efeito confuso da inflamação que reduz a concentração circulante da ferritina (McClung et al., 2006). Para esclarecer essa questão, é necessário discriminar os efeitos entre a inflamação e a ingestão de ferro sobre os marcadores do nível de ferro.

Muitas evidências sustentam os efeitos benéficos da suplementação de ferro no desempenho de indivíduos com IDNA. Durante o treino aeróbio, mulheres com IDNA que foram suplementadas com ferro (8 mg/dia, por seis semanas), diminuíram significativamente o sTfR e aumentaram a ferritina sem qualquer alteração na hemoglobina. Embora ambos os grupos tenham melhorado o tempo no ciclismo, as mulheres suplementadas com ferro melhoraram em provas de ciclismo contrarrelógio de 15 km e diminuíram o lactato plasmático mais que as mulheres tratadas com placebo (Hinton et al., 2000). Além disso, mulheres com IDNA (sTfR > 8,5 mg/L), suplementadas com ferro (8 mg/dia, por 10 semanas) e treinadas em cicloergômetro reduziram significativamente o tempo para completar um teste simulado de 15 km pelo exercício, numa taxa de trabalho significativamente mais alta e utilizando uma porcentagem menor de capacidade aeróbia que mulheres tratadas com placebo (Brownlie et al., 2004). Similarmente, a suplementação de ferro (10 mg/dia, por seis semanas) comparada ao placebo reduziu a fadiga muscular durante o exercício de extensão de joelho em mulheres com IDNA (Brutsaert et al., 2003). Os resultados resumidos do painel de DRI da pesquisa mostram que o treinamento regular de resistência aeróbia aumentou a perda de ferro em até 3 mg/dia (IOM, 2001). Assim, indivíduos que regularmente praticam treinamento de resistência aeróbia deveriam aumentar a ingestão de ferro de 30% a 70% para regularizar o aumento da perda de ferro.

Cobre

O cobre funciona como uma metaloenzima necessária para a captação de ferro não heme e a formação de hemoglobina (ceruloplasmina), para a produção de energia na mitocôndria (citocromo C oxidase) e como um antioxidante (superóxido dismutase) (IOM, 2001). A despeito dessas possíveis oportunidades de influenciar o desempenho, não há provas claras de que a ingestão inadequada de cobre prejudica o desempenho. O cobre é amplamente encontrado em alimentos, com quantidade considerável em nozes, grãos, produtos de grãos integrais, marisco e vísceras. A RDA para o cobre é 900 μg/dia para adultos.

Zinco

O zinco é encontrado em todos os tecidos do corpo, como um componente de mais de 100 metaloenzimas. As enzimas contendo zinco regulam alguns aspectos do metabolismo energético, incluindo o transporte oxigênio-dióxido de carbono (anidrase carbônica) e o metabolismo do ácido láctico (lactato desidrogenase), bem como o controle da quebra e da síntese de macronutrientes, crescimento e desenvolvimento, função imune e cicatrização de feridas (IOM, 2001). Frutos do mar, carnes, feijão-de-lima, feijão-fradinho, feijão branco, produtos de grãos integrais e cereais enriquecidos são fontes de zinco. Dietas ricas em proteínas oferecem quantidades substanciais de zinco. A disponibilidade de zinco é reduzida de dietas ricas em fibras e ácido fítico.

Adultos fisicamente ativos geralmente consomem a RDA para zinco (11 e 8 mg/dia para homens e mulheres, respectivamente) (Lukaski, 2006). Mulheres atletas que praticam esportes de resistência aeróbia e ginástica têm ingestões marginais parcialmente em razão da restrição alimentar (Short e Short, 1983). Os níveis de zinco são um indicador de desempenho. A concentração sérica de zinco foi baixa, se comparada à taxa de valores normais, em 25% de homens corredores de longa distância, e foi inversamente correlacionada com a distância de treinamento (Dressendorfer e Sockolov, 1980). Pesquisas com atletas de resistência aeróbia e corredores revelaram que a prevalência do baixo zinco sérico foi 20% a 25% comparada a 13% para grupos controles relacionados por gêneros (Singh, Deuster e Moser, 1990; Lukaski et al., 1990).

Evidências indicam que a baixa concentração de zinco afeta o desempenho físico. O zinco melhora a contração muscular *in vitro* (Isaacson e Sandow, 1963; Richardson e Drake, 1979). A suplementação de zinco, comparada com placebo, em mulheres de meia-idade aumentou força muscular e resistência (Krotkiewski et al., 1982). Como essas funções musculares dependem do recrutamento de fibras musculares glicolíticas de contração rápida, a suplementação de zinco deve melhorar as atividades do lactato desidrogenase, uma enzima zinco dependente. Indivíduos do sexo masculino, alimentados com dietas pobres em zinco em comparação com a adequada, com o teor de zinco (1 *versus* 12 mg/dia) tiveram a concentração de zinco sérico e a retenção de zinco diminuídas, bem como apresentaram diminuição da força muscular dos membros superiores e inferiores (Van Loan et al., 1999). A concentração de zinco sérico de ginastas adolescentes foi reduzida se comparada aos valores do grupo controle de não atletas relacionados com idade e gênero; metade dos atletas foram caracterizados como deficientes subclinicamente em zinco. O zinco sérico foi positivamente correlacionado com força muscular adutora nos ginastas (Brun et al., 1995). Jogadores de futebol masculino de elite, com baixas concentrações séricas de zinco, comparadas às concentrações normais, tiveram diminuição na potência máxima e no lactato sanguíneo durante testes cicloergométricos (Khaled et al., 1997). Homens em dieta com alimentos integrais, moderadamente pobres em zinco (3-4 mg/dia), tiveram aumento nas taxas de ventilação, com diminuição da captação de oxigênio, na saída de dióxido de carbono e na razão de troca respiratória durante um prolongado exercício submáximo em cicloergométrico (Lukaski, 2005). A dieta pobre em zinco resultou em um nível de zinco diminuído (zinco sérico e retenção de zinco). A atividade da anidrase carbônica (uma enzima dependente do zinco) diminuiu nas células vermelhas do sangue com a dieta pobre em zinco.

Selênio

O selênio é precursor de selenoproteínas que exercem ações biológicas incluindo a proteção contra danos oxidativos às células (glutationa peroxidase). O selênio age com a vitamina E, como um antioxidante (IOM, 2000). Faltam evidências do papel do selênio no desempenho. O selênio está ligado ao conteúdo das proteínas da dieta. Alimentos ricos em selênio incluem frutos do mar, carnes, produtos de grãos integrais, fígado, farelo de trigo e alguns vegetais (brócolis e couve-flor). A RDA para selênio é 55 µg/dia para adultos.

Cromo

Algumas evidências sugerem que o cromo facilita a ação da insulina nas células de indivíduos com resistência insulínica. Sua função na promoção do desempenho físico é controversa (Short e Short, 1983). Grãos integrais, queijo, feijões, cogumelos, ostras, vinho, maçãs, carne de porco, frango e levedura de cerveja são fontes de cromo.

O cromo é condicionalmente essencial; ingestão adequada de 35 e 25 µg/dia para homens e mulheres, respectivamente (IOM, 2001). A avaliação do cromo dietético e o estado nutricional de cromo são problemáticos (Lukaski, 1999), o que limita a avaliação de sua importância na atividade física. Em virtude da suposta função do cromo em regular o metabolismo da glicose e, potencialmente, o anabolismo (Evans, 1989), numerosos estudos têm sido conduzidos para determinar os efeitos da suplementação trivalente do cromo trivalente, geralmente como picolinato de cromo, no ganho de força e alteração da composição corporal. São ausentes resultados consistentes que mostram um efeito benéfico de suplementação de cromo no ganho de força, crescimento muscular ou síntese de glicogênio após o exercício na saúde de homens e mulheres (Vincent, 2003; Volek et al., 2006; Lukaski, 2007).

Outros minerais

Boro, vanádio, cobalto, flúor, iodo, manganês e molibdênio têm sido relatados em funções biológicas e teoricamente afetariam negativamente seu desempenho quando consumidos em quantidades subótimas (IOM, 1997, 2001). No entanto, não há pesquisa publicada que apresente evidência de que a ingestão restrita de alguns minerais, na verdade, tenha efeitos negativos no desempenho físico. Além disso, o vanádio e o manganês têm funções no metabolismo dos carboidratos e das gorduras em animais, mas deficiências dietéticas em humanos são raras.

Aplicações profissionais

As funções de vitaminas e minerais no corpo humano como reguladores metabólicos influenciam um número de processos biológicos importantes para o desempenho do exercício ou do esporte. Por exemplo, muitas vitaminas do complexo B estão envolvidas no processamento de carboidratos e gorduras para a produção de energia, uma consideração importante durante exercícios de intensidades variadas (Williams, 2004). Diversas vitaminas do complexo B também são essenciais para ajudar a formar a hemoglobina nas células vermelhas do sangue, que são as maiores determinantes do fornecimento de oxigênio para os músculos durante o exercício de resistência aeróbia. Além disso, a função das vitaminas C e E como antioxidantes, é importante para prevenir o dano oxidativo à estrutura e à função celular durante o treinamento físico e, teoricamente, otimiza a preparação para competição (Williams, 2004).

Os minerais são importantes para atletas, porque eles estão envolvidos na contração muscular, no ritmo cardíaco normal, na condução do impulso nervoso, no transporte do oxigênio, na fosforilação oxidativa, na ativação de enzimas, nas funções imunes, na atividade antioxidante, na saúde dos ossos e no balanço ácido-base do sangue (Williams, 2005; Speich, Pineau e Ballereau, 2001). Como muitos desses processos são acelerados durante o exercício, as quantidades adequadas de minerais são necessárias para o funcionamento ótimo. Os atletas deveriam obter quantidades adequadas de todos os minerais em sua dieta, porque a deficiência de um mineral deve prejudicar a saúde ótima e o prejuízo da saúde deve afetar o desempenho do esporte (Williams, 2005).

Como muitas vitaminas e minerais não podem ser produzidos pelo corpo, mas devem ser consumidos na dieta, é essencial que atletas e pessoas fisicamente ativas tenham uma dieta balanceada. Uma dieta balanceada é aquela que contém quantidades suficientes de todos os nutrientes necessários exigidos para um crescimento saudável e sua atividade. Para ajudar a garantir uma dieta balanceada, atletas devem ingerir regularmente os seguintes tipos de alimentos:

- carnes magras (aves, peixe, carne de porco com baixo teor de gordura, carne bovina com baixo teor gordura etc.);
- frutas (maçãs, bananas, uvas, laranjas, abacaxis, mirtilos etc.);
- vegetais (brócolis, espinafre, feijão-verde, cenoura etc.).

Essa não é uma lista completa de alimentos que atletas devem ingerir diariamente, mas, sim, tipos de escolhas de alimentos que eles devem fazer frequente e consistentemente. Para um atleta ou indivíduo fisicamente ativo, que não ingere frequentemente esses tipos de alimentos como parte da dieta, é prudente receber um polivitamínico para prevenir deficiências. Essa recomendação tem sido advertida pela American Medical Association (Fletcher e Fairfield, 2002). Atletas que restringem consistentemente a ingestão de alimentos estão sob grande risco de deficiências nutricionais. Atletas que participam em ginásticas, balé, líderes de torcida e lutas são tipicamente os que restringem a alimentação e se beneficiariam com um suplemento polivitamínico.

Alguns atletas e técnicos acreditam que a ingestão de suplementos de vitaminas e minerais trará vantagens esportivas, mas investigações científicas não têm sustentando essa teoria. Por exemplo, diversos estudos têm oferecido suplementos polivitamínicos/poliminerais sobre períodos prolongados e não têm mostrado nenhum efeito significante em testes de desempenho físico, seja em laboratório ou em um esporte específico (Williams, 2004;

Singh, Moses e Deuste, 1992; Weight, Myburgh e Noakes, 1998). Num estudo de longo tempo, Telford et al. (1992) avaliaram o efeito de sete a oito meses de suplementação de vitaminas e minerais (100 a 5.000 vezes a RDA), no desempenho do exercício de atletas classificados nacionalmente em treinamentos no Australian Institute of Sport. Eles não relataram nenhum efeito do protocolo de suplementação sobre qualquer medida de desempenho físico, quando comparados aos resultados dos atletas que atingiram as RDAs de vitaminas e minerais pela alimentação normal (Williams, 2004; Telford et al., 1992).

Em resumo, suplementos de vitaminas e minerais não melhorarão o desempenho quando a ingestão desses nutrientes for adequada. Contudo, se a deficiência de uma vitamina ou de um mineral estiver presente (como é o caso mais comum nos esportes com controle de peso), um suplemento de vitaminas e minerais pode melhorar o desempenho pela eliminação da deficiência.

RESUMO

- Vitaminas e minerais não podem ser produzidos pelo corpo e devem ser consumidos em alimentos e bebidas.
- O conteúdo de vitaminas e minerais em alimentos é pequeno (microgramas a miligramas) comparados aos das proteínas, dos carboidratos e das gorduras (até centenas de gramas).
- Vitaminas e minerais não são diretamente fontes de energia, mas facilitam a produção de energia e a utilização de carboidratos, gorduras e proteínas; transportam oxigênio e dióxido de carbono; regulam o balanço hídrico e protegem contra o dano oxidativo.
- Deficiências subclínicas de algumas vitaminas e minerais ocorrem em indivíduos fisicamente ativos.
- Vitaminas são caracterizadas em dois grupos principais: hidrossolúveis e lipossolúveis. As vitaminas hidrossolúveis incluem as vitaminas B e vitamina C. As vitaminas lipossolúveis são vitaminas A, D, E e K.
- Os minerais são classificados como minerais principais ou minerais traço. Minerais principais são aqueles necessários pelo corpo em quantidades maiores que 100 mg/dia. Minerais traço são aqueles exigidos em quantidades diárias menores do que 100 mg.
- Suplementos vitamínicos não são necessários para um atleta com uma dieta balanceada, mas profissionais da saúde devem recomendá-los aos atletas se suas dietas não forem balanceadas, se eles estiverem com uma dieta hipocalórica ou por outra necessidade dietética especial.

7

Suplementos para força e potência

Colin Wilborn, ph.D., ATC, CSCS, FISSN
Bill I. Campbell, ph.D., CSCS, FISSN

Diferentes esportes têm exigências metabólicas únicas nos sistemas bioenergéticos, e essas diferenças alteram as necessidades nutricionais entre os atletas envolvidos em vários tipos de esportes de força e potência. Particularmente importantes para atletas de força e potência são:

- aumento da massa muscular magra, que se traduz em força específica do esporte funcional;
- aumento da potência e da velocidade em curtas distâncias;
- aumento da explosão.

Esses objetivos normalmente levam atletas de força e potência a procurar várias opções em suas metodologias de treino, a fim de maximizar o estímulo do treinamento. Além do treinamento intenso, um programa nutricional adequado também é responsável pela maximização do desempenho de um atleta de força e potência. Mais especificamente, a suplementação nutricional pode proporcionar o impulso para maximizar a massa muscular magra, a potência, a velocidade e a explosão. Portanto, qualquer programa nutricional (incluindo suplementos esportivos), que aumente a massa muscular magra, a potência, a velocidade e a explosão, quando combinado com um programa de treinamento adequado, deve-se traduzir em melhoras no exercício e no desempenho do esporte.

Para estar na vanguarda da suplementação nutricional, é importante identificar suplementos que foram apresentados como efetivos e seguros quando ingeridos apropriadamente. Muitos especialistas na área têm identificado e separado os principais suplementos esportivos em categorias, variando desde os que são seguros, até aqueles que têm efeitos adversos prejudiciais ou aqueles cuja efetividade não foi comprovada na literatura. Uma análise abrangente dos suplementos esportivos que devem beneficiar a força e a potência do atleta deve ser baseada em três questões simples:

- O suplemento esportivo é lícito e seguro?
- Há qualquer evidência científica de que o suplemento esportivo pode afetar a saúde ou o desempenho do exercício?
- Há um parecer científico justificável?

Alega-se que o aumento do desempenho no exercício tem melhorado por meio de centenas de suplementos esportivos. Em vez de abordar todos os suplementos esportivos com alegado efeito **ergogênico**, este capítulo abrange os suplementos esportivos mais populares que foram indicados como relativamente seguros, efetivos e lícitos para aumentar a massa muscular magra, a força e a potência. São eles: creatina, HMB, proteínas e beta-alanina. O Quadro 7.1 resume outros suplementos esportivos populares não discutidos no capítulo.

- Ergogênico – tem capacidade de aumentar o resultado do treinamento, particularmente no que se refere ao desempenho atlético.

QUADRO 7.1 Resumo dos suplementos esportivos populares

Nutriente	Valor ergogênico teórico	Resumo de resultados de pesquisa e recomendações
Arginina	Arginina é um aminoácido que tem numerosas funções no corpo. É utilizada para produzir compostos no corpo, como óxido nítrico, creatina, glutamato e prolina, e pode ser convertida em glicose e glicogênio, se necessário. Em grandes doses, a arginina também estimula a liberação dos hormônios de crescimento e da prolactina. A arginina foi considerada vantajosa para atletas de força.	A pesquisa sobre arginina mostra resultados conflitantes. No entanto, há algumas evidências de que a suplementação da arginina pode aumentar a força, a massa muscular e os níveis de hormônio de crescimento (Campbell et al., 2006; Elam et al., 1989; Besset et al., 1982). Nesse ponto não há evidência suficiente para apoiar fortemente a sua utilização.

continua

continuação

Nutriente	Valor ergogênico teórico	Resumo de resultados de pesquisa e recomendações
Inibidores da aromatase	A aromatase, uma enzima envolvida na produção de estrógeno, age catalisando a conversão da testosterona em estradiol. Os inibidores da aromatase têm sido utilizados clinicamente para inibir a conversão da testosterona em estrógeno; uma das utilizações é para a supressão do estrógeno em pacientes com câncer de mama. Teoricamente, se a conversão de testosterona em estrógeno fosse inibida, níveis de testosterona endógena aumentariam subsequentemente.	Embora inibidores da aromatase sejam relativamente novos como um suplemento nutricional, pesquisas sugerem que eles podem aumentar os níveis de testosterona endógena (Willoughby et al., 2007; Rohle et al., 2007).
Glutamina	A glutamina é o aminoácido mais abundante no corpo, representando 60% do *pool* de aminoácidos nos músculos. É considerada "aminoácido condicionalmente essencial", porque pode ser produzida pelo corpo; mas sob extremo estresse físico, a demanda para glutamina excede a capacidade do corpo de produzi-la. A glutamina serve para uma variedade de funções no corpo, incluindo crescimento celular, função imune e recuperação do estresse.	Pesquisas têm demonstrado que a glutamina contribui para a prevenção da quebra muscular, para o aumento do hormônio do crescimento, para a síntese proteica e para a melhora da função do sistema imune (Candow et al., 2001; Castell e Newsholme, 1997; Welbourne, 1995). Contudo, a maioria das pesquisas não foi feita em atletas de força e não parece, até esse momento, que ela aumente a força e a potência nesses atletas.

continua

continuação

Nutriente	Valor ergogênico teórico	Resumo de resultados de pesquisa e recomendações
Antioxidantes	O estresse oxidativo é o nível de estado estável de dano oxidativo na célula, no tecido ou no órgão, causado pelos radicais livres ou pelas espécies reativas de oxigênio (ROS, na sigla em inglês). Espécies reativas de oxigênio, como radicais livres e peróxidos, representam uma classe de moléculas derivadas do metabolismo do oxigênio que aumenta durante o exercício. Antioxidantes bloqueiam o processo de oxidação por neutralizar radicais livres.	Pesquisas têm determinado que antioxidantes são efetivos na redução de radicais livres. Entretanto, seus efeitos na força e na potência de atletas ainda precisam ser determinados.
Cafeína	A cafeína é um dos estimulantes mais amplamente utilizados no mundo. Ela age como um estimulante no sistema nervoso central, o que causa aumento da frequência cardíaca e da pressão arterial. A ingestão de cafeína pode causar uma melhora no tempo para a exaustão e no resultado do trabalho durante o exercício aeróbio.	A cafeína tem mostrado ter efeito positivo tanto no exercício como gasto energético (Clarkson, 1993; Armstrong, 2002; Costill et al., 1978; Graham e Spriet, 1991). Se ela beneficia a força do atleta, isso é atualmente desconhecido. Pesquisas futuras são necessárias para permitir recomendações conclusivas.

continua

continuação

Nutriente	Valor ergogênico teórico	Resumo de resultados de pesquisa e recomendações
Pró-hormônios	Pró-hormônios ou precursores de hormônios são naturalmente derivados de precursores para a síntese de testosterona. A justificativa para a suplementação com pró-hormônios é que aumentariam a capacidade do corpo em sintetizar testosterona, o que poderia levar ao aumento da massa magra, da força e da densidade óssea e melhorar a composição corporal.	A despeito da alegação excessiva do uso de pró-hormônios, pesquisas não respaldam essas alegações, e supõe-se que pró-hormônios não têm benefícios na força e na composição corporal (Brown et al., 1999; Joyner, 2000; Rasmussen et al., 2000). Diversos estudos têm mostrado que suplementos com pró-hormônios podem elevar significativamente o estrógeno (Brown et al., 2000; King et al., 1999), o que pode ter efeitos negativos na composição corporal e na força.

É importante notar que alguns argumentam contra o uso de suplementos esportivos. Os indivíduos que mantêm essa posição citam considerações éticas relacionando vantagens injustas durante a competição. Inerente a esse ponto de vista, acredita-se que atletas que normalmente evitariam o uso de suplementos esportivos se sentem pressionados a usá-los apenas para ficarem lado a lado de seus concorrentes (Hoffman e Stout, 2008). A intenção deste capítulo não é tratar essas questões, mas focar naqueles poucos suplementos esportivos com segurança e efetividade demonstradas.

Creatina

O suplemento esportivo creatina tem sido o padrão-ouro com o qual outros suplementos nutricionais são comparados (Greenwood, Kalman e Antonio, 2008) em razão da melhora do desempenho, do aumento da massa corporal magra e de ter um perfil de segurança excelente quando consumido nas doses recomendadas (Greenwood, Kalman e Antonio, 2008). A creatina é um dos suplementos nutricionais esportivos mais amplamente pesquisados no mercado. Entre diversos métodos de ingestão, o mais comum é misturar a creatina em pó com uma bebida. Ela também é comumente ingerida sob a forma de cápsula.

Quimicamente, a creatina é derivada de aminoácidos glicina, arginina e metionina; é obtida da ingestão de carne ou peixe e é também sintetizada nos rins, no fígado e no pâncreas (Balsom, Soderlund e Ekblom, 1994; Heymsfield et al., 1983). Quando a creatina entra na célula muscular, aceita um fosfato de alta energia e forma a creatina fosfato, que é a forma de estoque de fosfato de alta energia, a qual é usada pelas células musculares esqueléticas para regenerar rapidamente a adenosina trifosfato (ATP) durante as séries de contração muscular máxima (Hirvonen et al., 1987). A conversão de ATP em adenosina difosfato (ADP) e um grupo fosfato geram a energia necessária para os músculos durante um exercício de alta intensidade e curta duração. A energia para exercício de esforço máximo, com duração de até aproximadamente 6 segundos (duração típica de atividade para atleta de força e potência) é primariamente derivada de reservas limitadas de ATP no músculo. A disponibilidade de creatina fosfato nos músculos é vitalmente importante na produção de energia, visto que a ATP não pode ser armazenada em quantidades excessivas no músculo e é rapidamente degradada durante as séries do exercício exaustivo de alta intensidade.

A suplementação oral de creatina monoidratada tem demonstrado aumentar a creatina muscular e o conteúdo de creatina fosfato de 15% a 40%, aumentar a bioenergética celular do **sistema fosfagênio**, melhorar o transporte de fosfatos de alta energia entre a mitocôndria e o citosol pelas trocas de creatina fosfato e aumentar a atividade de várias vias metabólicas (Kreider, 2003a). Em relação à dose, a maioria dos estudos publicados sobre a suplementação de creatina dividiu o modelo típico de dosagem em duas fases: uma fase de carga e uma fase de manutenção. Uma típica fase de carga compreende 20 g de creatina (ou 0,3 g/kg de peso corporal), em doses divididas 4 vezes por dia, por dois a sete dias; isso é seguido pela dose de manutenção de 2 a 5 g diárias (ou 0,03 g/kg do peso corporal) por diversas semanas e meses.

- Sistema fosfagênio – a fonte de energia mais rápida e poderosa para o movimento muscular.

Estudos científicos indicam que a suplementação de creatina é uma estratégia nutricional efetiva e segura para promover ganhos na força e na massa muscular durante o treinamento de força – atributos importantes para o atleta de força e potência (Greenwood et al., 2000; Kreider, 2003a, 2003b; Stout et al., 2000; Volek et al., 1997). A suplementação de creatina, específica para massa corporal magra, tem-se mostrado efetiva em diversos estudos de coorte, incluindo homens, mulheres e idosos (Branch, 2003; Brose, Parise e Tarnopolsky, 2003; Chrusch et al., 2001; Kreider et al., 1998; van Loon et al., 2003). A suplementação de creatina em curto período aumenta a massa corporal total em aproximadamente 0,8 a 1,7 kg. A suplementação de creatina por longo período (por exemplo, seis a oito semanas) em conjunção com treinamento de força aumentou a massa corporal magra em aproximadamente 2,8 a 3,2 kg (Greenwood, Kalman e Antonio, 2008; Earnest et al., 1995; Kreider et al., 1996; Stout, Eckerson e Noonan, 1999).

Inequivocamente, um dos mais visíveis efeitos da suplementação da creatina é um aumento da massa corporal. No entanto, para o atleta de força e potência, um aumento na massa corporal conferirá benefício somente se o ganho de peso estiver sob a forma de tecido magro. Felizmente, diversas investigações científicas têm demonstrado que ganhos na massa corporal são parcialmente atribuídos ao atual aumento no teor da proteína celular do tecido muscular (Volek et al., 1999; Willoughby e Rosene, 2001). Para mais informações sobre alterações no conteúdo de proteínas do músculo esquelético e todas as alterações na composição corporal em resposta à suplementação de creatina, veja o Capítulo 10.

A creatina pode também ser vantajosa para força de atletas, dada a sua capacidade de promover ganho de força durante o treinamento. Estudos indicam que a suplementação de creatina durante o treinamento pode aumentar o ganho em 1 repetição máxima (1 RM) de força e potência. Peeters, Lantz e Mayhew (1999) investigaram o efeito da suplementação com creatina monoidratada e creatina fosfato na força, na composição corporal e na pressão arterial por um período de seis semanas. Os testes de força realizados foram: supino 1 RM, pressão da perna 1 RM e repetições máximas no banco para rosca com uma quantidade fixada de peso. Os indivíduos foram selecionados pela força e colocados em um dos três grupos – grupo placebo, grupo creatina monoidratada ou grupo creatina fosfato. Todos os indivíduos realizaram um regime de treinamento de força padronizado e ingeriram uma dose de carga de 20 g/dia para os três primeiros dias dos estudos, seguidos por uma dose de manutenção de 10 g/dia para o restante do período das seis semanas de suplementação. Diferenças significantes foram notadas entre o grupo placebo e os grupos com creatina nas alterações da massa corporal magra, do peso corporal e do supino 1 RM. Eckerson et al. (2004) também estudaram os efeitos de dois e cinco dias de carga de creatina na capacidade de trabalho anaeróbio, utilizando o teste de potência crítica. Dez mulheres fisicamente ativas receberam randomicamente dois tratamentos separados por um período de suplementação de cinco semanas: (a) 18 g de dextrose como placebo ou (b) 5 g de creatina mais 18 g de dextrose recebidos quatro vezes por dia por cinco dias. A ingestão do placebo não resultou em alterações significativas na capacidade do trabalho anaeróbio; contudo, a ingestão de creatina aumentou significativamente a capacidade de trabalho anaeróbio em 22,1% após cinco dias de carga.

Em outro estudo, Kreider et al. (1998) conduziram um estudo em que 25 jogadores de futebol americano da Associação Atlética Colegial Nacional da Divisão IA (National Collegiate Athletic Association Division IA) suplementados em suas dietas por 28 dias com creatina ou com um placebo durante treinamento de força e agilidade. Antes e depois do protocolo de suplementação, os jogadores de futebol americano realizaram um teste de repetição máxima no supino isotônico, agachamento, *power clean*, e também realizaram um teste de *sprint* de alta intensidade em cicloergômetro. O grupo creatina mostrou maior ganho significativo no volume de levantamento de supino; na soma do volume do supino, do agachamento e do levantamento *power clean*; e do trabalho total realizado durante os primeiros cinco *sprints* de 6 segundos em cicloergômetro. A ingestão de creatina promoveu maior ganho de massa livre de gordura (MLG), o volume de levantamento isotônico e o desempenho nos *sprints* durante um intenso treinamento de força e agilidade.

Os estudos revisados aqui são apenas alguns de muitos que têm mostrado um aumento na força, na potência e no desempenho de alta intensidade. Combinados, esses três estudos indicam que a suplementação de creatina pode aumentar a força máxima, o desempenho do exercício de alta intensidade e o volume do levantamento. A Sociedade Internacional de Nutrição Esportiva (International Society of Sports Nutrition) (Buford et al., 2007) declarou em sua ampla revisão sobre suplementação de creatina:

- Adaptações de curto prazo incluem aumento da potência no ciclismo; trabalho total realizado no supino e no salto com agachamento; e aumento do desempenho esportivo no *sprint*, na natação e no futebol (Volek et al., 1997; Mero et al., 2004; Wiroth et al., 2001; Tarnopolsky e MacLennan, 2000; Skare, Skadberg e Wisnes, 2001; Mujika et al., 2000; Ostojic, 2004; Theodorou et al., 1999; Preen et al., 2001).
- Adaptações de longo prazo quando a suplementação de creatina monoidratada é combinada com o treinamento incluem aumento na creatina muscular e no conteúdo de PCr [creatina fosfato], na massa corporal magra, na força, no desempenho do *sprint*, na potência, na taxa de desenvolvimento da força e no diâmetro muscular (Kreider et al., 1998; Volek et al., 1999; Vandenberghe et al. 1997).
- Em estudos de longo prazo, indivíduos recebendo creatina monoidratada ganharam normalmente cerca de duas vezes mais massa corporal, massa livre de gordura ou ambos (isto é, cerca de 1 a 2 kg

de massa muscular durante 4 a 12 semanas de treinamento) em comparação aos indivíduos recebendo um placebo (Stone et al., 1999; Noonan et al., 1998; Kirksey et al., 1999; Jones, Atter e Georg, 1999).
- O único efeito adverso clinicamente significante relatado na pesquisa de literatura é o ganho de peso (Kreider, Leutholtz e Greenwood, 2004; Kreider et al., 2003); no entanto, muitas afirmações, não baseadas em fatos, sobre efeitos adversos, que incluem desidratação, cólicas, danos aos rins e ao fígado, lesões musculoesqueléticas, desconfortos gastrointestinais e síndrome compartimental da perna anterior, ainda aparecem na mídia e na literatura popular. Embora atletas que estejam recebendo creatina monoidratada possam ter esses sintomas, a literatura científica sugere que esses atletas não têm maiores, ou possivelmente menores, riscos desses sintomas que aqueles não suplementados com creatina monoidratada (Greenwood et al., 2003; Kreider et al., 2003).

O posicionamento oficial também inclui a afirmação: "As numerosas investigações conduzidas com resultados positivos de suplementação de creatina monoidratada nos levam a concluir que é o suplemento nutricional mais efetivo disponível hoje para o aumento da capacidade do exercício de alta intensidade e construção de massa magra".

HMB

O ácido β-hidroxi-β-metilbutírico, ou HMB, é um **metabólito** do aminoácido essencial leucina. O HMB tem mostrado desempenhar um papel na regulação da quebra da proteína no corpo. O HMB ajuda a inibir a proteólise, que é o processo natural de quebra muscular e ocorre especialmente após a atividade de alta intensidade. O HMB está comumente disponível em pó, que é misturado com água, bem como na forma de cápsula. Parece que a suplementação de HMB tem um efeito protetor no músculo e pode ajudar o corpo a obter uma vantagem no processo de recuperação pela minimização da quantidade de degradação das proteínas após o exercício intenso. Uma fundamentação teórica baseia-se que a suplementação de HMB poderia retardar a quebra das proteínas no corpo, aumentando, assim, a massa muscular e a força (Greenwood, Kalman e Antonio, 2008). Muitas investigações científicas anteriores sobre o HMB foram conduzidas em modelos animais com os seguintes resultados:

- aumento das taxas de crescimento em porcos (Nissen et al., 1994);

- aumento da massa muscular e diminuição de gordura corporal em bois (Van Koevering et al., 1994);
- melhora em diversos marcadores da função imune em frangos (Peterson et al., 1999a, 1999b).

Com base nesses resultados, pesquisas subsequentes sobre suplementação com HMB durante o treinamento em humanos estabeleceram seus efeitos na inibição da degradação das proteínas e no aumento da força e da massa muscular. Nissen et al. (1996) conduziram o primeiro estudo de pesquisa para destacar o potencial anticatabólico do HMB. Indivíduos não treinados ingeriram um dos três níveis de HMB (0; 1,5; ou 3,0 g/dia) e dois níveis de proteínas (117 ou 175 g/dia) e praticaram treinamento de força, três dias por semana, por três semanas. Entre outros marcadores do dano muscular, a quebra da proteína foi avaliada por meio da mensuração da 3-metil-histidina urinária. Após a primeira semana do protocolo de treinamento de força, a 3-metil-histidina urinária aumentou para 94% no grupo controle e para 85% e 50% nos indivíduos que ingeriram 1,5 e 3 g de HMB por dia, respectivamente. Durante a segunda semana, os níveis de 3-metil-histidina urinária ainda estavam elevados para 27% no grupo controle, mas foram 4% e 15% abaixo dos níveis basais para os grupos que receberam 1,5 e 3 g de HMB por dia. Curiosamente, medidas de 3-metil-histidina urinária no final da terceira semana de treinamento de força não foram significativamente diferentes entre os grupos (Nissen et al., 1996). Outros estudos que demonstraram um efeito **anticatabólico** ou supressor da lesão muscular têm apoiado esses resultados (Knitter et al., 2000; van Someren, Edwards e Howatson, 2005).

- Metabólito – qualquer substância produzida, ou parcialmente produzida, pela reação metabólica.
- Anticatabólico – descreve uma substância que reduz a quebra muscular e previne o catabolismo.

Van Someren, Edwards e Howatson (2005) instruíram indivíduos do sexo masculino a ingerir 3 g de HMB junto com 0,3 g de **ácido alfa-cetoisocaproico,** diariamente, por 14 dias antes de realizar uma série simples de exercício de força excêntrico dominante. Essa intervenção com suplemento incluindo HMB resultou numa redução significativa de marcadores plasmáticos de lesão muscular. Gallagher et al. (2000a) avaliaram os efeitos da suplementação de HMB (0,38 e 0,76 mg/kg por dia), durante oito semanas de treinamento de força em homens previamente não treinados. Os pesquisadores relataram que a suplementação de HMB promoveu significativamente menos excreção de creatina quinase muscular e maior ganho na massa muscular (somente no grupo com 0,38 mg/kg por dia) que em indivíduos que receberam placebo. Coletivamente, esses resultados sustentam as discussões de que a suplementação de HMB pode diminuir o catabolismo, levando a um ganho maior na força e na massa muscular.

- Ácido alfacetoisocaproico – um intermediário no metabolismo da leucina.

A suplementação de HMB pode suprimir a quebra das proteínas e dos marcadores da lesão muscular, mas esses efeitos anticatabólicos levam ao ganho de massa corporal magra? A literatura científica nesse tópico é equívoca. Na segunda parte do estudo por Nissen et al. (1996), participantes do sexo masculino ingeriram 3 g de HMB ou um placebo, por sete semanas, em conjunto com o treinamento de força, seis dias por semana. A massa livre de gordura aumentou no grupo suplementado com HMB em vários momentos durante o período de investigação, mas não no final do estudo (na sétima semana). Vukovich, Stubbs e Bohlken (2001) relataram que a suplementação de HMB (3 g/dia por oito semanas durante treinamento de força) aumentou significativamente a massa magra, reduziu massa gorda e promoveu maior ganho de força de 1 RM nas extremidades superior e inferior, no grupo de homens idosos e mulheres iniciando treinamento.

Nem todos os estudos têm mostrado que a ingestão de HMB resulta num acréscimo da massa corporal magra (Kreider et al., 1999; Slater et al., 2001; O'Conner e Crowe, 2003; Hoffman et al., 2004). Em estudos que não apresentaram esse efeito, os indivíduos receberam aproximadamente a mesma quantidade de HMB como nos estudos que demonstram aumento na massa corporal magra.

Uma das maiores preocupações com a literatura sobre eficácia da suplementação de HMB em atletas de força é que muitos estudos não têm utilizado populações treinadas (Nissen et al., 1996; van Someren et al., 2003, 2005; Gallagher et al., 2000a). Além disso, alguns estudos utilizaram populações idosas (Falkoll et al., 2004). É imprudente extrapolar resultados de pesquisa referentes a uma população não treinada para uma população treinada, dada a variação em adaptações a treinamento entre esses grupos. Para distorcer ainda mais os dados, muitos estudos de populações treinadas não foram efetivos no aumento das adaptações de treinamento (Hoffman et al., 2004; Kreider et al., 1999; O'Conner et al., 2003).

Levando essas observações em conta, Hoffman et al. (2004) afirmaram que se a suplementação de HMB tem qualquer benefício ergogênico em atenuar o dano muscular, provavelmente é mais efetivo em indivíduos não treinados, que têm o maior potencial para exercício durante a lesão muscular. Em relação à segurança, nenhum efeito adverso foi relatado em estudos em humanos utilizando até 6 g/dia (Gallagher et al., 2000a, 2000b). Em conclusão, parece que o HMB deve ser benéfico (relativo ao aumento da massa corporal magra) para um indivíduo iniciando um programa de treinamento de força, mas não para atletas que já estão treinados em força.

Proteína e aminoácidos

Por anos, muitos têm acreditado que o excesso de ingestão de proteínas é necessário para o crescimento muscular ótimo em resposta ao treinamento de força (Greenwood, Kalman e Antonio, 2008). A hipertrofia do músculo esquelético ocorre somente quando a síntese proteica muscular excede a quebra de proteína muscular. O corpo está em um estado contínuo de rotação de proteínas conforme as proteínas velhas são destruídas ou degradadas e novas proteínas são sintetizadas. Quando a síntese de proteínas contráteis ocorre numa velocidade mais rápida que a degradação, o resultado líquido é um balanço de proteínas positivo (isto é, hipertrofia miofibrilar). Em repouso, na ausência de um estímulo de exercício e da ingestão de nutrientes, o saldo líquido de proteínas é negativo (Biolo et al., 1995; Phillips et al., 1997, 1999; Wagenmakers, 1999).

Deve-se lembrar que o exercício de força é essencial para criar o estímulo necessário para ocorrer a hipertrofia do músculo esquelético. No entanto, quando o exercício de força é realizado na ausência de nitrogênio nutricional ou suplementar, o saldo líquido de proteínas ainda não aumenta a ponto de se tornar anabólico. Nutrientes específicos e suplementos (compostos contendo nitrogênio) são necessários na conjunção com treinamento de força, para que o saldo líquido de proteínas se torne positivo.

Com base nesse conhecimento, é claro que a proteína ou os elementos básicos das proteínas, os aminoácidos, precisam estar disponíveis para garantir a obtenção de um balanço positivo. Os aminoácidos tornam-se disponíveis a partir do *pool* de aminoácidos. O *pool* de aminoácidos é a mistura dos aminoácidos disponíveis nas células, que é derivada de fontes dietéticas ou da degradação de proteínas. Os aminoácidos entram nesse *pool* de três formas:

- durante digestão das proteínas na dieta;
- quando as proteínas do corpo se decompõem;
- quando fontes de carbono e grupos amina ($-NH_2$) sintetizam aminoácidos não essenciais.

O *pool* de aminoácidos existe para fornecer aminoácidos individuais para síntese e oxidação das proteínas, e é reposto somente pela quebra das proteínas ou dos aminoácidos que entram no corpo pela dieta. Assim, o *pool* de aminoácidos livres fornece uma ligação entre a proteína dietética e a proteína do corpo, uma vez que ambas alimentam esse *pool*.

Ingestão de proteínas

Um dos debates mais controversos que tem permeado a Ciência da Nutrição Esportiva envolve a ingestão de proteínas. A principal controvérsia tem se centrado na segurança e efetividade da ingestão de proteína sobre a atual Ingestão Dietética Recomendada (Recommended Dietary Allowance – RDA). Atualmente, a RDA para proteínas em adultos saudáveis é 0,8 g/kg de peso corporal por dia. Essa recomendação engloba diferenças individuais no metabolismo de proteínas, nas variações no valor biológico da proteína e nas perdas nitrogenadas na urina e nas fezes. Quando se determina a quantidade de proteínas que deve ser ingerida para aumentar a massa corporal magra, é preciso considerar muitos fatores, como:

- qualidade da proteína;
- ingestão energética;
- ingestão de carboidratos;
- quantidade e intensidade do programa de treinamento de força;
- tempo da ingestão de proteína.

Enquanto 0,8 g de proteínas por quilograma de peso corporal por dia deve ser suficiente para atingir as necessidades de quase todos os indivíduos não treinados em exercício de força, provavelmente não seja suficiente para fornecer substrato para o desenvolvimento do tecido magro ou para reparar lesões musculares induzidas pelo exercício (Tarnopolsky, 2004). De fato, muitas investigações clínicas indicam que indivíduos que praticam atividade física ou exercício exigem níveis de ingestão de proteínas maiores que 0,8 g/kg de peso corporal diariamente, independentemente do modo do exercício (por xemplo, resistência aeróbia, força) (Forslund et al., 1999; Friedman e Lemon, 1989; Lamont, Patel e Kalhan, 1990; Meredith et al., 1989; Phillips et al., 1993) ou estado de treinamento (isto é, recreativo, moderadamente ou bem treinado) (Greenwood, Kalman e Antonio, 2008; Lemon, 1991; Lemon et al., 1992; Tarnopolsky et al., 1992).

Assim, a questão permanece: Quanto de proteína é necessário para indivíduos que praticam treinamento de força e querem aumentar a massa corporal magra? Como estabelecido no Capítulo 3, uma recomendação geral relativa à ingestão de proteínas é 1,5 a 2,0 g/kg por dia (Lemon, 1998; Campbell et al., 2007). Mais especificamente, indivíduos que praticam exercícios de força e potência deveriam ingerir quantidades superiores a esta faixa.

No nível celular, estudos descobriram que, com a proteína dietética ou com a suplementação de aminoácidos, há aumento da taxa de síntese de proteínas. Biolo et al. (1997) avaliaram as interações entre treinamento de força e suplementação de aminoácidos e os efeitos correspondentes na cinética das proteínas. Seis homens não treinados serviram como objetos nesse estudo. Cada participante recebeu uma infusão com uma solução de mistura de aminoácidos (fenilalanina, leucina, lisina, alanina e glutamina). Foram tomadas amostras basais e de pós-treino resistido (cinco sessões de 10 *leg press*; quatro sessões de oito agachamentos Nautilus, flexão de perna e extensões de perna). Os resultados revelaram aumento da síntese proteica e nenhuma alteração na degradação das proteínas.

Apesar de pesquisadores terem concluído que a suplementação de aminoácidos após o exercício tem um efeito positivo na síntese proteica, a infusão de aminoácidos não é uma maneira prática para obtê-los. Assim, Tipton et al. (1999) investigaram os efeitos de aminoácidos administrados via oral; indivíduos tomaram 40 g de aminoácidos mistos (essencial + não essencial), 40 g apenas de aminoácidos essenciais ou 40 g de um placebo de carboidratos. Também procurou-se determinar se haveria uma diferença no efeito anabólico da suplementação de aminoácidos se fosse utilizada uma fonte mista de aminoácidos ou somente de aminoácidos essenciais. Os resultados indicaram que a suplementação de aminoácidos após o exercício provoca um saldo positivo de proteínas se comparado ao saldo negativo, visto somente com o treinamento de força. Os autores também concluíram que a suplementação apenas com aminoácidos essenciais é equivalente ao suplemento de aminoácidos mistos.

Em outro estudo, Esmark et al. (2001) investigaram o tempo da ingestão de proteínas após o exercício de hipertrofia muscular e força. Esse estudo utilizou um suplemento com proteínas do leite e da soja (10 g de proteínas de leite desnatado e soja), 7 g de carboidratos e 3,3 g de lipídios, em vez de uma mistura de aminoácidos. Apesar de os pesquisadores não calcularem a síntese de proteínas, eles mensuraram a hipertrofia. Os resultados indicaram que a hipertrofia do músculo esquelético aumentou significativamente após o treinamento de força quando os indivíduos tomaram um suplemento de proteína.

A ingestão entre 1,5 e 2,0 g/kg por dia de proteínas não é o único parâmetro a se considerar, entretanto, é importante para notar que nem todas as fontes de proteínas são iguais. Nem todas as fontes de proteínas contêm as mesmas quantidades de aminoácidos. A proteína é classificada como *completa* ou *incompleta* dependendo se contém ou não as quantidades adequadas de aminoácidos essenciais. Fontes de proteínas completas, que contêm grandes quantidades de aminoácidos essenciais, geralmente têm proteínas de maior qualidade. As proteínas completas são tipicamente encontradas em fontes como carne bovina, frango, carne de porco, leite e queijo; já as proteínas incompletas são comumente encontradas em nozes, feijões, grãos e sementes.

Tipos comuns de proteínas em suplementos esportivos

Três dos tipos mais comuns de proteínas encontrados em suplementos proteicos são soro do leite, caseína e proteína do ovo. Cada um desses tipos de proteínas é uma proteína completa e todos são classificados como de alta qualidade (para uma discussão profunda sobre a classificação da qualidade de várias proteínas, veja o Capítulo 3) e são administrados em pó. A *whey protein*, derivada da proteína do leite, é atualmente a fonte mais popular de proteína utilizada em suplementos nutricionais. Dos três tipos mais comuns encontrados em suplementos proteicos, o soro do leite parece ter sido investigado mais completamente em relação à síntese de proteínas e ao aumento do tecido magro. Cribb et al. (2006) investigaram diferentes efeitos do soro do leite *versus* a proteína caseína na força e na composição corporal. Indivíduos que ingeriram soro do leite ou caseína (1,5 g/kg de peso corporal por dia), durante 10 semanas, enquanto seguiam um programa de treinamento de força estruturado e o grupo da *whey protein* obteve significativamente maior ganho na força e na massa corporal magra que o grupo da caseína.

A caseína, que é também uma proteína do leite, é frequentemente caracterizada como uma proteína de ação mais lenta (Boirie et al., 1997; Dangin et al., 2001). Em comparação à *whey protein*, a caseína leva mais tempo para ser digerida e absorvida. A razão mais provável é que a caseína leva mais tempo para deixar o estômago (Boirie et al., 1997). Embora a caseína estimule a síntese proteica, isso ocorre em um grau muito menor em relação à *whey protein*. Ao contrário do soro do leite, a caseína ajuda a diminuir a quebra proteica (Demling e DeSanti, 2000) e, portanto, tem propriedades anticatabólicas.

Dados os resultados que a *whey protein* estimula a síntese proteica e a caseína ajuda a diminuir a quebra muscular, alguns suplementos manufaturados incluem ambos em suas formulações. Uma investigação por Kerksick et al. (2006) ilustra a efetividade da combinação. Indivíduos realizaram um programa de treinamento de força que foi dividido em quatro dias por semana, por 10 semanas. Eles receberam 48 g de carboidratos, 40 g de soro do leite + 8 g de caseína, ou 40 g de soro do leite

+ 5 g de glutamina + 3 g de aminoácidos de cadeia ramificada. Após 10 semanas, o grupo que recebeu ambos, soro do leite e caseína, teve o maior aumento na massa muscular magra. Willoughby et al. (2007) investigaram os efeitos de uma combinação de soro do leite e da proteína caseína na força, na massa muscular e nos marcadores de anabolismo. Seus resultados corroboraram com aqueles de Kerksick et al. (2007) na força e na massa muscular comparados ao placebo. Parece que uma combinação de proteínas mistas é adequada para estimular a síntese proteica e promover adaptações de treinamento positivas (Willoughby et al., 2007; Tipton et al., 2004; Kerksick et al., 2006).

A proteína do ovo também é uma proteína de alta qualidade e tem a vantagem de ser miscível (é misturada facilmente em solução) (Driskell e Wolinsky, 2000). Contudo, suplementos da proteína do ovo em geral não têm o sabor muito bom e são normalmente mais caros que outros suplementos de proteínas. Por essas razões, junto com a disponibilidade de outras fontes de proteínas de alta qualidade, como soro de leite e caseína, a proteína do ovo não é um suplemento tão popular como os outros dois.

Em uma revisão, Rennie et al. (2004) concluíram que não há dúvida de que o aumento da concentração de aminoácidos pela infusão intravenosa, alimentação por refeição ou ingestão de aminoácidos livres aumentam a síntese proteica muscular. Eles também concluíram que, no período pós-exercício, o aumento da disponibilidade de aminoácidos melhora a síntese de proteínas musculares. O soro do leite, a caseína e a proteína do ovo são todos de alta qualidade e são comumente encontrados em suplementos proteicos comercializados para atletas de treinamento de resistência.

Beta-alanina

Nos últimos anos, a beta-alanina tem aparecido no mercado da Nutrição Esportiva. A beta-alanina é tipicamente administrada em cápsulas ou em pó para ser misturado a um líquido (normalmente, água). Enquanto diversos experimentos clínicos têm mostrado aumento nos marcadores de desempenho de resistência aeróbia, da composição corporal e da força com beta-alanina, outros não têm demonstrado nenhum benefício ergogênico. Esta seção discute beta-alanina como um suplemento esportivo, iniciando com o seu composto "mãe" carnosina.

A carnosina é um dipeptídeo composto dos aminoácidos histidina e beta-alanina. A carnosina está presente naturalmente no cérebro, no músculo cardíaco, nos rins e no estômago, bem como relativamente em grandes quantidades nos músculos esqueléticos (em especial nas fibras musculares tipo II). Essas fibras musculares tipo II são fibras musculares de contração rápida utilizadas em movimentos explosivos como aqueles no treinamento de peso e *sprint*. Curiosamente, os atletas cujo desempenho demanda resultado anaeróbio extensivo têm concentrações mais altas de carnosina.

A carnosina contribui para o tamponamento de íons de hidrogênio, atenuando (reduzindo) uma queda no pH associada com o metabolismo anaeróbio. A carnosina é muito eficaz no tamponamento de íons de hidrogênio, responsáveis pela produção dos efeitos nocivos do ácido láctico. Acredita-se que a carnosina seja uma das substâncias do tamponamento do músculo primário disponível no músculo esquelético. Em teoria, se carnosina pudesse atenuar a queda no pH, notada com o exercício de alta intensidade, este poderia, possivelmente, manter-se em altas intensidades por uma duração maior. Em relação à ingestão, porém, a carnosina é rapidamente degradada em beta-alanina e histidina, logo que entra no sangue por meio da atividade da enzima carnosinase. Assim, não há vantagem em ingerir carnosina. Entretanto, a ingestão independente de beta-alanina e histidina permite que esses dois compostos sejam transportados para o músculo esquelético e ressintetizados em carnosina. Parece que beta-alanina é o aminoácido que mais influencia os níveis de carnosina intramuscular em razão de ser o substrato limitante nesta reação química (Dunnett e Harris, 1999). De fato, estudos têm demonstrado que 28 dias de suplementação de beta-alanina, numa dosagem de 4 a 6 g/dia resultou em um aumento dos níveis de carnosina intramuscular em aproximadamente 60% (Harris et al., 2005; Zoeller et al., 2007).

Pesquisadores têm iniciado uma investigação extensiva na área de suplementação de beta-alanina para atletas de força. Stout et al. (2006) examinaram os efeitos da suplementação de beta-alanina na **capacidade de trabalho físico no limiar da fadiga** (**PWCFT**, na sigla em inglês) em homens jovens não treinados. Os participantes ingeriram 6,4 g de beta-alanina, por seis dias, seguido de 3,2 g, por três semanas. Os resultados revelaram um aumento significativamente maior na PWCFT no grupo beta-alanina comparado ao grupo placebo. Stout et al. (2008) investigaram os efeitos de 90 dias de suplementação de beta-alanina (2,4 g/dia) na PWCFT em homens e mulheres idosos. Eles encontraram aumentos significativos na PWCFT (28,6%) da pré para a pós-suplementação para o grupo com tratamento de beta-alanina, mas sem alteração com o tratamento placebo. Em um estudo com jogadores de futebol americano universitários, Hoffman et al. (2008a) descobriram que indivíduos suplementados com beta-alanina (4,5 g) aumentaram o volume do treinamento significativamente ao longo de 30 dias, comparados aos indivíduos que receberam placebo. Em outro lugar, Hoffman et al. (2008b) investigaram o efeito de 30 dias de suplementação de beta-alanina (4,8 g/dia) sobre o desempenho de exercício de força e alterações endócrinas em homens treinados em força. O grupo beta-alanina apresentou um significativo aumento de 22% no número total de repetições se comparado ao grupo placebo no final das quatro semanas de intervenção. Não houve diferenças relevantes entre os grupos nas respostas hormonais.

- Capacidade de trabalho físico no limiar da fadiga (PWCFT) – esse parâmetro, frequentemente obtido utilizando um teste cicloergométrico, pode identificar o resultado de potência no limiar da fadiga neuromuscular.

Diversos estudos têm investigado os efeitos da suplementação de creatina e beta-alanina em conjunto (Stout et al., 2006; Zoeller et al., 2007; Hoffman et al., 2006). O benefício proposto é que aumentaria a capacidade do trabalho e o tempo para a fadiga. Hoffman et al. (2006) estudaram os efeitos da creatina (10,5 g/dia) mais beta-alanina (3,2 g/dia) na força, na potência, na composição corporal e nas alterações endócrinas em jogadores de futebol americano universitários submetidos a um programa de treinamento de força por 10 semanas. Os resultados demonstraram que a creatina mais a beta-alanina foi efetiva na melhora do desempenho da força. A suplementação de creatina mais beta-alanina também pareceu ter um grande efeito no acréscimo no tecido magro e na composição da gordura corporal do que a creatina sozinha. No entanto, Stout et al. (2006) verificaram que creatina não parece ter um efeito adicional sobre a beta-alanina sozinha.

Enquanto muitos estudos têm destacado os resultados positivos da suplementação de beta-alanina, outras diversas investigações não têm mostrado nenhuma melhora. No estudo mencionado, com jogadores universitários de futebol americano, Hoffman et al. (2008a) examinaram os efeitos de 30 dias de suplementação de beta-alanina (4,5 g/dia) nas medidas de desempenho anaeróbio. A suplementação iniciou três semanas antes da pré-temporada do treinamento no acampamento de futebol americano e continuou por nove dias adicionais durante o acampamento. Os resultados mostraram uma tendência voltada para taxas baixas de fadiga durante 60 segundos de exercício máximo; contudo, três semanas de suplementação de beta-alanina não resultaram em melhoras significativas em taxas de fadiga durante exercício anaeróbio de alta intensidade. Em outro estudo, Kendrick et al. (2008) avaliaram a força muscular de todo o corpo e as alterações na composição corporal após 10 semanas de suplementação de beta-alanina numa dosagem de 6,4 g/dia. Os participantes incluíram 26 homens vietnamitas saudáveis, estudantes de Educação Física que não foram recentemente envolvidos em qualquer programa de treinamento de força. Os autores não relataram nenhuma diferença significativa entre o grupo beta-alanina e o grupo placebo na força de todo o corpo e na composição corporal, mensuradas após 10 semanas de suplementação.

A suplementação de beta-alanina é relativamente nova e é uma substância ergogênica potencialmente útil. É importante perceber que há somente algumas investigações clínicas bem planejadas desse composto e os resultados publicados até a data têm sido ambíguos. Uma das potenciais limitações na literatura existente é a inconsistência nas doses das dietas. Embora muitas pesquisas tenham sido positivas, a dose das dietas tem variado de 3 a 6 g/dia. Esse problema é confundido pelo fato de que doses mais altas foram menos efetivas em alguns casos. Em relação aos efeitos adversos e à dosagem, a pesquisa de Harris et al. (2006) revelou que doses únicas relativamente altas de beta-alanina são responsáveis por sintomas desagradáveis de parestesia (sensação de formigamento na pele) que deve durar até uma hora. Essa sensação pode ser eliminada se a dose única máxima for de 10 mg/kg do peso corporal, o que corresponde a uma média de 800 mg de beta-alanina numa dose única (Harris et al., 2006).

Aplicações profissionais

Atletas cujo desempenho exige níveis altos de força e potência gastam um tempo considerável em treinamento para melhorar essas características de desempenho. Um programa de nutrição adequado também é responsável por maximizar o desempenho do atleta de força e potência. Além de técnicas ótimas de treinamento e princípios nutricionais corretos, certos suplementos esportivos têm demonstrado melhorar a força muscular e a potência. Os quatro suplementos esportivos que devem beneficiar o atleta de força e potência são proteína, creatina, HMB e beta-alanina.

As proteínas podem ser ingeridas de fontes de alimentos integrais, mas tecnologias modernas têm permitido aos fabricantes isolar algumas fontes de proteínas de melhor qualidade (isto é, soro do leite e caseína). Além disso, a proteína suplementada é frequentemente mais conveniente para atletas que viajam e ingerem proteínas diversas vezes durante o dia. Os suplementos de proteínas tornam a ingestão recomendada de 1,5 a 2,0 g/kg por dia uma tarefa viável para muitos atletas que são ocupados com treinamentos e escalas competitivas.

Os outros três suplementos esportivos discutidos neste capítulo, creatina, HMB e beta-alanina, têm níveis diferentes de apoios científicos e benefícios relatados em relação ao desempenho atlético e ao exercício. Foi cientificamente demonstrado que a creatina monoidratada pode melhorar o desempenho e aumentar a massa corporal magra em atletas de treino de força. Esse achado é muito importante: mesmo que um atleta tenha praticado treinamento de força por diversos anos, quando a creatina monoidratada é introduzida nas doses recomendadas (20 g/dia por aproximadamente uma semana seguida de uma dose de manutenção de 2 a 5 g diariamente), o desempenho do treinamento de força provavelmente melhorará. Para atletas de força e potência, isso significa que eles podem ingerir creatina a qualquer momento durante o treinamento anual – fora da temporada (para aumentar a massa muscular) e durante a temporada (para manter a massa muscular).

Ao contrário, suplementos de HMB (normalmente dosados a 3 g/dia) não têm demonstrado consistentemente efetividade relacionada às melhoras da força e ao aumento da massa corporal magra em indivíduos treinados em força. No entanto, em atletas não treinados (atletas iniciando um programa de treinamento de força) ou em atletas que estão significativamente aumentando seu volume de treinamento, a suplementação de HMB pode inibir a degradação de proteínas e aumentar a força e a massa corporal magra. Parece que a suplementação de HMB é mais efetiva quando o potencial para a lesão muscular durante o exercício é maior, como é o caso de um atleta iniciando um programa de treinamento de força ou durante períodos de uma temporada competitiva em que o volume de treinamento e a intensidade estão elevados.

Em algumas situações, a suplementação de creatina e HMB pode potencialmente ser cíclica para maximizar a força e o desempenho. Por exemplo, o futebol americano envolve três períodos distintos no ano – baixa temporada, pré-temporada e temporada competitiva. Durante a baixa temporada, o treinamento para aquisição de habilidade esportiva específica diminui, e a ênfase está em maximizar a força e a massa muscular magra. Durante esse período, ingerir um suplemento de creatina somado ao programa de treinamento do atleta resultaria em força muscular e ganho de massa corporal magra acima daquilo que seria obtido só pelo programa de treinamento. Após o período de baixa temporada, no final do verão, os jogadores de futebol americano entram na pré-temporada. A pré-temporada está associada com uma enorme quantidade de treinamentos e condicionamentos. Não é incomum para jogadores de futebol americano praticar múltiplas vezes por dia (o que inclui treinamento de condicionamento) e ainda ser aguardado para o treinamento de força. Durante esse tempo, em que o volume de treinamento aumenta drasticamente (e também o potencial para lesão muscular), a suplementação de HMB deve ser uma escolha sábia para limitar a probabilidade de lesões musculares. Após a pré-temporada, a temporada do futebol americano se inicia, durando normalmente cerca de três ou quatro meses, envolvendo práticas diárias e um jogo competitivo por semana. A fim de manter os ganhos de força, massa muscular e potência atingidos na baixa temporada, o atleta deve manter o suplemento com creatina novamente, já que o volume de treinamento de força diminui em razão da prática e da escala de jogo.

> O último dos suplementos discutidos neste capítulo, a beta-alanina (normalmente administrada em doses de 3 a 6 g/dia), não melhora a força máxima, mas tem demonstrado melhorar o exercício de alta intensidade e curta duração. Mais especificamente, a beta-alanina tem demonstrado capacidade de adiar a fadiga durante o exercício de alta intensidade. Isso pode ser vantajoso para atletas, como os de *sprint* (800 m), nadadores de curta distância e qualquer atleta que esteja envolvido em condicionamento de alta intensidade, que visa às adaptações metabólicas ideais, independentemente do esporte.

RESUMO

- Enquanto não há substituição para dieta balanceada, suplementos esportivos podem ajudar a maximizar as adaptações de treinamento, levando ao aumento da força, da potência e da massa muscular magra.
- A creatina tem demonstrado aumentar a força, a massa muscular e o desempenho de *sprint*, e nenhum outro suplemento tem sido apoiado pelo mesmo nível de pesquisas positivas.
- Proteínas e aminoácidos são exigidos para a síntese das proteínas para a manutenção de um balanço nitrogenado positivo.
- Diversas investigações clínicas têm mostrado que o HMB age como um suplemento anticatabólico.
- Embora relativamente nova, a beta-alanina parece ter recebido apoio científico por sua habilidade de melhorar certos aspectos do desempenho do exercício de alta intensidade.
- Uma consideração final com esses suplementos esportivos é o fato de que cada um foi considerado seguro quando ingerido em doses recomendadas.

8

Suplementos para resistência aeróbia

Bob Seboohar, MS, RD, CSCS, CSSD

Antes de pensar em usar qualquer suplemento ergogênico, os atletas devem considerar a segurança, a legalidade e a eficácia do suplemento. Suplementos nutricionais são substâncias para serem adicionadas ao programa de alimentação normal ou típico de um indivíduo. Esses suplementos são completos e são produzidos em diversas formas, incluindo bebidas, pílulas, pós, géis, gomas e barras. Alguns suplementos para resistência aeróbia são eficazes e outros não são recomendados por nenhuma pesquisa. Este capítulo discute os suplementos que têm mostrado melhorar o desempenho da resistência aeróbia ou minimizar dores musculares que são resultantes de um exercício vigoroso, prolongado ou ambos.

Bebidas esportivas como suplementos ergogênicos

A pesquisa sobre bebidas esportivas originou-se na década de 1960, quando um técnico de futebol, então assistente, da Universidade da Flórida (UF), que também era um jogador formado por essa instituição e jogava na National Football League, indagou a um especialista em rins da UF por que os jogadores de futebol americano perdiam uma quantidade significante de peso durante a prática, mas não urinavam muito. A resposta foi simples, mas a questão deflagrou o desenvolvimento de uma nova categoria de bebida no mercado. Os jogadores perdiam tanto líquido pelo suor, que eles não tinham a necessidade de urinar. Os cientistas descobriram que, após o exercício, os jogadores que eles testaram estavam com baixo volume total de sangue, baixo açúcar sanguíneo, além do balanço eletrolítico alterado. Os cientistas, então, iniciaram o desenvolvimento de uma bebida para repor líquido, sódio e açúcar. Nos anos seguintes, a fórmula da bebida foi modificada e disponibilizada nas laterais dos campos em todos os treinos e partidas de futebol americano da UF. Essa bebida que, na época, permitiu à UF deixar seus times com mais potência no segundo tempo do jogo, eventualmente tornou-se conhecida como Gatorade. Desde o desenvolvimento do Gatorade, muitas pesquisas têm examinado várias fórmulas de bebidas esportivas e seus potenciais ergogênicos. Pesquisas indicam que o consumo de líquidos, eletrólitos e carboidratos beneficia atletas nas competições com duração maior do que 1 hora, o que faz das bebidas esportivas potenciais suplementos ergogênicos para atletas.

O principal propósito de uma bebida esportiva é ajudar a manter a água corporal, as reservas de carboidrato e o balanço eletrolítico. A drástica diminuição na água corporal ou a alteração no balanço eletrolítico poderia levar a sérios problemas médicos, como intermação, insolação ou hiponatremia. De fato, apenas 1% da diminuição do peso corporal pela perda de líquidos pode estressar o sistema cardiovascular pelo aumento da frequência cardíaca e pela diminuição da capacidade de transferir o calor do corpo para o ambiente (Sawka et al., 2007). Além disso, uma perda de 2% de líquidos corporais pode prejudicar o desempenho da resistência aeróbia (Paik et al., 2009; Barr, 1999). Na prática, as pesquisas mostram que muitos atletas podem perder de 2% a 6% de seu peso corporal em líquido durante o exercício no calor (Sawka et al., 2007). Portanto, o efeito da reposição de líquidos na prevenção da diminuição do desempenho da resistência aeróbia pode ser maior no exercício com mais de 1 hora de duração e em condições ambientes extremas, como o calor.

Mantendo as reservas de carboidrato

Além de ajudar a aumentar a hidratação, as bebidas esportivas ajudam os atletas a abastecer seu desempenho com carboidratos. Inicialmente, durante um exercício de resistência aeróbia prolongado e vigoroso, a reserva principal dos carboidratos no corpo, o glicogênio muscular, fornece a maioria dos carboidratos necessários para manter a atividade. Entretanto, reservas de glicogênio muscular são limitadas e, conforme são depletadas, sua contribuição como combustível do desempenho também diminui (Coggan e Coyle, 1991). Na verdade, o atleta treinado, geralmente, tem glicogênio muscular suficiente apenas para abastecer, no máximo, algumas horas de exercícios (Acheson et al., 1988). Portanto,

glicose sanguínea, mantida por carboidratos provenientes de uma bebida esportiva, de um gel, de grãos etc. torna-se um fator importante para fornecer a energia necessária para manter a atividade (Coggan e Coyle, 1991). Além de provocar potenciais decréscimos do desempenho, níveis baixos de glicogênio muscular estão associados à degradação das proteínas, à redução da glicogenólise muscular e prejuízo no acoplamento excitação-contração (o processo que permite que uma célula muscular se contraia) (Hargreaves, 2004).

- Glicose – um monossacarídeo, $C_6H_{12}O_6$, que é a maior fonte de energia para todas as células do corpo.

As bebidas esportivas aumentam a concentração de glicose sanguínea, melhoram a oxidação dos carboidratos e podem ajudar a reduzir a fadiga durante o treino de resistência aeróbia (Sawka et al., 2007). A melhora na oxidação dos carboidratos (metabolismo) reduz a dependência das reservas de carboidrato internas limitadas (Dulloo et al., 1989). Portanto, quanto mais carboidratos uma pessoa consegue oxidar, mais ela pode depender do consumo de carboidratos suplementados pelas bebidas esportivas, géis energéticos e barras, ao passo que o glicogênio muscular é poupado.

Os componentes importantes das bebidas esportivas que podem influenciar o consumo de líquidos antes, ao longo e depois dos exercícios são os tipos de carboidrato e de eletrólitos, a cor, a temperatura, a palatabilidade, o odor, o sabor e a textura (Sawka et al., 2007). As pessoas devem considerar todos esses fatores quando forem escolher as bebidas esportivas. As necessidades dos atletas variam grandemente; a escolha de uma bebida esportiva deve ser pessoal e leva tempo até determinar-se a combinação adequada para as necessidades fisiológicas do atleta e o sabor que o agrada.

Adicionados a bebidas esportivas, carboidratos podem facilitar a reidratação e melhorar a captação intestinal de água e de sódio (Shirreffs, Armstrong e Cheuvront, 2004; Seifert, Harmon e DeClercq, 2006). Uma concentração entre 6% e 8% é considerada ideal para fornecer a necessidade de combustível para o desempenho sem diminuir indevidamente a taxa de esvaziamento gástrico (Bernadot, 2006; Maughan e Murray, 2001). Esvaziamento gástrico refere-se a como os líquidos deixam rapidamente o estômago. Um atraso no esvaziamento gástrico indica um atraso na absorção das substâncias contidas na bebida e pode ocorrer dor de estômago (Maughan e Murray, 2001). Bebidas com até 2,5% de carboidrato sairão do estômago rapidamente, como a água. Conforme o teor de carboidrato aumenta, a taxa de esvaziamento gástrico diminui, e mesmo uma concentração de carboidratos de 6% tem um esvaziamento gástrico significativamente mais lento do que o da água, embora obviamente mais rápido do que as bebidas mais concentradas (Maughan e Murray, 2001).

Além do total de carboidratos, o tipo de carboidrato pode ter um grande impacto nas taxas de desempenho e de oxidação dos carboidratos. Pesquisas indicam que, durante o exercício, consumir uma bebida que contém mais de um tipo de açúcar pode ser preferível a consumir uma bebida com apenas um tipo de açúcar. Em um estudo que examinou as taxas de oxidação de carboidratos, 8 ciclistas bem treinados pedalaram separadamente em três períodos de 150 minutos cada um. Glicose e **frutose** foram recebidas a uma taxa de 108 g por hora (2-4 g por minuto), o que deixou as taxas de oxidação dos carboidratos 50% mais altas em comparação com a ingestão somente de glicose à mesma taxa (Currell e Jeukendrup, 2008). Um estudo prévio feito por Jentjens, Achten e Jeukendrup (2004) mostrou que uma mistura de glicose + sacarose + frutose resultou num alto pico das taxas de oxidação dos carboidratos. Cada açúcar tem o seu próprio mecanismo de transporte intestinal; portanto, os pesquisadores concluíram que, uma vez que o transportador somente de glicose torna-se saturado, a oxidação de carboidratos pode não aumentar se a glicose for o único carboidrato ingerido.

- Frutose – um monossacarídeo encontrado em muitos alimentos.

Essa pesquisa é aplicável a atletas de resistência aeróbia por provar que o corpo está apto a absorver mais carboidratos totais quando uma combinação de vários açúcares é utilizada, em detrimento a um único tipo de açúcar (Currell e Jeukendrup, 2008; Jentjens, Achten e Jeukendrup, 2004). Utilizar uma combinação de açúcares levará a um aumento da taxa de oxidação de carboidratos; como já foi mencionado, isso pode preservar reservas internas de carboidratos. Também é importante notar que a frutose é mais lentamente absorvida do que a sacarose e a glicose. Portanto, é aconselhável evitar ingerir grandes quantidades de frutose, porque o acúmulo desse açúcar no trato gastrointestinal pode causar desconforto intestinal durante o exercício (Murray et al., 1989; Fujisawa, Riby e Kretchmer, 1991).

Reposição de eletrólitos

Os cinco principais eletrólitos são: sódio, cloro, potássio, cálcio e magnésio. Sódio é o mais importante, porque é o mais perdido durante o exercício e é vital para manter a hidratação e o volume plasmático (Rehrer, 2001). Quando os níveis de sódio estão baixos, a perda de líquidos pela urina pode aumentar, levando a um balanço hídrico negativo (Sawka et al., 2007). Geralmente, o sódio típico do suor varia de 10 a 70 mEq/L e o cloro varia de 5 a 60 mEq/L, embora esses níveis possam variar absurdamente: aumentem pela taxa de suor e diminuam com as mudanças no treinamento e a aclimatação ao calor. Nota-se que uma quantidade grande de sódio é tipicamente encontrada em indivíduos com altas taxas de suor, então, essas pessoas, particularmente, precisam estar cientes de seu consumo de sódio.

A deficiência de sódio torna-se uma questão mais preocupante quando exercícios de longa duração são realizados e líquidos baixos em sódio são consumidos (Rehrer, 2001). A taxa de perda de potássio pelo suor é de apenas 3 a 15 mEq/L, seguida pela de cálcio, que vai de 0,3 a 2 mEq/L, e de magnésio, de 0,2 a 1,5 mEq/L (Brouns, 1991). A deficiência de potássio pela perda de líquido no exercício é rara (Rehrer, 2001). De fato, perde-se de 8 a 29 vezes mais sódio do que potássio (Otukonyong e Oyebola, 1994; Maughan et al., 1991; Morgan, Patterson e Nimmo, 2004).

Bebidas esportivas devem conter cerca de 176 a 552 mg de sódio por litro de líquido (Shirreffs et al., 2007); e, se há potássio, este deve estar presente em quantidades significativamente menores, já que não é excretado em grandes quantidades pelo suor. Em exercício aeróbio de ultrarresistência, uma concentração ainda maior de sódio pode ser benéfica: de 552 a 920 mg por litro de líquido (Rehrer, 2001). É importante perceber que, a fim de permanecer num balanço hídrico positivo, as pessoas precisam consumir mais sódio do que perdem pelo suor (Shirreffs e Maughan, 1998). Atletas de resistência aeróbia raramente consomem líquidos o suficiente para repor o que perderam pelo suor. De acordo com uma pesquisa, os atletas consumiram menos do que 0,5 litro de líquido por hora, ao passo que as taxas de suor variaram de 1,0 a 1,5 litro por hora (Noakes, 1993). Dessa maneira, o sódio torna-se de máxima importância e pode ajudar a reduzir a tensão cardiovascular, quando ingerido com líquidos. Ademais, quando combinado com água, o sódio pode ajudar na diminuição dos *deficit* de líquidos que ocorrem durante o exercício (Sanders, Noakes e Dennis, 1999).

O American College of Sports Medicine recomenda o consumo de 0,5 a 0,7 g de sódio por litro de líquido por hora; outros pesquisadores recomendam uma taxa maior, de 1,7 a 2,9 g por litro de líquido por hora (Maughan, 1991). Independentemente das quantidades sugeridas pela pesquisa é importante para o profissional da Saúde ajudar atletas a determinarem suas perdas de sódio pelo suor durante treinos de diferentes durações, intensidades e condições do ambiente. As necessidades de eletrólitos variam entre atletas e podem exceder 3 g por hora (Murray e Kenney, 2008). A ingestão regular de sódio é importante para melhorar o funcionamento cardiovascular e o desempenho, uma vez que repõe o sódio perdido, dá continuidade à resposta de sede e aumenta a ingestão voluntária de bebida (Baker, Munce e Kenney, 2005).

Aminoácidos e proteínas para atletas de resistência aeróbia

Alguns pesquisadores acreditam que a demanda de proteínas para atletas de resistência aeróbia é mais alta do que para outros indivíduos (Jeukendrup e Gleeson, 2004; Lamont, McCullough e Kalhan, 1999) por causa dos aminoácidos de cadeia ramificada (BCAAs, na sigla em inglês) serem oxidados em maior quantidade durante o exercício do que em repouso. No entanto, assim como apenas algumas pesquisas confirmam essa teoria, também há evidências de que o treino não tem esse efeito na leucina (Wolfe et al., 1984) ou nos BCAAs (Lamont, McCullough e Kalhan, 1999). Além disso, alguns cientistas acreditam que o exercício aumenta a eficácia da proteína, tornando proteínas adicionais desnecessárias na dieta (Butterfield e Calloway, 1984). Em contrapartida, outras pesquisas (utilizando a técnica do balanço nitrogenado) têm descoberto que atletas precisam de mais proteínas diárias do que a média de 0,8 g/kg de peso corporal recomendada para indivíduos sedentários (Lemon e Proctor, 1991). Portanto, atletas de resistência aeróbia deveriam consumir 1,2 a 1,4 g de proteína por quilograma de peso corporal (Lemon, 1998).

Curiosamente, proteínas têm uma alta resposta de saciedade; em atletas que procuram perda ou manutenção do peso, uma ingestão de até 2,0 g de proteína por quilograma de peso corporal pode ser útil na redução da fome (Halton e Hu, 2004; Latner e Schwartz, 1999). Entretanto, a ingestão diária de mais de 2 g de proteína por quilograma de peso corporal não induz qualquer vantagem no desempenho para atletas de resistência aeróbia (Tipton e Wolfe, 2004). É certo que indivíduos que participam de exercício de resistência aeróbia devem consumir proteína o suficiente para ajudar a construir e a reparar seus corpos, com base nas demandas físicas de seus treinos. Se o volume e a intensidade do treino oscilarem ao longo de um ano, com diferentes objetivos na resistência aeróbia e no exercício de força, faz sentido reajustar a dieta e a ingestão de proteínas de acordo com as demandas (Dunford, 2006). As pesquisas com atletas de resistência aeróbia têm examinado o efeito dos BCAAs e dos diferentes tipos de proteína no desempenho e na recuperação do exercício.

Aminoácidos de cadeia ramificada (BCAAs)

Aminoácidos são "blocos de construção" de proteínas e podem servir como fonte de energia para o músculo esquelético (Ohtani, Sugita e Maruyama, 2006). A síntese de proteínas também pode ocorrer em repouso, mesmo quando os aminoácidos essenciais são consumidos em quantidades relativamente pequenas, por exemplo, 15 g (Paddon-Jones et al., 2004). Os BCAAs estão se tornando mais populares no exercício de resistência aeróbia, em razão de seus potenciais benefícios no desempenho. Os BCAAs incluem leucina, isoleucina e valina. Eles podem ser oxidados pelo músculo esquelético para fornecer energia para os músculos, podem aumentar a síntese de proteínas musculares no período após o exercício e podem reduzir os danos musculares induzidos pelo exercício (Koopman et al., 2004). A média do teor de BCAA nas proteínas dos alimentos é aproximadamente 15% do total do teor de aminoácidos (Gleeson, 2005); portanto, indivíduos que consomem regularmente alimentos ricos em proteína de boa qualidade, provavelmente, estão consumindo quantidades adequadas de BCAAs para atender às necessidades de proteínas corporais diárias.

Durante o exercício de resistência aeróbia, o *pool* de BCAAs, em particular, é mantido pela quebra da proteína muscular, o que é ainda mais importante para que o corpo permaneça em balanço proteico. Em um exercício de resistência aeróbia de longa duração, a oxidação dos BCAAs no músculo esquelético normalmente excede seus estoques de proteínas. Isso causa um declínio dos BCAAs no sangue e facilita a progressão da "fadiga central". Conforme essa hipótese, a fadiga central ocorre quando o triptofano cruza a barreira sangue-cérebro e aumenta a quantidade de serotonina formada no cérebro (Ohtani, Sugita e Maruyama, 2006). A hipótese afirma que, durante o exercício, os ácidos graxos livres (AGL) são mobilizados do tecido adiposo e transportados para os músculos, para serem utilizados como energia. Em razão da taxa de AGL mobilizada ser maior do que a captação deles nos músculos, a concentração de AGL no sangue aumenta. Os AGL e o aminoácido triptofano competem pelo mesmo ponto de ligação com a **albumina**. Em razão dos AGL estarem presentes em grandes quantidades no sangue, eles se ligam primeiro à albumina, evitando, assim, que o triptofano se ligue, o que leva a um aumento na concentração de triptofano livre no sangue. Isso aumenta a proporção de triptofano livre em relação ao BCAA, resultando em um aumentado transporte de triptofano livre na barreira hematoencefálica. Uma vez que o triptofano livre está dentro do cérebro, ele é convertido para serotonina, a qual tem função no humor e no início do sono (Banister et al., 1983). Assim, o resultado final de maior produção de serotonina no cérebro pode ser fadiga central, forçando os indivíduos a parar o exercício ou a reduzir a intensidade.

- Albumina – uma proteína solúvel em água, encontrada em muitos tecidos animais.

Apesar de diversos estudos mostrarem uma queda na concentração de BCAAs no sangue e apesar desses aminoácidos ajudarem o desempenho mental durante ou após o exercício exaustivo, a suplementação pode ter um pequeno impacto no verdadeiro desempenho em resistência aeróbia. Poucos estudos têm percebido mudanças na concentração de aminoácidos depois de um exercício exaustivo. Pesquisadores examinaram essas mudanças em 22 maratonistas e em 8 indivíduos participantes de um programa de treinamento de 1h30 do exército. Os dois grupos apresentaram uma diminuição significante de BCAAs na concentração plasmática. Nenhuma alteração foi notada na concentração do total de triptofano em nenhum grupo, embora os maratonistas tenham mostrado um aumento significante no triptofano livre, o que levou a uma diminuição na proporção de triptofano livre/BCAAs (Blomstrand, Celsing e Newsholme, 1988). Outros estudos também mostraram uma diminuição na concentração de BCAAs e aumento no triptofano livre e no total após um exercício exaustivo (Blomstrand et al., 1997; Struder et al., 1997). Num estudo duplo-cego do efeito direto de BCAAs no triptofano, 10 homens treinados em resistência aeróbia pedalaram a 70% a 75% da potência máxima, ingerindo bebidas contendo 6% de sacarose (controle) ou 6% de sacarose + um dos seguintes: 3 g de triptofano; 6 g de BCAAs; ou 18 g de BCAAs. A ingestão de triptofano resultou no aumento de 7 a 20 vezes nos níveis cerebrais de triptofano, ao passo que a suplementação de BCAAs resultou em uma diminuição de 8% a 12% nos níveis cerebrais de triptofano em exaustão. Nenhuma diferença foi notada no tempo de exercício até exaustão, indicando que as alterações nas concentrações de aminoácidos não afetaram o desempenho em exercícios de resistência aeróbia (Van Hall et al., 1995).

Além de estudar as alterações na concentração de aminoácidos, é sensato examinar se há uma alteração subsequente no desempenho cognitivo. Num estudo que examinou a hipótese da fadiga central e as alterações na cognição, os indivíduos receberam uma mistura de BCAAs nos carboidratos ou numa bebida placebo. Os pesquisadores mensuraram o desempenho cognitivo antes e depois de uma corrida *cross country* de 30 km. Os indivíduos que receberam BCAAs mostraram uma melhora de antes da corrida para depois dela em certas partes de um teste de cor/palavra; o grupo placebo não mostrou alteração. O grupo suplementado com BCAAs também manteve seu desempenho nos testes de rotação de formas e de identificação de figuras, ao passo que o grupo placebo mostrou uma significante diminuição no desempenho em ambos os testes após a corrida. Os autores notaram que a suplementação com BCAAs tinha um efeito maior no desempenho das tarefas mais complexas (Hassmen et al., 1994). Em outro estudo da função cognitiva após o exercício exaustivo, participantes de uma corrida *cross country* de 42,2 km foram suplementados com BCAAs ou placebo ao longo da corrida. A suplementação com BCAAs melhorou o desempenho na corrida apenas dos corredores mais lentos. O mais interessante é que os BCAAs afetaram positivamente o desempenho mental. O grupo suplementado com BCAAs mostrou melhora significante no teste de Stroop (leitura e nomeação de cor) após os exercícios, em comparação com os testes feitos antes dos exercícios (Blomstrand et al., 1991).

A suplementação com BCAAs também pode influenciar a recuperação do exercício. Receber BCAAs antes do exercício aeróbio aumenta a concentração do hormônio do crescimento humano e ajuda a prevenir uma diminuição na testosterona, o que resulta em um ambiente mais anabólico (Carli et al., 1992). O exercício prolongado irá reduzir o *pool* de aminoácidos do corpo; assim, é importante manter níveis altos, especialmente de BCAAs, para suprimir cascatas de sinalização celular que promovem a quebra da proteína muscular (Tipton e Wolfe, 1998). Criar um ambiente anabólico por meio da utilização dos BCAAs pode auxiliar na recuperação rápida do exercício. Os BCAAs também têm um efeito positivo de diminuir o grau do dano muscular. Em um estudo, homens não treinados realizaram três séries de ciclismo de 90 minutos a 55% de intensidade e consumiram uma bebida contendo carboidratos, BCAAs ou placebo, com 200 calorias, antes e aos 60 minutos durante o exercício. A bebida experimental suplementada com BCAAs diminuiu o dano muscular resultante de uma sessão de exercícios, se comparada ao experimento com placebo, nas 4, 24 e 48 horas após o exercício, e ao experimento com carboidrato, nas 24 horas depois do exercício (Greer et al., 2007).

Proteína e recuperação

Os estudos que examinam o efeito de proteína + carboidrato na ressíntese do glicogênio são discrepantes; alguns indicam que proteína + carboidrato são mais efetivos (apesar de alguns desses estudos também terem fornecido mais calorias totais) e outros não mostraram diferenças. Em um estudo pequeno, 6 ciclistas homens receberam um suplemento líquido **isocalórico** com proteína e carboidrato (0,8 g de carboidrato e 0,4 g de proteína por quilograma); ou um suplemento contendo somente carboidrato (1,2 g de carboidrato por quilograma); ou um placebo, imediatamente depois de uma prova de ciclismo contrarrelógio de 60 minutos, 1 hora depois e 2 horas depois dessa prova. Seis horas após a prova inicial, o protocolo de ciclismo foi repetido. Apesar do desempenho do ciclismo no teste subsequente não ter sido diferente entre os grupos, a ressíntese de glicogênio muscular foi significativamente maior no grupo carboidrato + proteína em relação aos grupos que ingeriram somente carboidrato ou placebo durante as 6 horas de recuperação (Berardi et al., 2006). Outro estudo, feito com 9 indivíduos do sexo masculino, forneceu resultados similares, apesar de não ter ficado claro se o aumento da ressíntese de glicogênio se deu em razão da adição da proteína ao carboidrato ou do aumento total de calorias nesse suplemento. Nessa experiência em particular, os sujeitos pedalaram por 2 horas em três ocasiões diferentes, para depletar glicogênio muscular. Imediatamente e 2 horas depois do exercício, eles ingeriram 112 g de carboidrato, 40,7 g de proteína ou 112 g de carboidrato + 40,7 g de proteína. A taxa de reserva de glicogênio muscular durante a experiência com carboidratos + proteínas foi significativamente mais rápida do que durante a experiência somente com carboidratos. Ambos foram significativamente mais rápidos do que a experiência com somente proteínas (Zawadzki, Yaspelkis e Ivy, 1992).

- Isocalórica – que tem valores calóricos similares.

Embora esses resultados pareçam promissores, alguns estudos indicam que a adição da proteína ao carboidrato pode não promover o aumento da síntese de glicogênio muscular. Em um pequeno estudo, 5 indivíduos receberam 1,67 g de sacarose ou de água por quilograma de peso corporal ou 1,67 g de sacarose por quilograma de peso corporal + 0,5 g de *whey protein* hidrolisada por quilograma de peso corporal imediatamente após o ciclismo intenso e a cada 15 minutos, por 4 horas, durante o período de recuperação. Não houve diferenças significantes nas taxas de ressíntese de glicogênio entre o grupo que consumiu somente carboidrato e o grupo que ingeriu carboidrato + proteína (Van Hall, Shirreffs e Calbet, 2000). Uma possível fraqueza desse estudo foi não ter utilizado dados cruzados, como em outros estudos (Berardi et al., 2006; Zawadzki, Yaspelkis e Ivy, 1992). Um estudo com dados cruzados usa os mesmos indivíduos em todos os tratamentos, permitindo que os pesquisadores tenham conclusões mais precisas sobre a efetividade da intervenção de certo nutriente.

Outra pesquisa, feita com 6 homens, obteve resultados similares. Nesse estudo cruzado, os sujeitos realizaram duas séries de corrida no mesmo dia (com um período de recuperação de 4 horas nos intervalos) e repetiram esse protocolo após 14 dias. Nos intervalos de 30 minutos do período de recuperação, os indivíduos consumiram somente carboidrato (0,8 g/kg de peso corporal) ou carboidrato (0,8 g/kg de peso corporal) + *whey protein* isolada (0,3 g/kg de peso corporal). A ressíntese de glicogênio muscular não foi diferente entre os grupos. No entanto, durante a segunda corrida, a oxidação de carboidrato de todo o corpo (utilização de carboidrato) foi significativamente maior no grupo de tratamento carboidrato + proteína, indicando um potencial benefício dessa combinação (Betts et al., 2008).

Embora o efeito da proteína adicionada ao carboidrato na ressíntese de glicogênio muscular não seja claro, a adição de proteína a uma bebida com carboidrato pode aumentar o balanço proteico líquido, o qual, por sua vez, pode ajudar a prevenir a dor e o dano muscular e, assim, promover a recuperação. Em um estudo cruzado examinando isso, 8 atletas treinados em resistência aeróbia ingeriram carboidrato (0,7 g por quilograma de peso corporal por hora) a cada 30 minutos, durante 6 horas de exercício de resistência aeróbia, e proteína + carboidrato (0,7 g de carboidrato + 0,25 g de proteína por quilograma de peso corporal por hora) a cada 30 minutos, durante uma série de exercício subsequente de 6 horas. O balanço de proteína do corpo inteiro durante o exercício em que se consumiu somente carboidrato foi negativo, ao passo que a ingestão de carboidrato + proteína resultou em balanço positivo ou menos negativo (dependendo do elemento usado para examinar o balanço de proteína em todo o corpo) (Koopman et al., 2004).

Incluir proteína ou BCAAs no planejamento de nutrição depois do exercício pode melhorar a recuperação muscular e diminuir o efeito do dano muscular que às vezes é percebido após o exercício pesado de resistência aeróbia. Os pesquisadores observaram reduções significantes na creatina quinase, um marcador sanguíneo de dano muscular, quando corredores *cross country* consumiram uma bebida com vitaminas C e E e 0,365 g de *whey protein* por quilograma de peso corporal, em comparação a uma bebida somente com carboidrato (Luden, Saunders e Todd, 2007). Outro estudo mostrou que consumir 12 g de BCAAs por 14 dias antes e imediatamente depois do exercício de resistência aeróbia reduziu os níveis de creatina quinase (Coombes e McNaughton, 2000).

Apesar desses estudos destacarem resultados positivos do consumo de proteínas e de BCAAs depois do exercício, outros pesquisadores não têm encontrado benefícios em adicionar proteína no planejamento nutricional do pós-exercício, como foi evidenciado por não haver nenhuma alteração no nível dos indicadores de dano muscular. Em um estudo que não mostrou nenhum benefício no desempenho com adição de proteína na alimentação em 4 horas de recuperação, os indivíduos pedalaram, recuperaram-se e, então, pedalaram no dia seguinte. Esse estudo cruzado utilizou uma amostra simples e os indivíduos como seus próprios controles; os sujeitos receberam uma alimentação para recuperação enriquecida com proteína na primeira parte do experimento, seguida de um período de duas semanas de suplemento e uma alimentação isocalórica na recuperação, na segunda fase (Rowlands et al., 2007). Além disso, em um estudo que observou a adição de proteína a uma bebida de carboidrato depois de um modelo de exercício excêntrico que levou a lesão muscular, a proteína não teve um efeito significante no retorno dos níveis de creatina quinase ao normal após 30 minutos de corrida em declive (Green et al., 2008).

Combinados, esses estudos indicam que a proteína ou o BCAA podem ou não beneficiar atletas de resistência aeróbia quando consumidos depois do exercício. Porém, tais atletas podem ingerir diariamente de 1,2 a 1,4 g de proteína por quilograma de peso corporal, para garantir uma gama adequada de aminoácidos de que o corpo possa depender quando houver necessidade, com o intuito de reduzir os efeitos catabólicos do exercício prolongado de resistência aeróbia (Lemon, 1998).

Glutamina

A glutamina consta na lista dos aminoácidos simples mais importantes para atletas de resistência aeróbia; ela é encontrada em alta concentração na gama de aminoácidos livres. A maior parte dela está presente no músculo de contração lenta (Turnisky e Long, 1990), o que sugere uma maior necessidade desse aminoácido durante o exercício de resistência aeróbia. A glutamina plasmática normalmente segue o padrão de aumentar durante o exercício e diminuir depois dele. O exercício intenso de resistência aeróbia, de longa duração, suprime o sistema imune, especialmente se os atletas são treinados excessivamente (Castell, 2003). Como a glutamina é um combustível fundamental para o sistema imune, manter um nível adequado desse aminoácido é extremamente importante para esses atletas. Concentrações de glutamina plasmática são menores após o exercício prolongado e exaustivo; incluir a glutamina na forma de suplemento depois do exercício ajuda a reduzir a incidência de infecções e doenças, as quais, muitas vezes, afetam atletas de resistência aeróbia após um treino ou uma competição intensos (Bassit et al., 2000).

Carboidratos de alto peso molecular

A fadiga pode ocorrer pela reserva de glicogênio muscular, em razão de a adenosina trifostato (ATP, a energia utilizada pelas células) não ser gerada na taxa necessária durante o exercício. Concentrações maiores de glicogênio muscular e hepático antes do exercício podem ser benéficas aos atletas de resistência aeróbia. Ademais, a rápida ressíntese de glicogênio muscular é importante para indivíduos que fazem muitas sessões de treino por dia ou sessões de exercício submáximas de longa duração, o que é mais comum para a maioria de tais atletas, independentemente da distância da competição. O treino aeróbio é a parte mais importante em quase todos os planos desses atletas e manter boas reservas de carboidrato é de máxima importância.

As concentrações de glicose sanguínea são influenciadas pelo movimento da glicose ingerida, do estômago para o intestino, e, finalmente, para o sangue. Isso é importante porque a osmolalidade de uma solução influencia a taxa de esvaziamento gástrico do estômago (Vist e Maughan, 1994). Fontes de carboidrato com alta osmolalidade podem atrasar o transporte de glicose pela lentidão do esvaziamento gástrico (Aulin, Soderlund e Hultman, 2000). Uma boa reserva de glicose sem muito atraso no seu fornecimento para o sangue e para o trabalho dos músculos e do cérebro é ideal para manter funções físicas e cognitivas. Além disso, deixar uma quantidade elevada de glicogênio após exercício de resistência aeróbia é fundamental para sessões de treino subsequentes. Em razão de a ressíntese de glicogênio muscular ser mais alta durante as primeiras 12 horas após o exercício (Kiens et al., 1990), o tipo de carboidrato consumido no período depois do exercício se torna cada vez mais importante na recuperação do estímulo do treino.

Carboidratos de alto peso molecular patenteados

Muitos carboidratos de alto peso molecular (HMW, na sigla em inglês) são comercializados como substâncias que podem ajudar a repor as reservas de glicogênio rapidamente, mas isso é um equívoco. Não é necessariamente o tamanho que importa, mas, sim, a biologia do carboidrato. Uma solução patenteada de polímero de glicose altamente ramificado HMW aumentou a taxa de esvaziamento gástrico (Leiper, Aulin e Soderlund, 2000), a ressíntese de glicogênio muscular depois do exercício (Aulin, Soderlund e Hultman, 2000) e o resultado do exercício subsequente. Em três ocasiões diferentes, 8 homens pedalaram até a exaustão a 73% da captação máxima de oxigênio (entre 88 e 91 minutos). Imediatamente depois do exercício, os indivíduos consumiram 1 litro de água com sabor sem açúcar (controle), 100 g de polímeros de glicose de baixo peso molecular (maltodextrina) ou 100 g de polímeros patenteados de glicose de altíssimo peso molecular. Então, eles descansaram em uma cama por um período de recuperação de 2 horas, depois realizaram uma prova contrarrelógio de 15 minutos em cicloergômetro. Em comparação à maltodextrina (um ingrediente comum em bebidas esportivas e suplementos), o carboidrato de alto peso molecular patenteado resultou num aumento rápido e maior da glicose sanguínea, da insulina sérica e da produção de trabalho na subsequente prova contrarrelógio, possivelmente pelo aumento da reserva de glicogênio.

Waxy maize

Produtos de *waxy maize* (amido de milho ceroso) são comercializados como carboidratos que podem melhorar a ressíntese de glicogênio numa maior extensão do que outros tipos de carboidratos. Todavia, os estudos publicados sobre o *waxy maize* não mostram nenhum benefício ergogênico desse suplemento, quando comparado a outros tipos de carboidratos comumente utilizados em produtos de Nutrição Esportiva. O *waxy maize* produz glicose sanguínea e resposta insulínica atenuadas, se comparado à maltodextrina (Roberts et al., 2009), e uma diminuição na ressíntese de glicogênio, se comparado à ingestão equivalente de glicose (Jozsi et al., 1996).

Em um estudo sobre *waxy maize* e desempenho, 10 homens em idade universitária competiram em quatro protocolos, nos quais eles ingeriram 1 g por quilograma de peso corporal de glicose, *waxy maize*, amido resistente ou de placebo artificialmente aromatizado 30 minutos antes de uma série de ciclismo (90 minutos a uma carga constante a 66% do $\dot{V}O_2$máx, seguidos por um protocolo experimental de 30 minutos). Taxas baixas de oxidação de carboidratos foram maiores durante os experimentos com glicose, *waxy maize* e amido resistente, se comparados com o placebo; indivíduos que ingeriram *wazy maize* ou glicose realizaram mais trabalho (Roberts et al., 2009). Outros estudos indicam que o *waxy maize* não é mais benéfico do que a glicose ou a maltodextrina para a ressíntese de glicogênio ou para o subsequente desempenho em prova contrarrelógio depois do exercício de depleção do glicogênio (Jozsi et al., 1996) e que a glicose pode ser superior ao *waxy maize* para o aumento das respostas glicolítica e insulínica (Goodpaster et al., 1996). Para mais detalhes acerca dos estudos sobre o *waxy maize*, veja o Quadro 8.1.

QUADRO 8.1 Resumo das pesquisas sobre *waxy maize*

Autores	Participantes	Suplemento e dosagem	Tempo dado	Tipo de exercício	Descobertas do estudo
Roberts et al. (2009)	10 ciclistas homens	1 g/kg de peso corporal de: *waxy maize*; maltodextrina.	Antes e depois do exercício	Ciclismo de 150 minutos a 70% do $\dot{V}O_2$pico	Comparado à maltodextrina, o *waxy maize* leva a um pico moderado na glicose sanguínea depois da ingestão. Aumento significativamente menor de insulina com *waxy maize*, se comparado à maltodextrina. Maior quebra de gordura e maior oxidação durante o exercício e a recuperação com *waxy maize*, se comparado à maltodextrina.
Goodpaster et al. (1996)	10 ciclistas homens em competições em idade universitária	1 g/kg de peso corporal de: *waxy maize* (100% amilopectina); amido resistente: 70% amilose e 30% de amilopectina; glicose; placebo.	30 minutos antes do exercício	120 minutos de ciclismo (30 minutos em ritmo próprio e 90 minutos em carga constante)	A glicose incitou um maior aumento na glicose e na insulina, se comparada ao *waxy maize*, ao amido resistente e ao placebo. Indivíduos fizeram mais exercícios após a ingestão de glicose ou de *waxy maize*, se comparados ao placebo.

continua

continuação

Autores	Participantes	Suplemento e dosagem	Tempo dado	Tipo de exercício	Descobertas do estudo
Jozsi et al. (1996)	8 homens ciclistas	Refeição mista (3.000 calorias), com 15% como: glicose; maltodextrina; waxy maize (100% de amilopectina); amido resistente (100% de amilose).	12 horas após o exercício de depleção de glicogênio	Prova contrarrelógio de 30 minutos de ciclismo, 24 horas após o exercício de depleção de glicogênio (12 horas antes da ingestão do suplemento alimentar)	Concentração de glicogênio aumentou significativamente menos com o amido resistente (+90 ± 12,8 mmol/kg de peso seco), em comparação com a glicose (+197,7 ± mmol/kg de peso seco), com a maltodextrina (±136,7 ± 24,5 mmol/kg de peso seco) e com o waxy maize (+171,8 ± 37,1 mmol/kg de peso seco).
Johannsen e Sharp (2007)	7 homens treinados em resistência aeróbia	1 g/kg de peso corporal de: dextrose; amido de milho modificado; amido de milho não modificado.	30 minutos antes do exercício	2 horas de ciclismo	Somente o amido de milho modificado aumentou a oxidação de carboidrato durante o exercício. A oxidação do carboidrato exógeno foi maior com a dextrose, comparando-se com o amido de milho modificado e com o amido de milho não modificado até os 90 minutos de exercício.

Cafeína

A cafeína é um suplemento multifacetado utilizado no atletismo e é um dos mais populares entre os atletas de resistência aeróbia. A cafeína tem muitas possibilidades de aplicação no esporte. Estudos mostram que doses de 4 mg de cafeína por quilograma podem aumentar o alerta mental e melhorar o raciocínio lógico, a recordação livre e as tarefas de reconhecimento da memória (Smith et al., 1994). Além disso, a cafeína pode ajudar a aumentar o tempo até exaustão nas séries de exercício de resistência aeróbia (Bell e McLellan, 2003; Doherty e Smith, 2004), diminuir as taxas de esforço percebido durante o exercício submáximo de resistência aeróbia (Demura, Yamada e Terasawa, 2007) e melhorar o desempenho físico durante períodos de privação de sono (McLellan, Bell e Kamimori, 2004). A cafeína também pode diminuir a dor muscular e aumentar a ressíntese de glicogênio (Pederson et al., 2008).

Apesar dos muitos usos da cafeína, as pesquisas são inconclusivas em relação à cafeína e à melhora no desempenho esportivo. Isso pode ser atribuído a como os estudos foram elaborados, por exemplo, a dose da cafeína, a forma como se toma a cafeína (pílula, café ou com fontes de carboidratos), o uso normal da cafeína na dieta, o tempo e o padrão de ingestão da cafeína antes do exercício e o ambiente no qual o teste do exercício ocorre (Graham, 2001).

A cafeína é um estimulante que age no sistema nervoso central pelo cruzamento da barreira hematoencefálica e ligando-se aos receptores de adenosina, o que causa uma diminuição do limite de adenosina para esses receptores e um aumento subsequente na atividade circulante de dopamina (Fredholm et al., 1999). De acordo com uma teoria, isso afeta a percepção do esforço e ativação neural das contrações musculares. Essa é a mais popular das principais teorias que buscam explicar o efeito ergogênico da cafeína e também é a que tem o maior valor em termos de suporte científico e validação de campo com os praticantes. Outra teoria sobre os benefícios da cafeína envolve um efeito do desempenho muscular sobre as enzimas que controlam a quebra do glicogênio. A maioria do suporte para essa teoria tem vindo de pesquisas não *in vivo* (dentro do corpo), mas *in vitro* (fora do corpo), assim, é difícil fazer qualquer conclusão formal relacionada à teoria. Finalmente, a cafeína pode aumentar acentuadamente a **lipólise** e a **termogênese** (Dulloo et al., 1989) e aumentar potencialmente ambas por um período de tempo. Pode, também, exercer um efeito poupador de glicogênio (Graham, 2001). Acredita-se que a cafeína melhora as enzimas que quebram a gordura ou aumenta os níveis de **epinefrina**, o que pode mobilizar a gordura reservada (Graham e Spriet, 1996). Contudo, pesquisas que examinam essa teoria não são conclusivas (Graham, 2001).

O consenso atual dá mais suporte ao efeito no sistema nervoso central e à percepção reduzida do esforço. O suporte também vem de atletas em sessões de treinamento e em competições, abrangendo vários âmbitos das atividades. A cafeína é rapidamente absorvida e pode alcançar um nível máximo no plasma em 1 hora. Em razão de sua quebra lenta (meia-vida de 4 a 6 horas), a concentração pode usualmente ser mantida por 3 a 4 horas (Graham, 2001).

- Lipólise – a quebra da gordura reservada em células adiposas.
- Termogênese – produção de calor em organismos. Um aumento na termogênese irá aumentar as calorias queimadas (pelo menos temporariamente).
- Epinefrina (também denominada adrenalina) – uma catecolamina liberada pelas glândulas adrenais como parte da reação de lutar ou fugir (*fight-or-flight response*) de alguém. A epinefrina liberada resulta em aumento da frequência cardíaca, contração do vaso sanguíneo e dilatação das vias aéreas.

Os benefícios ergogênicos da cafeína têm sido mostrados com doses que variam de 3 a 9 mg/kg de peso corporal (cerca de 1,5-3,5 xícaras de café de máquina, em relação a uma pessoa de 70 kg) (Hoffman et al., 2007). Geralmente, os efeitos do desempenho são evidentes quando a cafeína é consumida dentro dos 60 minutos que antecedem o exercício, mas também são notáveis quando consumidos durante o exercício prolongado (Yeo et al., 2005).

Pesquisadores também têm observado o efeito da cafeína na absorção de carboidratos e os efeitos do consumo da cafeína combinado com uma fonte de carboidrato. A cafeína aumenta a absorção de carboidrato no intestino. Isso tem sido observado em estudos feitos com pequenas quantidades (1,4 mg por quilograma de peso corporal) (Van Nieuwenhoven, Brummer e Brouns, 2000) e com grandes quantidades (5 mg por quilograma de peso corporal); as taxas de oxidação de carboidrato aumentam em 26% durante os últimos 30 minutos de uma sessão de 2 horas de exercícios (Yeo et al., 2005). Esses dados indicam que a cafeína poderia ter um impacto positivo na utilização dos carboidratos no corpo, com entrega mais rápida para os músculos que estão sendo trabalhados. Outra pesquisa confirmou a melhora da capacidade de trabalho (15%-23%) e a diminuição das taxas de percepção do esforço quando a cafeína é consumida com uma bebida com carboidrato (Cureton et al., 2007). Acredita-se que a cafeína age como um diurético, mas a sua adição a uma bebida esportiva não afeta a distribuição dos líquidos nem acarreta nenhum problema de balanço adverso de líquido ou de termorregulação durante o exercício de moderada a alta intensidade (Millard-Stanfford et al., 2007).

Considerada uma droga, a cafeína parece ser segura quando utilizada corretamente; para a maioria dos esportes de resistência aeróbia, um benefício ergogênico é percebido em doses que variam de 3 a 9 mg por quilograma de peso corporal recebidas cerca de 1 hora antes do exercício. A utilização da cafeína é permitida para utilização pelo Comitê Olímpico Internacional e está na lista restrita da National Collegiate Athletic Association (NCAA) (as concentrações de cafeína na urina não podem exceder 15 µm/ml) (U.S. Anti-Doping Agency, 2010; National Collegiate Athletic Association, 2009).

Bicarbonato e citrato de sódio

O uso do bicarbonato de sódio não é novo, e sua popularidade parece diminuir e esvair-se dos esportes de resistência aeróbia. O bicarbonato de sódio é utilizado como neutralizante. Uma diminuição no pH, ou seja, um ambiente mais ácido, está associada à fadiga; isso pode ter implicações negativas no desempenho, como o aumento das taxas de percepção do esforço e a produção da força reduzida (Hawley e Reilly, 1997). Suplementos que fornecem um pH mais "amigável", com base alcalina, tem sido utilizados por anos e podem atrasar o início da fadiga pela neutralização de níveis ácidos durante o exercício de intensidade mais alta. A utilização desses agentes neutralizantes traz, comprovadamente, mais benefícios no exercício de intensidade mais alta e curta duração, o que acarreta o envolvimento de músculos maiores e o recrutamento mais rápido da unidade motora. Em relação a exercícios de alta intensidade, mas de maior duração, os resultados sobre a eficácia desses produtos têm sido conflitantes e não têm fornecido provas absolutas de suas capacidades de melhorar o desempenho (Requena et al., 2005).

O bicarbonato de sódio tem sido o agente neutralizante mais frequentemente utilizado, mas o citrato de sódio é uma opção melhor, em razão da menor incidência e risco de problemas gastrointestinais que oferece. Melhores protocolos de implementação utilizando bicarbonato de sódio também tem ajudado a resolver algumas questões de desconfortos gastrointestinais associados a esse suplemento.

Em razão de os resultados de estudos de pesquisa não terem sido consistentes, alguns atletas estão buscando suplementos ergogênicos mais novos, como a beta-alanina (discutida detalhadamente no Capítulo 7). Indícios atuais apontam que o bicarbonato e o citrato de sódio podem ser úteis em esportes que utilizam diferentes sistemas de energia, mas são mais benéficos para o desempenho de séries mais curtas, com intensidades mais altas. Esses suplementos devem ser utilizados com cuidado, pelo seu potencial de causar distúrbios gastrointestinais.

Aplicações profissionais

O aconselhamento aos atletas em relação aos suplementos deve ser feito com muito cuidado e com total conhecimento do estado de saúde dos atletas, das medicações tomadas e da utilização de outros suplementos. Quando realizar recomendações para atletas de resistência aeróbia, os profissionais devem sempre ter em mente três fatores nutricionais importantes: a hidratação, o balanço eletrolítico e a ingestão de carboidratos.

As competições de resistência aeróbia podem ser vencidas ou perdidas em questão de minutos, o que faz dos suplementos ergogênicos ferramentas populares entre os atletas. Os suplementos ergogênicos discutidos neste capítulo são aqueles que as pesquisas têm mostrado como benéficos para o desempenho nesse segmento. O Quadro 8.2 resume esses suplementos, seus potenciais efeitos ergogênicos e as possíveis desvantagens de seu uso.

QUADRO 8.2 Suplementos populares para resistência aeróbia

Suplemento esportivo	Função proposta	Benefícios para o desempenho	Possíveis desvantagens
Aminoácidos de cadeia ramificada (BCAAs)	Reduzem o dano muscular; melhoram a recuperação do exercício; diminuem a fadiga central.	Os BCAAs podem melhorar as medidas de desempenho cognitivo após séries de exercícios exaustivas e longas, bem como a recuperação do exercício pela criação de um ambiente mais anabólico no balanço de proteínas pós-exercício e pela diminuição de indicadores de dano muscular. Os BCAAs podem mostrar maior benefício quando consumidos durante um exercício longo e exaustivo por diversos atletas de resistência aeróbia.	Quanto ao uso normal em adultos saudáveis, nada foi documentado.

continua

Suplementos para resistência aeróbia   189

continuação

Suplemento esportivo	Função proposta	Benefícios para o desempenho	Possíveis desvantagens
Cafeína	Aumenta o tempo até exaustão no desempenho da resistência aeróbia, melhora o alerta mental; diminui a dor muscular; melhora a ressíntese de glicogênio.	A cafeína pode diminuir sinais de fadiga, aumentar o tempo até exaustão, diminuir a dor muscular (especialmente após exercício excêntrico, como corridas em descidas) e melhorar a ressíntese de glicogênio. A cafeína anidro (em pílulas, em detrimento à cafeína em um líquido, como o café) pode ter um melhor efeito ergogênico. Qualquer atleta pode beneficiar-se da cafeína de uma ou mais maneiras.	Gestantes devem limitar o consumo de cafeína até 300 mg por dia, pelos efeitos potencialmente adversos no feto; a cafeína pode afetar adversamente aqueles com problemas de ansiedade, distúrbios cardíacos, glaucoma e hipertensão. Informalmente, alguns indivíduos dizem ter aumento de ansiedade ou de anormalidades no ritmo cardíaco mesmo com pequenas quantidades de cafeína.
Reposição de eletrólitos (tabletes de sódio)	Prevenção da hiponatremia.	Todos os atletas de resistência aeróbia que praticam séries longas e exaustivas de exercícios podem beneficiar-se do consumo de eletrólitos, principalmente sódio. Eletrólitos previnem a hiponatremia, aumentam a sede e, portanto, estimulam a ingestão de líquidos; eles podem aumentar a hidratação em geral, prevenindo a perigosa queda na água total do corpo.	O uso do sódio é contraindicado àqueles com hipertensão e doenças renais. Atletas saudáveis sem hipertensão não devem ter problemas com o sódio.

continua

Suplemento esportivo	Função proposta	Benefícios para o desempenho	Possíveis desvantagens
Glutamina	Reduz a incidência de infecções e de doenças; promove a recuperação pela prevenção da dor muscular.	Ainda não está claro exatamente quem a glutamina pode beneficiar. Os atletas que têm mais propensão de ficar doentes ou que estão propensos a infecções (bem como aqueles que sobrecarregam seus corpos por meio de ultramaratonas, corridas em Ironman etc.) podem querer tentar a glutamina.	Quanto ao uso normal em adultos saudáveis, nada foi documentado.
Polímero de glicose de alto peso molecular, altamente ramificado (patenteado)	Aumenta a ressíntese de glicogênio, comparado à maltodextrina.	Rápido esvaziamento gástrico, se comparados com uma combinação de maltodextrina + açúcares; repõem rapidamente o glicogênio muscular. É melhor para atletas que treinam pesado mais de uma vez por dia.	Quanto ao uso normal em adultos saudáveis, nada foi documentado. Diabéticos precisam monitorar de perto sua ingestão de carboidrato e seu horário de tomar insulina.
Proteína	Pode melhorar a ressíntese de glicogênio depois do exercício, quando combinada com carboidratos.	Todos os atletas podem beneficiar-se de proteínas recebidas depois da atividade física (recebê-las durante uma atividade física pode causar distúrbios estomacais). Pesquisas mostram que a proteína ingerida depois da atividade física pode diminuir a quebra de proteína e acelerar a recuperação.	Quanto ao uso normal em adultos saudáveis, nada foi documentado.

continua

Suplementos para resistência aeróbia

continuação

Suplemento esportivo	Função proposta	Benefícios para o desempenho	Possíveis desvantagens
Bicarbonato e citrato de sódio	Diminuem o pH, o que pode atenuar a fadiga.	Apesar de, em alguns casos, o bicarbonato e citrato de sódio terem se mostrado efetivos em neutralizar a fadiga muscular, esses suplementos não são a melhor opção, já que podem causar problemas gastrointestinais.	Esses suplementos, especialmente o bicarbonato de sódio, podem causar problemas gastrointestinais.
Bebidas esportivas	Hidratam; o sódio pode ajudar a prevenir a hiponatremia; melhoram o desempenho; mantêm a glicose sanguínea; reduzem a fadiga durante as séries longas de exercícios.	As bebidas esportivas são um dos melhores suplementos ergogênicos para atletas de resistência aeróbia. Elas têm três propósitos validados por pesquisa: prevenção da hiponatremia, manutenção da água corporal total e redução da fadiga durante as séries longas de exercícios.	A alta ingestão de frutose pode causar distúrbios gastrointestinais durante o exercício.

Observação: todos os suplementos devem ser testados durante os treinos, antes de ser utilizados nas competições.

Bebidas esportivas são um dos suplementos ergogênicos mais amplamente utilizados pelos atletas de resistência aeróbia. Por que escolher uma bebida esportiva em vez de água pura? Como descoberto no campo de futebol americano da Universidade da Flórida, na década de 1960, apenas água pode não ser suficiente. As bebidas esportivas podem ajudar a manter a água corporal, as reservas de carboidratos e o balanço eletrolítico. E os atletas são mais propensos a consumir grandes quantidades de bebidas que eles achem saborosas, em comparação com a água. Além disso, os atletas que estejam fazendo exercícios vigorosos, especialmente no calor, podem perder de 2% a 6% de seu peso corporal em líquidos. Eles não só irão superaquecer quando perderem essa quantidade de líquidos, mas, também, estarão mais propensos a enfrentar uma diminuição significante no desempenho. De tempos em tempos, tem-se provado que as bebidas esportivas são efetivas na atenuação dessa potencial diminuição do desempenho.

Idealmente, um atleta que consome uma bebida esportiva deveria optar por uma solução com 6% a 8% de carboidratos e consumir de 90 a 235 ml a cada 10-20 minutos durante o exercício de resistência aeróbia com duração superior a 60-90 minutos. Os atletas que escolhem não consumir uma bebida esportiva, mas, em vez disso, optam por água, precisarão consumir carboidratos tanto durante quanto imediatamente depois do treino e da competição. Além disso, eles devem consumir uma fonte de eletrólitos, especialmente sódio. Enquanto um atleta que caminha ou corre levemente uma maratona pode ser capaz de deixar de consumir uma variedade de alimentos reais durante a competição com pouco desconforto estomacal, a maioria dos atletas em competições opta pela conveniência e pela facilidade de digestão de vários produtos nutricionais esportivos, incluindo géis e gomas.

Atletas de resistência aeróbia devem ingerir 30 a 60 g de carboidratos por hora enquanto estão se exercitando, embora aqueles que consomem diversos tipos de carboidratos possam consumir 90 g de carboidratos por hora. E atletas devem consumir, aproximadamente, 0,8 a 1,2 g de carboidratos por quilograma de peso corporal depois do exercício, dependendo da intensidade e da duração do exercício, e da quantidade de carboidrato consumido durante o exercício. Além disso, os atletas irão beneficiar-se da ingestão de um pouco de proteína, aproximadamente 0,3 a 0,4 g/kg de peso corporal, consumida com carboidrato depois do exercício, para facilitar a recuperação muscular.

Idealmente, os atletas consumiriam seus lanches pós-atividade física em até 30 minutos. Aguardar diminui a ressíntese de glicogênio e as séries de exercícios subsequentes (especialmente se o período de repouso é < 24 horas) podem ficar comprometidas. Mesmo atletas treinados têm reservas suficientes de carboidratos, na forma de glicogênio, como combustível por somente algumas horas. Além dos possíveis decréscimos no desempenho, níveis baixos de glicogênio muscular também estão associados à degradação de proteínas, o que pode resultar na quebra de tecido muscular, especialmente se o atleta não está consumindo a quantidade suficiente de proteínas e de calorias.

Exemplos excelentes de lanches para depois da atividade física que vão ao encontro das necessidades de um atleta com 68 kg são 600 ml de leite desnatado com chocolate ou de uma vitamina feita com 1 xícara de morangos fatiados, 1 xícara de uvas, 1 banana e 1 *scoop* (medidor com capacidade de 30 g – N.T.) de proteína em pó na água. Atletas podem utilizar diversas combinações para repor as energias, incluindo cereal com leite desnatado, biscoitos salgados com queijo magro ou combinações de suplementos esportivos e com alimentos (uma bebida esportiva seguida por um iogurte desnatado com fruta, por exemplo).

Atletas que optam por água também deveriam considerar suas necessidades de eletrólitos. Cada atleta perde uma quantidade diferente de eletrólitos (sódio é o eletrólito perdido em maior quantidade). O profissional de Nutrição Esportiva deve ajudar os atletas a determinarem quanto, aproximadamente, de sódio no suor precisam nas diferentes durações de treinos e nos diferentes ambientes. A menos que haja prescrições médicas, os atletas de resistência aeróbia não devem seguir as recomendações gerais para o público: 1.500 a 2.000 mg de sódio por dia. Em vez disso, eles devem consumir cerca de 500 a 700 mg de sódio por litro de líquido consumido durante o exercício. Todavia, na prática, alguns atletas precisam ainda mais que isso e é possível que tenham cãibra e percam muito líquido, mesmo se eles ingerirem acima do limite de sua faixa. Novamente, o profissional de Nutrição Esportiva pode trabalhar com os atletas para encontrar uma faixa que melhor se encaixa com suas necessidades. Depois do exercício, os atletas deveriam consumir, pelo menos, 500 mg de sódio por cada litro de água que eles perdem.

Além de líquidos, eletrólitos e carboidratos, atletas que procuram ter uma vantagem nas competições devem olhar em direção a uma variedade de outros suplementos ergogênicos para que possam ajudá-los a ter melhor desempenho e melhorar a recuperação. Os BCAAs podem ajudar a diminuir a fadiga central, para que o atleta de resistência aeróbia possa ter um bom desempenho em tarefas mentais imediatamente depois do exercício (isso é útil para um atleta universitário, que tem de estudar para uma prova após uma corrida longa). Esses aminoácidos também podem ajudar a atenuar a dor muscular e a inflamação, acelerando, assim, a recuperação de séries longas de exercício. Estudos têm utilizado de 6 a 12 g de BCAAs para esse propósito, devem ser dosados por quilograma de peso corporal ou pela intensidade e duração do exercício ou por ambos.

Enquanto os BCAAs podem ajudar a atenuar a dor e a inflamação pós-exercício, alguns atletas, procurando diminuir a fadiga muscular durante o exercício, têm usado o bicarbonato e o citrato de sódio. Embora esses dois suplementos possam funcionar, eles não são suplementos ergogênicos recomendados, em razão do potencial desconforto gastrointestinal. Nenhum suplemento ergogênico deve chegar ao ponto de impedir o desempenho. Uma melhor opção é a beta-alanina, discutida em detalhes no Capítulo 7.

Alguns atletas de resistência aeróbia utilizam glutamina para ajudar a aumentar a imunidade. Concentrações de glutamina plasmáticas são menores após o exercício prolongado e exaustivo. Incluir glutamina na forma de suplemento depois do exercício ajuda a reduzir a incidência de infecções e de doenças, as quais, frequentemente, atrapalham esses atletas após treino ou competição intensos. Alguns estudos indicam que a glutamina é promissora, apesar da adequada dosagem não ser clara. A glutamina provavelmente não afetará o desempenho em nenhuma forma, mas estar saudável é vital para manter a carga de treino de um indivíduo.

Um dos melhores suplementos ergogênicos para atletas de resistência aeróbia é a cafeína. Em doses de 3 a 9 mg por quilograma de peso corporal (cerca de 1,5 a 3,5 xícaras de café de máquina para uma pessoa de 70 kg), consumida antes do exercício (geralmente, 60 minutos) ou durante o exercício prolongado, a cafeína é ergogênica. Ela pode diminuir as sensações da percepção do esforço, melhorar a capacidade de trabalho e aumentar o estado de alerta mental. Essa quantidade de cafeína não produz quaisquer alterações prejudiciais no balanço hídrico nem leva à desidratação. Atletas que tomam cafeína normalmente percebem uma diferença imediata.

O uso de suplementos nutricionais em atletas de resistência aeróbia é muito difundido; porém, eles variam amplamente em sua eficácia e segurança. Muitos não têm evidências científicas ou de campo para sustentar os mecanismos de ação ou a eficácia do uso no atletismo. Outros não são apoiados pela pesquisa, mas alguns atletas confiam muito neles. O profissional de Nutrição Esportiva deve prestar muita atenção, especialmente, quanto à segurança e à legalidade dos suplementos esportivos, já que os testes de drogas estão se tornando mais frequentes em atletas universitários, profissionais e olímpicos. É sempre sensato checar amplamente o histórico das companhias de suplementos, os processos de manufaturação deles e os padrões de garantia de qualidade antes de recomendar qualquer suplemento a um atleta. Os suplementos para atletas da NCAA as formas de procurar esses produtos (se eles forem fornecidos pela escola ou comprados pelo próprio atleta) devem estar de acordo com as regulamentações da NCAA. Cada órgão do esporte profissional reconhece as organizações com certificações específicas (como a National Science Foundation e a Informed Choice). Antes de considerar qualquer suplemento ergogênico, os atletas devem informar-se sobre a segurança, a legalidade e a eficácia do suplemento. E, finalmente, suplementos nutricionais são substâncias que devem ser adicionadas ao programa de ingestão normal ou típica, e não consumidas como uma fonte principal de nutrientes.

RESUMO

- Bebidas esportivas podem melhorar o desempenho pelo aumento da concentração de glicose sanguínea, melhorando a oxidação de carboidratos e reduzindo a percepção da fadiga (Sawka et al., 2007).
- Uma bebida esportiva com uma concentração de carboidratos entre 6% e 8% é ideal para taxas de esvaziamento gástrico mais rápidas (Benardot, 2006).
- De acordo com uma pesquisa, utilizar duas fontes de açúcar, especificamente, glicose e frutose, na proporção de 2:1, leva a uma melhora no desempenho, em relação ao uso de uma única fonte de açúcar (Currell e Jeukenbdrup, 2008).
- A necessidade de eletrólitos varia entre os atletas. Entretanto, o consumo regular de eletrólitos durante o exercício de resistência aeróbia, especialmente sódio, é importante para a melhora da função cardiovascular e do desempenho, para repor o sódio perdido, estimulando a sede e a beber voluntariamente (Baker, Munce e Kenney, 2005).
- A suplementação com BCAAs pode melhorar a recuperação do exercício pela criação de um ambiente mais anabólico pelo balanço de proteínas depois do exercício (Carli et al., 1992) e pela diminuição de marcadores de dano muscular (Greer et al., 2007).
- Tem-se notado que um carboidrato HMW altamente ramificado esvazia o estômago duas vezes mais rápido do que carboidratos de baixo peso molecular, resultando em um aumento de 70% nas reservas de glicogênio muscular 2 horas após o exercício, com depleção de glicogênio (Leiper, Aulin e Soderlund, 2000).
- A cafeína pode ser utilizada como um suplemento ergogênico, em doses de 3 a 9 mg por quilograma de peso corporal (Hoffman et al., 2007). Os efeitos no desempenho normalmente são notados com o consumo de cafeína em até 60 minutos antes do exercício, mas são também observados com o consumo durante o exercício prolongado (Yeo et al., 2005).

- Suplementos tamponantes, como bicarbonato e o citrato de sódio, podem beneficiar indivíduos que fazem exercícios de alta intensidade e curta duração, como competições de atletismo, como as corridas de 400 e 800 m (Requena et al., 2005), embora eles também possam causar desconfortos gastrointestinais.

9

Nutrient Timing[1]

Chad M. Kerksick, ph.D.; ATC; CSCS, *D; NSCA-CPT, D*

A administração do momento de ingestão dos nutrientes facilita adaptações fisiológicas para o exercício e promove saúde e desempenho ótimos. As recomendações *nutrient timing* variam entre atletas em um esporte específico, bem como entre os esportes. Essas considerações também se alteram para um atleta específico, como a demanda relacionada à viagem, à competição e ao treinamento variam durante o ano. A natureza dinâmica do *nutrient timing* o faz importante para todos os atletas e técnicos para desenvolverem um alicerce firme de conhecimento em relação ao consumo de energia, ao macronutriente, ao líquido e ao micronutriente. Este capítulo oferece, passo a passo, a análise das considerações nutricionais que estão apoiadas pela literatura científica, ajudando o leitor a desenvolver um plano nutricional que fornecerá os níveis necessários de energia e nutrientes para sustentar ao máximo o desempenho humano e promover a recuperação.

Este capítulo enfatiza quando consumir alimentos específicos ou suplementos. Muitos estudos demonstraram que o momento de ingestão de macronutrientes específicos e aminoácidos pode afetar significativamente a resposta adaptativa ao exercício. Dependendo do tipo de treinamento, essas respostas variam desde a melhora da ressíntese de glicogênio, à manutenção de combustíveis do sangue, a melhora do desempenho e do crescimento muscular, bem como a melhora da composição corporal, do funcionamento do sistema imune e do humor.

Historicamente, a primeira consideração do *nutrient timing* envolveu o fornecimento de uma fonte de carboidrato antes ou durante a sessão de exercício. De fato, relatórios indicam que lanches doces ou alimentos foram consumidos antes da Maratona Olímpica de 1928. A partir da década de 1960, pesquisadores começaram a explorar o impacto do nível

---

[1] N.E. – *Nutrient timing* é o conceito da Nutrição Esportiva segundo o qual "quando" determinados nutrientes são consumidos é um fator tão importante quanto o "tipo" e a "quantidade" de nutrientes consumidos.

de carboidratos e o conceito de carga de carboidrato nasceu. A carga de carboidrato aumenta a reserva de carboidrato no fígado, nos músculos (Bussau et al., 2002; Goforth et al., 2003; Kavouras, Troup e Berning, 2004; Sherman et al., 1981; Yaspelkis et al., 1993) e pode ajudar a sustentar os níveis normais de glicose (carboidrato) no sangue durante o exercício prolongado (Coyle et al., 1986; Kavouras, Troup e Berning, 2004). Mais recentemente, a ingestão de carboidrato, aminoácidos, proteína e creatina (Cr) antes do exercício foi estudada pela capacidade de essas substâncias estimularem mais adaptações ao treinamento de exercício (Coburn et al., 2006; Cribb e Hayes, 2006; Kraemer et al., 2007; Tipton e Wolfe, 2001; Willoughby, Stout e Wilborn, 2007) e prevenirem a quebra de tecido muscular (Kraemer et al., 2007; White et al., 2008).

Nutrient timing e desempenho de resistência aeróbia

Para sustentar a vida, o corpo humano queima, principalmente, três compostos – carboidrato, gordura e proteína – a fim de gerar a energia necessária para conduzir as centenas de reações químicas. O carboidrato é a fonte de combustível preferida, mas, infelizmente, o fornecimento de carboidrato no músculo e no fígado é limitado (Coyle et al., 1986). Durante o exercício prolongado de moderada a alta intensidade (65% a 85% do **$\dot{V}O_2máx$**), os estoques internos de carboidratos esgotam (Hawley et al., 1997; Tarnopolsky et al. 2005), frequentemente resultando em diminuição na intensidade do exercício (Coyle et al., 1986), quebra do tecido muscular (Saunders, Kane e Todd, 2004) e um sistema imune enfraquecido (American College of Sports Medicine, American Dietetic Association and Dietitians of Canada, 2000; Gleeson, Nieman and Pedersen, 2004).

- $\dot{V}O_2máx$ – o máximo de oxigênio que o corpo pode utilizar por unidade de tempo. Maiores valores estão associados a níveis mais altos de condicionamento e treinamento.

Em repouso, os níveis de glicogênio intramuscular de atletas treinados são adequados para atingir as demandas físicas de eventos que duram, em qualquer lugar, de 60 a 90 minutos (Dennis, Noakes e Hawley, 1997). Supondo que não haja nenhuma quantidade apreciável de dano muscular, uma ingestão de carboidrato de 8 a 10 g/kg de peso corporal por dia, juntamente com repouso adequado, pode sustentar esse nível de glicogênio no músculo. Outra recomendação que também facilita a manutenção adequada de níveis de glicogênio é o consumo de 55% a 65% da ingestão calórica diária feita com carboidrato. Essa recomendação, porém, assume que o atleta está consumindo um número adequado de calorias relativas ao tamanho corporal e ao nível de atividade física. Para atletas que regularmente ingerem esse nível recomendado de carboidrato dietético, baseado na ingestão calórica, simplesmente tirando um ou dois dias de folga (ou exercitar-se em volume e intensidade reduzidos) antes da competição permitirá a restauração máxima do **glicogênio muscular**. Infelizmente, muitos atletas não consomem níveis adequados de carboidrato (Burke, 2001). Portanto, estratégias têm sido desenvolvidas para ajudar os atletas a atingirem rapidamente os níveis máximos de glicogênio de seus músculos.

- Glicogênio muscular – estoques de carboidrato, exclusivamente no músculo esquelético; dependendo do tamanho do músculo, estima-se cerca de 250 a 300 g de carboidrato. Durante o exercício ou em momentos de estresse, o glicogênio muscular é depletado antes do glicogênio hepático.

Carga de carboidrato

A carga de carboidrato é uma prática utilizada por atletas para saturar seus estoques endógenos de glicogênio muscular antes de eventos de mais longa duração, que normalmente levam à depleção das reservas de glicogênio. Os estudos tradicionais de carga de carboidrato, conduzidos em indivíduos não treinados, incorporaram uma fase de depleção de três a quatro dias, nos quais os atletas ingeriram uma dieta pobre em carboidratos e completaram um alto volume de treinamento de exercício para depletar os estoques de glicogênio internos (Bergstrom e Hultman, 1966). Essa fase foi seguida por um período de três a quatro dias de alta ingestão de carboidrato (> 70% de carboidrato ou 8 a 10 g de carboidrato por quilograma de peso corporal por dia) e uma diminuição no volume do exercício para facilitar a supersaturação do glicogênio muscular. Utilizando essa abordagem, estudos anteriores relataram uma capacidade de os atletas manterem seus ritmos de treinamento por períodos significativamente mais longos (Karlsson e Saltin, 1971).

Uma série de estudos em corredores bem treinados (Sherman et al., 1981, 1983) sugeriu que uma redução no volume de treinamento do exercício, junto com uma dieta rica em carboidrato (65% a 70% de carboidrato dietético), durante o período mínimo de três dias, pode elevar os níveis de glicogênio muscular. Essas conclusões foram bem recebidas como uma abordagem muito mais prática para maximizar o glicogênio muscular. Oito corredores treinados consumiram, em três dias, uma dieta rica em carboidrato (10 g de carboidrato por quilograma de peso corporal por dia), enquanto abstiveram-se completamente de exercícios que maximizavam estoques de glicogênio muscular (Bussau et al., 2002).

Além disso, uma dieta rica em carboidrato (8,1 g de carboidrato por quilograma de peso corporal por dia ou 600 g de carboidrato por dia) elevou significativamente os estoques de glicogênio antes do exercício em comparação a uma dieta com baixo teor de carboidrato (1,4 g de carboidrato por quilograma de peso corporal por dia ou 100 g de carboidrato por dia) dada a indivíduos treinados por três dias antes da realização de uma corrida de bicicleta de 45 minutos a 82% do $\dot{V}O_2$máx.

Curiosamente, um efeito da dose-resposta pode ser evidente em relação à quantidade de carboidrato que necessita ser ingerida quando não ocorre a fase de depleção para promover níveis máximos de glicogênio muscular. Por exemplo, a linha de base de glicogênio muscular foi notavelmente maior após a ingestão de 10 g de carboidrato por quilograma de peso corporal por dia, durante um dos três dias, quando comparado à ingestão de 8 g/kg de peso corporal por dia, durante três dias. Atualmente, esse efeito não tem sido mais investigado, porque estudos iniciais sobre carga de carboidrato que incorporaram as fases de depleção e uma ingestão mais rica em carboidrato relataram níveis elevados de glicogênio muscular (Bergstrom et al., 1967).

Ingestão do nutriente antes do exercício de resistência aeróbia

As horas antes de uma sessão de exercícios de resistência aeróbia ou de uma competição são consideradas importantes, pois os atletas podem tomar várias medidas para garantir a provisão de doses ótimas de carboidrato e outras fontes de combustível. Esse período é mais categorizado em duas fases: (a) 2 a 4 horas antes do exercício e (b) 30 a 60 minutos antes do exercício (Dennis, Noakes e Hawley, 1997; Kerksick et al., 2008). Pesquisas envolvendo ingestão de carboidrato simples antes do exercício sugerem que é possível atingir níveis mais altos de glicogênio muscular e uma melhora da manutenção da **glicose no sangue** (**euglicemia**), apesar de alterações no desempenho terem sido equivocadas (Coyle et al., 1985; Dennis, Noakes e Hawley, 1997; Earnest et al., 2004; Febbraio et al., 2000b; Febbraio e Stewart, 1996). Para otimizar o uso do carboidrato, as refeições antes do exercício devem consistir basicamente de alimentos ou líquidos ricos em carboidrato. Essa prática se torna ainda mais importante quando atletas fazem pouco esforço de recuperação (por exemplo, baixa ingestão de carboidrato na dieta; falta de repouso e/ou redução do volume de treino). Nessa situação ou quando um atleta jejuou à noite (ou seja, dormindo), uma refeição rica em carboidrato ingerida 4 horas antes de uma série de exercício causa aumento significativo nos níveis tanto de **glicogênio hepático** quanto muscular (Coyle et al., 1985). Veja a Figura 9.1.

- Glicose no sangue – a quantidade de açúcar ou glicose encontrada na corrente sanguínea. Assumindo 5 litros de sangue numa pessoa média, aproximadamente 4 a 10 g de glicose são encontradas na corrente sanguínea.
- Euglicemia – um estado em que os níveis de glicose no sangue estão em valores normais; frequentemente considerados valores entre 80 e 100 mg/dl (4,4-5,5 mmol/L).

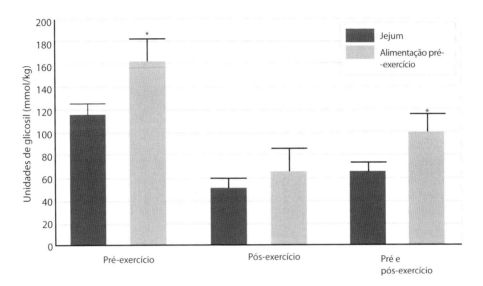

FIGURA 9.1 Impacto da alimentação antes do exercício nos níveis de glicogênio muscular. A alimentação rica em carboidrato antes do exercício aumentou significativamente os níveis de glicogênio muscular antes do exercício e também reduziu a extensão da qual esses estoques de glicogênio foram esgotados após o exercício. Esse estudo forneceu a primeira evidência documentada de que a alimentação antes do exercício afeta o nível de glicogênio. A necessidade de sustentar os níveis de glicogênio durante o exercício ou a competição serve principalmente como a base para o *nutrient timing* antes do exercício e a necessidade de carboidrato antes do exercício ou da competição.

*= Diferente de alimentação antes do exercício.
Dados de Coyle et al., 1985.

- Glicogênio hepático – forma de armazenamento de carboidrato exclusivamente no fígado; dependendo do tamanho do fígado, foram estimados cerca de 80 a 100 g de carboidrato. Durante o exercício ou momentos de estresse, o glicogênio hepático é a última forma de carboidrato armazenada a ser depletada.

Similarmente, quando sujeitos que não consumiram nenhum carboidrato ou ingeriram uma refeição com grande quantidade de carboidrato (cerca de 300 g de carboidrato), 4 horas antes de completar uma série de exercício de ciclismo padronizada, participantes que ingeriram carboidratos foram capazes de reduzir significativamente a quantidade de tempo exigida para completar a sessão (Sherman et al., 1989). Outros estudos têm apoiado esses resultados, demonstrando que a ingestão de uma refeição rica em carboidrato (200 a 300 g), num período de 3 a 4 horas antes do exercício, pode melhorar a resistência aeróbia ou rendimento do treinamento comparados à não ingestão de carboidratos (Neufer et al., 1987; Wright, Sherman e Dernbach, 1991). Por essa razão, é comumente recomendado que atletas de resistência aeróbia consumam lanches ou refeições ricas em carboidrato numa dosagem de 1 a 4 g de carboidrato por quilograma de massa corporal algumas horas antes do exercício (Tarnopolsky et al., 2005).

A ingestão de uma refeição rica em carboidrato de 2 a 4 horas antes de uma sessão de exercícios torna-se extremamente importante quando se inicia nas primeiras horas da manhã. O tempo gasto dormindo é semelhante ao período de jejum, o que frequentemente resulta numa redução dos estoques de glicogênio hepático, afetando a disponibilidade de carboidrato, uma vez que a sessão de exercício começa. De um ponto de vista prático, porém, a ingestão de nutrientes 4 horas (ou até mesmo 2 horas) antes de uma sessão de exercícios pode ser limitada pelo tempo de início da prática, da sessão de treinamento ou da competição. O período do início da manhã pode complicar a decisão entre suprimento ótimo e uma ou duas horas adicionais de sono. Nessas situações, é importante o atleta não sobrecarregar a capacidade de armazenamento do estômago na tentativa de abastecer o corpo (com menos tempo digestivo) e acabar causando desconforto gastrointestinal no processo. Nesse cenário, o atleta necessita superar a falta de disponibilidade de carboidrato, trabalhando duro para ingerir níveis ótimos de carboidratos durante a primeira hora do exercício. Embora muitas escolhas alimentares possam fornecer carboidrato, os atletas precisam experimentar, durante sessões de treinamento, para descobrir quais alimentos funcionam para eles, sem causar desconforto gastrointestinal.

Apesar de ser amplamente aceito que a ingestão de carboidrato antes de uma série de exercício é necessária, há muita controvérsia e falta de informação em relação a qual tipo de carboidrato pode influenciar positiva ou negativamente a resposta metabólica à ingestão e ao desempenho do exercício subsequente. A ingestão de carboidrato resulta em um aumento concomitante nos níveis de insulina, o que aumenta a captação de glicose para as células do corpo e diminui o nível de glicose no sangue. Além disso, o aumento dos níveis de insulina diminui a quebra de tecido adiposo e aumenta a taxa de **oxidação de carboidrato** quando comparada às condições de jejum. Essa resposta fisiológica pode levar a situações em que os níveis de glicose no sangue tornam-se hipoglicêmicos (< 3,5 mmol/L), levando à redução da intensidade do exercício e ao aumento da sensação de fadiga do exercício.

- Oxidação de carboidrato – a quantidade de carboidrato que pode ser degradada ou utilizada em um dado período de tempo.

Foster, Costill e Fink (1979) conduziram o primeiro estudo para relatar a resposta da hipoglicemia para a ingestão de carboidrato antes (< 60 minutos) do exercício. Apesar de essa resposta não ter sido consistentemente relatada na literatura científica (Hawley e Burke, 1997), ela continua a ser amplamente divulgada informalmente e está na área de interesse de atletas e técnicos. As alterações de glicose e insulina, imediatamente após a ingestão de carboidrato, são marcadamente transitórias. Durante o exercício, embora a hipoglicemia inicial possa ser relatada, essa resposta não tem demonstrado afetar negativamente o desempenho em diversos estudos. De fato, a maioria dos estudos relata que, após 20 a 30 minutos de exercício, os níveis de glicose retornam ao normal sem nenhum efeito desagradável para o atleta. Uma revisão por Hawley e Burke (1997) revelou que o fornecimento de algumas formas de carboidratos no período de 60 minutos antes do exercício não têm impacto negativo no desempenho e pode, de fato, aumentar o desempenho em qualquer parte entre 7% e 20%.

No entanto, é evidente que alguns atletas têm respostas negativas à ingestão de carboidrato antes do exercício, mas um consenso ainda está indisponível a respeito do motivo de essa resposta ocorrer. Além disso, na medida em que o índice glicêmico de uma fonte de carboidrato altera a cinética da glicose e da insulina, a utilização do glicogênio e o desempenho subsequente têm recebido muita consideração. Inicialmente, foram relatadas que fontes de carboidratos com baixo índice glicêmico, como frutose, podem ser preferíveis para evitar a hipoglicemia de rebote e, subsequentemente, a melhora do desempenho. Contudo, pesquisas não apoiam essa teoria. Febbraio e Stewart (1996) mostraram que a ingestão de uma refeição com alto teor glicêmico, 45 minutos antes de 135 minutos de exercício de ciclismo, não foi responsável pelas alterações na utilização de glicogênio muscular ou pelo desempenho quando comparada a uma refeição com baixo teor glicêmico ou água.

Outros estudos têm mostrado que a alteração do índice glicêmico de uma fonte de carboidrato antes do exercício não tem impacto no desempenho subsequente (Earnest et al., 2004; Febbraio et al., 2000b). Outras pesquisas indicam que a ingestão de frutose pode ser responsável por desconforto gastrointestinal e pode ter um impacto negativo no desempenho (Erickson, Schwarzkopf e Mckenzie, 1987). Por essa razão, uma recomendação comum é que atletas evitem a ingestão de frutose como uma fonte de carboidrato principal antes e durante o exercício.

Em resumo, os atletas devem ingerir uma dieta rica em carboidratos (8 a 10 g de carboidrato por quilograma de massa corporal por dia), especialmente durante os dias antes da competição. A alta ingestão dietética de carboidratos junto com uma breve redução no volume de treino pode maximizar as reservas de glicogênio. A ingestão de uma refeição com carboidratos (200 a 300 g), 2 a 4 horas antes do exercício, ajuda a maximizar os estoques de glicogênio e o desempenho. Atletas devem ser cuidadosos ao ingerir muitos alimentos antes do exercício e devem limitar a frutose em razão do potencial desconforto gastrointestinal com a ingestão de grande quantidade de frutose.

Ingestão de nutrientes durante o exercício de resistência aeróbia

Considerações sobre nutrientes durante o exercício têm, em grande parte, sido focadas nos exercícios de resistência aeróbia pelo aumento da demanda energética nos seus praticantes. Inicialmente, pesquisas esforçam-se em focar na administração do carboidrato para sustentar os níveis de glicose do sangue e poupar os estoques internos de glicogênio (Febbraio et al., 2000a; Koopman et al., 2004; Nicholas et al., 1995; Widrick et al., 1993). Esforços recentes têm misturado fontes de carboidratos e adicionado várias quantidades de aminoácidos durante esse tipo de exercício para monitorar a recuperação e o dano muscular.

Fornecimento de carboidrato durante o exercício de resistência aeróbia

Enquanto alguns estudos sugerem que a ingestão de carboidrato antes ou ao longo do exercício pode ter consequências metabólicas negativas (por exemplo, hipoglicemia reativa) (Foster, Costill e Fink, 1979), a maioria dos estudos publicados apoiam a afirmação de que a ingestão de carboidrato melhora (e minimamente sustenta) o desempenho (Febbraio et al., 2000a; McConell et al., 1999; Nicholas et al., 1995; Widrick et al., 1993). Para carboidrato a demanda metabólica pode ser muito alta durante o exercício. Fornecer carboidrato ao músculo antes do exercício pode diminuir a taxa na qual o glicogênio muscular é degradado (Erickson, Schwarzkopf e Mckenzie, 1987; Hargreaves et al., 1984). Mas isso não é universalmente aceito, porque outros estudos têm relatado que a taxa de quebra de glicogênio muscular não é afetada pela ingestão de carboidrato (Coyle et al., 1985; Fielding et al., 1985). A bioquímica no corpo durante o exercício (especificamente o músculo ativo) sugere que a ingestão de carboidratos nesse momento pode facilitar o desempenho pelo pronto fornecimento disponível de glicose, poupando, assim, estoques de glicogênio muscular e hepático (Bosch, Dennis e Noakes, 1993; Coyle et al., 1986, 1985).

Taxa de oxidação de carboidrato – a taxa na qual o carboidrato é oxidado, tratando-se da glicose do sangue, do glicogênio hepático ou do glicogênio muscular, é uma consideração importante. Tem sido amplamente aceito que, independentemente da fonte de carboidrato (alto ou baixo teor glicêmico, com exceção da frutose), a taxa de pico de oxidação de carboidrato durante o exercício prolongado de moderada intensidade é cerca de 1 g de carboidrato por minuto (60 g/hora) (Jeukendrup, Jentjens e Moseley, 2005). A oxidação de carboidrato se refere à quantidade de carboidrato que pode ser degradada ou utilizada em um dado período de tempo. Quando escalas da alimentação são alteradas, a taxa oxidação de carboidrato não parece ser influenciada, levando alguns a concluírem que o fator limitante pode ser a taxa na qual o carboidrato é absorvido pelo sistema digestório e, subsequentemente, disponibilizado na corrente sanguínea (Hawley et al., 1994).

Enquanto as taxas de pico da oxidação de carboidrato estão bem estabelecidas, um grupo de pesquisa liderado por Asker Jeukendrup estudou o impacto da mistura de várias formas de carboidrato na tentativa de aumentar as taxas de pico da oxidação de carboidrato (Jentjens, Achten e Jeukendrup, 2004; Jentjens e Jeukendrup, 2005; Jentjens et al., 2005; Jentjens, Venables e Jeukendrup, 2004; Jentjens et al., 2004; Jeukendrup, 2004; Jeukendrup e Jentjens, 2000). Diferentes tipos de carboidratos apresentam diferentes mecanismos de transporte; desse modo, o fornecimento de mais de um tipo de carboidrato pode aumentar a quantidade de carboidrato na corrente sanguínea, e assim fornecer mais carboidrato para a oxidação como fonte de combustível. Por exemplo, um aumento de 21% na oxidação de carboidrato (1,2 g de carboidrato por minuto) foi observado durante o exercício de intensidade moderada após ingestão de uma mistura de glicose e sacarose (Jentjens et al., 2005). Similarmente, uma combinação de maltodextrina e frutose resultou numa taxa de pico da oxidação de carboidrato de 1,5 g/minuto, o que foi aproximadamente 40% maior que com a ingestão de maltodextrina apenas durante o ciclismo prolongado a 60% a 65% do $\dot{V}O_2$máx (Wallis et al., 2005).

De fato, os resultados desse grupo de pesquisa têm regularmente apresentado melhora das taxas de oxidação de carboidrato, de 1,2 para 1,75 g/minuto com o uso de uma mistura de carboidratos (Jentjens, Achten e Jeukendrup, 2004; Jentjens e Jeukendrup, 2005; Jentjens et al., 2005; Jentjens, Venables e Jeukendrup, 2004; Jentjens et al., 2004). Mais recentemente, esse mesmo grupo relatou um aumento de 8% no desempenho em prova contrarrelógio após uma corrida de 120 minutos, a 55% de potência máxima, com ingestão de uma combinação de glicose e frutose durante o exercício (Currell e Jeukendrup, 2008). Durante o exercício, atletas de resistência aeróbia podem se beneficiar do consumo de uma mistura de tipos de carboidratos, especialmente se eles começarem o exercício sem ter consumido uma refeição rica em carboidrato nas últimas horas e, portanto, estão trabalhando pesado a fim de compensar a falta de carboidrato disponível para abastecer os músculos que estão trabalhando.

Frequência e momento de ingestão de carboidrato – outros esforços de pesquisa têm focado na alteração da frequência da alimentação ou no momento da alimentação numa sessão de exercício para determinar se ocorrem adaptações metabólicas favoráveis ou um aumento no desempenho durante o exercício (Fielding et al., 1985; McConell et al., 1999). Fielding et al. (1985) relataram que uma ingestão mais frequente de carboidrato (10,75 g a cada 30 minutos) em comparação a uma alimentação abundante (21 g a cada hora), numa corrida de ciclismo de 4 horas, manteve melhores os níveis de glicose do sangue, mas essa diferença não influenciou quanto glicogênio muscular foi utilizado durante o exercício do experimento. O desempenho em uma prova contrarrelógio exaustiva no final de 4 horas de uma série de exercício melhorou significativamente com a ingestão de carboidrato mais frequente. Uma sessão de exercício de 4 horas é substancialmente mais longa que a maioria dos treinamentos ou das sessões de exercício competitivos, com a exceção de meio Ironman, triátlons de Ironman, ultrarresistência ou corridas de maratonas. A capacidade da administração do carboidrato para continuar fornecendo a glicose adequada no sangue por esse período prolongado, a fim de facilitar melhorias no desempenho, é um resultado significante, que favorece a melhora do fornecimento de carboidrato durante o exercício. Em qualquer caso, parece que a frequência ou quantidade de carboidrato na alimentação não influencia as alterações de glicogênio (Fielding et al., 1985), mas pode afetar o desempenho após uma longa série de exercício.

Em um estudo realizado por McConell et al. (1999) a respeito do impacto da suplementação de carboidrato durante o exercício, homens treinados em resistência aeróbia participaram de duas provas contrarrelógio, nas quais eles pedalaram até a exaustão voluntária. Os ciclistas consumiram 250 ml de uma solução de 8% de carboidratos ou placebo artificialmente aromatizado e adoçado, imediatamente antes e a cada 15 minutos durante o exercício. Os ciclistas que receberam carboidrato durante todo o experimento aumentaram o tempo para fadiga em 30% (47 minutos) comparados ao grupo placebo.

Febbraio et al. (2000a) também relataram o benefício de se consumir carboidrato durante o exercício. Nesse estudo, ciclistas completaram uma série de 120 minutos de ciclismo, a 63% de sua potência máxima sob quatro condições:

1. placebo sem carboidrato, 30 minutos antes e durante o exercício;

2. placebo sem calorias, 30 minutos antes, + 2 g de carboidrato por quilograma de massa corporal, numa solução de 6,4% durante o exercício;
3. 2 g de carboidrato por quilograma de massa corporal numa solução de 25,7%, antes do exercício, + placebo sem calorias durante o exercício;
4. 2 g de carboidrato por quilograma de massa corporal, numa solução de 25,7%, antes do exercício + 2 g de carboidrato por quilograma de massa corporal numa solução de 6,4% durante o exercício.

Alterações na oxidação da glicose no sangue durante a sessão de exercício e o desempenho na prova contrarrelógio foram melhores somente quando o carboidrato foi fornecido durante o exercício. Os autores concluíram que a ingestão de carboidrato antes do exercício melhora o desempenho somente quando a ingestão do carboidrato continua durante a sessão de exercício, e que a ingestão de carboidrato durante 120 minutos de ciclismo, com ou sem uma alimentação com carboidrato antes do exercício, pode melhorar o desempenho em subsequente prova contrarrelógio (Febbraio et al., 2000a). Veja a Figura 9.2.

Influência dos níveis de glicogênio basal – tanto o estudo de Febbraio et al. (2000a) quanto o de McConell et al. (1999) ilustram claramente a importância de se fornecer carboidrato durante o exercício para sustentar a glicose no sangue e a oxidação de carboidrato. O impacto do nível de glicogênio antes de iniciar a sessão de exercício continua a ser um fator indeterminado. Widrick et al. (1993) contaram com ciclistas que completaram provas contrarrelógio de 70 km, em seu ritmo, sob quatro diferentes condições: (1) alto glicogênio intramuscular + bebida com carboidrato; (2) alto glicogênio intramuscular + bebida sem calorias; (3) baixo glicogênio intramuscular + bebida com carboidrato; (4) baixo glicogênio intramuscular + bebida sem calorias (Widrick et al., 1993). A bebida com carboidrato foi ingerida no começo do exercício e a cada 10 km depois, fornecendo 116 ± 6 g de carboidrato por experimento de exercício.

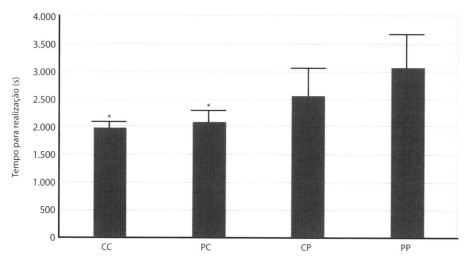

FIGURA 9.2 Impacto do fornecimento de carboidrato antes e durante o exercício. O estudo mostrou que o fornecimento de carboidrato durante exercício foi de maior importância; o fornecimento de carboidrato antes do exercício afetou o desempenho somente quando o carboidrato foi oferecido durante a série de exercício. CC = carboidrato antes e durante o exercício; PC = placebo antes e carboidrato durante o exercício; CP = carboidrato antes e placebo durante o exercício; PP = placebo antes e durante o exercício.

* = Ambos, CC (carboidrato constante; 2 g/kg de peso corporal de CHO numa bebida de CHO a 25,7%, 30 minutos antes do exercício e 2 g/kg de CHO numa solução de CHO a 6,4% durante a prova contrarrelógio) e CP (carboidrato antes da prova contrarrelógio seguido por placebo durante a prova; 2 g/kg de peso corporal de CHO numa bebida de CHO a 25,7%, 30 minutos antes do exercício e placebo durante a prova contrarrelógio) foram diferentes de PC ou PP (placebo consumido antes e durante a prova contrarrelógio).

Dados de Febbraio et al., 2000a.

A administração adequada de carboidrato manteve a glicose no sangue, enquanto a glicose no sangue diminuiu significativamente em condições sem calorias. Durante o final de 14% da prova contrarrelógio (9,8 km), o resultado de potência e o ritmo foram significativamente menores na condição de baixo glicogênio + sem calorias comparados às outras três condições (Figura 9.3). Assim, parece que os níveis de glicogênio basal são importantes considerações antes do exercício prolongado, pois a oferta de carboidrato durante o exercício não melhorou o desempenho quando o glicogênio muscular foi alto, porém melhorou significativamente quando o glicogênio muscular foi baixo antes do início da sessão de exercício.

Como visto durante essa discussão, o carboidrato influencia claramente o desempenho. A maioria desses estudos utilizou séries de exercício prolongadas (120 a 150 minutos), a intensidades moderadas (65% a 70% $\dot{V}O_2$máx). Os resultados de um estudo sugerem que o fornecimento de carboidrato durante um teste de corrida intermitente de alta intensidade de jogadores de campo treinados pode aumentar o desempenho.

Indivíduos receberam uma solução de carboidrato a 6,9% ou um placebo sem calorias antes do exercício, numa dose de 5 ml/kg de massa corporal, bem como 2 ml/kg de massa corporal, a cada 15 minutos durante o exercício. Os atletas que receberam carboidrato foram capazes de se exercitar significativamente mais tempo que o grupo placebo (Nicholas et al., 1995). Outro estudo mostrou que uma preparação com carboidrato em gel ajudou jogadores de futebol a manter a glicose no sangue e melhorou o desempenho durante uma corrida intermitente de alta intensidade ao serem comparados a um grupo placebo (Patterson e Gray, 2007).

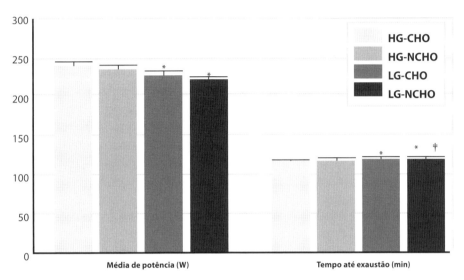

FIGURA 9.3 Impacto do nível de glicogênio antes do exercício e da disponibilidade de carboidrato no resultado de potência e tempo até exaustão. O fornecimento de carboidrato durante o exercício não melhorou o desempenho quando o glicogênio muscular foi alto, mas melhorou significativamente o desempenho quando o glicogênio muscular foi menor antes do início da sessão de exercício, indicando a importância do início do exercício ou da competição com altos níveis de glicogênio.

* = Ambos, LG-CHO (baixos níveis de glicogênio muscular antes do exercício com uma bebida com carboidrato consumida antes e durante o exercício) e LG-NCHO (baixos níveis de glicogênio muscular antes do exercício e uma bebida sem carboidrato consumida antes e durante o exercício) tiveram menor média de produção de potência e maior tempo até exaustão quando comparado ao HG-CHO (altos níveis de glicogênio muscular antes do exercício e uma bebida com carboidratos consumida antes e durante o exercício).

† = LG-NCHO tempo até exaustão foi significativamente maior que HG-NCHO.

Dados de Widrick et al., 1993.

Em resumo, muitas pesquisas apoiam a noção de que a ingestão de carboidrato durante o exercício pode sustentar os níveis de glicose no sangue, poupar glicogênio (Yaspelkis et al., 1993) e promover níveis maiores de desempenho (Febbraio et al., 2000a; Nicholas et al., 1995). Diversas revisões lidam com esse tópico em mais detalhes (Dennis, Noakes e Hawley, 1997; Jeukendrup, 2004; Jeukendrup e Jentjens, 2000).

Fornecendo carboidrato e proteína durante o exercício de resistência aeróbia

Nos últimos anos, estudos têm examinado a adição de proteínas aos carboidratos durante exercício de resistência aeróbia. Embora muitas dessas pesquisas ainda estejam no início, resultados preliminares sugerem que a adição de proteínas ou aminoácidos pode facilitar a melhora do desempenho e ajudar a promover a recuperação ou prevenir a quantidade de dano que ocorre ao tecido muscular exercitado. Em um estudo, participantes completaram 3 horas de ciclismo a 45% a 75% do $\dot{V}O_2$máx, seguido por um experimento de tempo até exaustão a 85% do $\dot{V}O_2$máx. Durante cada sessão, os participantes consumiram um placebo, uma solução de 7,75% de carboidrato ou uma solução de 7,75% de carboidrato + 1,94% de proteína. Enquanto o grupo carboidrato aumentou o tempo até exaustão em comparação ao grupo placebo, a adição de proteína resultou num desempenho ainda maior (Ivy et al., 2003).

Saunders, Kane e Todd (2004) examinaram o impacto da ingestão de uma combinação de carboidrato + proteína no desempenho e nas alterações no dano muscular. Os indivíduos completaram uma sessão de exaustiva exercício a 75% do $\dot{V}O_2$máx antes do repouso, por 12 a 15 horas e, em seguida, completaram uma segunda sessão de exercício exaustiva a 85% do $\dot{V}O_2$máx. Durante ambas as sessões de exercício, os ciclistas ingeriram uma quantidade consistente de uma solução de 7,3% de carboidrato ou uma solução de 7,3% de carboidrato + 1,8% de proteína, a cada 15 minutos. Imediatamente após o exercício, eles ingeriram quantidades idênticas numa dose de 10 ml/kg de massa corporal. Cada grupo ingeriu quantidades idênticas de carboidrato, mas o consumo de energia foi um pouco diferente (em razão das calorias extras fornecidas pela proteína adicionada). Com a combinação de carboidrato e proteína, o desempenho (tempo levado para alcançar a exaustão) após a primeira sessão de exercício aumentou em 29% e após a segunda sessão em 40% (Figura 9.4). Os marcadores de dano muscular também foram 83% mais baixos, sugerindo que a combinação de carboidrato + proteína ou a ingestão maior de calorias totais ajudou a atenuar o dano muscular associado com o exercício prolongado e exaustivo (Saunders, Kane e Todd, 2004).

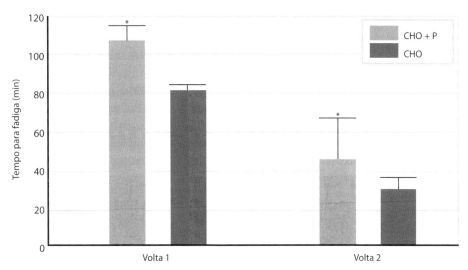

FIGURA 9.4 Tempo para fadiga durante duas corridas até exaustão com consumo de somente carboidrato ou carboidrato + proteína. A volta 1 foi a 75% do $\dot{V}O_2$máx. A volta 2 foi a 85% do $\dot{V}O_2$máx, aproximadamente 12 a 15 horas mais tarde. A suplementação com carboidrato e proteína a cada 15 minutos durante o exercício resultou no desempenho significativamente maior durante duas corridas até exaustão a 75% a 85% do $\dot{V}O_2$máx. Esse foi um dos primeiros estudos a mostrar que a adição de proteína a uma bebida com carboidrato pode melhorar o desempenho. No entanto, o total de calorias não foi controlado, de modo que não foi claro se o aumento total de calorias ou a adição da *whey protein* fez a diferença.

* = Tempo até exaustão foi significativamente maior para o grupo CHO + P (carboidrato e proteína) quando diretamente comparado ao grupo CHO (somente carboidrato).

Dados de Saunders, Kane e Todd, 2004.

O mesmo grupo relatou aumento similar do desempenho num estudo em 2007, no qual indivíduos ingeriram a combinação de carboidrato + proteína numa composição em gel em vez de solução líquida (Saunders, Luden e Herrick, 2007). Finalmente, um estudo em 2004 recrutou atletas de ultrarresistência para comparar o impacto do consumo somente de carboidrato ou uma combinação de carboidrato + proteína para alterações no volume de proteína e recuperação após 6 horas de exercício de resistência aeróbia (Koopman et al., 2004). Com carboidrato apenas, o **balanço proteico** tornou-se negativo, sugerindo que a **quebra de proteínas** (provavelmente muscular) está ocorrendo em uma taxa maior que a **síntese de proteínas**. Quando a proteína foi adicionada ao carboidrato, a quebra total de proteína foi diminuída, apesar de o balanço proteico ter permanecido negativo. Os autores concluíram que a combinação da ingestão de proteína e carboidrato melhora o balanço de proteína líquida, tanto no repouso quanto durante o exercício e na recuperação pós-exercício (Koopman et al.; 2004).

- Balanço proteico – geralmente definido como o balanço entre a síntese de proteínas e a quebra de proteínas. Se as taxas de síntese de proteínas são maiores que aquelas de quebra de proteínas, o balanço proteico é positivo.
- Quebra de proteínas – geralmente definida como a quebra de proteína celular. O processo completo ocorre por meio de um número de mecanismos e, finalmente, resulta no aumento da liberação de quantidades de aminoácidos na corrente sanguínea.
- Síntese de proteínas – geralmente definida como a construção de proteínas celulares. No exercício e na literatura da Nutrição, a síntese de proteínas frequentemente se refere à síntese de proteína muscular.

Em resumo, os resultados de diversos estudos (Ivy et al., 2003; Koopman et al., 2004; Saunders, Kane e Todd, 2004) fornecem evidências de que, combinando carboidrato com proteína na proporção 4:1, antes ou depois das sessões de exercício prolongadas, pode-se possibilitar um desempenho maior, enquanto outros estudos (Koopman et al., 2004; Saunders, Kane e Todd, 2004) mostram que essa combinação também reduz o dano muscular.

Ingestão de nutrientes e recuperação

Entre os estudos dos vários aspectos do *nutrient timing*, as investigações acerca do pós-exercício constituem a maioria na literatura científica. Os resultados coletados desses estudos têm fornecido e continuado a fornecer um critério de como estratégias nutricionais podem otimizar os aspectos específicos do processo de recuperação. Ao longo deste capítulo e de outros, a importância da manutenção máxima dos níveis de glicogênio é evidente. Além disso, há muito interesse de pesquisas para se determinar a extensão para a qual o fornecimento de nutrientes no período após o exercício afetará o balanço proteico muscular. Finalmente, diversos estudos têm utilizado programas de treinamento de força prolongados, com várias estratégias de *nutrient timing* para determinar as alterações nas adaptações de treinamento de força, como a melhoria da força e da potência e os parâmetros da composição corporal.

Carboidrato e ressíntese de glicogênio

A recuperação e a manutenção dos níveis ótimos de glicogênio muscular são uma consideração-chave para quase qualquer tipo de atleta. Um resultado extremamente consistente na literatura é que atletas que ingerem 1,5 g de carboidrato por quilograma de peso corporal, no período de 30 minutos após o exercício, experimentaram maior ressíntese de glicogênio muscular do que quando o consumo de carboidrato pós--exercício é atrasado em 2 horas (Ivy, 1998). Enquanto muitos estudos continuam a explorar os mecanismos associados com esses aumentos, pesquisas têm revelado que o exercício leva a um aumento na sensibilidade ao hormônio insulina, o qual aumenta acentuadamente após a ingestão de carboidrato (Ivy, 1998). Muitos estudos têm concordado que as formas sólidas ou líquidas de carboidratos produzem um resultado similar (Keizer, Kuipers e Van Kranenburg, 1987; Reed et al., 1989; Tarnopolsky et al., 2005). A ingestão de altos níveis de frutose não é aconselhada em virtude dessa forma de carboidrato estar associada com níveis menores de ressíntese de glicogênio que outras formas de carboidrato simples (Conlee, Lawler e Ross, 1987). Uma importante consideração, destacada na Figura 9.5, é que atrasar a ingestão de carboidrato por um período curto de 2 horas pode reduzir a ressíntese de glicogênio muscular em 50% (Ivy, 1998).

Se a depleção de glicogênio ocorrer – o que tipicamente resulta de exercício de duração prolongada (> 90 minutos), de moderada intensidade (65% a 85% do $\dot{V}O_2$máx), mas também pode resultar de durações menores de alta intensidade ou de situações nas quais o atleta começa a atividade física com menores níveis de glicogênio muscular máximo –, um regime agressivo de administração de carboidrato é necessário. Uma ingestão de carboidrato de 0,6 a 1,0 g/kg de peso corporal por hora, durante os primeiros 30 minutos, e novamente a cada 2 horas pelas próximas 4 a 6 horas, pode adequadamente repor os estoques de glicogênio (Jentjens e Jeukendrup, 2003; Jentjens et al., 2001). Um atleta pesando 75 kg, por exemplo, deveria ingerir 45 a 75 g de carboidrato dentro de 30 minutos para completar o exercício, e uma dose idêntica a cada 2 horas após o exercício pelas próximas 4 a 6 horas.

Estratégias adicionais têm sido investigadas, e uma abordagem ligeiramente mais dinâmica mostrou que taxas de ressíntese de glicogênio máxima podem ser alcançadas se 1,2 g de carboidrato por quilograma de peso corporal por hora for consumido, a cada 30 minutos, em um período de 3,5 horas (Jentjens e Jeukendrup, 2003; Van Loon et al., 2000). Consequentemente, a recomendação é que atletas têm frequentemente se alimentado com carboidratos em grande quantidade ao longo de 4 a 6 horas após o exercício para garantir a recuperação do glicogênio muscular e hepático (Jeukendrup, Jentjens e Moseley, 2005; Tarnopolsky et al., 2005).

Uma consideração importante relacionada a esses estudos, porém, é a praticidade associada com a necessidade imediata do atleta de se recuperar. Por exemplo, se um atleta está participando de uma atividade esportiva que exige um desempenho subsequente no período entre 2 e

4 horas (por exemplo, praticantes de atletismo e natação que participam em eventos múltiplos, que frequentemente têm etapas preliminares, semifinais e finais), então, os resultados desses estudos são de máxima importância. Se, no entanto, o atleta não necessita se recuperar em menos de 4 horas, outros estudos elucidam que fazer refeições e lanches ricos em carboidratos em intervalos regulares pode também resultar em níveis máximos de glicogênio muscular. Pesquisas têm mostrado que os níveis de glicogênio máximo são restaurados em 24 horas se níveis ótimos de carboidratos da dieta estiverem disponíveis (normalmente, cerca de 8 g de carboidrato por quilograma de peso corporal por dia) e o grau de depleção de glicogênio não for tão severo (Keizer, Kuipers e Van Kranenburg, 1987). Outro estudo sugeriu uma ingestão de carboidrato de 9 a 10 g/kg de peso corporal por dia para os atletas completarem sessões de exercícios intensos em dias consecutivos (Nicholas, Green e Hawkins, 1997). Além disso, é possível que o fornecimento de energia sob a forma de carboidrato possa ajudar a alterar cascatas inflamatórias ou proteolíticas (quebra da proteína) ou outros eventos desagradáveis que basicamente atrasarão a recuperação ótima num atleta em exercício.

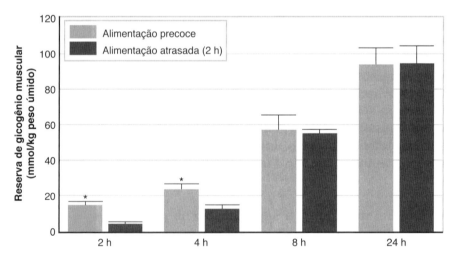

FIGURA 9.5 Valores de glicogênio pós-exercício depois da alimentação precoce de carboidrato ou alimentação atrasada em 2 horas. Durante a recuperação de curto prazo (<4 horas), a alimentação precoce teve um impacto significante na recuperação do glicogênio muscular. Se a recuperação é adiada por diversas horas, a ingestão imediata não fornece nenhum impacto a mais na recuperação de glicogênio se a ingestão total de carboidrato atinge as diretrizes recomendadas. Isso demonstra que alimentação precoce repõe o glicogênio mais rápido; no entanto, isso não é tão importante se o atleta não necessita atuar novamente dentro de 4 a 6 horas.

* = Alimentação precoce resultou significativamente em níveis de glicogênio muscular maiores que alimentação postergada.

Dados de Ivy, 1998.

Carboidrato com proteína e ressíntese de glicogênio

A adição de proteína ao carboidrato se desenvolveu em uma área dinâmica de pesquisa; estudos sugerem que essa combinação pode ajudar a promover ainda mais a recuperação do glicogênio muscular, bem como atenuar o dano muscular. Ivy et al. (2002) instruíram ciclistas a completar uma sessão de 2,5 horas de ciclismo intenso antes de ingerir (1) um suplemento com baixo teor de carboidrato + proteína + gordura (80 g de carboidratos + 28 g de proteínas + 6 g de gorduras); (2) um suplemento com baixo teor de carboidratos + gorduras (80 g de carboidratos + 6 g de gorduras), (3) um suplemento com alto teor de carboidrato + gordura (108 g de carboidratos + 6 g de gorduras) imediatamente após o exercício e 2 horas depois. O objetivo foi determinar se a combinação de carboidrato + proteína + gordura promoveria maiores restaurações de glicogênio muscular. Os níveis de glicogênio foram semelhantes entre as duas condições carboidrato + gordura (alto e baixo teores de carboidratos), mas níveis de glicogênio muscular foram significativamente maiores no tratamento carboidrato + proteína + gordura. Os autores concluíram que um suplemento com carboidrato + proteína + gordura pode ser mais efetivo em razão de uma maior resposta insulínica (Ivy et al., 2002; Jentjens et al., 2001; Zawadzki, Yaspelkis e Ivy, 1992), mas essa diretriz já tem sido universalmente aceita.

Estudos separados por Berardi et al. (Berardi, Noreen e Lemon, 2008; Berardi et al., 2006) e por Tarnopolsky et al. (1997) contaram com ciclistas que completaram sessões de exercícios de 60 a 90 minutos, respectivamente, em ocasiões separadas antes da ingestão de carboidrato + proteína ou somente carboidrato. Ambas as equipes de pesquisas concluíram que a ingestão de carboidratos aumentou o glicogênio muscular comparado ao placebo (Berardi et al., 2006; Tarnopolsky et al., 1997). Berardi et al. (2006), porém, relataram níveis maiores de glicogênio (Berardi et al., 2006), além de maior desempenho e rendimento no treinamento (Berardi, Noreen e Lemon, 2008) quando a combinação de carboidrato + proteína foi consumida após o exercício. Além disso, o aumento da disponibilidade dos aminoácidos, possivelmente os aminoácidos de cadeia ramificada em particular, pode influenciar o processo de recuperação pela otimização da síntese de proteínas e da síntese de glicogênio após o exercício (Borsheim et al., 2002; Ivy, 1998. Ivy et al., 2002; Tarnopolsky et al., 1997; Tipton et al., 1999a; Zawadzki, Yaspelkis e Ivy, 1992). Uma consideração importante para um atleta ou um técnico em relação à promoção dos níveis ótimos de glicose deveria ser o tempo disponível antes de uma subsequente sessão de treinamento ou competição.

Em resumo, há evidências claras de que a ingestão de carboidrato como uma única refeição (1,5 g de carboidrato por quilograma de peso corporal dentro de 30 minutos após o exercício) ou como alimentação frequente (0,6 a 1,2 g de carboidrato por quilograma de peso corporal por hora, a cada 30 a 60 minutos por até 3 a 6 horas) pode resultar numa restauração rápida dos níveis de glicogênio muscular. Além disso, a adição de proteína ao carboidrato tem demonstrado resultar em maior ressíntese de glicogênio (e maior síntese proteica), mas, em geral, a quantidade absoluta de carbono ingerida é o principal fator que facilita a recuperação do glicogênio muscular.

Nutrient timing, treinamento de força e desempenho de força e potência

Esforços adicionais de pesquisa agora são destinados à investigação de como fornecer nutrientes (carboidrato e proteína) durante o exercício de força pode alterar o balanço proteico muscular, as mudanças de hormônios anabólicos no sangue, recuperação do dano muscular e a modulação da força e do desempenho (Baty et al., 2007; Bird, Tarpenning e Marino, 2006a, 2006b, 2006c; Haff et al., 2000). Essa área de pesquisa é aquela que mudará significativamente; esforços adicionais são rapidamente somados ao atual conhecimento do corpo. Estratégias do *nutrient timing* podem melhorar as adaptações do treinamento de força para qualquer atleta que queira ganhar força, potência ou tamanho. Atletas masculinos e femininos de todas as idades podem beneficiar-se das estratégias traçadas neste capítulo.

Ingestão de nutriente antes e após o treinamento de força

Por muitos anos, a administração do nutriente antes do exercício focou no fornecimento de fontes de carboidratos em vários pontos antes do início da sessão de exercício. Curiosamente, grande parte dessa pesquisa inicial centralizou-se no exercício de resistência aeróbia, especificamente o ciclismo. Nos últimos anos, pesquisadores começaram a explorar o potencial de ingestão de proteína ou aminoácidos, ou ambos (às vezes, na combinação com carboidrato), antes do exercício para melhorar as adaptações de treinamento do exercício de força ou para modular o processo de recuperação do dano conhecido para ocorrer com contrações excêntricas, ou ambos.

Quando o carboidrato (35 g de sacarose) e aminoácidos essenciais (6 g) foram fornecidos na combinação imediatamente antes ou após a sessão de treinamento de força, a ingestão imediatamente antecipada aumentou nos níveis de síntese de proteína muscular em um grau maior (Tipton et al., 2001). Os mesmos autores compararam as alterações no metabolismo da proteína muscular após a ingestão de 20 g de *whey protein* imediatamente antes ou imediatamente após, uma única série de exercício de força; eles descobriram que, independentemente do tempo, a ingestão da proteína do soro do leite aumentou significativamente a taxa de síntese de proteína muscular (Tipton et al., 2007). Coletivamente, resultados desses dois estudos sugerem que a ingestão de *whey protein*, antes ou depois do exercício, pode estimular significativamente maiores níveis de síntese de proteína muscular. No entanto, quando aminoácidos essenciais são combinados com uma fonte de carboidrato, a ingestão antes do exercício pode extrair resultados superiores à ingestão depois do exercício.

Para atletas de treinamento de força, o aumento da força ou da potência e da massa magra são muitas vezes o principal resultado desejado. Um estudo de Kraemer et al. (2007) sugeriu que a ingestão de um composto multinutriente antes do exercício pode modular o desempenho durante os movimentos de potência explosiva. No formato duplo-cego, indivíduos ingeriram um suplemento polivitamínico/polimineral de 25 kcal, contendo 3 g de creatina e outros bioativos (por exemplo, 70 mg de cafeína, 2 g de arginina), ou um placebo de maltodextrina isoenergética durante sete dias antes do relatório, por dois dias consecutivos de treinamento de força (Kraemer et al., 2007). Em ambos os dias de exercício, eles ingeriram o suplemento 30 minutos antes da série de exercício. Quando comparado ao placebo, o suplemento multinutriente melhorou significativamente a potência para salto vertical e o número de repetições realizadas a 80% 1 RM (1 repetição máxima), e ao mesmo tempo aumentou os níveis séricos de hormônios intimamente ligados à hipertrofia muscular e à melhoria das adaptações de treinamento (isto é, hormônio do crescimento e testosterona livre e total) (Kraemer et al., 2007). Diante dos resultados desse estudo, é plausível que essa combinação de suplemento, se consumida de uma maneira similar diariamente, durante uma temporada de treinamento, ajudará atletas a aumentarem a carga e potencialmente o volume do treino, ajudando a alcançar melhores adaptações para o treino. E melhores adaptações de treinamento deveriam levar a melhores desempenhos durante a competição que exige movimentos de força ou potência.

Apesar de estudos relevantes fornecerem informação detalhada sobre respostas imediatas, o efeito aditivo do fornecimento de um nutriente e de várias semanas consecutivas de um programa de treinamento de força é a melhor prática de interesse. Diversos estudos têm utilizado programas de treinamento de força intensos ao longo de 8 a 12 semanas em conjunção ao *nutrient timing* para determinar as alterações na força e na composição corporal. Estudos de maior duração são mais aplicáveis a ciclos de treinamento da vida real, em que os atletas se envolvem no treinamento pré-temporada e depois suavizam suas cargas de treinamento durante a temporada em favor da capacidade do trabalho e simulação de situações de tempo de jogo. Por exemplo, Coburn et al. (2006) relataram que suplementação de 26 g de *whey protein* e 6 g de leucina antes do exercício resultou em maior aumento na força máxima, em um período de seis semanas, que 26 g de apenas carboidratos (Coburn et al., 2006). A suplementação de proteína e carboidrato antes do exercício aumentou significativamente a força (30,3% e 22,4%, respectivamente) quando comparado com suplementação de somente carboidrato (3,6%) (Coburn et al., 2006).

Outras pesquisas examinaram os efeitos somente da proteína ou do carboidrato + proteína oferecidos antes e depois de 8 e 10 semanas de treinamento de força, respectivamente. Um desses estudos comparou doses iguais de *whey protein* e proteína de soja oferecidos antes e depois de cada sessão de treinamento de força realizado ao longo de oito semanas. Ambas as formas de suplementação aumentaram a força e a massa magra quando comparadas ao placebo, mas nenhuma diferença foi encontrada entre as duas fontes de proteínas (Candow et al., 2006). Da mesma forma, Willoughby, Stout e Wilborn (2007) contaram com indivíduos em treinamento de força, 4 dias por semana, por 10 semanas e ingeriram 20 g de proteínas ou 20 g de carboidratos antes e depois de cada série de exercício com um total de 40 g. Impressionantemente, a suplementação de proteínas aumentou a massa corporal, massa livre de gordura (MLG), força e diversos marcadores de hipertrofia muscular. Associados, esses estudos indicam que o fornecimento de algumas combinações de proteína e carboidrato antes e depois do exercício de força está associado com mais melhoras na força, na massa magra, na porcentagem de gordura corporal, níveis séricos de hormônios anabólicos importantes (construção muscular) e marcadores intramusculares da hipertrofia muscular.

Ao suplementar de modo consistente, juntamente com o desempenho de um programa de treinamento efetivo, os atletas devem obter maior ganho durante o treino pré-temporada. O ganho de força pode beneficiar atletas de várias maneiras em diferentes esportes. Por exemplo, um jogador de basquete do ensino médio, que melhora a força em todos os grupos musculares das pernas e das nádegas será capaz de manter sua posição defensiva melhor quando marca o seu adversário. Do mesmo modo, o ganho de força pode ajudar um ginasta a integrar movimentos mais difíceis em sua rotina na barra paralela. Além do ganho de força, manter uma taxa específica de aceitação de gordura corporal é importante para certos atletas, especialmente aqueles nos esportes estéticos, como patinação artística, ginástica, nado sincronizado e líderes de torcida. Finalmente, enquanto alguns esportes exigem um pequeno e compacto tamanho corporal; outros esportes, ou mais especificamente posições nesses esportes, podem exigir que um atleta tenha um tamanho para que ele se destaque na competição por sua posição. Por exemplo, atacantes (*linemen*) ofensivos de futebol americano são tipicamente maiores para que eles possam proteger o lançador (*quarterback*) dos laterais defensivos (*pass rusher*) e proteger o corredor (*running back*) da defesa. Atacantes defensivos são tipicamente mais leves e mais ágeis, porque eles precisam se movimentar rapidamente para onde eles antecipem a bola e manobrem bloqueios ofensivos para enfrentar ou cobrir um jogador ofensivo.

Os esportes variam bastante em termos de biotipo ideal; e até mesmo em um determinado esporte, os biotipos de corpo variam. Portanto, ao se considerar suplementos, é sensato observar os objetivos do programa de treinamento e primeiro determinar quais as necessidades do atleta – força, velocidade, tamanho, resistência aeróbia, agilidade, melhor habilidade em geral ou uma combinação desses – e então decidir se suplementos podem acelerar os objetivos de treinamento.

Cribb e Hayes (2006) investigaram o impacto das estratégias do *nutrient timing* ao longo de várias semanas de suplementação e treinamento de força. A Figura 9.6 mostra alguns dos resultados. Os participantes ingeriram quantidades iguais de um suplemento contendo proteína, creatina e carboidrato imediatamente antes ou imediatamente após cada atividade física ou na manhã e na noite de cada dia de atividade física. Um maior aumento significativo na massa corporal magra, força 1 RM e área da seção transversal da fibra muscular tipo II, bem como níveis altos de creatina e glicogênio muscular foram vistos quando os suplementos foram consumidos imediatamente antes e depois das atividades físicas (Cribb e Hayes, 2006). Todas essas adaptações podem permitir a um atleta treinar mais pesado ao longo do tempo, contribuindo, assim, para melhorar o desempenho. No entanto, os benefícios ganhos dependem do atleta – atletas com restrição de peso ou em esportes estéticos podem necessitar de cuidados ao considerar se os ganhos de força valem a pena para aumentar o peso corporal.

Num estudo de Hoffman et al. (2009), participantes ingeriram 42 g de fontes de proteínas antes e depois da atividade física ao longo de várias semanas. Os autores relataram não haver nenhuma diferença na força, na potência ou na composição corporal baseadas nas estratégias de tempo – um efeito ligado à alta ingestão de proteína de seus participantes e à falta de qualquer fonte de carboidrato como parte do regime de suplementação.

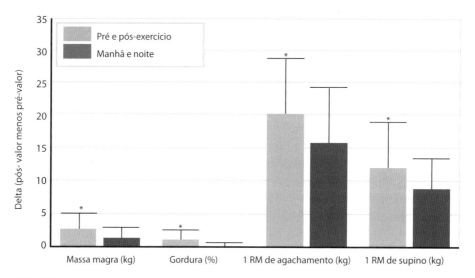

FIGURA 9.6 Impacto do *nutrient timing* nas adaptações do treinamento de força. A ingestão de nutrientes (proteína, creatina e glicose) ocorreu na manhã e na noite nos dias de atividade física ou imediatamente antes e depois do exercício. A ingestão antes e depois foi responsável por melhoramentos significantes na massa magra, na porcentagem de gordura corporal, em 1 RM de agachamento e 1 RM de supino. Esse foi o primeiro estudo de treinamento de força para focar unicamente no *nutrient timing* e mostrar maiores adaptações da composição corporal, além de melhorias do desempenho.

* = Diferente de manhã e à noite.

Dados de Cribb e Hayes, 2006.

A ingestão de aminoácidos ou uma fonte de proteína completa (por exemplo, soro do leite), sozinha ou em combinação com carboidrato, no período de 30 minutos antes de uma sessão de exercício de treinamento de força aumentará significativamente a síntese de proteína muscular (Tipton et al., 2001, 2004, 2007). Estudos têm sugerido que, quando aminoácidos livres são ingeridos imediatamente antes do exercício de força, o aumento das concentrações de aminoácidos e a síntese de proteína muscular são maiores que quando eles são ingeridos imediatamente após o exercício (Tipton et al., 2001). No entanto, uma fonte de proteína completa, como a *whey protein*, aumenta a síntese de proteína em um grau semelhante ao da ingestão 1 hora antes ou 1 hora depois de uma sessão simples de exercício de força (Bucci e Lm, 2000; Tipton et al., 2007). A adição de carboidrato (por exemplo, 35 g de sacarose) aos aminoácidos essenciais (por exemplo, 6 g) imediatamente antes de uma sessão de exercício de força pode levar a um aumento ainda maior no ambiente anabólico, resultando significativamente em níveis mais elevados de síntese de proteína muscular que na ingestão imediata depois do exercício dos mesmos nutrientes (Tipton et al., 2001).

Dados, porém, sugerem que a proteína de soja não pode ser tão adequada como uma fonte de proteína para a hipertrofia muscular como a proteína do leite (por exemplo, soro do leite e caseína) (Wilkinson et al., 2007). No entanto, a ingestão de proteína de soja mostrou promover aumento na massa magra e na força, se essa for a única fonte de proteína consumida (Candow et al., 2006). As alterações após apenas uma sessão de exercícios são importantes; mas estudos prolongados envolvendo várias semanas (8 a 12 semanas) de suplementação e treinamento de força revelaram que qualquer forma de nutriente forneceu, antes e depois do exercício, melhoras significantes na massa corporal, na massa magra, na porcentagem de gordura corporal, na área da seção transversal, na força e no conteúdo miofibrilar (Candow et al., 2006; Coburn et al., 2006; Cribb e Hayes, 2006; Kraemer et al., 2007; Willoughby, Stout e Wilborn, 2007).

A ingestão de nutrientes durante o treinamento de força

Até o momento, um número limitado de estudos examinou a ingestão de nutrientes durante o exercício de força ou em eventos de força e potência. Tal como acontece com estudos de exercício de resistência aeróbia, os dados sugerem que fornecer carboidrato ou uma combinação de carboidrato e proteína pode ajudar a sustentar o glicogênio muscular (Haff et al., 2000), prevenindo o aumento do cortisol sérico e de marcadores urinários de quebra do músculo (Bird, Tarpenning e Marino, 2006a, 2006c) e promovendo a hipertrofia muscular (Bird, Tarpenning e Marino, 2006b).

Haff et al. (2000) contaram com homens treinados em força que ingeriram um placebo sem calorias ou carboidrato numa dose de 1 g/kg de peso corporal antes e durante (cada 10 minutos) uma única sessão de treinamento de força para membros inferiores. Biópsias musculares durante cada condição revelaram que o conteúdo de glicogênio muscular foi 49% maior com carboidratos em comparação a nenhum carboidrato. Esses resultados foram publicados em um dos relatórios iniciais, sugerindo que a diminuição significante no glicogênio muscular poderia ocorrer durante o exercício de força e que fornecer carboidrato durante o exercício de força pode promover a recuperação, bem como um volume maior de treinamento (Haff et al., 2000). Durante competições de esportes de força e potência que duram além de um longo período de tempo e exigem altos gastos calóricos, a manutenção dos níveis altos de glicogênio muscular poderia potencialmente atenuar qualquer diminuição do desempenho posterior na competição, que resultaria em parte da diminuição no glicogênio.

Posteriormente, pesquisadores (Bird, Tarpenning e Marino, 2006b, 2006c) examinaram a extensão para qual uma combinação de carboidrato + proteína atenua alterações na degradação da proteína no sangue e na urina durante uma única sessão simples de exercício de força. Trinta e dois participantes completaram uma sessão de treinamento de força de 60 minutos ao consumir uma solução de 6% de carboidrato, uma solução de 6% de carboidrato + 6 g de aminoácidos essenciais ou uma bebida placebo. Os níveis de cortisol sanguíneo (um indicador rudimentar de quebra de proteína) aumentaram 105% no grupo placebo, ao passo que os aumentos no grupo carboidrato e no grupo carboidrato + aminoácidos essenciais foram somente de 11% e 7%, respectivamente. Além disso, os níveis urinários de 3-metil-histidina (um marcador adicional da quebra de proteína muscular) diminuíram em 27% no grupo carboidrato + aminoácido essencial, mas aumentaram em 56% no grupo placebo (Bird, Tarpenning e Marino 2006b, 2006c). Beelen et al. (2008) apresentaram conclusões similares quando participantes ingeriram uma preparação de carboidrato + proteína antes do início de uma série de 2 horas de treinamento de força e a intervalos de 15 minutos durante a sessão de treinamento. A combinação de carboidrato + proteína diminuiu a taxa de quebra de proteína em 8,4% ± 3,6% e aumentou a taxa de síntese de proteína em 49% ± 22%, resultando num aumento de cinco vezes no balanço proteico.

Enquanto alterações imediatas (nos marcadores de sangue e urina) apoiam a ingestão de uma combinação de carboidrato + proteína durante uma sessão única de treinamento de força, o efeito cumulativo dessa prática continuou a ser determinado. Ao longo de um período de 12 semanas, Bird, Tarpenning e Marino (2006b) mantiveram participantes ingerindo uma solução de 6% de carboidrato, uma solução de 6% de carboidrato + uma solução de 6 g de um aminoácido essencial ou um placebo durante a sessão de treinamento de força. A insulina e o cortisol séricos, os marcadores urinários da quebra de proteínas e a área da seção transversal muscular foram mensurados; e como relatado anteriormente, a ingestão de carboidrato + aminoácido essencial diminuiu a quebra de proteína em 26%, ao passo que o grupo placebo experimentou o aumento em 52% nos mesmos marcadores. Curiosamente, as áreas da seção transversal das fibras musculares do tipo I, IIa e IIx foram aumentadas com ingestão de carboidrato + aminoácido essencial comparadas ao placebo. Os autores concluíram que, durante um período de 12 semanas, a ingestão da combinação de carboidrato + aminoácido essencial ao longo do treinamento de força regular otimiza o balanço entre o crescimento muscular e a perda muscular, resultando em aumento significante no tamanho das fibras musculares (Bird, Tarpenning e Marino, 2006b).

De modo geral, a pesquisa apoia a conclusão de que a ingestão de nutrientes, como somente carboidrato durante o treinamento de força, ou uma combinação de carboidrato + proteína, pode ajudar a promover conteúdo maior de glicogênio muscular, aumento da área transversal muscular e a diminuição da quebra de proteína (Bird, Tarpenning e Marino, 2006a, 2006b, 2006c; Haff et al., 2000). Os atletas precisam ter cuidado ao ingerir alimentos durante competições ou eventos. Antes da implementação de qualquer estratégia de suplementação que será utilizada na competição, deve ser testada na situação prática que simule a competição. Alguns atletas têm desconforto gastrointestinal por causa de alimentos que eles experimentam enquanto treinam ou competem, e a última coisa que eles querem é prejudicar o desempenho, por decidir tentar algo novo durante a competição.

Nutrição pós-treino e balanço proteico

Uma única sessão de treinamento de força modestamente estimula a síntese de proteínas, mas também estimula a quebra das proteínas, resultando em um balanço de proteína negativo após o exercício (Phillips et al., 1999; Pitkanen et al., 2003) em indivíduos não treinados. Como o treinamento continua, esse balanço se desloca para o ponto em que o balanço proteico, após uma sessão aguda de treinamento de força (sem provisão de qualquer forma de nutrientes antes e após o exercício), é neutro, significando que nenhum crescimento apreciável e nenhuma quebra do músculo está ocorrendo (Phillips et al., 1999). O fornecimento de aminoácidos (por infusão ou, de forma mais prática, pela ingestão de aminoácidos como suplemento dietético, lanche ou refeição) aumenta as concentrações de aminoácido plasmático no repouso e após o exercício de força (Biolo et al., 1997; Borsheim et al., 2002) e também leva ao aumento na síntese de proteína muscular. Combinando um moderado fornecimento tanto de aminoácidos (6 a 12 g de aminoácidos essenciais) quanto de proteínas com uma fonte de carboidrato (20 a 40 g) após o exercício, deve resultar em aumento ainda maior na síntese de proteínas. Embora o fornecimento de carboidrato + aminoácido essencial imediatamente antes do exercício resulte em maior aumento na síntese muscular proteica, a resposta imediata depois do exercício também é responsável pelo aumento notável na síntese proteica muscular e deve ser a principal consideração para os atletas (Tipton et al., 2001). Consequentemente, o aumento da concentração e da disponibilidade de aminoácidos essenciais no sangue é uma consideração importante quando se está tentando promover o aumento do tecido magro e melhorar a composição corporal com o treinamento de força (Biolo et al., 1997; Tipton et al., 1999a).

Uma grande dose de carboidrato (100 g) 1 hora após a realização de uma sessão intensa de treinamento de força para membros inferiores causa somente melhoras marginais no balanço entre a síntese de proteínas e a quebra das proteínas, resultando num balanço proteico líquido negativo (Borsheim et al., 2004). Em relação às alterações das proteínas (músculo), nenhum estudo estabeleceu o carboidrato como prejudicial, mas certamente não é o nutriente ideal (isoladamente) para se consumir após o exercício de força. Essa conclusão, porém, é importante para estimular a ressíntese do glicogênio e melhorar a palatabilidade (Ivy et al., 2002; Tarnopolsky et al., 1997). De maior interesse tem sido o fornecimento de aminoácidos livres (frequentemente apenas os aminoácidos essenciais) em dosagens de taxa de 6 a 40 g. Essas dosagens foram consistentemente mostradas para estimular as taxas de síntese de proteína muscular (Borsheim et al., 2002; Miller et al., 2003), ao passo que a adição de carboidrato a eles pode melhorar esse efeito (Tipton et al., 2001; Tipton e Wolfe, 2001). Imediatamente após a competição, dependendo do esporte, a quantidade de tempo que um atleta pratica e outras variáveis, a suplementação de carboidrato é importante para restaurar o glicogênio e a de proteína pode potencialmente melhorar a ressíntese de glicogênio e facilitar o processo de reparação muscular.

Consumir aminoácidos após o treinamento de força (imediatamente após ou até 3 horas após) pode aumentar a síntese de proteína muscular e atenuar os aumentos comumente vistos na quebra da proteína (Borsheim et al., 2002; Miller et al., 2003; Pitkanen et al., 2003). O momento ideal para a suplementação não foi ainda demonstrado, mas a maioria dos pesquisadores de Nutrição Esportiva sugere que é melhor que os nutrientes (apenas carboidrato, apenas proteína ou uma combinação) sejam fornecidos mais cedo (Ivy et al., 2002; Tipton e Wolfe, 2001). Quando os aminoácidos forem fornecidos com ou sem carboidrato imediatamente, 1 hora, 2 horas ou 3 horas após o exercício, aumentos semelhantes no balanço de proteína foram relatados (Borsheim et al., 2002; Ivy et al., 2002; Tipton et al., 1999b, 2001; Tipton e Wolfe, 2001).

Apesar de os resultados individuais desses estudos e outros diferirem, a maioria da pesquisa continuou a demonstrar que o fornecimento de aminoácidos durante o período de tempo depois do exercício aumenta significativamente a síntese de proteína muscular. Levenhagen et al. (2001) descobriram que a ingestão de 10 g de proteína + 8 g de carboidrato + 3 g de gordura, imediatamente após ou 3 horas após 60 minutos de exercício de ciclismo de moderada intensidade, elevou a captação de glicose muscular da perna e a utilização da glicose pelo corpo todo em três vezes e 44%, respectivamente. Além disso, taxas de síntese de proteína periférica (músculo da perna) e de todo o corpo têm demonstrado um aumento em três vezes e 12%, respectivamente. Finalmente, Tipton et al. (2001) suplementaram participantes com 35 g de sacarose + 6 g de aminoácidos essenciais imediatamente antes ou imediatamente depois de uma única sessão de treino de força. Eles relataram um aumento significativo dos níveis de síntese de proteína sob ambas as condições, mas as taxas foram maiores quando os nutrientes foram ingeridos imediatamente antes da sessão de exercício.

Para resumir, no momento não há uma recomendação universal sobre a dosagem e a proporção de aminoácidos essenciais e carboidratos para aplicar visando maximizar o aumento do balanço proteico. Estudos utilizando metodologias de pesquisa similares e técnicas analíticas para mensurar a cinética das proteínas durante o exercício de força têm utilizado várias combinações de nutrientes durante o período de 2 horas depois do exercício. Seis gramas de apenas aminoácidos essenciais, 6 g de aminoácidos essenciais + 6 g de aminoácidos não essenciais, 12 g de apenas aminoácidos essenciais, 17,5 g de *whey protein*, 20 g de proteína da caseína, 20 g de *whey protein*, 40 g de uma mistura de solução de aminoácidos (aminoácidos essenciais e não essenciais) e 40 g de aminoácidos essenciais todos resultaram em um aumento na síntese de proteínas e no balanço proteico (Biolo et al., 1997; Tipton et al., 1999b; Tipton e Wolfe, 2001).

Muitas pesquisas têm abordado o impacto de diferentes tipos e dosagens de proteínas (como aminoácidos livres ou fontes de proteínas inteiras) nas alterações no balanço proteico muscular após o exercício de força. Os resultados desses estudos levaram a recomendações práticas de que atletas ingiram algumas formas de nutrientes assim que possível após a realização de uma sessão de exercício, com a exigência absoluta de que isso ocorra em 2 horas (Ivy, 1998). Dosagens ótimas também ainda são desconhecidas; no entanto, uma combinação de carboidrato + proteína, numa proporção de 4:1 de carboidrato para proteína, durante esse período de tempo é amplamente aceita como uma diretriz geral. Essa recomendação traduz a ingestão de 1,2 a 1,5 g de carboidrato (por exemplo, dextrose, sacarose) por quilograma de peso corporal, bem como 0,3 a 0,5 g de aminoácidos essenciais ou de proteína completa por quilograma de peso corporal (Borsheim et al., 2002; Rasmussen et al., 2000; Tipton et al., 1999a).

Suplementação pós-treino e adaptações de treino

As considerações depois do treinamento discutidas até agora centralizam-se na reserva de glicogênio muscular e nas alterações imediatas na síntese de proteína muscular durante o exercício, especificamente o treinamento de força. Enquanto os níveis ótimos de glicogênio muscular são extremamente importantes aos atletas que participam de eventos prolongados que desafiam os estoques de glicogênio muscular, a sua importância para um atleta que treina força por 45 a 90 minutos para promover a força máxima e as alterações de composição corporal não é tão grande. A mudança imediata na síntese de proteína muscular após uma sessão de treinamento de força é muito mais importante para um atleta de treinamento de força que a ressíntese de glicogênio, mas os resultados de uma sessão única de exercício nem sempre extrapolam o que ocorreria após diversas semanas de treinamento de força e suplementação.

Pesquisadores têm investigado o impacto de variadas combinações de carboidrato e proteína após cada sessão de exercício (1 a 3 horas depois do exercício) durante o treinamento de força ao longo de diversas semanas (Candow et al., 2006; Cribb e Hayes, 2006; Cribb, Williams e Hayes, 2007; Cribb et al., 2007; Hartman et al., 2007; Kerksick et al., 2007, 2006; Tarnopolsky et al., 2001; Wilkinson et al., 2007; Willoughby, Stout e Wilborn, 2007). Como anteriormente, os resultados individuais desses estudos diferem, mas os resultados coletivos apoiam a administração racional de carboidrato e proteína depois do exercício para facilitar melhoras na composição corporal e na força. As Figuras 9.7 e 9.8 mostram as alterações na composição corporal e no desempenho de força de um estudo utilizando a suplementação pós-exercício. De modo geral, os resultados desses estudos sugerem que quando 20 a 75 g de proteína são ingeridas, sozinhas ou em conjunto com quantidades similares de carboidrato, durante o treinamento de força, podem melhorar a força e a composição corporal. As tabelas de resumo que listam os resultados desses estudos estão disponíveis numa revisão abrangente dedicada ao tema do *nutrient timing* (Kerksick et al., 2008).

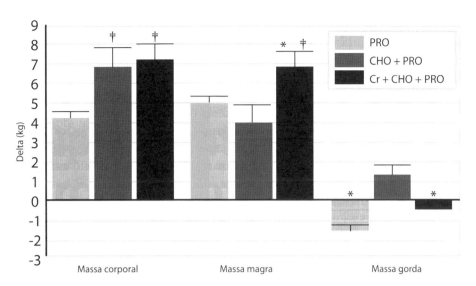

FIGURA 9.7 Alterações na massa corporal, na massa magra e na massa gorda após 10 semanas de treinamento de força com suplementação depois do exercício. Esses resultados mostram que a administração de nutriente consistente a longo prazo após o exercício de força pode afetar favoravelmente a composição corporal.

* = significativamente diferente CHO + PRO. † = Significativamente diferente de PRO.

Dados de Cribb e Hayes, 2006.

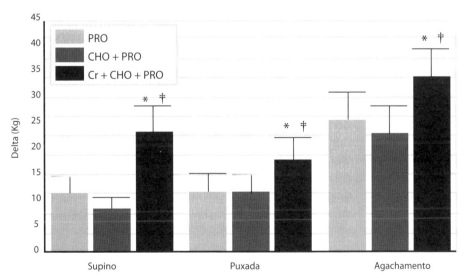

FIGURA 9.8 Valor de delta para alterações nos valores de exercício 1 RM para supino, puxada e agachamento, após 10 semanas de treinamento de força com suplementação depois do exercício.

* = Significativamente diferente de CHO + PRO.

† = Significativamente diferente de PRO.

Dados de Cribb and Hayes, 2006.

Soro do leite e caseína

Tal como acontece com os carboidratos, pesquisadores têm investigado o impacto de várias fontes de proteínas na cinética digestiva e de aminoácidos, bem como adaptações de treinamento de força (Boirie et al., 1997; Dangin et al., 2001; Kerksick et al., 2007, 2006). Em dois estudos, pesquisadores franceses foram os primeiros a relatar as diferenças nas propriedades digestivas e absortivas de duas formas primárias da proteína do leite, soro do leite e caseína. Seus estudos ilustraram que a *whey protein* é digerida e absorvida para a corrente sanguínea numa taxa muito maior que a proteína da caseína. Essa diferença foi associada com muito mais efeito da *whey protein*, comparado à proteína da caseína no aumento da síntese de proteínas. Entretanto, a proteína da caseína pareceu ser responsável na prevenção da quebra de tecido muscular, enquanto a *whey protein* não pareceu ter qualquer influência sobre esse parâmetro. Quando os dois tipos de proteínas foram comparados lado a lado, a proteína da caseína pareceu resultar em uma melhora geral no aumento do balanço proteico de todo o corpo (Boirie et al., 1997; Dangin et al., 2001). A comparação de quantidades idênticas de proteínas mostra que a *whey protein* contém uma quantidade maior de aminoácidos essenciais que a proteína da caseína; por essa razão, a *whey protein* é preferida.

Wilkinson et al. (2007) compararam 18 g de uma fonte de proteína do leite a uma dose igual de fonte de proteína de soja por sua capacidade de aumentar o crescimento da proteína muscular líquida e o balanço de proteína após uma única sessão de treinamento de força. Eles concluíram que a fonte de proteína do leite foi responsável por um maior aumento tanto da proteína líquida quanto do crescimento de proteína muscular, quando comparada à soja, e também, que uma fonte de proteína do leite poderia ser responsável por um aumento na massa magra quando combinado com treinamento de força. Kerksick et al. (2006) examinaram a influência de uma fonte de proteína "rápida" (40 g de *whey protein* + 5 g de glutamina + 3 g de aminoácidos de cadeia ramificada [isoleucina, leucina e valina]) comparada a uma mistura de proteínas rápidas e lentas (40 g de soro do leite + 8 g de caseína), ingerida depois do exercício ao longo de um período de 10 semanas de treinamento de força. Os indivíduos que ingeriram a mistura de proteínas rápidas e lentas mostraram significativamente maior aumento na massa muscular (+ 1,8 kg) que aqueles que ingeriram as proteínas rápidas (-0,1 kg). Um estudo adicional feito por esse grupo demonstrou que a ingestão diária de uma mistura de 60 g de *whey protein* e caseína ao longo de 12 semanas resultou em ganho na massa corporal magra (+0,8 para +1,3 kg) similar para aqueles vistos na investigação prévia (Kerksick et al., 2007).

Creatina

Os pesquisadores também examinaram a adição de creatina monoidratada em combinações de carboidrato + proteína em indivíduos participantes em um programa regular de treinamento de força por até 10 ou 12 semanas (Cribb, Williams e Hayes, 2007; Cribb et al., 2007; Kerksick et al., 2007; Tarnopolsky et al., 2001). A creatina monoidratada é um suplemento dietético popular que têm sido profundamente pesquisado por sua capacidade de aumentar o desempenho e facilitar as adaptações de treino positivo (Buford et al., 2007; Kreider, 2003). Tarnopolsky et al. (2001) contaram com participantes homens não treinados previamente seguindo um programa de treinamento de força de oito semanas enquanto ingeriram diariamente, 30 minutos após suas respectivas atividades físicas, 10 g de creatina + 75 g de carboidrato ou 10 g de proteína + 75 g de carboidrato. A combinação de creatina + carboidrato resultou num ganho significativamente maior na massa corporal (5,4% de aumento da base) que a combinação de proteína + carboidrato (2,4% de aumento da base). A massa livre de gordura (MLG), área de fibra muscular, 1 RM e força isocinética melhoraram em ambos grupos, mas não houve diferenças entres os grupos. Cribb et al. (2007) contaram com participantes em treinamento de força por 11 semanas enquanto consumiram uma quantidade isocalórica de creatina + carboidrato, creatina + *whey protein*, somente *whey protein* ou somente carboidrato. Quando comparados ao grupo de somente carboidrato, todos os outros grupos mostraram mais melhorias na força máxima e na hipertrofia muscular, mas nenhuma diferença foi vista com a adição da creatina ao suplemento (Cribb et al., 2007).

Em contraste, dois estudos sugerem que a adição de creatina ao suplemento deve promover maiores aumentos na hipertrofia muscular durante o treinamento de força ao longo de diversas semanas (Cribb, Williams e Hayes, 2007; Kerksick et al., 2007). Por um período de 10 semanas, os participantes foram submetidos a um programa de treinamento de força pesado e à ingestão de um dos seguintes suplementos isocalóricos: proteína, proteína + carboidrato ou creatina + proteína + carboidrato. Os investigadores verificaram que, em contraste de resultados anteriores, a adição de creatina parece extrair mais melhorias na força e na hipertrofia muscular que o consumo de apenas proteína ou proteína + carboidrato (Cribb, Williams e Hayes, 2007). Similarmente, Kerksick et al. (2007) contaram com participantes que completaram 12 semanas de treinamento de força e ingeriram uma mistura de proteína de colostro ou soro do leite ou caseína com ou sem creatina. Embora todos os grupos mostrem aumento na força e na massa muscular, os grupos que ingeriram creatina com uma mistura de proteína (independentemente da composição exata da fonte de proteína) apresentaram maiores ganhos na massa corporal e na MLG. Os resultados mistos desses estudos sugerem a necessidade de pesquisas adicionais; no entanto, a maioria dos estudos disponíveis indica que a adição de creatina monoidratada ao regime de carboidrato e proteína depois do exercício pode estimular melhorias na força e na composição corporal ao máximo (Cribb, Williams e Hayes, 2007; Cribb et al., 2007; Kerksick et al., 2007).

Aplicações profissionais

A administração programada dos nutrientes facilita adaptações fisiológicas ao exercício e promove saúde e desempenho ótimos. Recomendações do *nutrient timing* variam para atletas num esporte particular, bem como entre os esportes. As considerações também variarão para um atleta individualmente com demandas relacionadas com viagem, competição e alteração de treinamento durante o ano. A natureza da dinâmica do *nutrient timing* o faz importante para todos os atletas e técnicos para desenvolver uma base sólida de conhecimento em relação ao consumo de energia, ao macronutriente, ao líquido e ao micronutriente.

Baseado na pesquisa atual sobre o *nutrient timing*, a seguir, algumas recomendações que atletas podem colocar em prática antes, durante e depois do treinamento e da competição.

Antes
- Os atletas podem maximizar os estoques de glicogênio, seguindo uma dieta rica em carboidratos (600 a 1.000 g ou cerca de 8 a 10 g de carboidrato por quilograma de peso corporal por dia) (Bussau et al., 2002; Goforth et al., 2003; Tarnopolsky et al., 2005).
- Uma refeição rica em carboidrato 4 horas antes do exercício pode aumentar o desempenho, o rendimento do exercício, ou ambos (Neufer et al., 1987; Sherman et al., 1989; Wright, Sherman e Dernbach, 1991). Em geral, os atletas podem ingerir 1 a 4 g de carboidrato por quilograma de peso corporal, 1 a 4 horas antes do exercício de resistência aeróbia ou da competição (Tarnopolsky et al., 2005).
- O tipo de carboidrato consumido 60 minutos antes do exercício não parece ter qualquer efeito negativo no desempenho ou no nível glicêmico e, em muitos casos, pode aumentar o desempenho (Hawley e Burke, 1997).
- O índice glicêmico de uma refeição consumida antes do exercício prolongado não parece afetar negativamente o desempenho ou a utilização do glicogênio muscular (Earnest et al., 2004; Febbraio et al., 2000b; Febbraio e Stewart, 1996).

- Quando combinada a um programa regular de treinamento de força, a ingestão de uma combinação de carboidrato + proteína, aminoácidos, ou ambos, antes e depois dos treinamentos levaram à melhoria na força, na potência, na massa corporal, na massa magra e nos marcadores intramusculares do crescimento muscular (Coburn et al., 2006; Cribb e Hayes, 2006; Kraemer et al., 2007; Willoughby, Stout e Wilborn, 2007).

Durante
- Para exercício ou eventos que duram mais que 60 minutos, os atletas devem consumir uma fonte de carboidrato que forneça 30 a 60 g de carboidrato por hora, geralmente beber 1 a 2 xícaras de uma solução com 6% a 8% de carboidrato (6 a 8 g de carboidrato por 100 ml de líquido) a cada 10 a 15 minutos (Jeukendrup, Jentjens e Moseley, 2005).
- A mistura de diferentes formas de carboidrato tem demonstrado aumentar a oxidação de carboidrato muscular (Jentjens, Achten e Jeukendrup, 2004; Jentjens e Jeukendrup, 2005; Jentjens et al., 2005; Jentjens, Venables e Jeukendrup, 2004; Jentjens et al., 2004), um efeito associado a uma melhora no desempenho em prova contrarrelógio (Currell e Jeukendrup, 2008).
- Glicose, frutose, sacarose e maltodextrina podem ser utilizadas em combinação, mas grandes quantidades de frutose não são recomendadas em razão da maior probabilidade de problemas gastrointestinais.
- Uma proporção de carboidrato para proteína de 4:1 mostrou aumentar o desempenho de resistência aeróbia tanto durante o exercício agudo quanto em sessão subsequente de exercício de resistência aeróbia (Ivy et al., 2003; Saunders, Kane e Todd, 2004) e pode ajudar a prevenir o dano muscular (Saunders, Kane e Todd, 2004).
- A ingestão de apenas carboidrato ou em combinação com proteína, durante o exercício de resistência aeróbia, pode aumentar os estoques de glicogênio muscular (Haff et al., 2000) e facilitar adaptações de treinamento maiores após períodos agudos (Beelen et al. 2008; Bird, Tarpenning e Marino, 2006a, 2006c) e prolongados de treinamento de força (Bird, Tarpenning e Marino, 2006b).

Depois
- O consumo de carboidrato depois do exercício deve ocorrer em 30 minutos, mas minimamente dentro de 2 horas, na dose de 1,5 g de carboidrato por quilograma de peso corporal, a fim de estimular a ressíntese de glicogênio (Ivy, 1998).

- Se um atleta não necessita repor glicogênio rapidamente para repetidos aquecimentos, ensaios ou eventos, uma dieta que fornece níveis altos de carboidrato dietético (8 a 10 g de carboidrato por quilograma de peso corporal por dia) é adequada para promover o pico de níveis de glicogênio muscular (Jentjens e Jeukendrup, 2003; Tarnopolsky et al., 2005).
- A ingestão de aminoácidos, principalmente aminoácidos essenciais, imediatamente após o exercício até 3 horas depois do exercício, pode estimular o aumento na síntese de proteína (Borsheim et al., 2002; Rasmussen et al., 2000; Tipton et al., 1999b). A adição de carboidrato à proteína deve aumentar ainda mais as taxas de síntese de proteína muscular depois do exercício, mas o efeito deve ser maximizado quando essa combinação é ingerida imediatamente antes do treino de força (Tipton et al., 2001).
- Melhorias máximas na força muscular e na composição corporal durante o treinamento de força ao longo de diversas semanas podem ser atingidas pela ingestão da combinação de carboidrato + proteína após o exercício (Kerksick et al., 2006; Tarnopolsky et al., 2001; Willoughby, Stout e Wilborn, 2007).
- A adição de creatina (0,1 g de creatina por quilograma de peso corporal por dia) a um suplemento de carboidrato + proteína pode facilitar ainda mais adaptações ao treinamento de força (Cribb, Williams e Hayes, 2007; Kerksick et al., 2007), mas esse resultado não é universal (Cribb et al., 2007).

Indiscutivelmente, um dos aspectos mais importantes da recuperação e do subsequente desempenho para o atleta de resistência aeróbia é a manutenção dos níveis máximos de glicogênio muscular. Apesar de maximizar as reservas internas de glicogênio (por exemplo, fígado e músculos), não necessariamente melhora o rendimento do exercício ou da velocidade, que permitirá aos atletas manter seu ritmo de treinamento por um longo período de tempo. Em repouso, os níveis médios de glicogênio intramuscular de atletas treinados são adequados para atingir as demandas físicas de eventos que duram qualquer tempo entre 60 e 90 minutos – significativamente menor que a quantidade necessária de tempo para completar a maratona ou um evento de ultrarresistência. Os atletas podem fazer três coisas principais para maximizar os níveis de glicogênio: (1) consumir carboidrato imediatamente após o treinamento para se reabastecer para a próxima sessão de exercício, (2) ter uma carga de carboidrato antes do evento e (3) consumir carboidrato durante o exercício.

Para garantir o glicogênio máximo antes de um evento, um atleta deve consumir 8 a 10 g de carboidrato por quilograma de peso corporal por dia e adequar o repouso antes da competição (treinar pouco ou não treinar). Para otimizar a utilização do carboidrato, as refeições antes do exercício devem ser largamente compostas de alimentos ou líquidos ricos em carboidrato. Essa prática se torna cada vez mais importante quando o atleta faz pouco esforço para recuperação (por exemplo, baixa ingestão de carboidrato na dieta; falta de repouso e/ou redução do volume de treinamento). Além de uma dieta rica em carboidrato e repouso, consumir uma refeição rica em carboidrato (200-300 g) muitas (4 a 6) horas antes do exercício ajuda a manter os níveis máximos de glicogênio muscular e hepático.

Atletas que não ingerem uma quantidade ótima de carboidrato antes do exercício necessitam superar a falta de carboidrato disponível pelo difícil trabalho de ingerir níveis ótimos de carboidrato durante a primeira hora do exercício. Enquanto muitas escolhas de alimentos podem fornecer carboidrato, atletas necessitam experimentar alimentos, durante as sessões de treinamento, para saberem quais funcionam para eles sem causar desconforto gastrointestinal. O consumo de uma variedade de tipos de açúcar (maltodextrina, sacarose e frutose, por exemplo) pode ser mais benéfico que consumir um tipo de açúcar. Isso pode aumentar a quantidade de carboidrato que o corpo pode utilizar em um dado período de tempo. Além do consumo de diferentes tipos de carboidrato, atletas podem beneficiar-se da ingestão de carboidratos em intervalos frequentes durante o exercício, em vez de uma grande dose antes do exercício.

A adição de proteína ao carboidrato consumido durante o exercício de resistência aeróbia não necessariamente aumentará o desempenho, mas pode impulsionar a recuperação e minimizar o dano muscular para o tecido muscular exercitado. A ingestão de proteínas com ou sem carboidrato antes ou durante as sessões de treinamento de força é uma área nova de pesquisa, mas resultados preliminares sugerem mais melhoramentos na força, na massa magra, na porcentagem de massa gorda, nos níveis séricos de hormônios anabólicos importantes (construindo músculos) e nos marcadores intramusculares de hipertrofia muscular.

Após o exercício de resistência aeróbia, atletas deveriam consumir 1,5 g de carboidrato por quilograma de peso corporal dentro de 30 minutos da realização do exercício ou 0,6 a 1,0 g de carboidrato por quilograma de peso corporal por hora durante os primeiros 30 minutos, e novamente a cada 2 horas pelas próximas 4 a 6 horas, a fim de repor adequadamente as reservas de glicogênio. Atrasar o consumo de nutrientes por apenas 2 horas pode cortar pela metade a ressíntese de glicogênio muscular. Depois do exercício, o carboidrato pode ser sólido ou líquido, mas não deve ser rico em frutose visto que essa forma de carboidrato está associada a níveis mais baixos de ressíntese de glicogênio que outras fontes de carboidratos.

Atletas podem se beneficiar da adição de proteína à refeição com carboidrato depois do exercício. A adição de proteína tem resultado numa maior ressíntese de glicogênio (e também maior síntese de proteína) comparada somente ao carboidrato. Embora as dosagens ótimas ainda sejam desconhecidas, uma combinação de carboidrato + proteína na proporção de carboidrato para proteína de 4:1, durante esse período de tempo, é amplamente aceita como uma diretriz geral para atletas de resistência aeróbia; dosagens típicas são 1,2 a 1,5 g de carboidrato por quilograma de peso corporal e 0,3 a 0,5 g de aminoácidos essenciais ou proteína completa por quilograma de peso corporal. Após o treinamento regular de força, uma prática comum apoiada pela pesquisa é a ingestão de uma fonte de proteína de alta qualidade (por exemplo, soro do leite, caseína, ovo), numa dose que forneça 10 a 12 g de aminoácidos essenciais o mais rápido possível, mas certamente em 1 hora após a conclusão do treinamento. Alguns estudos mostram que essa prática leva a mais melhorias na composição corporal e a ingestão dessa dose de proteína com 30 a 40 g de carboidrato antes e depois do exercício pode também ser efetiva para estimular adaptações positivas ao treinamento de força.

A Tabela 9.1 fornece um exemplo de todas essas recomendações de tempos semelhantes na prática para um atleta de 82 kg, realizando exercício regular de resistência aeróbia ou força. É importante para todos os atletas considerarem seus objetivos no treino e ajustarem o plano *nutrient timing* para sustentarem essas metas.

TABELA 9.1 Recomendações de tempo simplificadas para atletas de resistência aeróbia e de força.

	Exercício de resistência aeróbia*	Treinamento de força*
ANTES DO EXERCÍCIO		
Dieta diária		
Recomendação	8-10 g de CHO/kg	5-8 g de CHO/kg 1,2-1,5 g de PRO/kg
Ingestão	654-810 g de CHO/dia	409-654 g de CHO/dia 98-123 g de PRO/dia
Alimentos	Carboidratos complexos, massas, amidos, pães	Carboidratos complexos, massas, amidos, pães

continua

continuação

	Exercício de resistência aeróbia*	**Treinamento de força***
ANTES DO EXERCÍCIO		
2 a 4 horas antes		
Recomendação	4 g de CHO/kg	Sem recomendação
Ingestão	200-300 g de CHO	
Alimentos	Pão ou torrada integral, aveia, cereal, bebida esportiva (24 fl oz, cerca de 710 ml)	
30 a 60 minutos antes		
Recomendação	1,2-1,5 g de CHO/kg	Sem recomendação
Ingestão	60-80 g de CHO	
Alimentos	Barra com pouca energia ou alimento, bebida esportiva	
DURANTE O EXERCÍCIO		
Recomendação	Solução de 6%-8% de CHO; adição de proteína na proporção 4:1	Solução de 6% de CHO + 6 g de aminoácidos essenciais (EAAs)
Ingestão	1,5-2 xícaras (12-16 fl oz) a cada 15-20 minutos	22,5-30 ml após cada série
Alimentos	Bebida esportiva, pacote de gel com água	Bebida esportiva, pacote de gel com água
DEPOIS DO EXERCÍCIO		
Recomendação	1,5 g de CHO/kg dentro de 30 minutos ou 0,6-1 g de CHO/kg dentro de 30 minutos e outra vez a cada 2 horas	30-40 g de carboidrato e cerca de 20-25 g de proteína fornecendo 8-12 g EAAs

continua

continuação

	Exercício de resistência aeróbia*	**Treinamento de resistência***
DEPOIS DO EXERCÍCIO		
Ingestão	123 g dentro de 30 minutos ou 49-82 g em 30 minutos e novamente a cada 2 horas	30-40 g de carboidrato e cerca de 20-25 g de proteína entregando 8-12 g EAAs
Alimentos	Bebidas esportivas, pães, frutas	Bebidas esportivas, pães, frutas, *whey protein*

*Nota: Todos os valores são desenvolvidos utilizando um atleta de 82 kg. CHO refere-se ao carboidrato; PRO refere-se à proteína.

RESUMO

- A incorporação apropriada de estratégias do *nutrient timing* baseada na ciência leva a um bom trabalho e dedicação por parte do atleta e, às vezes, do técnico ou dos pais. Por essa área de pesquisa ser relativamente nova, a ciência e, portanto, as recomendações podem-se alterar durante períodos de tempo relativamente curtos.
- O abastecimento interno de carboidrato é limitado e provavelmente vai se esgotar durante qualquer tipo de exercício de moderada a alta intensidade continuada por pelo menos 60 a 90 minutos. Por essa razão, a ingestão de refeições ricas em carboidratos nos intervalos regulares durante o período de depois do exercício é recomendada para estimular ao máximo o aumento do glicogênio muscular. Durante o exercício, atletas deveriam consumir de 300 a 450 ml de uma solução de carboidrato e eletrólitos que fornece de 6 a 8 g de carboidratos para cada 100 ml de líquido (6% a 8% de solução de carboidrato) a cada 15 a 20 minutos para sustentar níveis de glicose no sangue.
- Muitas formas diferentes de carboidratos são aceitáveis, mas a frutose não é facilmente digerida e, assim, não é recomendada em razão de sua relação conhecida com o desconforto gastrointestinal e baixas taxas de ressíntese de glicogênio. A combinação de diferentes formas de carboidrato para ingestão durante o exercício é estimulada e pode aumentar a taxa de oxidação de carboidrato.
- Uma pequena quantidade de proteína (0,15 a 0,25 g/kg de peso corporal) adicionada ao carboidrato em todos os momentos, especialmente depois do exercício, é bem tolerada e pode promover

uma restauração maior de glicogênio muscular e taxas de síntese de proteína muscular. A síntese máxima de proteína muscular pode ocorrer quando há a ingestão de 6 a 20 g de aminoácidos essenciais junto a uma forma facilmente digerível de carboidrato, no prazo de 3 horas da realização de um trabalho de treinamento de força. Ao longo de várias semanas, a ingestão de suplemento de carboidrato + proteína depois do exercício sustenta maior adaptação aos treinos de força quanto a força máxima e o crescimento da massa magra.
- Fontes de proteínas do leite (por exemplo, soro do leite e caseína) exibem diferentes cinéticas da digestão, resultando em diferenças na liberação de aminoácidos na corrente sanguínea, o que pode afetar o aumento do tecido magro durante o treinamento de força.
- A adição de creatina aos nutrientes em conjunto com treino de força regular pode facilitar mais melhorias na força e na composição corporal se comparados aos sem creatina.
- Os atletas devem focar principalmente na adequada disponibilidade e fornecimento de energia por meio das proporções apropriadas dos macronutrientes (carboidrato, proteína e gordura) antes de gastar recursos financeiros significantes em ingredientes simples adicionais (por exemplo, creatina monoidratada, aminoácidos essenciais). Independentemente do tempo, lanches ou refeições regulares devem consistir de níveis adequados de carboidrato e proteína para sustentar ao máximo a exigência de resultados de exercício e imediata recuperação.

10

Gasto energético e composição corporal

Paul La Bounty, ph.D., MPT, CSCS
Jose Antonio, ph.D., CSCS, FACSM, FISSN, FNSCA

Dos muitos atributos físicos que podem ser modificados, a composição corporal é o de maior importância para a maioria dos atletas, independentemente do esporte que eles praticam ou de seu sexo. A maioria dos atletas tem dois objetivos quando tentam mudar sua composição corporal:

- aumento do tecido muscular magro (ou seja, músculo esquelético);
- diminuição da massa gorda.

O desejo de melhorar a composição corporal pode ocorrer por vontade de melhorar o desempenho atlético; entretanto, muitos atletas e entusiastas da atividade física procuram melhorar a composição corporal apenas por razões estéticas. Além das questões cosméticas e de desempenho, a gordura corporal excessiva, particularmente a gordura visceral (isto é, abdominal), tem maior possibilidade de desempenhar um papel no desenvolvimento de condições deletérias, como doenças cardíacas, resistência insulínica, diabetes não insulinodependente, apneia do sono, certos cânceres e osteoartrite (Bray, 2003; Moayyedi, 2008; World Health Organization, 2000; Reaven, 2008; Vgontzas, 2008).

Todavia, atletas tendem a ficar interessados nas consequências da gordura corporal excessiva com relação ao desempenho no esporte. Na maioria dos esportes, a incapacidade de manter uma composição corporal ótima pode influenciar negativamente o desempenho do atleta. Por exemplo, o aumento da gordura corporal sem um aumento concomitante da massa corporal magra pode diminuir a aceleração, o salto e, a potência em geral nas atividades em que o peso corporal de alguém precisa ser movido pelo espaço (Jeukendrup e Gleeson, 2004).

Nos esportes que exigem uma alta proporção de potência para a massa corporal (como a ginástica), o excesso de gordura corporal não é desejável. Portanto, com frequência, os atletas fazem significantes esforços para melhorar ou manter a composição corporal; esta, por sua vez, pode ser modificada por meio da dieta, do exercício, de suplementos nutricionais, de várias drogas e de cirurgia. Este capítulo foca-se em duas estratégias nutricionais básicas, que podem afetar a composição corporal: dietas hipercalóricas, para ganhar peso (com ênfase no crescimento da massa muscular magra), e dietas hipocalóricas, com o objetivo de diminuir o peso corporal, particularmente, a gordura corporal. Além disso, o capítulo discute vários suplementos e seus efeitos na composição corporal.

Balanço energético

Uma das maneiras pelas quais as pessoas podem alcançar a perda de peso ou de gordura é pela modificação da ingestão nutricional, principalmente pelas quantidades e pelos tipos de calorias consumidas. A maneira mais fácil de atletas mudarem suas composições corporais é alterar a equação do balanço energético. A equação do balanço energético, quando em equilíbrio, determina que a ingestão de energia (isto é, o consumo de alimentos) se iguale ao gasto de energia pelos processos metabólicos normais e pela atividade ou pelo exercício. Quando em estado de balanço energético, uma pessoa está consumindo uma **dieta normocalórica**. Em razão das flutuações no peso corporal, essa equação nem sempre está no balanço perfeito. Se alimentos são mais consumidos do que calorias são gastas, ocorre um balanço energético positivo e é provável que haja o ganho de peso. Inversamente, se calorias são menos consumidas do que o necessário para as atividades diárias normais e para o metabolismo, um *deficit* energético ocorre (Figura 10.1). Uma dieta que causa um *deficit* energético é chamada de dieta hipoenergética ou hipocalórica. O oposto é a dieta hiperenergética ou hipercalórica.

- Dieta normocalórica – dieta que inclui o número de quilocalorias diárias necessárias para manter o peso existente; alcançada pelo consumo do número de quilocalorias igual ao gasto energético total (GET) de um indivíduo.

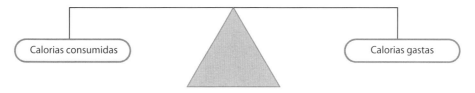

Balanço energético igual = Manutenção do peso

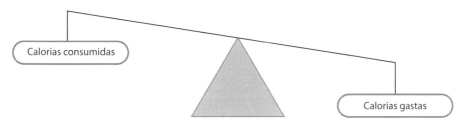

Balanço energético negativo (mais calorias são gastas) = Perda de peso

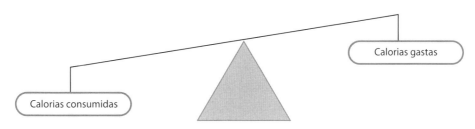

Balanço energético positivo (mais calorias são consumidas) = Ganho de peso

FIGURA 10.1 Equação do balanço energético.

Efeito térmico dos alimentos

A ingestão total de calorias e a proporção de macronutrientes dos alimentos ingeridos desempenham seus papéis no ganho e na perda de peso. A energia liberada do catabolismo do carboidrato, da proteína e da gordura é de, aproximadamente, 4, 4 e 9 kcal/g, respectivamente (Livesey, 2001). No entanto, frequentemente se ignora que o processo digestão, absorção, transporte e armazenamento de vários macronutrientes está associado ao gasto de energia (isto é, quilocalorias). Esse processo, conhecido como o efeito térmico do alimento ou termogênese induzida pela dieta (DIT, na sigla em inglês), causa uma liberação de energia sob a forma de calor. O efeito térmico do alimento, na verdade, aumenta o metabolismo acima do gasto energético basal normal por um período de tempo (possivelmente, diversas horas) após uma refeição (Tappy, 1996).

Como resultado do efeito térmico do alimento, cada macronutriente produz menos energia líquida utilizável para o corpo após a sua ingestão (comparada ao seu conteúdo energético da tabela de treino antes de uma refeição). Além disso, certos macronutrientes demandam mais energia do que outros (ou seja, têm um efeito térmico maior) para serem digeridos, absorvidos, transportados e armazenados. Especificamente, o efeito térmico do teor calórico da gordura, do carboidrato e da proteína é de, aproximadamente, 0% a 3%, 5% a 10% e 20% a 30%, respectivamente (Tappy, 1996). Em outras palavras, a gordura tem um efeito térmico relativamente baixo, a proteína tem o efeito térmico mais alto e o carboidrato está no meio. Alguns cientistas gostariam de reformular os atuais rótulos de alimentos para que conste o valor verdadeiro de quilocalorias que são ganhas após a subtração das quilocalorias demandadas para a digestão e o armazenamento de macronutrientes (ou seja, energia metabolizável líquida – NME, na sigla em inglês) (Livesey, 2001). Se o sistema atual fosse alterado, a equação do balanço energético seria mais precisa e significativa (Livesey, 2001).

É importante ter em mente o efeito térmico dos alimentos ao formular um planejamento nutricional para melhorar o ganho ou a perda de peso, porque nem todas as calorias são iguais biologicamente. Por exemplo, se uma pessoa consumiu 300 kcal extras de proteína todos os dias por um ano, em oposição a 300 kcal extras de sacarose (isto é, açúcar de mesa) pelo mesmo tempo, seria possível supor que o efeito no ganho de peso não seria igual, em razão das propriedades termogênicas diferentes dos macronutrientes. Quando atletas iniciam uma dieta hipocalórica para perder peso corporal, eles invariavelmente perdem um pouco da massa corporal magra. Com o aumento da proporção de proteínas ingeridas numa dieta hipocalórica o atleta percebe dois benefícios: primeiro, uma maior ingestão de proteína ajudará a preservar massa corporal magra; segundo, mais calorias serão queimadas por causa das elevadas propriedades termogênicas da proteína.

Efeitos deletérios de dietas restritas em energia

Atletas que praticam esportes com restrição de peso, como artes marciais mistas, luta, boxe, ginástica, patinação artística e salto ornamental, podem precisar perder peso corporal, melhorar a composição corporal ou ambos. As razões para querer perder peso podem ir da melhora no desempenho à qualificação para uma categoria de peso mais baixo ou envolver considerações estéticas. Independentemente dos motivos pelos quais quer-se perder peso, o atleta ou o treinador devem focar na perda de gordura corporal excessiva e tentar minimizar a perda do tecido muscular magro.

Um importante fenômeno a considerar é que quando um indivíduo perde gordura corporal, geralmente, a massa muscular magra diminui concomitantemente. De fato, um estudo demonstrou que, após 6 semanas de uma dieta muito baixa em calorias (DMBC), indivíduos obesos perderam, aproximadamente, 11,5 kg (Eston et al., 1992); no entanto, desse peso, aproximadamente 63% foram de gordura e os 37% restantes, de massa livre de gordura (MLG). Outros estudos utilizando dietas restritas em calorias de curto tempo de duração também têm relatado variadas perdas de MLG (Krotkiewski et al., 2000; Valtuena et al., 1995; Zahouani, Boulier e Hespel, 2003). Em casos raros, um atleta pode querer perder músculo e gordura (por exemplo, um lutador de elite muito magro, que precisa mudar para uma categoria de peso mais baixo). Na maioria dos casos, no entanto, a perda de gordura, não do músculo magro, é o objetivo principal. Nesses casos, alguns músculos podem precisar ser sacrificados para atingir o objetivo. Curiosamente, Mourier et al. (1997) demonstraram que a combinação de uma dieta hipocalórica com o consumo de aminoácidos de cadeia ramificada (BCAAs) levou a uma diminuição mais acentuada do peso corporal e à perda de gordura visceral do que uma dieta rica em proteínas ou uma dieta hipocalórica pobre em proteínas.

Dietas hipocalóricas

Quando atletas precisam perder peso, uma das primeiras coisas que eles fazem mais frequentemente é adotar uma dieta restrita em energia (**dieta hipocalórica**). Dietas hipocalóricas podem, modesta ou severamente, reduzir a ingestão de calorias totais. Na reta final da dieta, algumas pessoas adotam dietas comumente referidas como DMBC. Com atletas, dependendo do esporte, o desempenho pode começar a ser prejudicado, se a ingestão calórica tornar-se muito baixa.

- Dieta hipocalórica – dieta na qual são consumidas menos quilocalorias do que o necessário para manter o peso corporal existente; também conhecida como uma dieta restrita em energia ou hipoenergética.

A **dieta muito baixa em calorias (DMBC)**, como definida pelo National Heart, Lung and Blood Institute, é um tipo específico de dieta que contém menos do que 800 kcal por dia (Gilden Tsai e Wadden, 2006).

Geralmente, a dieta consiste de quantidades de proteína dietética relativamente grandes (70 a 100 g por dia ou 0,8 a 1,5 g de proteína por quilograma de "peso corporal ideal"), de carboidrato relativamente modestas (80 g por dia) e de gordura mínimas (15 g por dia) (Gilden Tsai e Wadden, 2006). Todavia, a DMBC geralmente atinge 100% da Ingestão Dietética Recomendada (Recommended Dietary Allowance – RDA) de todas as vitaminas e todos os minerais essenciais (Gilden Tsai e Wadden, 2006). Essas dietas são frequentemente consumidas na forma líquida (National Task Force e National Institutes of Health, 1993) e são, geralmente, defendidas somente para pessoas que são obesas (Índice de Massa Corporal – IMC – maior ou igual a 30) e estão se consultando com um psicólogo, um nutricionista ou um fisiologista do exercício (Gilden Tsai e Wadden, 2006).

- Dieta muito baixa em calorias (DMBC) – um tipo de dieta hipocalórica, geralmente, na forma líquida, na qual 800 kcal ou menos são consumidas diariamente.

Tipicamente, a DMBC tem de 12 a 14 semanas de duração. Depois, uma dieta baseada em alimentos integrais é reintroduzida lentamente ao longo dos próximos dois ou três meses, na tentativa de estabilizar o peso do indivíduo (Gilden Tsai e Wadden, 2006). A média de perda de peso com uma DMBC é de, aproximadamente, 1,5 a 2,5 kg por semana, para uma média de perda de peso de 20 kg após 12 a 16 semanas (National Task Force e National Institutes of Health, 1993). Entretanto, não é fácil manter essa redução de peso, como visto num estudo no qual 113 homens e 508 mulheres aderiram à DMBC por 12 semanas (como parte de um programa de perda de peso de 26 semanas) e perderam, aproximadamente, 25,5% e 22,6% de seus pesos originais, respectivamente (Wadden e Frey, 1997). Todos os participantes foram acompanhados até 2 anos depois do estudo e somente 77,5% dos homens e 59,9% das mulheres tinham mantido a perda de 5% ou mais do peso corporal (Wadden e Frey, 1997).

Um tipo similar de regime, a **dieta de baixa caloria (DBC)**, permite uma alimentação convencional de, aproximadamente, 1.000 a 1.500 kcal por dia. Gilden Tsai e Wadden (2006) conduziram uma meta-análise sobre a efetividade da DMBC e da tradicional DBC com relação à perda de peso. Os autores concluíram que a perda de peso inicial era maior com a DMBC. Todavia, ao contrário do que se tem mostrado em meta-análises anteriores (Anderson et al., 2001), Gilden Tsai e Wadden concluíram que, depois de um ano, com a DMBC, a perda de peso total não havia sido significativamente diferente daquela alcançada com a DBC tradicional. Esses autores relataram que as meta-análises anteriores não tinham, na verdade, comparado lado a lado as pesquisas com a

DMBC e a DBC, mas tinham "extrapolado as informações pelas investigações, nas quais somente uma ou outra dieta foi utilizada" (p. 1.289). Em igual importância, Gilden Tsai e Wadden notaram que a conclusão do painel de especialistas do National Heart, Lung and Blood Institute dizia que a DBC deveria prevalecer em relação à DMBC. De um ponto de vista prático, a DBC é muito mais realista para a maioria das pessoas aderirem no dia a dia.

- Dieta de baixa caloria (DBC) – um tipo de dieta hipocalórica, normalmente contendo alimentos tradicionais, na qual cerca de 1.000 a 1.500 kcal são consumidas diariamente.

Em razão dos efeitos deletérios de dietas restritas em energia na massa muscular magra, como já discutido, a DMBC não é recomendada para atletas (exceto, muito raramente, em esportes com restrição de peso, quando este é uma questão crítica). Se a DMBC for prescrita para atletas, o desempenho pode ser severamente limitado, porque uma redução drástica nas quilocalorias totais diminui as reservas de glicogênio no músculo esquelético (Eston et al., 1992; Krotkiewski et al., 2000). Além disso, relata-se que a DMBC diminui a força absoluta e a resistência muscular (Eston et al., 1992). Esses efeitos potencialmente prejudiciais podem diminuir a capacidade de treinar intensamente e de recuperar-se adequadamente do exercício. Desses dois tipos de dieta, uma DBC tem uma melhor abordagem para atletas que estão tentando perder peso. Em razão de *deficit* calóricos não serem tão severos, a massa muscular magra é mais bem mantida, e os níveis de glicogênio, apesar de comprometidos, não seriam tão depletados e não afetariam a intensidade do treino do mesmo modo que a DMBC.

Dietas ricas em carboidratos e pobres em gorduras

Em relação à perda de peso, a proporção ótima de carboidrato em relação a proteína e a gordura tem sido debatida por algum tempo e, atualmente, ainda não há consenso. Dietas relativamente ricas em carboidratos e pobres em gorduras têm sido populares em meio aos atletas há anos. Entretanto, essas dietas, especialmente em relação aos não atletas, têm perdido um pouco de sua popularidade nos últimos anos em razão da introdução de várias dietas ricas em proteínas e pobres em carboidratos.

Estudos com 12 meses ou menos de abrangência sugerem que dietas pobres em carboidratos podem ser mais vantajosas do que dietas ricas em carboidratos para melhoras de curto prazo na composição corporal (Brehm e D'Alessio, 2008) (dietas ricas em proteína serão discutidas posteriormente neste capítulo). Dados atuais de longo período (> 12 meses) sugerem que a perda de peso é similar naqueles que fazem dietas pobres em gorduras e ricas em carboidratos e naqueles que fazem dietas ricas em proteínas e pobres em carboidratos (Kushner e Doerfler, 2008). A discussão continua em relação ao tipo ótimo de carboidrato na dieta para a perda de peso (de alto índice glicêmico, de alta carga glicêmica, de baixo índice glicêmico ou de baixa carga glicêmica).

Apesar de inúmeros estudos sobre perda de peso terem envolvido atletas e indivíduos treinados (Horswill et al., 1990; Mourier et al., 1997), na maioria dos casos, esses estudos têm utilizado indivíduos não atletas com sobrepeso ou obesos. Assim, muitas informações de pesquisas sobre perda de peso podem se aplicar somente para não atletas. Muitos estudos utilizando dietas hipocalóricas relativamente ricas em carboidratos e pobres em gorduras têm manipulado o tipo de carboidrato consumido com a finalidade de determinar seu impacto na perda de peso. Em 2004, o estudo das dietas CARMEN (Carbohydrate Ratio Management in European National *diets*) revelou que indivíduos que consumiram um grupo pobre em gorduras e rico em carboidratos simples (LFSC, na sigla em inglês) ou um grupo pobre em gorduras e rico em carboidratos complexos (LFCC, na sigla em inglês) perderam quantidades similares de peso corporal e de massa gorda (0,9 e 1,8 kg; 1,3 e 1,8 kg, respectivamente), e mantiveram massa magra (Saris et al., 2000).

De modo similar, Sloth et al. (2004) demonstraram que, quando tudo estava igual, exceto pelo tipo de carboidrato consumido (de baixo ou de alto índice glicêmico), os indivíduos tinham perdido, aproximadamente, a mesma quantidade de peso corporal (−1,9 e −1,3 kg, respectivamente) e de massa gorda (−1,0 e −0,4 kg) no final do estudo de 10 semanas. Além disso, os dois grupos perderam aproximadamente a mesma quantidade de MLG (−0,8 kg) (Sloth et al., 2004). Das et al. (2007) obtiveram resultados parecidos em relação à perda de peso e à composição corporal com dietas que consistiam em baixa (40% de carboidrato, 30% de gordura, 30% de proteína) ou alta (60% de carboidrato, 20% de gordura e 20% de proteína) carga glicêmica. Os autores relataram que, no final do estudo, não houve diferenças significantes entre os dois grupos no peso corporal, na gordura corporal, na taxa metabólica de repouso, na fome ou na saciedade. Após 12 meses, as mudanças percentuais no peso corporal foram de −7,81% e de −8,04% e na composição corporal, de −17,9% e de −14,8% nos grupos de baixa e de alta carga glicêmica, respectivamente (Das et al., 2007). Resultados em relação à perda de peso foram similares em outro estudo que comparou dietas hipocalóricas enquanto variavam o tipo (de baixo ou de alto índice glicêmico) dos carboidratos ingeridos (Sichieri et al., 2007).

Similarmente, de Rougemont et al. (2007) relataram que, em um estudo de 5 semanas, o grupo de indivíduos que fez uma dieta com baixo índice glicêmico perdeu significativamente mais peso (−1,1 *versus* −0,3 kg) do que o grupo que fez uma dieta com carboidratos de alto índice glicêmico. Em relação à perda de gordura, nenhum grupo perdeu uma quantidade significativa de gordura (0,17 *versus* 0,04 kg) durante a intervenção de 5 semanas, e não houve diferença significativa entre os grupos (de Rougemont et al., 2007). Bouche et al. (2002) também demonstraram, num estudo de 5 semanas, que uma dieta com baixo índice glicêmico, comparada a uma dieta com alto índice glicêmico, levou a uma diminuição significante na massa gorda (0,7 kg) e a uma tendência estatística para o ganho de massa magra, sem, na verdade, alterar o peso corporal.

Apesar de nem todas as pesquisas estarem de acordo, destaca-se que outros efeitos positivos de dietas com baixo índice glicêmico têm sido relatados. Particularmente, aumento na saciedade (Ball et al., 2003), diminuição no perfil lipídico (lipoproteína de baixa densidade e colesterol total) (de Rougemont et al., 2007) e aumento da insulina e controle da glicose (Brynes et al., 2005; Stevenson et al., 2005) têm sido observados em uma dieta com baixo índice glicêmico em relação a uma dieta com alto índice glicêmico. Frequentemente, atletas são encorajados a ingerir carboidratos de alto índice glicêmico para aumentar a ressíntese de glicogênio após o exercício, o que também pode ter efeitos nas alterações na perda de peso e na massa muscular magra durante o período de dieta. Infelizmente, muitas pesquisas publicadas nessa área são contraditórias. Assim, mais pesquisas são necessárias para concluir qual a dieta mais eficaz para melhorar a composição corporal e a perda de peso, se a dieta com alto ou com baixo índice glicêmico.

A ingestão de gordura permanece no foco das pesquisas científicas e, nesse ponto, as recomendações específicas com relação ao tópico permanecem sem conclusão. A respeito da composição corporal, Strychar (2006) apontou que uma redução geral na ingestão de gordura em um programa de perda de peso é benéfica, mas a porcentagem ótima não é consenso entre os cientistas. Todavia, o posicionamento ótima de 2009 da American Dietetic Association, do Dietitians of Canada e do American College of Sports Medicine (ACSM) sobre nutrição e desempenho atlético oferece algumas diretrizes pertinentes em relação à ingestão de gordura (Rodriguez et al., 2009). Um ponto do posicionamento oficial sustenta que "A ingestão de gordura deveria ser suficiente para fornecer os ácidos graxos essenciais e as vitaminas lipossolúveis, bem como contribuir com energia para a manutenção do peso" (p. 709). Outro ponto afirma que "A ingestão de gordura deveria alcançar de 20% a 35% da ingestão total de energia. Consumir ≤ 20% de energia provinda de gorduras não beneficia o desempenho" (p. 710). A gordura é uma parte importante da dieta de atletas, porque é uma fonte de energia, de vitaminas lipossolúveis e de ácidos graxos essenciais (Rodriguez et al., 2009). Para mais informações sobre ingestão de gordura e desempenho atlético, veja o Capítulo 4.

Em conclusão, dietas hipocalóricas, como DMBC e DBC, podem levar a uma significante perda de peso. Entretanto, para atletas, essas dietas, geralmente, não são aconselhadas, porque o desempenho e a recuperação podem ser prejudicados (Eston et al., 1992; Krotkiewski et al., 2000). Dietas hipocalóricas que são relativamente ricas em carboidratos e pobres em gorduras têm diminuído a gordura corporal e melhorado a composição corporal. Contudo, a quantidade ótima de gordura na dieta para promover a perda de peso ainda não está definida. Além disso, se os carboidratos de baixo ou de alto índice glicêmico ou carga glicêmica afetam ou não a perda de peso é um assunto que continua a ser debatido. Deve-se levar em conta que indivíduos em um treino de alta intensidade têm diferentes necessidades de adultos sedentários ou minimamente ativos. De maneira específica, a atividade intensa é abastecida principalmente pelo carboidrato no músculo esquelético (o qual é queimado para gerar energia durante o processo de glicólise). Por essa razão, indivíduos em treino de alta intensidade necessitam de níveis mais altos de carboidratos.

Dietas ricas em proteína

Dietas ricas em proteína, frequentemente com restrição concomitante de carboidratos, têm recebido muita atenção e se tornado bastante populares como uma maneira de perder peso, melhorar a composição corporal, reduzir a fome e melhorar certos perfis de lipídios sanguíneos e a sensibilidade à insulina (Brehm e D'Alessio, 2008; Halton e Hu, 2004; Kushner e Doerfler, 2008; Noble e Kushner, 2006). Descobertas de pesquisas publicadas demonstram que é muito provável que dietas ricas em proteínas ajudem na perda de peso, pela saciedade e pelo efeito térmico da proteína (Brehm e D'Alessio, 2008). De fato, Johnston, Day e Swan (2002) demonstraram que o efeito térmico de uma refeição contendo altas taxas de proteína (30% de energia como carboidrato complexo, 10% como açúcar simples, 30% como proteína e 30% como gordura), na média, foi quase duas vezes maior do que uma refeição rica em carboidratos contendo o mesmo número de calorias (50% de energia como carboidrato complexo, 10% como açúcar simples, 15% como proteína e 25% como gordura).

Outro resultado indica que indivíduos que consomem dietas ricas em proteínas têm mais propensão a comer menos nas refeições subsequentes, pelos efeitos da saciedade (Halton e Hu, 2004). Especificamente, fazer uma refeição rica em proteínas resulta em consumir 12% (Barkeling, Rossner e Bjorvell, 1990) e 31% (Latner e Schwartz, 1999) calorias a menos na próxima refeição. Uma das razões pelas quais as dietas ricas em proteína podem ser mais saciáveis do que dietas ricas em carboidratos é que proteínas, ao contrário das gorduras e dos carboidratos, é um estimulador relativamente forte de saciedade do hormônio gastrointestinal colecistoquinina (CCK) (Johnston, Day e Swan, 2002). Níveis elevados de CCK têm inibido a alimentação de ratos e de humanos (Bray, 2000).

Pesquisadores dinamarqueses apontaram que, quando os participantes de uma dieta rica em proteína (46% carboidratos, 25% de proteínas, 29% de gorduras) ou em carboidrato (59% de carboidratos, 12% de proteínas, 29% de gorduras) comeram *ad libitum* (isto é, tanto quanto queriam), aqueles que fizeram a dieta rica em proteínas consumiram significativamente menos calorias ao longo do estudo (Skov et al., 1999). Além disso, o grupo que fez a dieta rica em proteína perdeu significativamente mais peso do que os participantes na dieta rica em carboidrato. Especificamente, participantes das dietas ricas em proteína e das ricas em carboidrato perderam 8,9 e 5,1 kg de peso corporal e 7,6 e 4,3 kg de gordura, respectivamente (Skov et al., 1999). Layman et al. (2003) examinaram os efeitos de duas diferentes dietas hipocalóricas (aproximadamente, 1.700 kcal por dia) isoenergéticas com variações das proporções de carboidrato para proteína na composição corporal. Uma das dietas tinha uma proporção carboidrato para proteína de 3:5 (fornecendo 68 g de proteína por dia) e outra tinha uma proporção de carboidrato para proteína de 1:4 (fornecendo 125 g de proteína por dia). As duas dietas resultaram numa perda de peso similar, mas a dieta que continha uma porcentagem maior de proteína levou a uma maior perda de gordura, melhor preservação da massa muscular e, finalmente, melhorou a composição corporal (Layman et al., 2003).

De acordo com Brehm e D'Alessio (2008), em estudos aleatórios com duração de até 12 meses, experimentos controlados repetidamente demonstram que dietas ricas em proteína são comparáveis, possivelmente superiores, às dietas pobres em proteína quando se trata de perda de peso, preservação da massa corporal magra e melhora em diversos fatores de risco no sistema cardiovascular. Portanto, dietas que aumentam moderadamente as proteínas e restringem modestamente os carboidratos e a gordura podem ter efeitos benéficos no peso corporal e na composição corporal (Brehm e D'Alessio, 2008; Halton e Hu, 2004).

Curiosamente, como Kushner e Doerfler (2008) destacaram em um artigo, dados obtidos em estudos de longa duração continuam a indicar que a perda de peso total não difere significativamente entre aqueles que fazem uma dieta pobre em carboidrato e aqueles que fazem uma dieta pobre em gordura. Por isso, apesar de nem todas as pesquisas concordarem, dietas ricas em proteína e pobres em carboidrato podem ser melhores para a perda de peso e a composição corporal em curto prazo, mas estudos de longa duração sugerem que as tradicionais dietas pobres em gordura e ricas em carboidrato podem ser igualmente efetivas. Mesmo que dietas ricas em proteína e pobres em carboidrato pareçam promissoras, cientistas destacam que os efeitos em longo prazo de uma dieta rica em proteína sobre a saúde cardiovascular e metabólica precisam ser estudados (Kushner e Doerfler, 2008). No entanto, até o momento, a maioria dos estudos sobre "proteína alta" que avaliaram os efeitos potenciais nos perfis com risco de problemas cardiovasculares, na verdade, mostra melhora ou redução do risco, em comparação às dietas tradicionais norte-americanas.

Em conclusão, parece que dietas moderadamente ricas em proteína e levemente pobres em carboidrato podem ser benéficas quando se trata da perda de peso e da melhora da composição corporal. Ademais, o aumento da ingestão de proteínas durante a perda de peso, variando a quantidade de calorias ingeridas, irá prevenir o balanço nitrogenado negativo, o que também pode colaborar para amenizar a perda de tecido muscular magro e, finalmente, o gasto de energia quando estiver em repouso (Stiegler e Cunliffe, 2006). Todavia, a ingestão adequada de carboidrato também é crucial para diversos aspectos do desempenho atlético e do exercício de alta intensidade. Portanto, em relação a indivíduos fisicamente ativos, muitas vezes, é insensato defender a diminuição drástica da ingestão de carboidratos, porque isso pode afetar adversamente o desempenho e as reservas de glicogênio muscular (Cook e Haub, 2007). Dietas hipocalóricas que restringem a ingestão de carboidratos, provavelmente, não são prudentes durante a temporada competitiva se o esporte exige muito o uso de carboidratos, como corridas de média e de longa distância, natação, basquete, luta etc. Entretanto, variações dessas dietas podem ser vantajosas na promoção da perda de peso de atletas que estão fora da temporada. Um ponto importante é que a perda de peso deveria ocorrer, quando possível, com o atleta competitivo fora de temporada. Uma vez que o desempenho competitivo não faz parte do período fora de temporada, alcançar o peso corporal e a composição corporal ideais por meio de mudanças na ingestão dietética nesse momento não afetará diretamente o desempenho competitivo.

Dicas para a diminuição da gordura corporal

1. Se possível, tente reduzir a gordura corporal na baixa temporada ou na pré-temporada.
2. Mantenha um registro da ingestão de todos os alimentos e de todas as bebidas (registro da quantidade e do tipo de alimento consumido, sensações, horários e lugares associados à alimentação).
3. A maneira mais fácil de diminuir a gordura corporal é mudar sua equação do balanço energético (isto é, criar um balanço energético negativo).
4. Para a maioria dos atletas, reduza as calorias em, aproximadamente, 500 por dia.
5. Reduza a ingestão calórica diminuindo a quantidade de calorias derivadas de gordura na sua dieta. Manter ou aumentar levemente a ingestão de proteínas (recomenda-se de 1,5 a 2,0 g de proteína por quilograma de peso corporal por dia) quando seguir uma dieta hipocalórica.
6. Avalie a composição corporal frequentemente para confirmar que o peso perdido está vindo da gordura reservada no corpo, e não da massa muscular magra.
7. Perca peso gradualmente, para garantir o máximo de perda de gordura e de preservação do tecido magro. Para a maioria dos atletas, a perda de aproximadamente 0,5 kg por semana é a melhor opção.

Combinando dieta e exercício para perda de peso

As pesquisas sobre se a combinação de exercício aeróbio com uma dieta hipocalórica leva a uma (estatisticamente significante) melhora da composição corporal em detrimento de uma dieta restrita apenas em calorias parecem um tanto questionáveis. Nieman et al. (2002) demonstraram que o exercício aeróbio (istó é, caminhar a 60%-80% da frequência cardíaca máxima) combinado a uma dieta restrita em energia não levou à perda maior de peso do que apenas a dieta hipocalórica em indivíduos obesos. Similarmente, 30 minutos de ciclismo em intensidade moderada realizado por homens sedentários três vezes na semana por 16 semanas não levaram a melhoras mais significativas na massa corporal ou na composição corporal do que apenas uma dieta restrita em calorias (Cox et al., 2003). Kraemer et al. (1997) também relataram que nem a perda de peso e nem a porcentagem de gordura corporal durante a restrição calórica moderada foram melhoradas pela adição de exercício aeróbio. Diversos outros estudos também têm mostrado que a adição de exercício aeróbio à dieta hipocalórica não melhorou significativamente a composição corporal ou a perda de peso em relação às melhoras observadas somente com a dieta (Dengel et al., 1994a, 1994b; Strasser, Spreitzer e Haber, 2007).

Infelizmente, muitos pesquisadores que fizeram essa comparação não analisaram o *deficit* de energia. Em outras palavras, se em algumas investigações, o grupo que fez dieta e exercício criou um *deficit* de energia maior do que o grupo que fez apenas dieta. Assim, é difícil fazer comparações e interpretações precisas desses estudos ou concluir se apenas a dieta é melhor para a perda de peso e a melhora da composição corporal ou se a dieta adicionada ao exercício é a melhor opção. Entretanto, um estudo feito por Redman et al. (2007) não encontrou *deficit* de energia. Os participantes foram aleatoriamente divididos em três grupos por seis meses:

- Um grupo controle, colocado em dieta de manutenção do peso.
- Um grupo colocado em restrição calórica de 25%.
- Um grupo colocado em restrição calórica (12,5% de *deficit*) e exercício aeróbio (12,5% de *deficit*).

Os autores relataram que os dois grupos restritos em energia perderam, aproximadamente, 10% de seu peso corporal total, 24% de sua massa gorda e 27% de sua gordura visceral (Redman et al., 2007). Eles concluíram que o exercício combinado com a restrição calórica foi tão efetivo quanto apenas a restrição calórica em relação à composição corporal e à massa gorda. Ambos os grupos perderam, aproximadamente, de 2 a 3 kg de MLG, mas os grupos não diferiram significativamente de um para o outro (Redman et al., 2007). Contudo, os pesquisadores também apontaram que os indivíduos que perderam peso com a adição do exercício perceberam benefícios adicionais, como o aumento do condicionamento aeróbio e a melhora da saúde cardiovascular. Para perceber esses benefícios à saúde, a recomendação é que a restrição dietética moderada seja combinada com a atividade física.

O treino de força (comparado ao treino aeróbio) combinado com a dieta hipocalórica pode ser mais promissor em relação à manutenção do tecido magro e à diminuição da massa gorda. Tem sido mostrado que, após a perda de peso, indivíduos que treinaram força, mas não fizeram exercício aeróbio, foram capazes de preservar a MLG e o gasto energético de repouso (Hunter et al., 2008). Frimel et al. (2008) também demonstraram que a massa muscular magra foi preservada quando um programa de treino de força progressivo foi combinado com uma dieta hipocalórica (em oposição àqueles que fizeram somente a dieta). Curiosamente, Demling e DeSanti (2000) estudaram os efeitos de uma dieta de 12 semanas hipocalórica moderada e rica em proteína combinada com o treino de força na composição corporal, utilizando dois suplementos diferentes de proteínas (*whey protein* e caseína hidrolisados) e compararam essas combinações com uma dieta apenas hipocalórica. No final do estudo, os três grupos perderam aproximadamente 2,5 kg de peso corporal (Demling e DeSanti, 2000). No entanto, os indivíduos que fizeram somente a dieta diminuíram a gordura corporal de 27% a 25%; os que fizeram a dieta e o exercício combinados com a caseína, de 26% a 18%; e os que fizeram a dieta e o exercício combinados com a *whey protein*, de 27% a 23% (Demling e DeSanti, 2000). A média de perda de gordura foi, respectivamente, de 2,5, 7,0 e 4,5 kg nos três grupos. Igualmente importante, a massa magra não melhorou no grupo que fez apenas a dieta, mas aumentou de 4 kg no grupo que consumiu caseína e 2 kg no grupo que consumiu *whey protein* (Demling e DeSanti, 2000). A informação relatada nesse estudo é bem recebida por atletas que precisam perder gordura corporal. Considerando que todos os atletas se comprometam no treino de força (como deveriam) para melhorar a força funcional no jogo, esse estudo também fornece suporte científico, indicando que o treino de força durante a dieta irá assistir o atleta na preservação da massa muscular magra.

Todavia, em alguns estudos, o treino de força combinado com exercício aeróbio e com uma dieta hipocalórica não levou ao aumento da perda de peso ou à melhora da composição corporal, se comparado com fazer somente a dieta (Kraemer et al., 1997). Além disso, um estudo de 4 semanas que adicionou um treino de força a uma DMBC, consistindo de, aproximadamente, 812 kcal por dia, não levou à preservação de MLG ou de gasto energético de repouso (Gornall e Villani, 1996). No entanto, isso é mais atribuível ao fato da DMBC fornecer somente 40 g de proteínas por dia. A quantidade mínima de proteína oferecida pela dieta, provavelmente, foi incapaz de prevenir a degradação da proteína excessiva (Stiegler e Cunliffe, 2006).

Dietas hipercalóricas

Na outra extremidade do espectro da modificação da composição corporal está a necessidade ou o desejo de ganhar peso, particularmente de massa muscular magra. Curiosamente, se calorias excessivas (ou seja, **dieta hipercalórica**) são consumidas por indivíduos não treinados, mesmo sem treino de força, pode ocorrer tanto o crescimento de massa gorda quanto o de massa muscular (Forbes, 2000). Além disso, a composição corporal inicial pode ter um papel no tipo de peso (gordura *versus* músculo) que é ganho com a dieta hiperenergética. Forbes (2000) afirmou em seu artigo que o ganho de peso em pessoas magras é composto de 60% a 70% de tecido magro (em estudos de superalimentação que duram, pelo menos, três semanas). Similarmente, em indivíduos obesos, somente de 30% a 40% do ganho de peso foi composto de tecido magro.

- Dieta hipercalórica – dieta na qual são consumidas mais quilocalorias do que o necessário para manter o peso corporal existente; também conhecida como dieta rica em energia ou hiperenergética.

Se o ganho de massa magra é o objetivo principal, duas situações devem ocorrer. Em primeiro lugar, um estímulo apropriado deve ser exercido nos músculos esqueléticos para aumento da hipertrofia, geralmente esse objetivo é alcançado pelo desempenho em um programa periodizado de treinamento de força bem elaborado. Em segundo lugar, mais calorias do que o necessário devem ser consumidas. Os tipos de calorias consumidas também podem influenciar o tipo de ganho de peso. Como regra geral, para otimizar o ganho de massa muscular, enquanto também se minimiza o crescimento da massa gorda, a ingestão calórica aumentada deve vir predominantemente de proteínas/aminoácidos e de carboidratos, com o mínimo de aumento do consumo de gordura (principalmente de gordura saturada).

A combinação de um estímulo anabólico apropriado (exercício de força) e de uma ingestão de substrato adequado (proteína) resulta num balanço nitrogenado positivo. O balanço nitrogenado positivo ocorre quando a síntese de proteínas excede a degradação das proteínas (isto é, quebra). Também é importante lembrar que, para a síntese de proteínas que ocorre no músculo esquelético, todos os 20 aminoácidos, em quantidades adequadas, devem estar presentes (Jeukendrup e Gleeson, 2004). Assim, uma provisão adequada de aminoácidos deve estar presente na dieta. O boxe a seguir lista algumas recomendações gerais para o aumento da massa corporal magra. Cerca de 0,11 a 0,67 kg por semana é um objetivo realista de ganho de peso. Entretanto, a real porcentagem do tecido de massa muscular magra atual que pode ser ganha é altamente variável.

Dicas para aumentar a massa muscular magra

1. Consuma uma dieta hipercalórica, aproximadamente, 10%-15% acima da que é necessária para manter o peso corporal existente.
2. Fracione a ingestão calórica diária acima de 5 ou de 6 refeições.
3. Comprometa-se num programa periodizado de treino de força.
4. Consuma aproximadamente 40%-50% de carboidrato, 30% de proteína e 20%-30% de gordura. Para quilocalorias adicionais, consumir alimentos ricos em proteína e em gordura.
5. Ingira proteínas adequadas todos os dias (aproximadamente 1,5-2,0 g/kg por dia).
6. Consuma regularmente *whey protein*, vários aminoácidos (como os BCAAs), caseína e carboidrato, distribuindo-os em momentos próximos da realização da atividade física (ou seja, faça refeições antes, durante e depois da atividade física).
7. Considere a suplementação com creatina.

Considerando-se todos os esportes, poucos dão tanta ênfase ao ganho de massa muscular como o fisiculturismo. Lambert, Frank e Evans (2004) sugeriram uma proporção de macronutrientes de cerca de 55% a 60% de carboidrato, de 25% a 30% de proteína e de 15% a 20% de gordura. Essa recomendação fornece proteína suficiente para otimizar o crescimento muscular, bem como carboidrato suficiente para permitir a energia ótima para o treinamento de força de alta intensidade e, ainda, fornecer gordura suficiente para sustentar níveis adequados de testosterona no sangue (Lambert, Frank e Evans, 2004). A síntese de proteínas exige o uso de adenosina trifosfato (ATP), assim, uma dieta deficiente em energia pode diminuir a síntese de proteínas. Como resultado, uma dieta levemente hiperenergética, com um aumento de, aproximadamente, 15% na ingestão de energia acima da qual se exige para manter o peso, é recomendada para otimizar a síntese de proteína muscular (isto é, hipertrofia) (Lambert, Frank e Evans, 2004).

Um estudo anterior, apesar de ter sido feito com idosos, também constatou um aumento na massa muscular quando um aumento na ingestão de energia combinou-se com o treinamento de força. Meredith et al. (1992) investigaram os efeitos do consumo de 560 kcal extras (aproximadamente, 60 g de carboidrato, 25 g de gordura e 24 g de proteína) por dia em indivíduos idosos. Esse protocolo dietético, quando combinado com o treinamento de força, resultou em um aumento significativamente maior da massa muscular da coxa, conforme mensurado pela imagem de ressonância magnética (IRM), do que em participantes que não consumiram quilocalorias extras. Observe, porém, que essa pesquisa foi conduzida numa população idosa e que ainda não foi provado que os adultos mais jovens e fisicamente ativos experimentariam as mesmas mudanças fisiológicas.

O "momento correto" da ingestão de macronutrientes em uma sessão de treinamento de força pode ter papel na hipertrofia muscular e na melhora da composição corporal. Tipton et al. (2001) demonstraram que a ingestão de carboidrato e de uma solução de aminoácidos essenciais antes da atividade física foi mais eficaz na promoção da síntese de proteína depois da atividade física do que a ingestão da mesma mistura imediatamente após a sessão. Tipton et al. (2007), posteriormente, compararam os efeitos do consumo da *whey protein* antes e depois de uma série de exercícios de força para determinar se o momento de ingestão das proteínas intactas e inteiras teria um efeito similar na síntese de proteínas, como no estudo anterior. Tanto as refeições com *whey protein* feitas antes da atividade física quanto as realizadas depois aumentaram a síntese de proteínas para uma proporção que foi diferente, mas não significante (Tipton et al. 2007). Diversas outras pesquisas também têm demonstrado a importância do momento correto da ingestão da proteína e seus efeitos na maximização do estímulo anabólico de uma série de exercícios de força (Borsheim et al., 2002; Rasmussen et al., 2000; Tipton et al., 2003, 2004). Para uma completa discussão acerca do momento correto de ingestão de proteínas e carboidratos, veja o Capítulo 9.

Quanto de proteína um atleta deveria consumir para promover o aumento da massa muscular magra? Atualmente, os especialistas ainda não entraram num acordo. No entanto, a International Society of Sports Nutrition publicou um posicionamento oficial sobre proteína e exercício (Campbell et al., 2007) que inclui os seguintes tópicos:

- Diversas pesquisas sustentam o argumento de que indivíduos engajados na prática regular de exercícios precisam de mais proteínas na dieta do que indivíduos sedentários.
- Ingestões de proteína de até 2,0 g/kg por dia para indivíduos fisicamente ativos não são somente seguras, mas podem melhorar as adaptações do treinamento no exercício físico.
- Quando faz parte de uma dieta balanceada e rica em nutrientes, a ingestão de proteína não é nociva à função renal ou ao metabolismo ósseo em pessoas saudáveis e ativas.

Deveria ser observado, no entanto, que Rennie e Tipton (2000), também especialistas no metabolismo de proteínas, sugerem em seu artigo que indivíduos ativos podem não precisar de proteínas adicionais. Especificamente, eles afirmam que: "Não há evidências de que o exercício habitual aumente as demandas de proteínas; de fato, o metabolismo das proteínas pode tornar-se mais eficiente como resultado do treinamento" (p. 457).

Embora essas afirmações aparentemente contraditórias possam ser confusas, o ponto principal é que um leve aumento no consumo de proteína não parece prejudicial a adultos saudáveis e pode intensificar as adaptações do treinamento, como a hipertrofia muscular. Portanto, atletas podem considerar um leve aumento no consumo de proteínas magras quando estiverem tentando aumentar a massa muscular magra e melhorar a composição corporal. Como discutido no Capítulo 3, é recomendada uma ingestão de proteína de 1,5 a 2,0 g/kg de massa corporal. Atletas que estiverem tentando ganhar massa corporal magra devem optar por níveis mais altos que essa taxa. Em conclusão, para aumentar o peso corporal deve-se consumir uma dieta hiperenergética. Todavia, para acentuar o crescimento da massa muscular magra, a dieta hipercalórica deve ser combinada com o treinamento de força e com a ingestão de proteínas adequada, para auxiliar a síntese de proteínas.

Suplementos esportivos para melhorar a composição corporal

Alguns suplementos dietéticos têm possibilitado aumento na massa corporal magra e diminuição na massa gorda ou na porcentagem de gordura corporal. Esta seção focaliza estudos nos quais o ponto clínico final é uma verdadeira mudança na composição corporal. Numerosos estudos têm mensurado mudanças agudas na síntese e na degradação da proteína muscular; esses tópicos não serão discutidos aqui, porque as mudanças na composição corporal não foram direcionadas ou não fizeram parte da elaboração do estudo (Biolo et al., 1995; Borsheim, Aarsland e Wolfe, 2004; Tipton et al., 1999a, 1999b, 2001, 2003, 2007). Observa-se que em cada um dos estudos discutidos os suplementos esportivos foram consumidos em combinação com um programa de treinamento de força.

Creatina

A creatina, que deve ser um dos suplementos dietéticos mais comumente utilizados, tem demonstrado promover ganhos significantes na massa corporal magra. Como um suplemento que opera independentemente, a creatina tem mais indícios de que ajuda em relação ao aumento de massa corporal magra do que o restante da categoria de suplementos combinada. Na verdade, um dos principais efeitos colaterais da suplementação com creatina é o aumento do peso corporal (sob a forma de massa corporal magra). Isso tem sido observado em diversas populações, incluindo homens, mulheres, idosos e muitos grupos de atletas norte-americanos e de outros países (Branch, 2003; Brose, Parise e Tarnopolsky, 2003; Chrusch et al., 2001; Gotshalk et al., 2002; Kelly e Jenkins, 1998; Kreider et al., 1998; Stone et al., 1999; van Loon et al., 2003; Vandenberghe et al., 1997).

Muitos estudos realizados até o momento indicam que a ingestão de creatina de curta duração (cerca de uma semana) aumenta a massa corporal total em aproximadamente 0,8 a 1,7 kg (Terjung et al., 2000). A suplementação de creatina de longa duração (cerca de dois meses) em conjunto com treinamento de força tem demonstrado aumentar a massa corporal magra em cerca de 2,8 a 3,2 kg (Earnest et al., 1995; Kreider et al., 1996; Stout, Eckerson e Noonan, 1999). Apesar da suplementação de creatina ter ajudado com relação ao aumento da massa corporal, houve um tempo em que algumas pessoas questionaram se o ganho se deu pelo aumento da retenção de água ou pelo crescimento do tecido magro de fato. Dois estudos importantes confirmaram que a suplementação com creatina, em conjunto com um programa de treinamento de força, induziu um aumento do conteúdo de proteína (especificamente, o conteúdo de proteínas contráteis).

Na primeira dessas investigações clínicas (Volek et al., 1999), mudanças em nível celular foram encontradas em 19 homens saudáveis, treinados em força, que foram comparados e, então, aleatoriamente colocados em dois grupos, para usar creatina ou placebo, num estudo duplo-cego. Os grupos realizaram treinos de força periodizados e pesados por 12 semanas. Os participantes tomaram cápsulas de creatina ou de placebo (25 gramas por dia) por uma semana, seguida por uma dose de manutenção (5 gramas por dia) para o restante do treino. Após 12 semanas, o aumento da massa corporal e da MLG foram significativamente maiores nos indivíduos que receberam creatina (6,3% e 6,3%, respectivamente) do que nos grupos que tomaram placebo (3,6% e 3,1%, respectivamente). Além disso, dados de uma biópsia revelaram que, comparados com os indivíduos do placebo, os da creatina demonstraram aumento significativamente maior na área transversa de fibras musculares tipos I (35% *versus* 11%), IIa (36% *versus* 15%) e IIab (35% *versus* 6%). A concentração de creatina nos músculos ficou inalterada nos indivíduos que receberam placebo. A creatina no músculo foi significativamente elevada após uma semana nos indivíduos que tomaram creatina (22%), e, após 12 semanas, os valores continuaram muito maiores do que nos indivíduos que receberam placebo. Esse estudo demonstra claramente que o aumento no conteúdo de proteína, principalmente em todos os três tipos de fibras musculares, foram, em parte, responsáveis pelo ganho de massa corporal (Volek et al., 1999).

Em outro estudo, Willoughby e Rosene (2001) investigaram a ingestão oral de creatina e seu efeito no teor de proteínas miofibrilares (um marcador da quantidade de proteína intracelular). Homens não treinados ingeriram 6 g de creatina por dia ou um placebo, em conjunto com um treinamento pesado de força por 12 semanas. No final da intervenção, aqueles que ingeriram creatina aumentaram significativamente a MLG (aproximadamente 3,20 kg), em comparação com o grupo placebo (aproximadamente 0,5 kg). Uma das descobertas mais interessantes desse estudo está relacionada ao que ocorre em nível celular no músculo esquelético. O conteúdo de proteínas miofibrilares foi significativamente maior no grupo creatina do que no grupo placebo, apesar do fato de que os dois grupos realizaram programas de treinamento de força idênticos. Mais especificamente, os autores relataram aumentos significantes no conteúdo das duas isoformas da miosina de cadeia pesada (o maior constituinte do músculo esquelético contrátil) (Willoughby e Rosene, 2001). Considerando os dois estudos, eles parecem indicar que o aumento da massa corporal magra com a suplementação de creatina se dá pelo aumento da hipertrofia da fibra muscular esquelética (possivelmente em razão da ativação de células satélites), e não unicamente pela retenção de água.

Outros suplementos esportivos

O consumo de proteínas, de aminoácidos e de várias combinações de diferentes proteínas e de aminoácidos é uma maneira efetiva de promover maior ganho no tamanho das fibras musculares quando combinadas com um regime de exercício adequado. De fato, a prevalência de estudos que tem utilizado combinações de carboidratos, creatina, proteína e aminoácidos torna difícil apontar os mecanismos exatos que determinam a resposta adaptativa. Entretanto, do ponto de vista prático, é óbvio que se uma combinação de suplementos melhora de forma segura a composição corporal e o tamanho da fibra muscular ela é benéfica para o atleta ou o usuário, independentemente de como funciona.

Anderson et al. (2005) compararam o efeito de 14 semanas de treino de força, combinado com o momento de ingestão de proteínas isoenergéticas *versus* a suplementação com carboidratos, na hipertrofia da fibra muscular e no desempenho dos mecanismos musculares. A suplementação foi administrada antes e imediatamente depois de cada sessão de treino e, também, nas manhãs dos dias sem treino. Amostras musculares foram obtidas da biópsia de um músculo vasto lateral e a área da seção transversal de fibras musculares foi analisada. Após 14 semanas do treino de força, o grupo que consumiu proteínas mostrou hipertrofia das fibras musculares do tipo I (18%) e tipo II (26%), ao passo que nenhuma mudança acima do patamar ocorreu no grupo carboidrato (Andersen et al., 2005). Outra pesquisa mostrou que a suplementação com proteínas durante o treino de força, independentemente da fonte (*whey* ou soja), aumentou o tecido de massa magra e a força em relação ao grupo placebo com dieta isocalórica e treinamento de força (Candow et al., 2006). Ainda, outro estudo demonstrou que a suplementação com creatina mais carboidrato e *whey protein*, e creatina mais *whey protein* resultou num aumento significante de 1 repetição máxima (1 RM) na melhora da força e na hipertrofia muscular do que apenas o carboidrato (Cribb et al., 2007).

Em outro estudo, pesquisadores comprovaram os efeitos de vários tipos de suplementação proteica na composição corporal e no desempenho de outros exercícios variáveis durante 10 semanas de treinamento de força (Kerksick et al., 2006). Trinta e seis homens treinados em força seguiram um programa de quatro dias por semana num programa de treinamento de força isolado por 10 semanas. Três grupos de suplementos foram aleatoriamente prescritos a indivíduos em um estudo duplo-cego: 48 g por dia de um placebo de carboidrato; 40 g por dia de *whey protein* mais 8 gramas por dia de caseína; ou 40 gramas por dia de *whey protein* mais 3 gramas por dia de BCAAs e 5 gramas por dia de L-glutamina. O grupo que consumiu *whey* mais caseína apresentou maior aumento na massa magra e na MLG pelo método de absortometria radiológica de dupla energia (DEXA, na sigla em inglês). Assim, a combinação de *whey* com caseína promoveu os melhores aumentos na MLG após 10 semanas de treino de força pesado (Kerksick et al., 2006).

Evidências demonstram que a suplementação com a creatina mono-hidratada (e com várias combinações de creatina + proteína ou carboidrato ou ambos) tem um efeito anabólico significante, levando a alterações positivas na composição corporal. Suplementar com proteína ou combinações de proteína, carboidrato e aminoácido também tem um efeito anabólico. Isso é mostrado com as mensurações do corpo inteiro, como o aumento da massa corporal magra e as medidas celulares de hipertrofia das fibras musculares. O Capítulo 7 discute suplementos para força e potência mais detalhadamente.

Aplicações profissionais

Quando estão tentando otimizar a composição corporal, os atletas procuram aumentar a massa muscular ou perder gordura corporal. Diversos estudos científicos fornecem detalhes de como perder ou ganhar peso corporal, mas algumas dessas abordagens não são apropriadas para atletas. Por exemplo, atletas que ingerem uma dieta hipocalórica (ingerir menos calorias que o necessário) irão perder peso, mas uma proporção significante do peso perdido será de tecido magro, se a ingestão proteica não for suficientemente ajustada e se o programa de treinamento de força não for mantido. Similarmente, uma dieta hipercalórica (ingerir mais calorias que o necessário) causará ganho de peso, mas uma grande proporção do ganho de peso pode dar-se sob a forma de gordura corporal, se o treino de força do atleta e seus programas de condicionamento não forem ajustados adequadamente.

Atletas que estão tentando perder peso podem fazer duas coisas: praticar mais atividade física ou diminuir sua ingestão calórica. Assumindo que os atletas já estão engajados no treino com pesos, no treino de habilidades esportivas e no condicionamento físico, a opção de aumentar a atividade física deve ser ajustada de acordo com o risco de apresentar sintomas da síndrome do *overtraining*. Dessa maneira, diminuir a ingestão calórica é algo frequentemente recomendado a atletas que desejam perder peso. Todavia, isso deve ser realizado cuidadosamente, já que a diminuição da ingestão de energia também pode fazer que o atleta apresente maior risco de *overtraining* e de perda da massa muscular obtida com sacrifício. Para maximizar a perda de gordura e prevenir a perda de massa muscular magra, é importante que os atletas que estiverem fazendo dieta participem de um programa periodizado de treino de força. Além disso, como as calorias estariam reduzidas, a redução deveria vir principalmente dos carboidratos e das gorduras, e a ingestão proteica não deveria ser limitada a uma grande proporção. Isso ajuda a maximizar a perda de gordura e a preservar a massa muscular, mas o treino da intensidade e o desempenho do exercício podem ser prejudicados por causa da ingestão reduzida de carboidratos. Por essa razão, programas de perda de peso devem ser feitos fora da temporada (para que o desempenho competitivo não seja sacrificado) sempre que possível.

Atletas que estão tentando ganhar peso (sob a forma de massa muscular magra) devem seguir duas regras simples: (1) seguir um programa periodizado de treino de força e (2) consumir mais calorias do que gastam. Essas duas regras simples servem como um projeto para o ganho de massa muscular magra. Mais especificamente, a ingestão calórica aumentada deve vir predominantemente de proteínas/aminoácidos e de carboidratos, com o mínimo de acréscimo de gordura. Isso otimizará o ganho em massa muscular enquanto também minimiza o crescimento da massa de gordura. Quanto as calorias deveriam aumentar em relação aos níveis de manutenção? Aproximadamente 15% sobre os níveis de manutenção é uma boa quantia para começar. Por exemplo, se uma jogadora de basquete deseja ganhar massa muscular magra e sua ingestão calórica é de 2.100 calorias para manter o seu peso atual, então, o conselho seria aumentar sua ingestão calórica para 2.415 calorias. Contudo, é muito importante monitorar a composição corporal durante esse período, para ter a certeza de que o ganho de peso está se dando primordialmente como massa muscular magra, e não como gordura corporal. Em adição às mudanças na ingestão calórica, a suplementação com creatina monoidratada tem promovido ganhos significantes na massa corporal magra e também deve ser considerada.

RESUMO

- Quando estiverem tentando perder peso (sob a forma de gordura corporal), é importante que atletas e indivíduos fisicamente ativos diminuam a ingestão calórica, mas mantenham a ingestão de proteínas a 1,5 a 2,0 g/kg de peso corporal por dia.
- Quando atletas estiverem tentando ganhar peso (sob a forma de massa muscular magra), ingerir aproximadamente 15% de calorias acima dos níveis de manutenção é uma boa quantia para começar.
- Se o objetivo for perder gordura corporal ou aumentar a massa muscular magra, é imprescindível que os atletas sigam um programa periodizado de treino de força bem elaborado.
- Se o objetivo for perder ou ganhar peso, é muito importante monitorar as mudanças na composição corporal para que o planejamento da dieta e o programa de treino de força possam ser ajustados se mudanças não desejáveis ocorrerem (isto é, a perda de peso está ocorrendo com muita perda de massa magra; o ganho de peso está ocorrendo com muito ganho de gordura corporal).
- Os Capítulos 11 e 12 discutem como determinar as necessidades nutricionais e desenvolver um planejamento nutricional.
- Certos suplementos esportivos (como creatina e proteína) têm auxiliado mudanças favoráveis na composição corporal.

11

Análise das necessidades nutricionais

Marie A. Spano, MS, RD, LD, CSCS, CSSD, FISSN

Antes de trabalhar com cada atleta para desenvolver um plano nutricional individual, é essencial que o profissional de Nutrição Esportiva avalie a composição corporal atual, o histórico do peso, o histórico da dieta e a dieta atual do atleta. Além disso, se os exames laboratoriais ou a densitometria óssea atuais estiverem disponíveis, essas são ferramentas valiosas que podem ajudar no desenvolvimento de um plano adaptado especificamente para o atleta.

Embora o peso e o histórico do peso forneçam uma noção do estado nutricional do atleta e de qualquer problema com o peso que ele pode apresentar ou pode ter apresentado anteriormente, uma mensuração da composição corporal exata diz muito mais que as escalas. Pelo rastreamento das mudanças na composição corporal com o tempo, o profissional de Nutrição Esportiva pode determinar se o atleta está se mantendo em uma faixa de composição corporal saudável e benéfica ou se movendo em direção a ela em um esporte específico. Ademais, mudanças na composição corporal podem ajudar na avaliação de ganho, manutenção ou perda da massa magra no atleta.

Além de avaliar a composição corporal, é imperativo que o profissional de Nutrição Esportiva analise a dieta do atleta. A melhor forma de se fazer isso é manter um registro alimentar do atleta por, no mínimo, três dias. Um registro exato e detalhado dos alimentos pode ser analisado pelo uso de diversos programas de nutrição para calcular a média de ingestão dos macronutrientes e dos micronutrientes dos alimentos.

Avaliação da composição corporal

Treinadores e atletas, com frequência, estão propensos a dar alguma importância à **composição corporal**. Isso acontece, principalmente, nos esportes em que velocidade e resistência aeróbia são imprescindíveis para o sucesso (por exemplo, corrida), nos esportes com categorias de peso (por exemplo, luta) e nos esportes estéticos (patinação artística, ginástica, salto ornamental etc.). Já que mensurações da composição corporal podem afetar como os atletas se sentem em relação a seus corpos (possivelmente, promovendo um comportamento de transtorno alimentar) e como um treinador elabora o programa de atividade física de um atleta, é imprescindível que ferramentas exatas sejam utilizadas para avaliar a composição corporal e que um profissional bem experiente em composição corporal interprete os resultados para o atleta (no contexto de sua saúde e de seu esporte).

- Composição corporal – uma avaliação da massa de gordura comparada ao tecido magro.

Ambientes de pesquisa utilizam muitos métodos de composição corporal: absortometria de raios X de dupla energia (DEXA), pesagem hidrostática, adipômetro, análise da bioimpedância elétrica (BIA), técnicas de diluição, pletismografia de deslocamento de ar (BOD POD), interactância de infravermelho próximo, imagem por ressonância magnética (IRM) e espectroscopia por ressonância magnética (ERM). Essas técnicas diferentes variam em relação aos componentes do corpo que são mensurados, o que pode incluir gordura, massa livre de gordura, conteúdo mineral ósseo, água corporal total, água extracelular, tecido adiposo total e seus subdepósitos (visceral, subcutâneo e intramuscular), músculo esquelético, órgãos selecionados e depósitos de gordura ectópica (Lee e Gallagher, 2008).

As mensurações comumente utilizadas na área incluem índice de massa corporal (IMC), dobras cutâneas e BIA, em razão de essas ferramentas serem mais convenientes. Atletas que estiverem em instalações de universidades e atletas com acesso a instalações de treinamento profissional também devem ter suas composições corporais avaliadas pelos métodos mais exatos que são comumente utilizados nos ambientes de pesquisa, como DEXA, BOD POD e pesagem hidrostática.

Métodos de campo

Os métodos de campo usados para a avaliação da composição corporal são aqueles portáteis e fáceis de utilizar para a avaliação de diversas pessoas em um curto período de tempo. Como esses instrumentos se comparam e quais são as diferenças mais significativas entre eles? Primeiro, é importante observar os métodos de campo mais comuns que os profissionais de Nutrição Esportiva utilizam. O IMC é um cálculo simples: peso (em quilogramas) dividido pela estatura (em metros) ao quadrado. O valor resultante classifica a pessoa: com baixo peso, eutrofia, com sobrepeso ou obeso. O IMC é uma maneira muito conveniente para medir taxas de obesidade numa população, mas não deveria ser utilizado sozinho para classificar um indivíduo. A Tabela 11.1 exibe as categorias de IMC utilizadas pela Organização Mundial da Saúde (OMS).

A National Health and Nutrition Examination Survey (NHANES), um programa de pesquisa iniciado em 1959 e dirigido pelo Department of Health and Human Services (uma agência do governo estadunidense), usa o IMC no exame físico da pesquisa (são utilizados exames físicos e entrevistas). A NHANES avalia o estado de saúde e de nutrição de adultos e de crianças nos Estados Unidos e investiga mudanças desses estados ao longo do tempo para determinar a prevalência de doenças e de fatores de risco para doenças (United States Department of Health and Human Services e Centers for Disease Control and Prevention, 2009, 2010).

TABELA 11.1 Categorias de índice de massa corporal da Organização Mundial da Saúde

Classificação	IMC (kg/m²)
Baixo peso	< 18,50
Eutrofia	18,50-24,99
Sobrepeso	≥ 25,00
Obeso	≥ 30

Esta tabela foi simplificada para mostrar as categorias mais importantes.
Fonte: World Health Organization. BMI Classification. www.who.int/bmi/index.jsp?introPage=intro_3.html

Medir o IMC não é invasivo e exige apenas uma balança exata e um estadiômetro (para medir a estatura). O problema do IMC é que ele não avalia a composição corporal atual nem faz distinção entre tecido gordo e muscular. Já que o músculo tem maior densidade do que a gordura e pesa mais do que a gordura por volume de tecido, o IMC tende a superestimar os níveis de gordura corporal em indivíduos musculosos (Witt e Bush, 2005). Também pode superestimar a gordura corporal em indivíduos com estruturas corporais grandes (Ortiz-Hernández et al., 2008). Por exemplo, um corredor profissional que tem 1,75 m de altura, pesa

95,5 kg e tem 8% de gordura corporal teria um IMC de 31,2. Esse valor de IMC o classifica como obeso. No entanto, com 8% de gordura corporal, o atleta não é obeso nem tem sobrepeso. O exemplo ilustra uma limitação no uso do IMC em atletas.

Assim como o IMC pode superestimar a gordura corporal em indivíduos musculosos, pode subestimar a gordura corporal em outras populações (Chang et al., 2003; Jones, Legge e Goulding, 2003). Um estudo conduzido utilizando dados da NHANES mostrou que o IMC pode não diagnosticar precisamente a obesidade, especialmente em homens e em idosos, bem como em pessoas com valores de IMC intermediários, e, assim, o IMC deveria ser somente utilizado para avaliar taxas gerais da população em relação à obesidade, e não como um indicador individual (Romero-Corral et al., 2008). O IMC é uma ferramenta melhor quando utilizada para estimar as taxas gerais da população em relação ao peso correlacionado à estatura; não é uma ferramenta desenvolvida para avaliar a obesidade e o baixo peso individualmente num ambiente clínico, na ausência de outras medidas clínicas (Piers et al., 2000).

Instrutores e treinadores geralmente voltam-se para os **adipômetros** para avaliar a composição corporal. Adipômetros mensuram dobras cutâneas de vários locais no corpo. A técnica toma a medida ao agarrar uma dobra de pele e de gordura subcutânea com o polegar e o dedo indicador, puxando a dobra para longe do músculo subjacente, então, prendendo-a com o adipômetro e realizando a leitura em 2 segundos.

- Adipômetro – uma ferramenta para medir dobras cutâneas, as quais podem ser, então, utilizadas para estimar a gordura corporal.

As três regiões em que as dobras cutâneas são mais comumente mensuradas incluem peito, abdome e coxa, nos homens, e tríceps, suprailíaca e coxa, nas mulheres (Figura 11.1). As cinco regiões mais comumente avaliadas incluem tríceps, subescapular, suprailíaca, abdome e coxa (McArdle, Katch e Katch, 2005). Peito e bíceps são regiões adicionais que, às vezes, são utilizadas. As mensurações das dobras cutâneas (as quais devem ser feitas duas ou três vezes em cada local e, então, tirada a média) são incorporadas em equações para predizer a porcentagem de gordura corporal. Essas são as principais vantagens dos adipômetros:

- são fáceis de manejar (uma vez que a pessoa esteja bem treinada na técnica);
- não exigem muito tempo por pessoa;
- não são invasivos nem caros.

Todavia, há, também, diversas desvantagens, que incluem a variação interpessoal (se a gordura corporal é mensurada por uma pessoa e, então, meses depois, por outra pessoa) e a falta de exatidão, quando adipômetros mais baratos são usados. Além disso, mais de 100 equações diferentes são utilizadas para estimar a gordura corporal com base nos valores apontados pelos adipômetros, e as pessoas mensuram diferentes regiões entre as sete. Todos esses fatores podem levar a problemas com a credibilidade, com a validade ou com ambas. Uma medida acurada da composição corporal utilizando adipômetros está entre ± 3% e 5% de erro da **pesagem hidrostática** (McArdle, Katch e Katch, 2005).

- Pesagem hidrostática (pesagem dentro d'água) – um método de mensurar a composição corporal em que o indivíduo é submerso em um tanque de água e a composição corporal é determinada com base na densidade corporal total, utilizando o princípio de Arquimedes de deslocamento (o peso de líquido deslocado pode ser encontrado matematicamente). A pesagem dentro d'água presume que as densidades da massa gorda e da massa livre de gordura são constantes, o tecido magro é mais denso do que a água e o tecido adiposo é menos denso do que a água.

A **bioimpedância elétrica** mensura a impedância do fluxo e a distribuição de uma radiofrequência, alternando a corrente (Lukaski et al., 1985). Água e eletrólitos influenciam a impedância da corrente aplicada; assim, a BIA mensura a água corporal total e, então, indiretamente determina a massa livre de gordura nessa mensuração (Lukaski et al., 1985). A BIA é conveniente, tem bom custo-benefício, é rápida e sua operação exige pouco conhecimento. Entretanto, não mensura precisamente mudanças de curta duração na composição corporal nem pode avaliar precisamente a composição corporal em indivíduos obesos (nos quais pode subestimar a gordura corporal) e em indivíduos muito magros (nos quais pode superestimar a gordura corporal) (Sun et al., 2005). Por fim, pequenas alterações no balanço hídrico podem afetar as mensurações (Saunders, Blevins e Broeder, 1998).

- Bioimpedância elétrica – uma maneira de avaliar a composição corporal pela mensuração de uma pequena corrente elétrica através do corpo. Esse método mensura a água corporal total, a qual pode ser utilizada para determinar o total de massa livre de gordura.

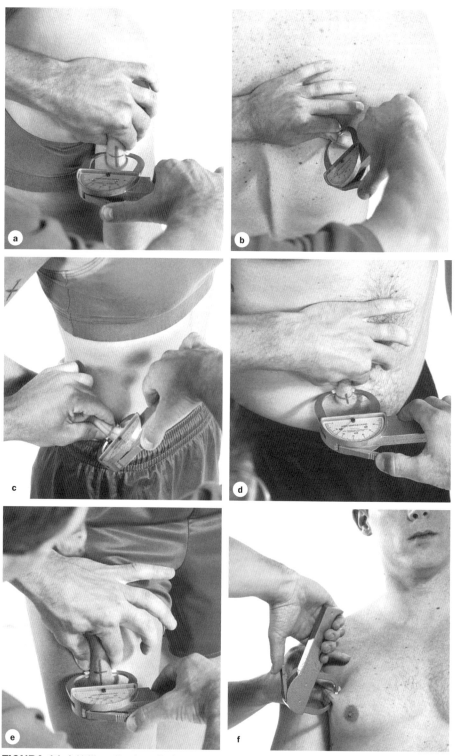

FIGURA 11.1 Utilização do adipômetro para mensurar dobras cutâneas: (a) tríceps, (b) subescapular, (c) suprailíaca, (d) abdominal, (e) coxa proximal e (f) peito.

Mensurações laboratoriais

As mensurações laboratoriais para a avaliação da composição corporal, geralmente, são mais exatas do que as mensurações de campo, mas, também, mais dispendiosas e demoradas; por isso, são utilizadas as mensurações no laboratório em detrimento às feitas no ambiente de campo. O **BOD POD** utiliza pletismografia de deslocamento de ar para mensurar a densidade corporal (massa e volume). O BOD POD mede a massa corporal por uma escala de peso e obtém o volume corporal primeiro mensurando o interior da câmara vazia e, então, coleta essa medida novamente com a pessoa dentro. Os princípios densitométricos são utilizados para estimar a composição corporal pela densidade corporal (McCrory et al., 1998). Esse método divide o corpo em duas partes: massa gorda e massa livre de gordura. A parte com massa densa e livre de gordura é composta de proteína, água, minerais e glicogênio, ao passo que a parte com massa gorda é composta de gordura.

- BOD POD – um dispositivo em formato de ovo com que um atleta, em posição sentada, tem sua composição corporal avaliada. O método utiliza a pletismografia de deslocamento de ar para mensurar a densidade corporal (massa e volume).

O BOD POD não é invasivo, é fácil de utilizar e a mensuração leva somente 5 minutos. Estes são outros benefícios do BOD POD:

- É confortável para pessoa que está sendo mensurada (a menos que o indivíduo seja claustrofóbico).
- Oferece medidas da taxa metabólica de repouso (TMR) e do gasto energético total (GET).
- A operação não exige uma licença técnica.
- A máquina é móvel (pode ser movida para outros locais).
- Pode acomodar indivíduos até a estatura de 2,1 m e 250 kg.

Como é uma nova tecnologia, o BOD POD tem sido comparado com outros métodos consolidados de mensuração da composição corporal. Num estudo comparando o BOD POD e a DEXA, 160 homens (32 ± 11 anos) tiveram suas composições corporais mensuradas com ambas as máquinas. As porcentagens das mensurações da gordura corporal foram de 19,4% ± 6,8% para a DEXA e 21,6% ± 8,4% para o BOD POD. Os dois métodos foram altamente correlacionados, mas a diferença de 2,2% foi significante ($p < 0,01$). A diferença entre os dois instrumentos também foi se ampliando com o aumento da gordura corporal (Ball e Altena, 2004). Esse estudo mostrou que diferenças existirão, dependendo do método utilizado para avaliar a composição corporal.

Portanto, se um atleta está sendo testado com diferentes medidas ao longo do tempo, eventuais diferenças na composição corporal não devem ser completamente consideradas, no caso de aumento ou de diminuição na gordura corporal.

Em um grupo da primeira divisão feminina de atletas universitárias ($N = 30$), as mensurações de BOD POD foram comparadas à pesagem hidrostática, à DEXA e ao adipômetro. Nesse estudo, o BOD POD superestimou significativamente a gordura corporal comparado à pesagem hidrostática e os valores do BOD POD também diferiram significativamente daqueles obtidos pela DEXA. A gordura corporal mensurada pelo adipômetro não diferiu significativamente da gordura corporal mensurada pelo BOD POD. Se os valores do adipômetro não diferirem significativamente nessa população, usar esse método poderia ser uma maneira de melhorar o custo-benefício para mensurar a composição corporal do que o BOD POD (Bentzur, Kravitz e Lockner, 2008). Outro estudo também demonstrou o uso do adipômetro como equivalente ao do BOD POD. Nesse estudo em particular, os valores da porcentagem de gordura corporal obtidos pelo BOD POD foram validados em contraste com a pesagem hidrostática em 30 garotos do ensino médio. A gordura corporal também foi mensurada com interactância de infravermelho próximo, BIA e adipômetro, e comparada aos valores obtidos com a pesagem hidrostática. A interactância de infravermelho próximo e a BIA produziram erro constante e erro total significantes. O BOD POD produziu valores de erros totais aceitáveis, mas erros constantes significativamente mais altos do que a pesagem hidrostática, indicando que é uma escolha aceitável para a mensuração da composição corporal, mas não é melhor do que o uso de adipômetro.

A absortometria de raios X de dupla energia (DEXA) emite raios X (contendo baixa dosagem de radiação) em dois níveis discretos de energia, que são luzes colimadas num feixe e direcionadas para o corpo, posterior e anteriormente (Lukaski, 1993). A DEXA é baseada no princípio básico de que um feixe de raios X que atravessa um material complexo atenua o feixe na proporção da composição, da espessura e dos compostos individuais do material. Por isso, quando a energia de uma fonte de raios X atravessa o corpo humano, ele experimenta uma maior redução na intensidade quando ele interage com o osso do que com o tecido mole (Lukaski, 1993). A DEXA é rápida, não invasiva, exata e reproduzível. Assim como todos os métodos de avaliação da composição corporal, há vantagens e desvantagens na DEXA. Quando comparada com um modelo de quatro partes, a estimativa da DEXA quanto à massa gorda, à porcentagem de gordura corporal e à massa livre de gordura foram significativamente diferentes em indivíduos mais velhos, indicando que essa ferramenta pode não ser o melhor método para mensuração da composição corporal nesse grupo (Moon et al., 2009, Tylavsky et al., 2008).

Independentemente do método utilizado para avaliar a composição corporal em atletas, também é importante monitorar mudanças na composição e no peso corporal ao longo do tempo, quando uma nutrição ou um programa de exercício forem alternados. Com a mensuração da composição corporal e o peso corporal, o treinador ou o instrutor podem efetivamente determinar o tipo de peso (ou seja, músculo, gordura ou água) que está, na verdade, sendo perdido ou ganhado.

Registrando e analisando a alimentação

Antes de analisar a dieta de um atleta, o profissional de Nutrição Esportiva precisa saber o que o atleta está ingerindo diariamente. Métodos comumente utilizados para examinar o que um atleta está ingerindo incluem recordatórios e registros alimentares. Apesar de os registros alimentares (os clientes mantêm um registro contínuo dos alimentos específicos e das bebidas que eles têm consumido, incluindo as quantidades de cada um e como o alimento é preparado) serem preferíveis a recordatórios, em razão de as pessoas frequentemente esquecerem o que comem, eles também têm limitações. O simples fato de manter um registro faz as pessoas mudarem seus hábitos alimentares. Além disso, algumas pessoas ficam encabuladas de seu consumo de alimentos e de bebidas, e, por isso, omitem detalhes por vergonha. Por exemplo, é possível que um jogador de futebol americano que bebe 18 cervejas no fim de semana registre somente 6 dessas cervejas. Outra ferramenta que algumas pessoas usam é a câmera do celular. Elas tiram uma foto da refeição e enviam-na para seu nutricionista esportivo. Todavia, uma foto não fornece detalhes completos em relação a como um alimento foi preparado ou a quantidades consumidas do alimento. Apesar das desvantagens dos recordatórios e dos registros alimentares, essas ferramentas estão entre as melhores disponíveis para ajudar o profissional de Nutrição Esportiva a avaliar a alimentação de um atleta. O formulário 11.1 é um modelo que atletas podem utilizar para um recordatório alimentar de três dias.

Alguns profissionais de Nutrição Esportiva podem examinar registros alimentares e rapidamente identificar as áreas de baixa ingestão (por exemplo, a falta de laticínios sinalizaria um potencial *deficit* em cálcio e em vitamina D). Entretanto, um programa de análise computadorizado pode avaliar precisamente cada componente da dieta.

A alimentação é geralmente analisada por meio de um programa de análise de alimentos ou com o uso de um questionário de frequência alimentar. Um programa de análise alimentar exige um recordatório alimentar de 24 horas, um registro alimentar de três ou de sete dias (quanto mais dias analisados e sua média calculada, mais exata a análise da ingestão alimentar). Programas de análises alimentares podem ajudar a determinar a ingestão de macronutrientes, de micronutrientes e de certos componentes de alimentos, como os ácidos graxos ômega 3. Um questionário de frequência alimentar indaga com qual frequência uma pessoa ingere certos alimentos (quantas vezes por dia, semana, mês ou ano, por exemplo). Pesquisadores comumente utilizam questionários de frequência alimentar para mensurar a frequência e a ingestão total de certos alimentos e correlacionar a ingestão com o risco de doenças. Por exemplo, estudos epidemiológicos têm examinado populações que ingerem muita carne vermelha e seus riscos de desenvolver câncer colorretal, em comparação com populações que consomem menos carne vermelha (Sinha et al., 1999).

Uma variedade de *softwares*, feitos para computador e para celulares, analisa a alimentação. Além disso, alguns *sites* permitem que as pessoas controlarem o que consomem na sua alimentação. Finalmente, *softwares* específicos têm sido desenvolvidos para nutricionistas analisarem a alimentação de seus clientes.

Os programas básicos, que são gratuitos e permitem aos indivíduos controlarem o que consomem em sua alimentação, podem ajudar um atleta a manter-se dentro de certa taxa de calorias ou de macronutrientes. No entanto, todos esses programas são limitados e todos dependem de o usuário ter um conhecimento básico sobre necessidades de macronutrientes e calorias. O melhor caminho é trabalhar com profissional de Nutrição Esportiva, que pode observar além dos macronutrientes e das calorias, e levar em consideração muitos outros fatores que influenciam a saúde, o desempenho atlético e a recuperação.

Softwares para indivíduos

Pessoas que não são profissionais de Nutrição ou pesquisadores podem utilizar diversos *softwares* para controlar o que consomem em sua alimentação e novos programas estão sendo desenvolvidos o tempo todo. Muitos *softwares* têm vantagens, além de apenas calcular a ingestão calórica e manter os usuários comprometidos. Eles podem incluir mudanças gráficas no peso ao longo do tempo (veja a Figura 11.2), comparando as calorias queimadas por meio da atividade física com a alimentação e fornecendo amostras de dietas por níveis de calorias específicos (1.200, 1.500, 1.800, 2.000, 2.200 etc.). Apesar de todos esses programas serem dirigidos em direção à perda de peso e, assim, serem mais aplicáveis para o atleta recreacional, atletas que têm lutado contra distúrbios alimentares ou aqueles que tentam ganhar ou manter o peso podem achar esses programas básicos úteis para deixá-los confiantes. Atletas profissionais estão além da contagem de calorias e precisam de recomendações mais detalhadas e individualizadas para melhorar o desempenho e a recuperação. O Quadro 11.1 fornece mais informações sobre vários *softwares* disponíveis.

Softwares profissionais

Geralmente, profissionais de Nutrição que utilizam instalações universitárias também usam *softwares* para propósitos de pesquisa. As diferenças entre *softwares* gratuitos de internet e *softwares* profissionais podem ser imensas. Os profissionais geralmente têm uma base de dados dos alimentos muito grande e analisam a alimentação para além de apenas calorias e níveis de macronutrientes. Além disso, os profissionais também podem incorporar à dieta do cliente ácidos graxos específicos, micronutrientes, cafeína e outras variáveis. *Softwares* profissionais podem diferir da maioria dos *softwares* gratuitos, porque fornecem relatórios mais detalhados e completos que, frequentemente, vêm em inúmeros formatos diferentes (gráficos de pizza, gráficos de linha etc.; veja a Figura 11.3). Esses *softwares* são desenvolvidos para o profissional de Nutrição e para o pesquisador, que necessitam de uma análise profunda de um cliente ou de sua alimentação.

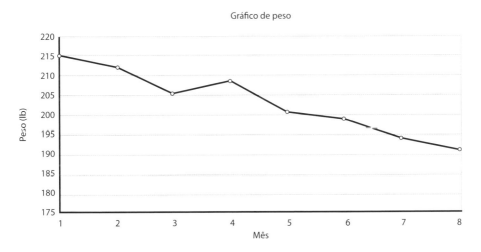

FIGURA 11.2 Diversos *softwares* de análises nutricionais, bem como *softwares* de internet disponibilizam uma variedade de gráficos que ajudam a motivar e a encorajar pessoas a alcançarem seus objetivos. Este gráfico mapeia o peso ao longo do tempo, o que pode ajudar atletas que precisam ganhar ou perder peso para alcançar um peso adequado para seu esporte e sua saúde em geral.

QUADRO 11.1 *Software* de internet e PDA (*Professional Development Alternatives*)

Programa	Internet ou PDA?	Taxa?	Atribuições
www.fitday.com (adesão básica)	Internet	Gratuito	Acompanhar alimentação, exercício, peso e objetivos.
www.sparkpeople.com	Internet	Gratuito	Fornece acompanhamento dos alimentos, dos planos personalizados de refeições, do plano individualizado de condicionamento físico, de receitas, de artigos, de fóruns de mensagens.
https://www.supertracker.usda.gov/	Internet	Gratuito	Desenvolvido pelo governo americano; acompanha a dieta, a atividade física e o balanço energético; fornece análises da alimentação e do condicionamento físico.
www.calorieking.com	Internet, Windows, Mac, Palm	Taxa anual	Permite que os profissionais da Nutrição acessem para ver o que os clientes estão ingerindo.
www.dieticianmobile.com	iPhone e iPod	Pagamento pelo aplicativo via iTunes	Oferece planejamentos de refeições, acesso a receitas baseadas nos alimentos favoritos, lista de compras, quadros e gráficos para acompanhamento do progresso, acompanhamento da dieta.

continua

continuação

Programa	Internet ou PDA?	Taxa?	Atribuições
www.dietorganizer.com/Blackberry/index.htm	Windows, Windows mobile, Palm, Blackberry, outros celulares, Mac	Taxa única	Registros da alimentação (a base de dados tem mais de 1.000 alimentos); acompanha o peso e os resultados nos gráficos; permite a adição de novos alimentos.
www.nutrihand.com (básico)	Internet	Serviço gratuito básico	Acompanha as refeições e as informações médicas; o usuário pode transferir os dados de um glicosímetro, escolher diversos planos de refeições, criar listas de compras, visualizar e imprimir diversos relatórios.
www.nutrihand.com (premium)	Internet	Custo mensal	Oferece todos os serviços básicos, mais milhares de planos de refeições, que podem ser individualizados; cria planos de condicionamento físico.
www.nutrihand.com (profissional)	Internet	Custo anual	Permite que profissionais de Nutrição criem planos personalizados e analisem as refeições, o condicionamento físico e os dados médicos dos clientes; contém milhares de modelos de planos com nove níveis calóricos, nove condições de saúde e seis opções de cardápio.

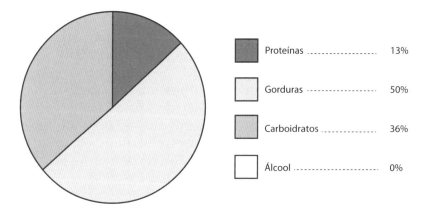

FIGURA 11.3 Os profissionais da Nutrição que fazem análises com *softwares* frequentemente elaboram uma variedade de gráficos que ajudam profissionais de Nutrição Esportiva a comunicarem os resultados aos seus clientes. O gráfico em pizza mostra a quebra do macronutriente da dieta de um atleta. Nesse exemplo, o atleta pode claramente observar que metade da ingestão calórica vem da gordura dietética. Após realizar as mudanças recomendadas para a dieta do atleta, o profissional de Nutrição Esportiva pode seguir e coletar um registro alimentar de três dias novamente, e, então, produzir outro gráfico de pizza similar, para mostrar como as mudanças na dieta do atleta ajudaram a atingir maior aproximação do balanço que melhor aumenta o desempenho.

- O **FoodWorks** é um *software* para Windows desenvolvido para profissionais que trabalham com pesquisas em Nutrição e com bases de dados de desenvolvimento de nutrientes; dietética; aconselhamento ao cliente; controle de condicionamento e peso; serviços alimentares; desenvolvimento de receitas; profissionais da Saúde; e instrução nutricional. O FoodWorks pode analisar refeições, receitas, ciclos de cardápios e permitir que o usuário escolha de quatro padrões dietéticos: Ingestões Dietéticas de Referência (*Dietary Reference Intakes* – DRIs), valores dietéticos, RNIs Canadenses (Recommended Nutrient Intakes) e Organização das Nações Unidas para a Alimentação e a Agricultura. O FoodWorks também permite que os clientes criem recordatórios alimentares e os submetam para os profissionais de Nutrição, para análise. O programa oferece muitas impressões diferentes. Para mais informações, acesse www.nutritionco.com/FoodWorks.htm.
- O **Nutriinfo.com** oferece um *software* de internet de gerenciamento de peso, que pode ser acessado de qualquer computador. Os clientes inserem as informações sobre alimentação, exercício, níveis de açúcar no sangue e outras informações em suas contas e o profissional da Saúde pode ver a inserção do cliente e analisar a alimentação na página de administração. Para mais informações, acesse https://www.wattportal.com/index.jsp.

- O **Dine Healthy 7** (Dine Systems Inc.) é um *software* para análise do exercício e da alimentação. A base de dados dos alimentos contém itens genéricos, *fast food* e produtos de marca. A análise da dieta inclui 122 nutrientes e compostos alimentares, como gorduras trans, colesterol, gorduras poli-insaturadas, e compara as escolhas alimentares às Abordagens Dietéticas para Parar a Hipertensão (Dietary Approaches to Stop Hypertension – DASH), às recomendações renais ou às recomendações específicas elaboradas pelo profissional de Nutrição. A análise do exercício inclui mais de 500 esportes e atividades de lazer e recreativas, e calcula calorias queimadas por períodos específicos de tempo gasto nessas atividades. Esse programa também ajuda o planejamento das refeições, das dietas e a análise das receitas, bem como fornece recomendações de alimentação e de exercício saudáveis. Além disso, ele oferece o "Food Explorer", o qual permite que o usuário compare vários alimentos lado a lado. A pesquisa que serviu como base para o Dine Healthy foi realizada pelo National Heart, Lung and Blood Institute, pelo National Cancer Institute e pelo National Institute of Digestive Disorders and Kidney Disease.
- O **ESHA Food Processor Standard e o SQL** analisam a alimentação por meio de uma base de dados com mais de 35.000 alimentos e fornecem uma variedade de gráficos e relatórios. Os dois programas também têm recursos de planejamentos de receitas, de acompanhamento de exercícios e de recomendações individualizadas. O SQL difere do Standard por conter identificadores alergênicos, mais de 400 exercícios, informações sobre carga glicêmica e índice glicêmico, recordatório alimentar para vários dias, diretrizes da Análise de Perigos e Pontos Críticos de Controle (APPCC) e valores do Canadian Food Guide. Logomarcas e papéis timbrados podem compor os relatórios para personalizá-los como se viessem de um negócio específico. O Food Processor também engloba a **FoodProdigy**, uma companhia *on-line* que permite aos clientes documentarem suas ingestões dietéticas e suas atividades de seu computador pessoal. O profissional de Nutrição pode, então, entrar com um código-chave que permite o acesso à alimentação do cliente.
- O **Pure Wellness** pode ser incorporado a um *site* da internet ou a uma rede interna de uma empresa, com senhas para o funcionário utilizar. Esse programa permite que as pessoas postem registros de alimentos, bem como produz relatórios de progresso, avaliações de saúde etc., diretamente no *site* da empresa. Para mais informações, acesse www.purewellness.com.
- O **NutriBase** tem uma extensa base de dados de alimentos, incluindo alguns alimentos de marca e também itens de restaurante. Além disso, o NutriBase inclui mais de 600 receitas para uma

variedade de necessidades especiais (por exemplo, para vegetarianos, diabéticos, saúde cardíaca, hipertensão, fisiculturismo), planos de refeição em diferentes níveis de calorias, planos de refeições terapêuticas e um programa gratuito em um CD, que os clientes podem utilizar para acompanhar suas alimentações e, então, enviar via internet para seus profissionais de Nutrição, para análise. O NutriBase também permite que os usuários criem planos de alimentação, montando refeições (de uma combinação de alimentos e de receitas), e, então, misturem essas refeições para construir seus planejamentos. Refeições, receitas e planos de refeições são exportáveis para outros usuários do NutriBase. O NutriBase tem uma variedade de opções de relatórios que podem ser personalizados para incluir somente os itens desejados, como nutrientes, comentários e recomendações específicos, o nome ou assinatura do nutricionista, entre outros. Usuários de *smartphones* e *tablets* podem registrar a alimentação e o exercício diretamente em seus dispositivos portáteis e sincronizá-los com seus computadores e o NutriBase. Para mais informações, acesse www.nutribase.com.

- O **Nutritionist Pro** tem uma base de dados de mais de 32.000 alimentos e ingredientes, incluindo alimentos de marca, *fast foods*, comidas típicas e produtos de Nutrição Clínica. Clientes também podem inserir uma refeição própria na base de dados. A análise da dieta pode incluir a alimentação ou sua frequência em relação a exigências nutricionais específicas. O Nutritionist Pro também contém mais de 750 receitas e um componente de análise de receita. Para mais informações, acesse www.nutritionistpro.com.

Manter um registro ou um diário alimentar pode ajudar a aumentar os esforços para perder peso de indivíduos com sobrepeso e obesos. Em um experimento aleatório em quatro centros com o total de 1.685 participantes, manter um registro alimentar diário fez que se perdesse duas vezes mais peso do que não manter um registro (Hollis et al., 2008). Além de deixar os indivíduos responsáveis por sua alimentação, diários alimentares que estiverem no programa de análise da dieta e forem examinados por um profissional da Nutrição podem fornecer uma visão aprofundada da ingestão dos micronutrientes, o que é essencial para a solução de problemas relacionados com a nutrição, como anemia e hiponatremia. Ademais, uma **análise da dieta** pode ajudar as principais áreas nas quais um atleta pode precisar mudar a alimentação por razões de saúde.

- Análise da dieta – uma comparação entre a alimentação típica de uma pessoa e as recomendações baseadas nas pesquisas sobre o esporte e o nível de treinamento de um atleta, bem como nas DRIs.

Softwares de análises de nutrientes fornecem um retrato da ingestão nutricional geral de um indivíduo – informação que pode ser examinada em relação à saúde e ao desempenho atlético. Analisar a dieta de um atleta por alguns dias todos os meses, enquanto acompanha o peso e as mudanças da composição corporal, pode ajudar o profissional a determinar quais mudanças dietéticas são necessárias para atingir a composição corporal desejada. Como parte desse processo, trabalhar com o atleta para estabelecer objetivos para o programa de nutrição pode ser eficaz. O formulário 11.2 pode ajudar os atletas a identificarem e a acompanharem o progresso dos seus objetivos nutricionais. Em razão de os alimentos aumentarem o desempenho atlético e de as massas corporais magras e gorda afetarem a velocidade, a potência e a agilidade, programas de avaliação dietética e ferramentas de análise da composição corporal são componentes muito úteis no programa de treinamento do atleta.

Aplicações profissionais

Antes de fazer recomendações de Nutrição Esportiva específicas e individualizadas para qualquer atleta, é imprescindível que o profissional de Nutrição Esportiva colha o máximo de informações possíveis. Peso, histórico do peso, histórico alimentar (incluindo transtornos alimentares e distúrbios alimentares), composição corporal, alimentação, ingestão de suplementos, exames laboratoriais e densitometria óssea fornecem informações muito úteis para criar um planejamento de Nutrição Esportiva. A seguir, há dois exemplos, utilizando atletas hipotéticos, de como um profissional de Nutrição Esportiva poderia utilizar técnicas de avaliação e uma explicação da situação individual do atleta para desenvolver um planejamento nutricional efetivo.

Anthony

Um jogador de futebol americano iniciante transferido, Anthony foi enviado para que o nutricionista esportivo o ajudasse com a perda de peso. A composição corporal de Anthony, como avaliada por adipômetro, estava alta para um jogador da defesa, com 24% de gordura (sua gordura corporal deveria ser de, aproximadamente, 15%, de acordo com as médias para sua posição). Foi solicitado que ele mantivesse um registro de sua dieta por três dias (incluindo um fim de semana) e voltasse ao nutricionista uma semana depois. Depois que esses registros alimentares foram inseridos num programa computadorizado de análise da dieta, ficou muito claro em quais áreas Anthony tinha problemas. Quarenta por cento das calorias consumidas por ele foram de gordura: ele ingeriu muitos alimentos fritos, bebeu 1 litro de suco todos os dias e uma média de 12 cervejas em cada noite do fim de semana. Além disso, um fragmento de seu histórico de peso deixou evidente que seus hábitos alimentares tinham mudado na universidade. Durante o ensino médio, o peso de Anthony tinha permanecido em cerca de 99,5 kg, mas tinha aumentado constantemente nos últimos dois anos para o seu peso atual de 111 kg. Ele disse que sua mãe tinha preparado todas as suas refeições durante o ensino médio e que tudo havia sido planejado na época, ao passo que, agora, ele sentia que escolhia ao acaso; ele pegava alimentos aqui e ali e nem sempre fazia as melhores escolhas. Além disso, Anthony estava sobrecarregado pelo número de escolhas alimentares no *campus*: ele tinha a opção de ingerir basicamente qualquer alimento, a hora que ele quisesse.

Além do ganho de peso, Anthony mencionou que se sentia cansado o tempo todo e, às vezes, tomava uma bebida energética no meio do dia para o fornecimento de cafeína + açúcar. Ele sabia que não deveria fazer isso, mas, sem saber como mudar seu estilo de vida e sua dieta, ele se sentia melhor ao fazê-lo. Anthony frequentemente ficava acordado até tarde, até 1 ou 2 horas da manhã, porém, tinha aula às 7 horas em três dias na semana. Com pouco tempo de descanso, ele ia para a aula e, então, voltava para casa, dormia por horas, acordava, bebia um energético e ia treinar. Após o treino, ele tomava banho, e, duas vezes na semana, tinha aula à noite, depois ele jantava por volta das 21 horas. Aos fins de semana, seu sono e seu horário de alimentação eram ainda mais errados. Nas noites antes dos jogos, ele tentava ir para a cama às 23 horas, mas não conseguia dormir. Nas noites sem jogos, ele ficava acordado até 3 ou 4 horas da manhã, em festas.

O nutricionista esportivo trabalhou com Anthony para ajudá-lo a ver como seu estilo de vida estava contribuindo para as pobres escolhas alimentares. Além disso, ele descobriu que o álcool estava atrasando a recuperação e dificultando bastante a perda de peso, bem como as mais de 600 calorias ingeridas por litro de suco. Anthony concordou com algumas mudanças simples em seus horários, seu estilo de vida e seus hábitos alimentares, incluindo ir para a cama de semana à meia-noite, não programar aulas antes das 9 horas da manhã no semestre seguinte e dormir, pelo menos, 8 horas por noite. Além disso, Anthony concordou em substituir o suco por uma bebida de baixa caloria, cortar a ingestão de cerveja pela metade e consumi-la somente em uma noite por fim de semana, limitar os alimentos fritos para somente uma vez por semana, cortar bebidas energéticas e trabalhar com o treinador de força, para aumentar suas sessões matinais de exercícios cardiorrespiratórios. Apesar de ele sentir-se cansado no começo e de ter dores de cabeça por alguns dias após cortar os energéticos, Anthony continuou a trabalhar pesado para baixar a gordura corporal extra que ganhou durante a vida universitária. Seu trabalho duro e sua dedicação valeram a pena quando seu tempo em jogo aumentou.

Samantha
Uma ginasta caloura chamada Samantha foi se consultar com o nutricionista esportivo de sua universidade por estar preocupada em tentar manter um baixo peso para competir em nível nacional. Além disso, ela havia sofrido recentemente uma fratura por estresse em seu pé. A mensuração da composição corporal da ginasta por DEXA revelou que sua gordura corporal era de 10% e sua densidade óssea estava levemente abaixo da média para sua idade. O nutricionista esportivo rapidamente percebeu que, com 10% de gordura corporal, seria possível que Samantha tivesse irregularidades em seu ciclo menstrual; mas ele esperou para ver o recordatório alimentar de Samantha antes de presumir qualquer coisa. Essa atleta ficou muito temerosa de ganhar qualquer peso, em razão de sua treinadora ter mantido diretrizes estritas de peso e de percentuais de gordura corporal para cada atleta da equipe. Um recordatório alimentar de 24 horas revelou que Samantha estava ingerindo os mesmos alimentos todos os dias:

Café da manhã: ½ xícara de aveia.
Lanche: café aromatizado.
Almoço: salada.
Lanche: *frozen yogurt* desnatado.
Jantar: salada, com frango grelhado e refrigerante *diet*.

O nutricionista esportivo observou diversos pontos fracos na dieta da Samantha. A ingestão calórica dela foi muito baixa (menos de 1.000 calorias por dia); faltou a maioria, se não de todos, das vitaminas e dos minerais (numa dieta de baixa caloria a probabilidade de faltar vitaminas e minerais é ainda maior); e a ingestão de cálcio, de vitamina D e de magnésio – necessários para a construção da densidade óssea e com função também no funcionamento muscular – foi muito baixa. A dieta de Samantha também estava deficiente em proteínas, em carboidratos e em gordura saudável. Nesse ponto, o nutricionista esportivo teve a certeza de que Samantha provavelmente estava amenorreica ou oligomenorreica.

Após conversar com Samantha e ter ideia de seu histórico de peso, o nutricionista esportivo descobriu que essa jovem mulher havia pesado cerca de 7 kg a mais no ensino médio, sentia-se com mais energia e se saía melhor em seu esporte. Ademais, quando ela perdeu seus primeiros 4,5 kg, seu ciclo menstrual foi interrompido, colocando-a em risco de perda óssea.

> Samantha soube que era possível que estivesse acarretando danos a longo prazo para seu corpo, mas estava com medo de perder sua bolsa de estudos. Ela disse que, quando entrou na universidade, era maior do que todas as outras ginastas e todas elas ingeriam pouquíssimos alimentos e tinham pouca gordura corporal. Samantha estava preocupada que sua treinadora ficasse insatisfeita se ela ganhasse algum peso. Ela nunca imaginaria que tivesse um distúrbio alimentar, mas não conseguia ver como poderia parar com o comportamento alimentar que tinha. O nutricionista esportivo perguntou para Samantha se ela estaria disposta a se consultar com um conselheiro profissional clínico licenciado, explicando que esse profissional havia trabalhado regularmente com clientes que tinham medo de ganhar peso, mas que encararam os desafios em relação à imagem corporal e à alimentação. O nutricionista esportivo tranquilizou Samantha, dizendo que ela não teria de contar à sua treinadora e que diversos atletas haviam trabalhado com o conselheiro nas mesmas condições. Ao longo do ano que se seguiu, Samantha trabalhou muito na mudança de sua imagem corporal, adicionando paulatinamente calorias e nutrientes à sua dieta. Apesar de suas questões não terem sido resolvidas imediatamente, ela continuou trabalhando com o dieteta e com o conselheiro e está caminhando numa direção positiva.

RESUMO

- Antes de trabalhar com um atleta para desenvolver um plano nutricional individual, é essencial que o profissional de Nutrição Esportiva avalie, pelo menos, a composição corporal atual do atleta, o histórico do peso, o histórico da dieta e a dieta atual.
- As diversas ferramentas disponíveis para a avaliação da composição corporal variam em cada componente corporal mensurado, incluindo gordura, massa livre de gordura, conteúdo mineral ósseo, água corporal total, água extracelular, tecido adiposo total e seus subdepósitos (visceral, subcutâneo e intramuscular), músculo esquelético, órgãos selecionados e depósitos de gordura ectópica.
- A mensuração de campo mais comumente utilizada para avaliar a composição corporal em atletas é a dobra cutânea por adipômetro. Uma vez que a pessoa esteja capacitada, o adipômetro é fácil de utilizar; além disso, o método é rápido, e não é invasivo nem caro.
- O IMC não deveria ser utilizado como uma ferramenta de avaliação da composição corporal de atletas; o IMC não avalia a composição corporal atual nem distingue o tecido adiposo do muscular.

- Mensurações laboratoriais para avaliação da composição corporal geralmente são mais exatas do que mensurações de campo, mas elas também são mais caras e mais dispendiosas, e, por isso, usadas em mensurações comparativas: laboratório *versus* campo. Mensurações laboratoriais típicas incluem o BOD POD, o DEXA e a pesagem hidrostática.
- Pela comparação da análise da dieta do atleta (conforme o resultado de um *software* de Nutrição) com os exames laboratoriais e a densitometria óssea, o profissional de Nutrição Esportiva pode avaliar se um médico deve ou não ser envolvido para prescrever um nutriente específico deficiente no atleta (vitamina D ou ferro, por exemplo) ou se o profissional de Nutrição Esportiva pode ajudar o atleta a compensar os nutrientes ausentes por meio da alimentação ou de suplemento alimentares.

Recordatório alimentar de três dias

Instruções: por favor, seja o mais específico possível ao preencher este formulário. Por exemplo, em vez de fazer uma descrição geral, anote os condimentos e as quantidades consumidas de alimentos. Não mude o que você está fazendo atualmente porque está mantendo o registro.

O objetivo de um recordatório de três dias é dar uma boa olhada no que você está ingerindo atualmente como ponto de partida para a realização de melhoramentos dietéticos.

Exemplo de como não descrever: *cheeseburger* e refrigerante.

Bom exemplo: *cheeseburger* de tamanho normal, com alface e rodelas de tomate, do McDonald's. Um sachê de maionese e 355 ml de Dr. Pepper (refrigerante).

Dia 1

Data: _____

Refeição ou lanche e horário	Alimento (como foi preparado etc.)

Dia 2

Data: _____

Refeição ou lanche e horário	Alimento (como foi preparado etc.)

Dia 3

Data: _____

Refeição ou lanche e horário	Alimento (como foi preparado etc.)

FORMULÁRIO 11.1 Recordatório alimentar de três dias.

Fonte: National Strength and Conditioning Association, 2011. *NSCA's Guide to Sport and Exercise Nutrition*, B.I. Campbell e M.A. Spano (ed.), (Champaign, IL: Human Kinetics).

Estabelecimento de objetivos

Instruções: quando estiver preenchendo este formulário, pense por que quer mudar e o que o motiva.

1. Meus objetivos são:

   a.

   Data em que eu gostaria de alcançar isso:
   Plano de ação (meu plano para alcançar o objetivo; esta parte deve ser preenchida durante a consulta nutricional):

   b.

   Data em que eu gostaria de alcançar isso:
   Plano de ação (meu plano para alcançar o objetivo; esta parte deve ser preenchida durante a consulta nutricional):

   c.

   Data em que eu gostaria de alcançar isso:
   Plano de ação (meu plano para alcançar o objetivo; esta parte deve ser preenchida durante a consulta nutricional):

2. O que está me motivando a fazer mudanças na minha dieta?

3. Como essas mudanças afetarão meu desempenho e minha recuperação?

4. Como eu acompanharei meu progresso? (Esta parte deve ser preenchida durante a consulta nutricional.):

FORMULÁRIO 11.2 Estabelecimento de objetivos para um plano nutricional.

Fonte: National Strength and Conditioning Association, 2011. *NSCA's Guide to Sport and Exercise Nutrition*, B.I. Campbell e M.A. Spano (ed.), (Champaign, IL: Human Kinetics).

12

Consulta e desenvolvimento de planos para atletas

Amanda Carlson Phillips, MS, RD, CSSD

A ciência da Nutrição Esportiva tem descoberto estratégias de nutrição e de suplementação que melhoram a resistência aeróbia, a velocidade, a força, o foco e a concentração; reduzem a fadiga; e melhoram a recuperação. Entretanto, essa quantidade de pesquisas científicas é inútil se os atletas não mudarem seu comportamento. Assim, é importante criar um plano exequível, o qual atletas possam incorporar facilmente em seus estilos de vida, de modo que as mudanças nutricionais sejam realizadas.

Aqueles que trabalham com atletas podem utilizar um modelo de cronograma de desempenho nutricional (Figura 12.1) para elaborar programas utilizando uma abordagem integrada. Os conceitos por trás dessa abordagem são *avaliar*, *instruir* e *implementar*. Em cada conceito, está a necessidade de avaliar, isolar, inovar e, então, integrar em todos os níveis de treinamento do atleta.

Fornecer um conselho nutricional e orquestrar um programa de nutrição esportiva são coisas diferentes. Um programa de nutrição esportiva tem muitas camadas que precisam trabalhar juntas. As camadas superficiais englobam instrução e orientações gerais, e as camadas centrais incluem recomendações específicas, que são embasadas cientificamente e integradas à rotina diária do atleta.

O objetivo de qualquer programa nutricional é fornecer informações aos atletas, para que práticas de boa nutrição tornem-se naturais, bem como oferecer a eles ferramentas para implementar esse conhecimento. Um bom planejamento torna a nutrição fácil e incorpora alimentos para se escolher em dias de folga, bem como antes, ao longo e depois das práticas, e, então, próximo de jogos, de partidas ou de corridas. A nutrição deveria tornar-se um componente do programa de treinamento do atleta.

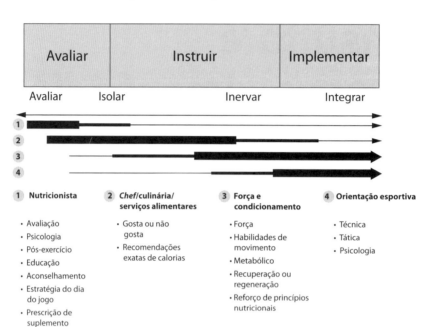

FIGURA 12.1 Muitos profissionais devem ser envolvidos na implementação de um programa de nutrição esportiva em todos os estágios do cronograma de desempenho nutricional. O nutricionista, os profissionais dos serviços alimentares, os profissionais de força e de condicionamento, e o treinador estão todos envolvidos, em maior ou menor grau, em cada estágio do programa. A espessura das setas na figura mostra o grau de envolvimento de cada profissional.

Fornecendo informações nutricionais

Muitos profissionais da atividade física (*personal trainers* certificados, treinadores ou profissionais do condicionamento físico, preparadores físicos e treinadores de força) têm muito conhecimento a respeito da fisiologia dos atletas, das demandas do esporte e do papel da nutrição no desempenho; todavia, a maioria não é qualificada nem tem permissão legal para fornecer informações detalhadas sobre Nutrição. Aqueles que são qualificados como **dietetas registrados** podem oferecer informações sobre Nutrição. Dado que existem muitas especializações nas quais um dieteta pode concentrar-se, é importante que esse profissional tenha experiência em Nutrição Esportiva.

- Dieteta registrado (*registered dietitian* – RD) – um especialista em alimentação e em nutrição nos Estados Unidos, que completou um curso universitário de quatro anos em Nutrição, além do estágio credenciado em Dietética, fornecendo, pelo menos, 900 horas de prática supervisionada em Nutrição. Depois de ambos estarem completos, o candidato deve passar por um exame aplicado pela Comissão em Registro Dietético (Comission on Dietetic Registration – CDR), para tornar-se um RD (American Dietetic Association, s.d.).

Muitos certificados e órgãos certificadores (por exemplo, American College of Sports Medicine – ACSM –, National Strength and Conditioning Association – NSCA –, National Athletic Training Association) exigem que os profissionais da atividade física demonstrem certo nível de conhecimento de nutrição básica antes de conseguirem a certificação. Esse conhecimento deve capacitá-los com as habilidades necessárias para fornecer recomendações gerais em nutrição e sugestões para atletas. Contudo, atletas têm de ser encaminhados para um dieteta registrado quando um tratamento nutricional médico (para uma doença ou um distúrbio alimentar) é exigido ou quando o nível de recomendações nutricionais vai além das diretrizes gerais e requer recomendações personalizadas. O boxe a seguir lista diversas certificações comuns em Nutrição disponíveis nos Estados Unidos e internacionalmente.

Certificações em Nutrição Esportiva

Certificado de especialista em Dietética Esportiva (Board Certified Specialist in Sports Dietetics – CSSD)

A American Dietetic Association (ADA) tem agido para ajudar a distinguir dietetas qualificados, mais reconhecidamente na área de Nutrição Esportiva, pela criação de uma certificação especial, a CSSD, que é oferecida pela CDR para dietetas registrados que têm experiência especializada em Dietética Esportiva. Ter um certificado de especialista em Dietética Esportiva significa ter conhecimento específico, habilidades e ser *expert* nas práticas da área. Os CSSDs aplicam a ciência da Nutrição Esportiva no condicionamento, no esporte e no desempenho atlético. O certificado de especialista diferencia dietetas esportivos de dietetas que são menos qualificados para fornecer serviços de Nutrição Esportiva. A credibilidade, a visibilidade e a competitividade de dietetas esportivos aumentam com o certificado de especialista. Dietetas encontram exigências rígidas de elegibilidade para realizar o exame para obter o CSSD. Exigências mínimas para o certificado como especialista são estabelecidas e aprovadas pela CDR. Com a finalidade de ser elegível para se tornar um especialista certificado em Dietética Esportiva, os candidatos devem atingir as exigências especificadas pela CDR (www.cdrnet.org/certifications/spec/sports.htm).

Certificado de nutricionista esportivo pela ISSN (Certified Sports Nutritionist from the ISSN – CISSN)

A International Society of Sports Nutrition (ISSN) oferece o exame de CISSN, incorporando as competências essenciais em Fisiologia Básica do Exercício, Fisiologia Integrada, Bioenergética, Nutrição e Psicologia do Esporte. O exame CISSN não é restrito para dietetas registrados (Antonio et al., 2005). Para realizar o exame CISSN e obter a certificação, é preciso atingir as exigências definidas no *site* da ISSN: www.theissn.org.

Certificado em Nutrição Esportiva (Sports Nutrition Certification) pela Internacional Sports Sciences Association

O certificado em Nutrição Esportiva pela International Sports Sciences Association (ISSA) enfatiza a importância da recomendação de uma boa dieta e de um bom regime nutricional enquanto ensina conceitos de Nutrição Esportiva. Para mais informações, acesse o *site* da ISSA: www.issaonline.com.

Certificado de consultor de Controle de Peso e de Estilo de Vida do ACE (ACE Lifestyle & Weight Management Consultant Certification)
Esse certificado é oferecido pelo American Council of Exercise. O certificado de consultor de Controle de Peso e de Estilo de Vida do ACE oferece bases para o desenvolvimento de programas de controle de peso sólidos e balanceados, unindo três componentes essenciais para um controle do peso de sucesso a longo prazo: nutrição, exercício e mudança do estilo de vida. O *site* da instituição fornece informações para os critérios de elegibilidade necessários para realizar esse exame: www.acefitness.org/getcertified/certification_lwmc.aspx.

É importante lembrar que as certificações em Nutrição Esportiva não substituem as orientações das diretrizes estaduais e federais em relação à prática da Nutrição.

A razão para esse aspecto confuso da prática é que a Nutrição Esportiva é o único campo multidisciplinar que exige muitos profissionais para trabalharem juntos. Preparadores físicos, treinadores de força e de condicionamento, técnicos, diretores atléticos e profissionais de serviços alimentares devem trabalhar juntos para fornecer serviços, informações e orientações mais eficazes para o atleta (Santana et al., 2007). Ao mesmo tempo, os profissionais devem estar cientes dos aspectos apropriados da prática para suas credenciais e de leis nacionais e estaduais que limitam os tipos de avaliações e de aconselhamento que eles podem fazer (American Dietetic Association, s.d.). O boxe descreve um exemplo desse tipo de lei.

Mantendo a confidencialidade

Quando estiver trabalhando com um atleta, o nutricionista esportivo está escolhendo, avaliando e analisando informações pessoais acerca da saúde do cliente. A confidencialidade de informações médicas é protegida por lei em muitos países e os profissionais precisam estar cientes das leis aplicáveis e lidar com as informações médicas de forma que cumpram com essas leis. Nos Estados Unidos, o **Ato de Portabilidade e Responsabilidade de Seguro Saúde** (Health Insurance Portability and Accountability Act – HIPAA) foi criado para fornecer um padrão nacional para o manejo de informações médicas. A chave para o ato de privacidade é garantir que as informações sobre a saúde de uma pessoa não sejam inadvertidamente distribuídas para terceiros. O ato define amplamente informações de saúde protegidas como dados de identificação individualmente mantidos ou transmitidos em qualquer forma ou meio por uma entidade abrangida (Michael e Pritchett, 2002). A lei atual inclui modificações, que têm sido feitas desde que a primeira foi aprovada:

1. Médicos, hospitais e profissionais da Saúde podem dividir informações sobre o paciente com os membros da família ou com outros envolvidos no cuidado de indivíduos sem permissão do paciente.
2. Profissionais da Saúde devem distribuir aos pacientes um aviso de suas práticas de privacidade antes de iniciar o serviço. Um profissional da Saúde que tenha uma relação direta com o tratamento deve agir de boa fé para obter a autorização por escrito do indivíduo. O documento permite que os pacientes solicitem quaisquer restrições adicionais na utilização e na divulgação de informações ou conversas confidenciais sobre sua saúde. Profissionais da Saúde devem elaborar uma validação do processo que melhor se adeque às suas práticas.
3. Os pacientes devem conceder uma permissão para cada circunstância fora do padrão em que as informações sobre sua saúde pessoal sejam utilizadas ou divulgadas.
4. Entidades abrangidas devem obter autorização para utilizar ou divulgar com objetivos propagandísticos dados médicos protegidos.
5. Entidades abrangidas podem utilizar e divulgar informações de saúde protegidas como um conjunto de dados limitados para pesquisas, saúde pública e operações de assistência à saúde. Um conjunto de dados limitado não contém qualquer identificador direto de indivíduos, mas deve conter outras informações demográficas ou de saúde necessárias para pesquisas.

Médicos podem ter acesso a informações adicionais no U.S. Department of Health and Human Services pelo *site*: www.hhs.gov/ocr/hipaa.

- Health Insurance Portability and Accountability Act (HIPAA) – legislação que fornece um padrão nutricional nos Estados Unidos para manejo dos dados médicos.

Legalidade da nutrição: o exemplo do estado da Louisiana

Como muitos estados dos Estados Unidos, o da Louisiana tem claras definições em relação à prática nutricional. Somente um dieteta licenciado ou um nutricionista podem realizar a avaliação nutricional e o aconselhamento. Entretanto, outras disciplinas podem oferecer instruções nutricionais, desde que a informação seja geral, exata e oferecida para uma pessoa ou um grupo sem individualização; por exemplo, o educador não pode responder a perguntas específicas para uma dieta ou estado nutricional do cliente ou do participante.

A avaliação nutricional é "a análise das necessidades nutricionais de indivíduos ou de grupos baseada em dados relevantes da Bioquímica, da Antropometria, da Física e da Dietética para determinar necessidades de nutrientes e para recomendar ao prestador de cuidados primários de saúde apropriada ingestão nutricional, inclusive nutrição enteral e parenteral, independentemente do local, incluindo locais como ambulatórios, hospitais, casa de repouso e outros locais de cuidados estendidos, mas não se limitando a essas localidades" (Louisiana Board of Dietetics, 2009).

O aconselhamento nutricional é "o fornecimento de uma diretriz individual sobre alimentos apropriados e ingestão de nutrientes para aqueles com necessidades especiais, levando em consideração fatores de saúde, culturais, socioeconômicos, funcionais e psicológicos para a avaliação nutricional". O aconselhamento nutricional deve incluir conselhos para aumentar ou diminuir nutrientes na dieta, para alterar o tempo e o tamanho de uma composição de refeições, para modificar texturas dos alimentos e, em casos extremos, para alterar a rota da administração". Instrução nutricional "fornece informações sobre alimentos e nutrientes, fatores de estilo de vida dietéticos, recursos de nutrição da comunidade e serviços para pessoas melhorarem seus conhecimentos" (Louisiana Board of Dietetics, 2009).

É imprescindível que os funcionários da área da preparação física saibam as leis do estado em que estão trabalhando para determinar a legalidade do âmbito de sua prática. Se um membro do quadro de funcionários da área da preparação física não for um dieteta registrado e for pedido a ele uma informação ou conselho acerca de uma nutrição específica, ele deve encontrar um dieteta registrado que tenha vasta experiência em Nutrição Esportiva, no qual possa confiar e trabalhar junto. Também é importante verificar as credenciais e as qualificações dos funcionários que estão fornecendo recomendações nutricionais. Essas leis de concessões de licença existem para garantir que as pessoas recebam informações específicas sobre nutrição de profissionais qualificados.

Às vezes, uma informação nutricional de um atleta é utilizada num esforço colaborativo com outros membros do time de desempenho do atleta. Dividir esses dados cairia sobre o ponto 1 das modificações da HIPAA. Todavia, em outros casos o nutricionista esportivo deve trabalhar com um atleta separadamente dos técnicos e dos especialistas em força e em condicionamento do atleta. Nesses momentos, os pontos 2 e 3 da HIPAA entram em jogo. O nutricionista esportivo deve deixar o atleta saber o que planeja fazer com os dados da saúde pessoal desse atleta e receber sua permissão para comunicar esses dados para outros funcionários, quando necessário. É sempre melhor pecar para o lado da precaução com os dados privados do atleta por conseguir um documento assinado. A divulgação de um peso atual ou de uma porcentagem de gordura corporal para um técnico, um treinador de força ou um agente poderia resultar em uma multa, uma quebra de contrato pelo atleta ou uma percepção negativa sobre a falta de progresso do atleta, que podem gerar decisões desagradáveis sobre o tempo de jogo do atleta. Sempre é preciso divulgar para o atleta o que precisa ser dividido e por que, e, então, conseguir um documento assinado, declarando que o atleta está ciente da divulgação daquela informação.

Desenvolvendo o plano nutricional do atleta

O plano nutricional do atleta (Figura 12.2) deve incluir planos específicos para os dias de treinamento e de jogo, de competição ou de corrida. É imprescindível incorporar planos para nutrição, hidratação e recuperação, os quais o atleta possa seguir no dia a dia. Também é importante desenvolver um protocolo nutricional para antes, ao longo e depois da atividade física, para garantir a ingestão adequada e no tempo correto de proteínas e carboidratos, de modo a melhorar a recuperação das sessões de treinamento. A terceira fase do desenvolvimento do programa é a estratégia do dia de jogo ou da corrida. A estratégia do dia de jogo deve focar em qual é a necessidade de alimentar, de hidratar o corpo e de recuperá-lo do estresse da competição. Conforme o desenvolvimento do plano de nutrição começa, o nutricionista esportivo deve levar em consideração o desejo do atleta de melhorar o abastecimento para o desempenho, mas observar o atleta holisticamente. Os melhores programas de nutrição vão além de gramas de carboidratos, de proteínas e de gorduras. O relacionamento que se desenvolveu entre o atleta e a comissão técnica é o que define o progresso bem-sucedido da nutrição. Mesmo com a ajuda de um técnico, de um nutricionista, de um treinador e de outros profissionais, atletas encontram por si próprios as mesmas armadilhas que os não atletas: mau planejamento e má execução.

Um atleta pode querer um conselho básico ou um plano de nutrição específico. Um plano de nutrição mais específico, que se encaixe no estilo de vida do atleta (por exemplo, depender de *fast food*, de cozinhar, de preferências culinárias culturais) e que vá ao encontro das necessidades do atleta é mais benéfico do que um conselho básico. No entanto, o atleta deve estar pronto para receber e executar tal plano.

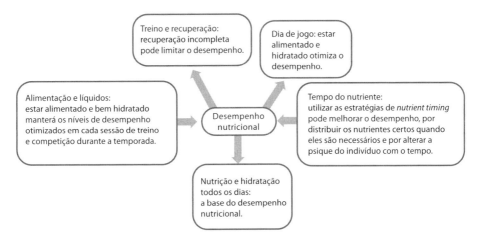

FIGURA 12.2 O plano nutricional de um atleta deve ter como base uma boa nutrição todos os dias e incluir planejamentos nutricionais para o treinamento, a recuperação e a competição.

Um nutricionista esportivo pode utilizar o **modelo de estágios de mudança** para determinar o quão pronto um atleta está para fazer mudanças e se fornece ou não um plano detalhado. Do ponto de vista nutricional, é um bom modelo o processo de cuidado nutricional da ADA a se seguir no trabalho com um indivíduo ou um time. Com o modelo e processo de cuidado nutricional adotado pela ADA, em 2003, espera-se a execução de um processo padronizado para fornecer atendimento de alta qualidade aos pacientes. Esse mesmo modelo é aplicável para o desenvolvimento de um plano nutricional para atletas. Essas são as fases de um processo de cuidado nutricional (Lacey e Pritchett, 2003):

1. Avaliação nutricional.
2. Estimativa nutricional.
3. Intervenção e instrução nutricional.
4. Monitoramento e estimativa nutricional.

- Modelo de estágios de mudança – uma abordagem para avaliar a disposição do cliente para mudar. Os estágios são pré-contemplação, contemplação, preparação, ação, manutenção e recaída.

Passo 1: Avaliação

A avaliação do atleta é o primeiro passo para criar um planejamento efetivo. Esse é o momento de conhecer o atleta, de entender sua situação e seus dados objetivos. Você pode tratar individualmente com o atleta ou desenvolver um questionário para o atleta preencher manual ou eletronicamente. Você deve obter as seguintes informações:

1. **Dados antropométricos:** incluem estatura, peso, percentual de gordura corporal e circunferências mensuradas.
2. **Dados bioquímicos:** valores laboratoriais podem fornecer dados mais detalhados; de toda forma, é importante notar o estado fisiológico do atleta quando o sangue é colhido. Desidratação e treino intenso podem causar alterações no volume sanguíneo, o que pode prejudicar a interpretação do exame de sangue. Além disso, a ingestão de alimentos e bebidas pode alterar certas análises sanguíneas (colesterol, triglicérides etc.).
3. **Esporte, posição e ponto na temporada ou fase de treino:** prescrever as recomendações de nutrientes e de hidratação adequados dependerá especificamente do esporte, da posição no esporte e do ponto em que o atleta se encontra na temporada. Diferentes posições no mesmo esporte podem ter necessidades de nutrientes completamente distintas. O goleiro, no futebol, tem necessidades de nutrientes radicalmente diferentes em relação a um atacante do mesmo time. Os corredores de longa distância têm necessidades extremamente diferentes de nutrientes, durante as semanas de quilometragem máxima, em comparação a quando seus treinamentos estão em uma fase de planejamento. O conceito de alterar a ingestão alimentar de atletas para correlacioná-la ao ponto no qual eles estão em suas temporadas é chamada de periodização nutricional, um termo que corresponde ao conceito de periodização do treinamento. Um jogador de futebol americano no início da baixa temporada terá as necessidades calóricas diminuídas se comparado àqueles que estão na pré-temporada, com dois treinos por dia. É imprescindível individualizar as prescrições para o atleta para além simplesmente do esporte.
4. **Conhecimento sobre nutrição:** uma avaliação básica do conhecimento fundamental sobre nutrição que o atleta tem fornecerá uma boa ideia sobre como começar sua instrução e em quais conceitos focar. O conhecimento capacitará o atleta e dará a ele um entendimento maior das recomendações nutricionais.
5. **Alteração de estágio:** o modelo transteórico (Prochaska, Norcross e DiClemente, 1994) é útil para determinar a estratégia de aconselhamento nutricional (Dandoval, Heller e Wiese, 1994). O objetivo é

ajudar atletas a passar por cada estágio e auxiliá-los a adotar permanentemente um comportamento positivo novo ou extinguir um comportamento que não melhora o desempenho. Passar muito rapidamente pelos estágios ou desenvolver planos para atletas que não estão prontos são ações que levarão a desconformidades.

6. **Ingestão e hábitos dietéticos atuais:** um recordatório alimentar de 24 horas ou de 3 dias fornecerá um retrato da dieta atual do atleta. Além disso, questionamentos sobre hábitos alimentares devem ser feitos. Questões que trarão à tona informações sobre hábitos alimentares do atleta incluem as seguintes: Com qual frequência você vai ao supermercado fazer compras? Com qual frequência você se alimenta fora de casa? Quanto de água você bebe por dia? Quantas refeições você faz por dia? O que você "belisca" geralmente? Quantos dias por semana você toma o café da manhã? Quais suplementos dietéticos você utiliza, em quais doses e quando você os toma? Quão consistente você está com esses suplementos dietéticos? Você ingere algo (alimento ou suplemento) antes, ao longo ou depois do exercício?

7. **Alergias, aversões, intolerâncias, considerações culturais e/ou religiosas**.

8. **Medicações:** é imprescindível checar as interações medicamentos-nutrientes, para que o praticante possa determinar se as medicações prescritas ou vendidas sem receita interagem com nutrientes provindos de alimentos ou de suplementos. Por exemplo, um atleta que está recebendo anticoagulantes para prevenir coágulos pós-cirúrgicos precisa observar a ingestão de vitamina K via alimentos e suplementos, e, também, estar atento a qualquer suplemento que possa aumentar o tempo de sangramento.

9. **Lesões:** lesões agudas podem afetar o treinamento e a carga de atividade, mas lesões por *overtraining* (excesso de treinamento) podem ser um sinal de má ingestão nutricional.

10. **Objetivos e cronograma:** entender os objetivos e o cronograma do atleta ajudará a moldar a estratégia para a instrução e o treinamento. Um jogador da National Football League (NFL) deve trabalhar num cronograma apertado para se preparar para o jogo; um patinador artístico deve procurar um plano para atingir seu máximo numa competição que está nove meses distante.

Passo 2: Estimativa

Este passo envolve a análise da avaliação.

1. Determinar as necessidades calóricas do atleta. Uma maneira de fazer isso é mensurar a taxa metabólica do atleta em repouso ou utilizar uma equação de gasto de energia e, então, contar para a atividade. Se o atleta estiver tentando ganhar ou perder peso, deve-se adicionar ou subtrair de 500 a 1000 calorias por dia de uma taxa metabólica basal (TMB) + atividade total. Isso deveria produzir uma perda ou um ganho de peso de cerca de 2 a 4 kg por semana. O grau de perda ou de ganho de peso dependerá da composição genética do atleta, do *deficit* calórico diário, do número de dias de descanso e de recuperação por semana e do tipo de fase do treinamento em que se encontra (American College of Sports Medicine, American Dietetic Association e Dietitians of Canada, 2000).

2. Direcionar os objetivos ou os problemas do atleta (por exemplo, cólicas, controle do peso, fadiga, dor). Quando identificar algo para trabalhar com o atleta, tenha a certeza de declarar a questão coerentemente: (a) problema, (b) **etiologia**, (c) sinais e sintomas (Rosenbloom, 2005). Por exemplo: "Jogadora de tênis tem fadiga extrema e cólicas ao longo dos jogos e dos treinamentos, o que está prejudicando seu desempenho. Isso está relacionado com a baixa ingestão diária de energia, que não está suprindo suas necessidades nutricionais; com a ingestão de líquidos inadequada durante as partidas; e com a falta de bebidas com carboidrato ou eletrolíticas durante o jogo". Estabelecer os problemas dessa maneira fornecerá um caminho claro para recomendações adicionais que vão além das necessidades gerais do atleta.

- Etiologia – a causa ou as causas de uma doença.

3. Os cálculos das necessidades de carboidratos, de proteínas e de gorduras do atleta depende do esporte, da posição e do estágio do treinamento. É importante criar diretrizes diárias, para necessidades específicas de recuperação e também para os dias de jogo e de competições. Há duas maneiras de expressar esses valores: gramas por quilograma de peso corporal ou porcentagem de calorias totais. Utilizar gramas por quilograma de peso corporal oferece ao atleta uma recomendação mais exata e é aconselhada, mas o pensamento crítico é a chave e a porcentagem de calorias totais é secundária à ingestão de energia total do atleta. Por exemplo, uma atleta de resistência aeróbia de 60 quilos, no ponto mais alto de seu treinamento, cairia para a taxa de 7 a 10 g/kg, o que a colocaria numa dieta de 420 a 600 g de carboidrato por dia.

No entanto, se a ingestão calórica total da atleta é de 2.800 calorias por dia, a ingestão de carboidratos seria de 60% a 85% do total de calorias. Ao passo que 60% faz sentido, 85% de calorias provenientes de carboidratos é um valor muito elevado. Por isso, é importante verificar as diretrizes de macronutrientes quando se transporta para a prática das recomendações baseadas em pesquisas.

4. Determinar as necessidades de *nutrient timing* do atleta para o treinamento e os dias de competição. Para fazer isso, primeiro, observe os objetivos físicos e de treinamento do atleta. Atletas que precisam ganhar força ou tamanho podem incorporar uma estratégia específica para a nutrição antes e depois e, provavelmente, ao longo da atividade física (dependendo da duração e intensidade de seus treinos). Por exemplo, um atleta que precisa ganhar força e tamanho durante seu treinamento para a NFL combina as necessidades de consumir calorias durante suas 4 horas de sessões de treino intenso, além de sua nutrição antes e depois da atividade física. Após observar os objetivos físicos e de treinamento, é importante avaliar o desempenho do atleta, como ele se sente durante o treino e o desempenho, bem como considerar isso em conjunção com sua dieta e seu regime de suplementação atuais. Por exemplo, se um corredor de maratona disser a você que seu treinador recentemente aumentou a quilometragem dele para 70 milhas (aproximadamente, 113 quilômetros) por semana e ele tem se sentido "imprestável" desde a mudança, você deverá prestar muita atenção na ingestão calórica total, na distribuição de macronutrientes e no consumo de carboidratos pós-exercício (além do tempo dessa ingestão pós-exercício). Como todas as estratégias de nutrição, as recomendações do *nutrient timing* devem ser realizadas individualmente e devem ser transmitidas a atletas em um contexto que eles consigam entender. Você não deveria somente dizer aos atletas o total de gramas de carboidratos que eles precisam consumir após uma corrida de 20 milhas (aproximadamente, 32 km), mas, também, ajudá-los a converter esses gramas em quantidades de alimentos ou de produtos nutricionais esportivos que eles tipicamente consomem.

Os boxes a seguir exibem recomendações gerais que podem ser adaptadas para atletas individualmente, com base nos resultados dos processos de estimativa.

Recomendações diárias de nutrientes

Carboidratos: 5 a 7 g/kg por dia, para necessidades gerais de treino, e 7 a 10 g/kg por dia, para necessidades aumentadas em razão do treino de resistência aeróbia ou para atletas de força e potência que desempenham sessões múltiplas de treino por dia (Burke et al., 2001; ASCM, 2000).
Proteínas: 1,2 a 2,0 g/kg por dia, dependendo do esporte e da intensidade de treinamento (ACSM, 2000; Phillips, 2006; Campbell et al., 2007).
Gorduras: o restante das calorias. A quantidade de gorduras deveria ser de, pelo menos, 1 g/kg por dia e 15% do total de calorias (ACSM, 2000).
Hidratação: 2,7 L/dia, para mulheres e 3,7 L/dia, para homens (Institute of Medicine, 2004). Determinar uma quantidade exata de líquidos para o atleta consumir. Recomendar a faixa de 15 a 30 ml a cada 0,5 kg de peso corporal por dia (dependendo da atividade durante o dia) oferece um melhor direcionamento para a ingestão de líquidos.

As necessidades de polivitamínicos, de óleo de peixe ou de suplementos ergogênicos devem ser determinadas pela análise da ingestão dietética, do programa geral de treinamento e da saúde do indivíduo. Essas recomendações devem ser realizadas sob a supervisão de um nutricionista ou de um médico e estar de acordo com as regras do atleta sobre substâncias proibidas.

Recomendações do *nutrient timing* para o treinamento

Nutrição para recuperação

Pré-treino ou prática: a quantidade ótima de carboidratos e proteínas de uma refeição feita antes do exercício depende de diversos fatores, incluindo a duração do exercício e o nível de condicionamento físico.

- Diretrizes gerais prescrevem de 1 a 2 gramas de carboidrato por quilograma e 0,15 a 0,25 grama de proteína por quilograma para 3-4 horas antes do esforço (Kerksick et al., 2008).
- A ingestão de aminoácidos essenciais ou de *whey protein* com carboidratos antes do exercício aumenta acentuadamente a síntese proteica muscular (Tipton, 2001, 2007). Similarmente, a ingestão de pequenas quantidades de proteínas e de carboidratos antes do exercício tem resultado em aumentos maiores na força e na hipertrofia muscular, se comparada à ingestão desses nutrientes depois do exercício (Esmarck et al., 2001; Kerksick et al., 2008).

- Em relação à hidratação, a recomendação é de 510 a 600 ml de água ou bebida esportiva) nas 2 horas antes do treino e, então, 300 ml de 10 a 20 minutos antes do treino (Casa et al., 2000).

Durante o treino ou prática: a ingestão de líquidos é imprescindível.
- É importante ter certeza de que os atletas entendam que eles precisam beber líquidos o suficiente para prevenir uma diminuição de 2% no peso corporal durante os seus treinos (Casa et al., 2000).
- Se a duração do exercício aumentar para além de 60 minutos, uma bebida esportiva contendo carboidratos e eletrólitos é benéfica. Essa fonte de carboidrato deve suprir, aproximadamente, 30 a 60 g de carboidrato por hora, e pode ser obtida por meio de 1 a 2 xícaras de uma solução com 6% a 8% de carboidratos (240 a 480 ml) a cada 10 a 20 minutos (Sawka et al., 2007; Jeukendrup, Jentjens e Moseley, 2005).
- Misturar diferentes formas de carboidratos tem demonstrado aumentar a oxidação de carboidratos musculares de 1,0 grama de carboidrato por minuto para níveis que variam de 1,2 a 1,75 grama por minuto – um efeito associado a uma melhora no desempenho em prova contrarrelógio. Portanto, glicose, frutose, sacarose e maltodextrina podem ser utilizadas em combinação, mas grandes quantidades de frutose não são recomendadas em razão de uma maior probabilidade de problemas gastrointestinais (Kerkscik et al., 2008).
- A adição de proteínas à bebida durante a atividade física é debatida na literatura, mas tem sido mostrado que o carboidrato adicionado à proteína na proporção de 3:1 ou de 4:1 (carboidrato:proteína) aumenta o desempenho de resistência aeróbia durante o exercício agudo e as subsequentes séries de exercício de resistência aeróbia (Kerksick et al., 2008).
- O carboidrato, sozinho ou combinado com a proteína, durante o exercício de força, aumenta as reservas de glicogênio muscular, compensa o dano muscular e facilita melhores adaptações de treino após períodos agudos e prolongados de treinamento de força (Kerksick et al., 2008).
- Uma bebida com sabor agradável para o atleta é essencial para a manutenção da hidratação.

Após o treino ou prática: esse é um período crítico. Muitos atletas não ingerem nada no período pós-atividade física. Simplesmente fazer uma refeição, tomar um leite com chocolate ou comer um lanche facilita o processo de recuperação. Fazer recomendações específicas dará aos atletas as diretrizes exatas a seguir, fornecendo uma solução mais personalizada.

Bebidas ou comidas nutricionais pós-atividade física devem conter carboidrato e proteína (Kerksick et al., 2008). Atletas frequentemente toleram melhor alimentos líquidos do que sólidos, porque eles podem vivenciar a supressão do apetite com o exercício intenso.

- Utilizar um agente de reposição de 1,2 a 1,5 g/kg de peso corporal, dependendo da quantidade de depleção de glicogênio e da intensidade do exercício (Kerscik et al., 2008; ACSM, 2000).
- A proporção deve ser de 2:1 a 4:1, de carboidratos para proteínas.
- Proteínas: 0,3 a 0,4 g/kg.
- Carboidratos: 0,8 a 1,2 g/kg.
- Suplementos industrializados, como *shakes* ou barras de proteínas, são especialmente úteis após uma atividade física, porque eles são práticos. Todavia, alternativas mais baratas, como leite com chocolate, também são efetivas para ajudar na recuperação (Karp et al., 2006).
- É aconselhável que atletas consumam uma combinação de carboidratos e de proteínas nos primeiros 30 minutos após a finalização do treino. Eles devem comer novamente cerca de 1 hora depois. Forneça recomendações em gramas exatas de proteínas e de carboidratos e dê um exemplo (como 240 ml de leite com chocolate), mas se alimentar é muito melhor do que não consumir nada (Kerksick et al., 2008).

Recomendações de nutrição para o dia de competição

Se os atletas têm seguido as recomendações diárias e de recuperação, quando o dia da competição ou do jogo chegar, eles devem estar bem preparados. O foco da nutrição no dia do jogo ou da competição é conseguir que o corpo seja alimentado e hidratado sem desconforto gástrico. Atletas devem praticar seus planos nutricionais de dias de jogo, para que fiquem familiarizados com eles, saibam o que é bem aceito e não façam nada diferente no dia do evento. As recomendações gerais são as seguintes:

A tabela de treino: alimentando-se perto da competição
- Competição à tarde ou à noite: a refeição maior deve ser feita 3-4 horas antes do evento.
- Competição pela manhã: atletas devem comer cerca de 2 horas antes da competição.

Necessidades de carboidratos (Kerksick et al., 2008):
   1 hora antes = 0,5 g de carboidrato por quilograma de peso corporal.
   2 horas antes = 1 g de carboidrato por quilograma de peso corporal.
   3 horas antes = 1,5 g de carboidrato por quilograma de peso corporal.
   4 horas antes = 2 g de carboidrato por quilograma de peso corporal.

Outras necessidades nutricionais:
   Necessidade de proteína = 0,15 a 0,25 g de proteína por quilograma (Kerkscik et al., 2008).
   Gordura = algumas gorduras saudáveis (óleos monoinsaturados ou poli-insaturados) várias horas antes da competição.
   Líquido = as diretrizes da National Athletic Trainer's Association recomendam 510 a 600 ml de água ou de bebida esportiva de 2 a 3 horas antes do exercício e 300 ml adicionais de 10 a 20 minutos antes do exercício (Casa et al., 2000).
   Se os atletas tiverem problemas em tolerar alimentos antes das competições, bebidas esportivas e géis são opções melhores.

Chaves para o sucesso no cenário pré-jogo
- Planeje.
- Não experimente nada no dia da competição.
- Conheça os restaurantes do local.
- Leve uma bolsa térmica com lanches e bebidas.

Passo 3: Intervenção e instrução

Alguém pode assumir que atletas, especialmente os altamente treinados, tenham um vasto conhecimento de sua própria fisiologia e das demandas de nutrientes do esporte que praticam, e que treinadores ou outros profissionais que trabalham com atletas no dia a dia também tenham tal conhecimento. Frequentemente, não é isso o que acontece (Zawila, Steib e Hoogenboom, 2003). Quando trabalhar com um atleta e desenvolver um planejamento para ele, inicie com o básico (instruções gerais) e, então, construa a personalização e a customização. Suplementos são, com frequência, a primeira coisa em que os atletas focam, porque esses produtos são comercializados como substâncias que melhoram o desempenho (Quando foi a última vez que você viu um anúncio de um produto que ajuda na recuperação do atleta?). Entretanto, atletas devem focar primeiro em sua nutrição e hidratação fundamentais, então, adicionar estratégias nutricionais baseadas no desempenho e, finalmente, observar como os suplementos podem ajudá-los (Figura 12.3). Afinal, nada pode ajudar a compensar anos de uma dieta pobre em nutrientes. Como os atletas devem saber os fundamentos básicos dos esportes que praticam em primeiro lugar, é muito difícil ajustar as recomendações nutricionais quando as informações fundamentais não são conhecidas.

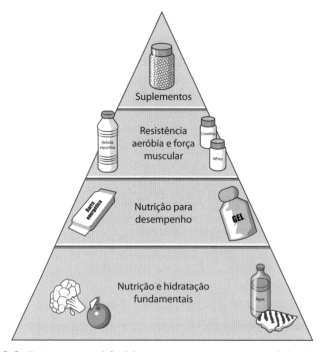

FIGURA 12.3 O diagrama em pirâmide mostra as partes essenciais de um programa de Nutrição Esportiva. Atletas devem focar na nutrição e na hidratação básicas, e suplementos, se utilizados, devem ser uma pequena adição ao plano já consolidado.

Um nutricionista esportivo cria e implementa estratégias para melhorar os problemas identificados durante a avaliação. A intervenção deve ter os seguintes componentes:

1. Instrução.
2. Planos de nutrição e de hidratação para todas as fases do treinamento e do ciclo de competição.
3. Recomendações específicas em gramas por quilograma *versus* percentual de calorias (Burke et al., 2001).
4. Um planejamento ajuda a amenizar o(s) problema(s) identificado(s) durante o diagnóstico.
5. Discuta acerca da segurança do suplemento. Muitos atletas não estão cientes de que suplementos podem conter ingredientes não identificados no rótulo ou que pode haver problemas com a precisão das

informações do rótulo. É importante checar com o respectivo órgão administrativo (National Collegiate Athletic Association, NFL, Major League Baseball, Agência Mundial Antidoping etc.) para ficar ciente das listas de substâncias proibidas. Em seguida, é importante que terceiros testem organizações não governamentais. Finalmente, é imprescindível lembrar os atletas de que a responsabilidade cai sobre eles e, se eles tomarem um suplemento contendo uma substância proibida, eles serão responsabilizados e punidos de acordo com as regras específicas do órgão administrativo responsável. *Sites* úteis para pesquisa sobre suplementos incluem www.nsf.org, www.informed-choice.org e www.informed-sport.com.

6. Estabeleça sistemas reais que levarão ao sucesso: fórmulas exatas e produtos ou alimentos para usar ao longo e depois da atividade física, da competição, e coordenação com serviços alimentares, para garantir que alimentos adequados sejam selecionados ou disponibilizados para atletas e times.

7. Estabeleça objetivos de curto e longo prazos.

8. Instrua aqueles que tem relacionamento pessoal com o atleta (cônjuge, membros da família, outros que trabalham com o atleta). Todos os planejamentos precisam levar em consideração qualquer intolerância a alimentos, alergias, crenças religiosas, influências culturais, preferências e aversões, habilidade de cozinhar, acesso ao alimento, restaurantes comumente visitados e situação socioeconômica enquanto estão sendo desenvolvidos.

9. Desenvolva um "dia perfeito" para o atleta em termos simples. O exemplo de dia perfeito do Quadro 12.1 é para um ginasta que precisa ingerir uma dieta mais rica em nutrientes. Os dias de amostra podem ser utilizados para ajudar os atletas a visualizarem modelos de ingestão, *nutrient timing* (quando eles devem se alimentar na proximidade do treino) e como eles podem incorporar alimentos bons, saudáveis à dieta deles. O nutricionista esportivo deve explicar que isso é um exemplo. O ideal é que os atletas variem os tipos de alimentos que consomem em cada categoria geral. Por exemplo, em vez de ingerir uma ameixa com amêndoas cruas todos os dias como lanche, o atleta deve considerar outras nozes e frutas, para obter uma variedade de nutrientes e antioxidantes na dieta.

QUADRO 12.1 Plano nutricional do "dia perfeito"

Horário	Refeição
5h00	Acordar
5h15	Torrada integral com manteiga de amendoim, iogurte
6h00-7h15	Atividade física
7h30	*Shake* pós-atividade física com carboidrato e proteína
9h30	Mingau de aveia com frutas vermelhas e nozes; claras de ovos mexidas com vegetais, queijo com baixo teor de gordura e azeite de oliva
12h30	Sanduíche de peru com pão integral, com bastante salada de espinafre e molho com pouca gordura
15h30	Ameixa com amêndoas cruas
18h30	Salmão grelhado, arroz integral, vegetais cozidos, bastante salada verde com molho e pouca gordura
21h30	Queijo cottage com baixo teor de gordura e meia xícara de frutas vermelhas

Passo 4: Monitoramento e estimativa nutricional

Um atleta que vai visitar um nutricionista uma vez para conseguir um planejamento e, então, nunca mais retorna, não terá o mesmo grau de sucesso de um que é monitorado apropriadamente. Há várias maneiras de monitorar atletas:

- Monitoramento do peso: pesos corporais diários ou semanais são acompanhados, dependendo das necessidades e da mentalidade do atleta. Alguns atletas respondem bem à mensuração diária do peso corporal, ao passo que outros ficam obcecados com o número na balança. Isso fica a critério dos que trabalham com o atleta (Dionne e Yeudall, 2005).
- Monitoramento da gordura corporal: mensurações mensais da gordura corporal são uma boa maneira de traçar alterações na massa corporal magra *versus* massa gorda.
- Monitoramento da hidratação: pesar atletas antes e depois das sessões, para avaliar as práticas de hidratação.
- Monitoramento de hábitos.
- Monitoramento da energia.
- Monitoramento da ingestão.
- Contato e construção de relacionamento pessoais: é importante para o nutricionista esportivo estabelecer uma comunicação com o

atleta. Estar em contato com atletas é imprescindível para seu sucesso. Apontamentos formais ou *check-ups* podem ser efetivos, apesar de, algumas vezes, serem demorados. Usar a tecnologia pode ser extremamente útil. Uma verificação de *e-mail* é rápida e fácil, e uma simples mensagem de texto pode ser um grande lembrete para ajudar a manter o atleta na linha. Sempre que possível, o nutricionista esportivo deve ir aos jogos, às sessões de treino e às sessões de condicionamento e de força.

Quanto mais o nutricionista esportivo estiver integrado com todas as partes da vida do atleta, maior impacto ele terá. Também é importante para o nutricionista esportivo estabelecer cronogramas reais para ajudar atletas a atingirem seus objetivos. Por exemplo, para ganhar ou perder peso de modo saudável, geralmente, não se pode perder mais que 1 kg por semana (ACSM, 2000). Utilizar ferramentas simples para permitir que o atleta verifique seus hábitos pode ser extremamente útil. A avaliação do desempenho nutricional do formulário 12.1 é uma maneira muito simples de ajudar atletas a avaliarem seus próprios progressos nutricionais.

Membros do time de treinamento do atleta devem ser informados do plano de desempenho nutricional do atleta, se necessário. Dividir essa informação ajuda a ganhar reforço ou suporte da comissão técnica para o progresso do atleta. Além disso, essa informação, quando dividida apropriadamente, permite um foco contínuo no processo de mudança de comportamento.

Distúrbios alimentares e transtornos alimentares

O envolvimento nas atividades esportivas organizadas e atléticas em geral oferece muitos benefícios positivos, física e mentalmente; no entanto, a pressão da competição atlética pode envolver uma ênfase cultural na magreza. O resultado é um aumento do risco para atletas desenvolverem transtornos alimentares e, possivelmente, um distúrbio alimentar (McArdle, Katch e Katch, 2005; Sundgot-Borgen e Tortsveit, 2004). Um estudo de avaliação de atletas noruegueses mostrou que 13,5% dos atletas estudados tinham distúrbios alimentares subclínicos ou clínicos, se comparados com 4,6% da população geral sob controle (Sundgot-Bordgen e Tortsveit, 2004).

Avaliação do desempenho nutricional

Instruções: se o atleta pensa que não está indo bem em uma tarefa, então, marque 1. Se o atleta pensa que está ótimo em uma tarefa, marque 5.

Ingestão limpa	1	2	3	4	5
Ingestão frequente	1	2	3	4	5
Mantendo-se hidratado	1	2	3	4	5
Recuperação	1	2	3	4	5
Mentalidade	1	2	3	4	5

FORMULÁRIO 12.1 Essa avaliação de desempenho nutricional é uma boa ferramenta para ser utilizada no início de um acompanhamento e nas consultas seguintes. Isso ajuda os atletas a pensar sobre suas dietas e sobre como eles estão se saindo, e ajuda o nutricionista esportivo a ver o que um atleta realmente pensa de sua dieta, em comparação ao que ele efetivamente está fazendo.

Fonte: National Strength and Conditioning Association, 2011, *NSCA's Guide to Sport and Exercise Nutrition*, B.I. Campbell e M.A. Spano (ed.), Champaign, IL: Human Kinetics.

Em muitos esportes, atletas enfrentam um paradoxo em que o comportamento necessário para atingir um peso corporal para o sucesso (por exemplo, passar fome, vômito, exercício compulsivo) afeta adversamente a saúde, as reservas de energia, o funcionamento fisiológico e mental, bem como a habilidade de treinar e competir no nível que eles desejam. A ingestão reduzida de carboidratos afeta as reservas de energia corporal e uma diminuição na ingestão de proteínas pode levar a uma diminuição no tecido magro. A falta geral de micronutrientes resultante de uma baixa ingestão de energia deve tornar difíceis o crescimento, o reparo e a recuperação pós-exercício, além de colocar o atleta sob alto risco de lesões (McArdle, Katch e Katch, 2005).

Distúrbios alimentares são tradicionalmente associados a esportes femininos, mas transtornos alimentares e distúrbios alimentares ocorrem em homens atletas também, especialmente naqueles que praticam esportes com componentes estéticos ou esportes que exigem perda ou ganho de peso ou enfatizem ser pequeno e magro. Homens representam de 6% a 10% de indivíduos com distúrbios alimentares (Baum, 2006; McArdle, Katch e Katch, 2005; Glazer, 2008). Em homens atletas, 22% dos que têm distúrbios alimentares praticam esportes antigravitacionais, como mergulho, ginástica, salto em altura e salto com vara; 9%, esportes de resistência aeróbia; e 5%, esportes com bola. Em mulheres atletas, 42% das que têm distúrbios alimentares praticam esportes estéticos; 24%, esportes de resistência aeróbia; 17%, esportes técnicos, e 16%, esportes com bola (Sundgot-Borgen e Tortsveit, 2004). Outro estudo sobre a prevalência de distúrbios alimentares entre homens expõe que 52% de 25 lutadores universitários da categoria baixo peso e 59 remadores de peso leve relataram que comem compulsivamente; 8% dos remadores e 16% dos lutadores mostraram perfis com indícios de distúrbio alimentar patológico (Thiel, 1993).

Esse estudo, em particular, é compatível com o restante da literatura, estimando a prevalência da taxa de distúrbios alimentares entre 15% e 62% das mulheres atletas; a maior prevalência está entre atletas que praticam esportes estéticos, como balé, fisiculturismo, mergulho, patinação artística, animação de torcida e ginástica (McArdle, Katch e Katch, 2005).

Distúrbios alimentares são classificados no *Diagnostic and Statistical Manual of Mental Disorders (DSM-IV)* com base nos sintomas apresentados. Um distúrbio alimentar pode ser classificado como anorexia nervosa, bulimia nervosa ou distúrbio alimentar não especificado; no entanto, muitos dos que foram diagnosticados em uma categoria demonstram comportamentos de outra ao longo do período de diagnóstico. Distúrbios alimentares clínicos e comportamentos de transtornos alimentares são contínuos, por isso, é importante monitorar padrões de transtornos alimentares, já que podem se tornar distúrbios alimentares.

Há uma tênue, mas sólida linha entre distúrbios alimentares e transtornos alimentares. Um distúrbio alimentar é uma doença mental séria que interfere nas atividades diárias normais do atleta; um transtorno alimentar representa uma alteração temporária ou moderada em comportamentos alimentares do atleta. Padrões de transtornos alimentares podem surgir se um atleta estiver tentando atingir um objetivo de peso, estiver sob estresse, com a intenção de alterar sua aparência ou seu desempenho fazendo mudanças dietéticas. Enquanto esses padrões forem de curta duração e não persistirem, eles não necessariamente precisam ser tratados por um psiquiatra ou um psicólogo (mas tais comportamentos devem ser monitorados). De qualquer forma, é importante observar o comportamento, porque padrões de transtornos alimentares prolongados podem levar a um distúrbio alimentar diagnosticado (Becker et al., 2008; Dionne e Yeudall, 2005).

Para indivíduos com distúrbios alimentares, o foco no alimento torna-se tão forte que a sensação de estresse e de ansiedade constantes a respeito da alimentação exige intervenção profissional. Definições e critérios para distúrbios alimentares são mostrados no boxe a seguir. Distúrbios alimentares são frequentemente o resultado de questões emocionais. Portanto, é preciso propiciar diretrizes apropriadas para médicos e dietetas registrados quando estiverem trabalhando com um atleta que tem um distúrbio alimentar. Também é importante entrar em contato com mais profissionais qualificados em distúrbios alimentares e pedir suporte para os planos de tratamento propostos (Becker et al., 2008; Dionne e Yeudall, 2005).

A complexidade, o tempo de intensidade e as despesas do tratamento dos distúrbios alimentares exigem uma abordagem interdisciplinar. Isso deve incluir a equipe das seguintes disciplinas: Medicina, Nutrição, Saúde Mental, Treinamento Atlético e Administração Atlética. Uma abordagem interdisciplinar pode facilitar o pedido de ajuda dos atletas que apresentam sintomas e aumentar a possibilidade de recuperação completa. É igualmente importante estabelecer iniciativas educacionais para prevenir distúrbios alimentares.

Critérios de diagnóstico de distúrbios alimentares

As definições de distúrbios alimentares a seguir foram modificadas das especificadas no *DSM-IV* (American Psychiatric Association, 1994).

Anorexia nervosa

Tipo restrito: o atleta não tem apresentado comportamentos purgativos ou de compulsão alimentar regularmente.

Tipo compulsivo ou purgativo: o atleta tem apresentado comportamentos purgativos ou de compulsão alimentar regularmente.

- Recusa em manter o peso corporal igual ou minimamente acima do peso normal para a estatura e a idade (menor do que 85% do que é esperado).
- Medo intenso de ganho de peso ou de tornar-se gordo, mesmo que esteja abaixo do peso.
- Distúrbios de imagem corporal, incluindo distorção na maneira como o peso ou a forma corporal são percebidos; influência excessiva do peso ou da forma corporal na autoavaliação; ou negação das consequências associadas ao baixo peso corporal atual.
- Em mulheres pós-menarca, amenorreia (ausência de pelo menos três ciclos consecutivos).

Bulimia nervosa

Tipo purgativo: o atleta tem apresentado vômitos autoinduzidos ou abuso de laxantes, diuréticos ou enemas regularmente.

Tipo não purgativo: o atleta tem tido comportamentos compensatórios inapropriados, como jejum ou exercício excessivo, mas não tem apresentado vômitos autoinduzidos ou o abuso de laxantes, diuréticos ou enemas regularmente.

- Episódios recorrentes de compulsão alimentar: (1) ingerir uma quantidade de alimentos num pequeno período de tempo (dentro de qualquer período de 2 horas) que é significativamente maior do que a maioria das pessoas comeria em período de tempo e em circunstâncias similares; (2) sensação de falta de controle em relação à ingestão durante o episódio.
- Recorrente comportamento compensatório inapropriado para prevenir o ganho de peso (como vômito autoinduzido; abuso de laxantes, de diuréticos, enemas ou outras medicações; jejum e exercício excessivo).
- Os comportamentos ocorrem, em média, pelo menos duas vezes por semana, por três meses.
- Autoavaliação excessivamente influenciada pela forma e peso do corpo.
- Ocorrência do comportamento não somente durante episódios de anorexia nervosa.

Distúrbios alimentares não especificados (Eating disorder not otherwise specified – EDNOS)

Esse diagnóstico inclui distúrbios da ingestão que não encontram critérios para quaisquer distúrbios alimentares específicos. Padrões de transtornos alimentares são frequentemente observados em atletas de todos os esportes quando eles tentam ganhar ou perder peso, melhorar o desempenho ou passar por fases de mudanças extremas na ingestão alimentar e no comportamento nutricional. EDNOS podem ser similares à anorexia ou à bulimia, ou podem apresentar os seguintes sintomas:

- mastigar e cuspir repetidamente grandes quantidades de alimentos, mas sem engolir;
- episódios recorrentes de compulsão alimentar, com ausência de comportamentos compensatórios inapropriados que são característicos da bulimia nervosa (isso é categorizado como distúrbio de compulsão alimentar) (American Psychiatric Association, 1994).

Adaptado de American Psychiatric Association Press. 1994. *Diagnostic and statistical manual of mental disorders*, 4th edition: DSM-IV. Washington, DC.

Tríade da mulher atleta

Em 2007, o American College of Sports Medicine lançou um posicionamento oficial atualizado sobre a tríade da mulher atleta (Nattiv et al., 2007). Esse termo refere-se ao inter-relacionamento entre a disponibilidade de energia, o ciclo menstrual e a densidade mineral óssea. Mulheres atletas podem estar o tempo inteiro numa situação entre saúde e doença, com aquelas que estão na zona de perigo não exibindo todas as condições clínicas ao mesmo tempo. Baixo acúmulo de energia (com ou sem distúrbios alimentares), amenorreia e osteoporose apresentam significantes riscos à saúde de garotas e mulheres fisicamente ativas. Tradicionalmente, a porcentagem de gordura corporal tem sido vinculada à tríade da mulher atleta, ao passo que, agora, o baixo acúmulo de energia (são contabilizados a quantidade de energia dietética restante após o treino, os processos metabólicos e as atividades da vida diária) parece ser o gatilho. Algumas atletas reduzem o acúmulo de energia para aumentar mais o gasto energético do que a ingestão dietética; outras praticam padrões de ingestão anormais, utilizando um ou mais dos comportamentos compensatórios inapropriados descritos anteriormente. Manter o acúmulo de energia baixo pode prejudicar a saúde física e mental. Todos os pontos a seguir são consequências de manter o acúmulo de energia baixo (Nattiv et al., 2007):

- Baixa autoestima.
- Depressão.
- Distúrbios de ansiedade.
- Complicações cardiovasculares.
- Complicações endócrinas.
- Complicações reprodutivas.
- Complicações esqueléticas.
- Complicações gastrointestinais.
- Complicações renais.
- Complicações nos nervos centrais.

Como o número de ciclos menstruais perdidos se acumulam secundariamente para manter a baixa ingestão de energia, a **densidade mineral óssea (DMO)** diminui. A perda de DMO pode não ser totalmente reversível e o risco de fratura por estresse aumenta (Nattiv et al., 2007).

- Densidade mineral óssea (DMO) – o conteúdo de mineral do osso; mensurado e utilizado como um critério de diagnóstico de osteopenia e de osteoporose.

É importante estar atento aos padrões de transtornos alimentares e distúrbios alimentares entre mulheres atletas, para prevenir a espiral descendente para a tríade. O posicionamento oficial (2007) faz diversas recomendações para a triagem e o diagnóstico da tríade:

1. A triagem para a tríade deve ocorrer no exame de pré-participação ou no exame de triagem de saúde anual. Atletas com um componente da tríade devem ser avaliados para saber se têm os outros.
2. Atletas com transtornos alimentares devem ser encaminhados para um profissional de saúde mental para avaliação, diagnóstico e recomendações para tratamento.
3. Para sustentar totalmente o diagnóstico de amenorreia por energia baixa, outras causas devem ser descartadas. Um exame físico feito pelo médico e a interpretação de resultados laboratoriais ajudam a descartar outras causas.
4. Finalmente, administradores atléticos e todo o time de profissionais que trabalham com mulheres atletas devem ter um objetivo para prevenir a tríade por meio da instrução. Mulheres atletas jovens com frequência não percebem que as ações que elas estão tomando para melhorar o desempenho podem causar problemas futuros com a densidade óssea e a fertilidade (Bonci et al., 2008; Michael e Pritchett, 2002).

Aplicações profissionais

Apesar de o processo de avaliação e aconselhamento do atleta não ser propenso a mudanças radicais nos próximos anos, a pesquisa em nutrição e suplementação para o desempenho está sempre mudando. Além disso, as listas de substâncias proibidas mudam de ano para ano, bem como a lista de suplementos certificados como seguros (por meio de grupos que testam substâncias proibidas). É crucial que os nutricionistas esportivos estejam atualizados a todas essas informações, para que, então, eles possam responder a questões dos atletas, dos treinadores e da comissão de treinamento, e estar aptos para realizar recomendações específicas e individualizadas para os atletas. Nos Estados Unidos, muitos estados exigem que a pessoa que fornece tratamentos nutricionais médicos ou recomendações individualizadas seja um dieteta registrado ou licenciado. Entretanto, aqueles com certificados em Nutrição Esportiva podem fornecer conselhos gerais aos atletas.

Nutrição Esportiva é um campo em constante mudança e é imprescindível que o nutricionista esportivo tenha um olhar abrangente do estilo de vida do atleta, seu histórico médico, seu histórico de peso, seus objetivos, seu relatório de lesões, seus exames laboratoriais, sua composição corporal e seu programa de treinamento antes de ajudá-lo a desenvolver um planejamento para que atinja seus objetivos. Com um bom conhecimento da última pesquisa de Ciência do Esporte e sua aplicação, é crucial para o nutricionista esportivo construir uma boa relação com cada atleta, o que mostrará ao atleta que ele pode confiar no nutricionista esportivo e, consequentemente, abrir-se. Muitos clientes podem ter um medo racional de se abrirem e conversarem sobre comportamentos dos quais se envergonham (como compulsão alimentar ou alcoólica, alimentar-se em demasia ou transtorno alimentar) e, também, temer que dados pessoais sejam divididos com terceiros. Atletas devem confiar em seus nutricionistas esportivos e se sentir confortáveis com eles, para conversarem sobre como se sentem, o que exatamente estão ingerindo, o quanto estão se exercitando e o que eles pensam sobre seus corpos. Essa confiança deve demorar algum tempo para ser estabelecida e se desenvolve somente por meio de conversas.

Este livro inclui muitos resultados de pesquisas que podem ser utilizados para aperfeiçoar um programa de nutrição, mas que também contém algumas recomendações gerais de que os atletas precisam se lembrar. A seguir, estão 10 diretrizes gerais que ajudarão atletas a fazer escolhas alimentares mais sábias:

1. Volte para a terra. Escolha os alimentos menos processados, na maioria das vezes.
2. Coma um arco-íris frequentemente. Coma as frutas, os vegetais e os grãos integrais mais coloridos que você puder.
3. Quando se trata de proteína, quanto menos pernas, melhor. Tente escolher fontes de proteínas magras o mais frequentemente possível.
4. Coma gorduras que forneçam algo. Escolha uma variedade de gorduras insaturadas e ácidos graxos essenciais na dieta.
5. Três por três. Coma minirrefeições contendo carboidratos, proteínas e gorduras a cada 3 horas.
6. Tome café da manhã todos os dias. Após ter acordado, tente fazer o desjejum assim que possível.
7. Hidrate-se. Tenha a certeza de atingir suas necessidades de hidratação.
8. Não desperdice sua atividade física. Consuma uma mistura de carboidrato e proteína até 45 minutos depois de completar sua sessão de treino ou competição.
9. Suplemente sabiamente. Verifique com seu dieteta ou médico antes de iniciar um novo suplemento. Também esteja atento às regras e aos regulamentos do órgão administrativo do seu esporte quando se trata de substâncias proibidas.
10. Vá para a cozinha. Quanto mais você puder preparar seus próprios alimentos, mais controle terá sobre a nutrição de seu próprio corpo.

RESUMO

- A prática da Nutrição Esportiva está em algum lugar entre ciência e arte. Conseguir que atletas alterem a maneira como eles se alimentam pode afetar positivamente o desempenho, embora mudar o comportamento nem sempre seja fácil.
- Profissionais da atividade física, apesar de serem conhecedores da nutrição e do desempenho, deveriam se assegurar de providenciar credenciais apropriadas antes de fornecer informações nutricionais para atletas. Algumas leis restringem alguns profissionais de fornecerem aconselhamentos nutricionais.
- Quando trabalharem com planejamentos nutricionais, profissionais devem tomar o cuidado de manter confidenciais as informações médicas.
- Sempre peça a permissão dos atletas antes de dividir qualquer informação com treinadores ou outros membros de seus times, exceto no caso de uma condição de risco de vida ou distúrbio alimentar.
- Construir uma boa relação com os atletas é extremamente importante para ajudá-los a realizar mudanças.
- Os passos na criação de um planejamento nutricional incluem avaliação, estimativa, intervenção, instrução, monitoramento e estimativa.
- Utilizar uma abordagem sistemática para a avaliação, a estimativa das necessidades dos atletas, a intervenção e a instrução, para, então, construir um relacionamento profundo com o atleta durante a fase de monitoramento, não somente estabelecer um programa nutricional de sucesso, mas, também, ajudar a alterar a maneira pela qual os atletas veem a nutrição e a maneira como eles se alimentam, indo bem além de suas carreiras atléticas.
- O nutricionista esportivo deve estar a postos para detectar a tríade da mulher atleta: distúrbio alimentar, amenorreia e osteoporose (ou densidade óssea baixa, sinalizando o problema em atletas jovens).

Referências

Capítulo 1

Antonio, J., and J.R. Stout. 2001. *Sports supplements*. Hagerstown, MD: Lippincott, Williams & Wilkins.

Applegate, E.A., and L.E. Grivetti. 1997. Search for the competitive edge: A history of dietary fads and supplements. *Journal of Nutrition* 127: 869S-873S.

Balsom, P.D., G.C. Gaitanos, K. Soderlund, and B. Ekblom. 1999. High-intensity exercise and muscle glycogen availability in humans. *Acta Physiologica Scandinavica* 165: 337-345.

Bell, A., K.D. Dorsch, D.R. McCreary, and R. Hovey. 2004. A look at nutritional supplement use in adolescents. *Journal of Adolescent Health* 34: 508-516.

Bigard, A.X., H. Sanchez, G. Claveyrolas, S. Martin, B. Thimonier, and M.J. Arnaud. 2001. Effects of dehydration and rehydration on EMG changes during fatiguing contractions. *Medicine and Science in Sports and Exercise* 33: 1694-1700.

Borsheim, E., K.D. Tipton, S.E. Wolf, and R.R. Wolfe. 2002. Essential amino acids and muscle protein recovery from resistance exercise. *American Journal of Physiology: Endocrinology and Metabolism* 283: E648-657.

Brooks, G.A. 1987. Amino acid and protein metabolism during exercise and recovery. *Medicine and Science in Sports and Exercise* 19: S150-156.

Campbell, B., R.B. Kreider, T. Ziegenfuss, P. La Bounty, M. Roberts, D. Burke, J. Landis, H. Lopez, and J. Antonio. 2007. International Society of Sports Nutrition position stand: Protein and exercise. *Journal of the International Society of Sports Nutrition* 4: 8.

Coggan, A.R., W.M. Kohrt, R.J. Spina, D.M. Bier, and J.O. Holloszy. 1990. Endurance training decreases plasma glucose turnover and oxidation during moderate-intensity exercise in men. *Journal of Applied Physiology* 68: 990-996.

Cupisti, A., C. D'Alessandro, S. Castrogiovanni, A. Barale, and E. Morelli. 2002. Nutrition knowledge and dietary composition in Italian adolescent female athletes and non-athletes. *International Journal of Sport Nutrition and Exercise Metabolism* 12: 207-219.

Currell, K., and A.E. Jeukendrup. 2008. Superior endurance performance with ingestion of multiple transportable carbohydrates. *Medicine and Science in Sports and Exercise* 40: 275-281.

Delamarche, P., J. Bittel, J.R. Lacour, and R. Flandrois. 1990. Thermoregulation at rest and during exercise in prepubertal boys. *European Journal of Applied Physiology and Occupational Physiology* 60: 436-440.

Drinkwater, B.L., I.C. Kupprat, J.E. Denton, J.L. Crist, and S.M. Horvath. 1977. Response of prepubertal girls and college women to work in the heat. *Journal of Applied Physiology* 43: 1046-1053.

Friedlander, A.L., G.A. Casazza, M.A. Horning, M.J. Huie, and G.A. Brooks. 1997. Traininginduced alterations of glucose flux in men. *Journal of Applied Physiology* 82: 1360-1369.

Grandjean, A.C. 1997. Diets of elite athletes: Has the discipline of sports nutrition made an impact? *Journal of Nutrition* 127: 874S-877S.

Greenleaf, J.E., and B.L. Castle. 1971. Exercise temperature regulation in man during hypohydration and hyperhydration. *Journal of Applied Physiology* 30: 847-853.

Grivetti, L.E., and E.A. Applegate. 1997. From Olympia to Atlanta: A cultural-historical perspective on diet and athletic training. *Journal of Nutrition* 127: 860S-868S.

Hargreaves, M., and L. Spriet. 2006. *Exercise metabolism.* Champaign, IL: Human Kinetics.

Hoffman, J.R., A.D. Faigenbaum, N.A. Ratamess, R. Ross, J. Kang, and G. Tenenbaum. 2008. Nutritional supplementation and anabolic steroid use in adolescents. *Medicine and Science in Sports and Exercise* 40: 15-24.

Hurley, B.F., P.M. Nemeth, W.H. Martin 3rd, J.M. Hagberg, G.P. Dalsky, and J.O. Holloszy. 1986. Muscle triglyceride utilization during exercise: Effect of training. *Journal of Applied Physiology* 60: 562-567.

Jacobson, B.H., C. Sobonya, and J. Ransone. 2001. Nutrition practices and knowledge of college varsity athletes: A follow-up. *Journal of Strength and Conditioning Research* 15: 63-68.

Jeukendrup, A. 2003. Modulation of carbohydrate and fat utilization by diet, exercise and environment. *Biochemistry Society Transactions* 31(Pt 6): 1270-1273.

Jeukendrup, A.E., and L. Moseley. 2010. Multiple transportable carbohydrates enhance gastric emptying and fluid delivery. *Scandinavian Journal of Medicine and Science in Sports* 13: 452-457.

Kenney, W.L., and P. Chiu. 2001. Influence of age on thirst and fluid intake. *Medicine and Science in Sports and Exercise* 33: 1524-1532.

Lemon, P.W. 2000. Beyond the zone: Protein needs of active individuals. *Journal of the American College of Nutrition* 19: 513S-521S.

Lemon, P.W., and F.J. Nagle. 1981. Effects of exercise on protein and amino acid metabolism. *Medicine and Science in Sports and Exercise* 13: 141-149.

Lockwood, C.M., J.R. Moon, S.E. Tobkin, A.A. Walter, A.E. Smith, V.J. Dalbo, J.T. Cramer, and J.R. Stout. 2008. Minimal nutrition intervention with high-protein/low-carbohydrate and low-fat, nutrient-dense food supplement improves body composition and exercise benefits in overweight adults: A randomized controlled trial. *Nutrition and Metabolism* 5: 11.

Maughan, R.J., P.L. Greenhaff, J.B. Leiper, D. Ball, C.P. Lambert, and M. Gleeson. 1997. Diet composition and the performance of high-intensity exercise. *Journal of Sports Science and Medicine* 15: 265-275.

McArdle, W.D., F.I. Katch, and V.L. Katch. 2008. *Sports and exercise nutrition.* Philadelphia: Lippincott, Williams & Wilkins.

McNaughton, L.R. 1986. The influence of caffeine ingestion on incremental treadmill running. *British Journal of Sports Medicine* 20: 109-112.

Mittendorfer, B., and S. Klein. 2003. Physiological factors that regulate the use of endogenous fat and carbohydrate fuels during endurance exercise. *Nutrition Research Reviews* 16: 97-108.

Mougios, V. 2006. *Exercise biochemistry.* Champaign, IL: Human Kinetics.

Naitoh, M., and L.M. Burrell. 1998. Thirst in elderly subjects. *Journal of Health, Nutrition, and Aging* 2: 172-177.

Norton, L.E., and D.K. Layman. 2006. Leucine regulates translation initiation of protein synthesis in skeletal muscle after exercise. *Journal of Nutrition* 136: 533S-537S.

O'Dea, J.A. 2003. Consumption of nutritional supplements among adolescents: Usage and perceived benefits. *Health Education Research* 18: 98-107.

Phillips, S.M., S.A. Atkinson, M.A. Tarnopolsky, and J.D. MacDougall. 1993. Gender differences in leucine kinetics and nitrogen balance in endurance athletes. *Journal of Applied Physiology* 75: 2134-2141.

Raymond-Barker, P., A. Petroczi, and E. Quested. 2007. Assessment of nutritional knowledge in female athletes susceptible to the female athlete triad syndrome. *Journal of Occupational Medicine and Toxicology* 2: 10.

Robergs, R.A., D.R. Pearson, D.L. Costill, W.J. Fink, D.D. Pascoe, M.A. Benedict, C.P. Lambert, and J.J. Zachweija. 1991. Muscle glycogenolysis during differing intensities of weightresistance exercise. *Journal of Applied Physiology* 70: 1700-1706.

Schaafsma, G. 2000. The protein digestibility-corrected amino acid score. *Journal of Nutrition* 130: 1865S-1867S.

Schoffstall, J.E., J.D. Branch, B.C. Leutholtz, and D.E. Swain. 2001. Effects of dehydration and rehydration on the one-repetition maximum bench press of weight-trained males. *Journal of Strength and Conditioning Research* 15: 102-108.

Shimomura, Y., Y. Yamamoto, G. Bajotto, J. Sato, T. Murakami, N. Shimomura, H. Kobayashi, and K. Mawatari. 2006. Nutraceutical effects of branched-chain amino acids on skeletal muscle. *Journal of Nutrition* 136: 529S-532S.

Stephens, F.B., M. Roig, G. Armstrong, and P.L. Greenhaff. 2008. Post-exercise ingestion of a unique, high molecular weight glucose polymer solution improves performance during a subsequent bout of cycling exercise. *Journal of Sports Science* 26: 149-154.

Tesch, P.A., L.L. Ploutz-Synder, L. Ystro, M.M. Castro, and G. Dudley. 1998. Skeletal muscle glycogen loss evoked by resistance exercise. *Journal of Strength and Conditioning Research* 12: 67.

Tipton, K.D., A.A. Ferrando, S.M. Phillips, D. Doyle Jr., and R.R. Wolfe. 1999. Postexercise net protein synthesis in human muscle from orally administered amino acids. *American Journal of Physiology* 276: E628-634.

U.S. Food and Drug Administration. 1994. Dietary Supplement Health and Education Act.

van Loon, L.J., A.E. Jeukendrup, W.H. Saris, and A.J. Wagenmakers. 1999. Effect of training status on fuel selection during submaximal exercise with glucose ingestion. *Journal of Applied Physiology* 87: 1413-1420.

Volek, J.S. 2004. Influence of nutrition on responses to resistance training. *Medicine and Science in Sports and Exercise* 36: 689-696.

Wagenmakers, A.J. 1998. Muscle amino acid metabolism at rest and during exercise: Role in human physiology and metabolism. *Exercise and Sport Sciences Reviews* 26: 287-314.

Walsh, R.M., T.D. Noakes, J.A. Hawley, and S.C. Dennis. 1994. Impaired high-intensity cycling performance time at low levels of dehydration. *International Journal of Sports Medicine* 15: 392-398.

Wexler, R.K. 2002. Evaluation and treatment of heat-related illness. *American Family Physician* 65: 2307.

Zinn, C., G. Schofield, and C. Wall. 2006. Evaluation of sports nutrition knowledge of New Zealand premier club rugby coaches. *International Journal of Sport Nutrition and Exercise Metabolism* 16: 214-225.

Capítulo 2

Ahlborg, B.G., J. Bergström, J. Brohult, L.G. Ekelund, E. Hultman, and G. Maschino. 1967. Human muscle glycogen content and capacity for prolonged exercise after different diets. *Foersvarsmedicin* 3: 85-99.

Balsom, P.D., G.C. Gaitanis, K. Soderlund, and B. Ekblom. 1999. High-intensity exercise and muscle glycogen availability in humans. *Acta Physiologica Scandinavica* 165: 337-345.

Bergström, J., L. Hermansen, E. Hultman, and B. Saltin. 1967. Diet, muscle glycogen and physical performance. *Acta Physiologica Scandinavica* 71: 140-150.

Biolo, G., B.D. Williams, R.Y. Fleming, and R.R. Wolfe. 1999. Insulin action on muscle protein kinetics and amino acid transport after resistance exercise. *Diabetes* 48: 949-957.

Bosch, A.N., S.C. Dennis, and T.D. Noakes. 1994. Influence of carbohydrate ingestion on fuel substrate turnover and oxidation during prolonged exercise. *Journal of Applied Physiology* 76: 2364-2372.

Burke, L.M., G.R. Collier, and M. Hargreaves. 1998. Glycemic index: A new tool in sport nutrition. *International Journal of Sport Nutrition and Exercise Metabolism* 8: 401-415.

Casey, A., A.H. Short, S. Curtis, and P.L. Greenhaff. 1996. The effect of glycogen availability on power output and the metabolic response to repeated bouts of maximal, isokinetic exercise in man. *European Journal of Applied Physiology* 72: 249-255.

Coleman, E. 1994. Update on carbohydrate: Solid versus liquid. *International Journal of Sport Nutrition* 4: 80-88.

Conley, M.S., and M.H. Stone. 1996. Carbohydrate for resistance exercise and training. *Sports Medicine* 21: 7-17.

Costill, D. 1988. Carbohydrates for exercise: Dietary demands for optimal performance. *International Journal of Sports Medicine* 9: 1-18.

Coyle, E. 1995. Substrate utilization during exercise in active people. *American Journal of Clinical Nutrition* 61: 968S-979S.

Coyle, E.F., A.R. Coggan, M.K. Hemmert, and J.L. Ivy. 1986. Muscle glycogen utilization during prolonged strenuous exercise when fed carbohydrate. *Journal of Applied Physiology* 61: 165-172.

D'Adamo, P.D. 1990. Larch arabinogalactan. *Journal of Neuropathic Medicine* 6: 33-37.

Essen, B., and J. Henriksson. 1974. Glycogen content of individual muscle fibers in man. *Acta Physiologica Scandinavica* 90: 645-647.

Gollnick, P.D., J. Karlsson, K. Piehl, and B. Saltin. 1974. Selective glycogen depletion in skeletal muscle fibers of man following sustained contractions. *Journal of Physiology* 241: 59-67.

Haff, G.G., A.J. Koch, J.A. Potteiger, K.E. Kuphal, L.M. Magee, S.B. Green, and J.J. Jakicic. 2000. Carbohydrate supplementation attenuates muscle glycogen loss during acute bouts of resistance exercise. *International Journal of Sport Nutrition and Exercise Metabolism* 10: 326-339.

Haff, G.G., M.H. Stone, B.J. Warren, R. Keith, R.L. Johnson, D.C. Nieman, F. Williams JR, and K. Brett Kirksey. 1999. The effect of carbohydrate supplementation on multiple sessions and bouts of resistance exercise. *Journal of Strength and Conditioning Research* 13: 111-117.

Haff, G.G., M.J. Lehmkuhl, L.B. McCoy, and M.H. Stone. 2003. Carbohydrate and resistance training. *Journal of Strength and Conditioning Research* 17: 187-196.

Hargreaves, M. 2000. Carbohydrate replacement during exercise. In: *Nutrition in sport*, edited by R.J. Maughan. Oxford: Blackwell Science.

Hawley, J.A., E.J. Schabort, T.D. Noakes, and S.C. Dennis. 1997. Carbohydrate loading and exercise performance: An update. *Sports Medicine* 24: 73-81.

Hultman, E. 1967. Studies on muscle metabolism of glycogen and active phosphate in man with special reference to exercise and diet. *Scandinavian Journal of Clinical and Laboratory Investigation* 19: 1-63.

Ivy, J. 2001. Dietary strategies to promote glycogen synthesis after exercise. *Canadian Journal of Applied Physiology* 26: S236-S245.

Jeukendrup, A. 2004. Carbohydrate intake during exercise and performance. *Nutrition* 20: 669-677.

Jeukendrup, A.E., F. Brouns, A.J.M. Wagenmakers, and W.H.M. Saris. 1997. Carbohydrate electrolyte feedings improve 1 h time trial cycling performance. *International Journal of Sports Medicine* 18(2): 125-129.

Jeukendrup, A., and R. Jentjens. 2000. Oxidation of carbohydrate feedings during prolonged exercise: Current thoughts, guidelines and directions for future research. *Sports Medicine* 29: 407-424.

Jeukendrup, A.E., A.J.M. Wagenmakers, J.H. Stegen, A.P. Gijsen, F. Brouns, and W.H. Saris. 1999. Carbohydrate ingestion can completely suppress endogenous glucose production during exercise. *American Journal of Physiology* 276: E672-E683.

Keizer, H., H. Kuipers, and G. van Kranenburg. 1987. Influence of liquid and solid meals on muscle glycogen resynthesis, plasma fuel hormone response, and maximal physical working capacity. *International Journal of Sports Medicine* 8: 99-104.

Kjaer, M. 1998. Hepatic glucose production during exercise. *Advances in Experimental Medicine and Biology* 441: 117-127.

Kulik, J.R., C.D. Touchberry, N. Kawamori, P.A. Blumert, A.J. Crum, and G.G. Haff. 2008. Supplemental carbohydrate ingestion does not improve performance of high-intensity resistance exercise. *Journal of Strength and Conditioning Research* 22: 1101-1107.

Leloir, L.F. 1971. Two decades of research on the biosynthesis of saccharides. *Science* 172:1299-1303.

Liebman, B. 1998. Sugar: The sweetening of the American diet. *Nutrition Action Health Letter* 25: 1-8.

Lupton, J., and P. Trumbo. 2006. Dietary fiber. In: *Modern nutrition in health and disease*, edited by M. Shils. Philadelphia: Lippincott, Williams & Wilkins.

Marlett, J.A., M.I. McBurney, and J.L. Slavin. 2002. Position of the American Dietetic Association: Health implications of dietary fiber. *Journal of the American Dietetic Association* 102: 993-1000.

Maughan, R.J., P.L. Greenhaff, J.B. Leiper, D. Ball, C.P. Lambert, and M. Gleeson. 1997. Diet composition and the performance of high-intensity exercise. *Journal of Sports Science and Medicine* 15: 265-275.

McArdle, W.D., F.I. Katch, and V.L. Katch. 2009. *Sports and exercise nutrition*. Philadelphia: Lippincott, Williams & Wilkins.

Nardone, A., C. Romano, and M. Schieppati. 1989. Selective recruitment of high-threshold human motor units during voluntary isotonic lengthening of active muscles. *Journal of Physiology (London)* 409: 451-471.

National Academy of Sciences. 2002. *Dietary reference intakes for energy, carbohydrates, fiber, fat, protein and amino acids (macronutrients)*. Washington, DC: National Academies Press.

Rauch, H.G., A. St Clair Gibson, E.V. Lambert, and T.D. Noakes. 2005. A signaling role for muscle glycogen in the regulation of pace during prolonged exercise. *British Journal of Sports Medicine* 39: 34-38.

Robergs, R.A., D.R. Pearson, D.L. Costill, W.J. Fink, D.D. Pascoe, M.A. Benedict, C.P. Lambert, and J.J. Zachweija. 1991. Muscle glycogenolysis during differing intensities of weight-resistance exercise. *International Journal of Sport Nutrition and Exercise Metabolism* 10 :326-339.

Rockwell, M.S., J.W. Rankin, and H. Dixon. 2003. Effects of muscle glycogen on performance of repeated sprints and mechanisms of fatigue. *International Journal of Sport Nutrition and Exercise Metabolism* 13: 1-14.

Roediger, W.E. 1989. Utilization of nutrients by isolated epithelial cells of the rat colon. *Gastroenternology* 83: 424-429.

Shulman, R., and D. Rothman. 2001. The "glycogen shunt" in exercising muscle: A role of glycogen in muscle energetics and fatigue. *Proceedings of the National Academy of Sciences* 98: 457-461.

Spriet, L.L. 1998. Regulation of fat/carbohydrate interaction in human skeletal muscle during exercise. *Advances in Experimental Medicine and Biology* 441: 249-261.

Tesch, P.A., E.B. Colliander, and P. Kaiser. 1986. Muscle metabolism during intense, heavyresistance exercise. *European Journal of Applied Physiology* 4: 362-366.

Tesch, P.A., L.L. Ploutz-Snyder, L. Yström, M.J. Castro, and G.A. Dudley. 1998. Skeletal muscle glycogen loss evoked by resistance exercise. *Journal of Strength and Conditioning Research* 12: 67-73.

Tipton, K.D., B.B. Rasmussen, S.L. Miller, S.E. Wolf, S.K. Owens-Stovall, B.E. Petrini, and R.R. Wolfe. 2001. Timing of amino acid-carbohydrate ingestion alters anabolic response of muscle to resistance exercise. *American Journal of Physiology: Endocrinology and Metabolism* 281: E197-E206.

Tsintzas, K., and C. Williams. 1998. Human muscle glycogen metabolism during exercise: Effect of carbohydrate supplementation. *Sports Medicine* 25: 7-23.

Tsintzas, O.K., C. Williams, L. Boobis, and P. Greenhaff. 1995. Carbohydrate ingestion and glycogen utilization in different fiber types in man. *Journal of Physiology* 489: 243-250.

Van Hall, G. 2000. Lactate as fuel for mitochondrial respiration. *Acta Physiologica Scandinavica* 168: 643-656.

Capítulo 3

Allred, C.D., K.F. Allred, Y.H. Ju, S.M. Virant, and W.G. Helferich. 2001. Soy diets containing varying amounts of genistein stimulate growth of estrogen-dependent (MCF-7) tumors in a dose-dependent manner. *Cancer Research* 61(13): 5045-5050.

Andersen, L.L., G. Tufekovic, M.K. Zebis, R.M. Crameri, G. Verlaan, M. Kjaer, C. Suetta, P. Magnusson, and P. Aagaard. 2005. The effect of resistance training combined with timed ingestion of protein on muscle fiber size and muscle strength. *Metabolism: Clinical and Experimental* 54(2): 151-156.

Antonio, J., and J.R. Stout, eds. 2001. *Sports supplements.* Philadelphia: Lippincott, Williams & Wilkins.

Badger, T.M., M.J. Ronis, and R. Hakkak. 2001. Developmental effects and health aspects of soy protein isolate, casein, and whey in male and female rats. *International Journal of Toxicology* 20(3): 165-174.

Baumrucker, C.R., M.H. Green, and J.W. Blum. 1994. Effects of dietary rhIGF-I in neonatal calves on the appearance of glucose, insulin, D-xylose, globulins and gamma-glutamyl transferase in blood. *Domestic Animal Endocrinology* 11(4): 393-403.

Beaufrere, B., M. Dangin, and Y. Boirie. 2000. The fast and slow protein concept. In: *Proteins, peptides and amino acids in enteral nutrition,* edited by P. Furst and V. Young, 121-133. Basel: Karger.

Berdanier, C.D. 2000. *Advanced nutrition: Micronutrients.* 2nd ed. Boca Raton, FL: CRC Press.

Bigard, A.X., P. Lavier, L. Ullmann, H. Legrand, P. Douce, and C.Y. Guezennec. 1996. Branched-chain amino acid supplementation during repeated prolonged skiing exercises at altitude. *International Journal of Sport Nutrition* 6(3): 295-306.

Bloomer, R.J., A.C. Fry, M.J. Falvo, and C.A. Moore. 2007. Protein carbonyls are acutely elevated following single set anaerobic exercise in resistance trained men. *Journal of Science and Medicine in Sport* 10(6): 411-417.

Bloomer, R.J., A.H. Goldfarb, L. Wideman, M.J. McKenzie, and L.A. Consitt. 2005. Effects of acute aerobic and anaerobic exercise on blood markers of oxidative stress. *Journal of Strength and Conditioning Research* 19(2): 276-285.

Boirie, Y., M. Dangin, P. Gachon, M.P. Vasson, J.L. Maubois, and B. Beaufrere. 1997. Slow and fast dietary proteins differently modulate postprandial protein accretion. *Proceedings of the National Academy of Sciences* 94(26) (Dec 23): 14930-14935.

Borsheim, E., A. Aarsland, and R.R. Wolfe. 2004. Effect of an amino acid, protein, and carbohydrate mixture on net muscle protein balance after resistance exercise. *International Journal of Sport Nutrition and Exercise Metabolism* 14(3): 255-271.

Borsheim, E., K.D. Tipton, S.E. Wolf, and R.R. Wolfe. 2002. Essential amino acids and muscle protein recovery from resistance exercise. *American Journal of Physiology: Endocrinology and Metabolism* 283(4): E648-E657.

Brown, E.C., R.A. DiSilvestro, A. Babaknia, and S.T. Devor. 2004. Soy versus whey protein bars: Effects on exercise training impact on lean body mass and antioxidant status. *Nutrition Journal* 8(3): 22.

Bucci, L., and L. Unlu. 2000. Proteins and amino acid supplements in exercise and sport. In: *Energy-yielding macronutrients and energy metabolism in sports nutrition,* edited by J. Driskell and I. Wolinsky. Boca Raton, FL: CRC Press.

Campbell, B., R.B. Kreider, T. Ziegenfuss, P. La Bounty, M. Roberts, D. Burke, J. Landis, H. Lopez, and J. Antonio. 2007. International society of sports nutrition position stand: Protein and exercise. *Journal of the International Society of Sports Nutrition* 4: 8.

Candow, D.G., N.C. Burke, T. Smith-Palmer, and D.G. Burke. 2006. Effect of whey and soy protein supplementation combined with resistance training in young adults. *International Journal of Sport Nutrition and Exercise Metabolism* 16: 233-244.

Candow, D.G., J.P. Little, P.D. Chilibeck, S. Abeysekara, G.A. Zello, M. Kazachkov, S.M. Cornish, and P.H. Yu. 2008. Low-dose creatine combined with protein during resistance training in older men. *Medicine and Science in Sports and Exercise* 40(9): 1645-1652.

Carli, G., M. Bonifazi, L. Lodi, C. Lupo, G. Martelli, and A. Viti. 1992. Changes in the exerciseinduced hormone response to branched chain amino acid administration. *European Journal of Applied Physiology and Occupational Physiology* 64(3): 272-277.

Coombes, J.S., and L.R. McNaughton. 2000. Effects of branched-chain amino acid supplementation on serum creatine kinase and lactate dehydrogenase after prolonged exercise. *Journal of Sports Medicine and Physical Fitness* 40(3): 240-246.

Cribb, P.J., A.D. Williams, and A. Hayes. 2007. A creatine-protein-carbohydrate supplement enhances responses to resistance training. *Medicine and Science in Sports and Exercise* 39(11): 1960-1968.

De Feo, P., C. Di Loreto, P. Lucidi, G. Murdolo, N. Parlanti, A. De Cicco, F. Piccioni, and F. Santeusanio. 2003. Metabolic response to exercise. *Journal of Endocrinological Investigation* 26(9): 851-854.

Dewell, A., C.B. Hollenbeck, and B. Bruce. 2002. The effects of soy-derived phytoestrogens on serum lipids and lipoproteins in moderately hypercholesterolemic postmenopausal women. *Journal of Clinical Endocrinology and Metabolism* 87(1): 118-121.

Di Pasquale, M. 2000. Proteins and amino acids in exercise and sport. In: *Energy-yielding macronutrients and energy metabolism in exercise and sport,* edited by J. Driskell and I. Wolinsky. Boca Raton, FL: CRC Press.

Drăgan, I., V. Stroescu, I. Stoian, E. Georgescu, and R. Baloescu. 1992. Studies regarding the efficiency of Supro isolated soy protein in Olympic athletes. *Revue Roumaine de Physiologie* 29(3-4): 63-70.

Esmarck, B., J.L. Andersen, S. Olsen, E.A. Richter, M. Mizuno, and M. Kjaer. 2001. Timing of postexercise protein intake is important for muscle hypertrophy with resistance training in elderly humans. *Journal of Physiology* 535(Pt 1): 301-311.

FitzGerald, R.J., and H. Meisel. 2000. Milk protein-derived peptide inhibitors of angiotensin-I-converting enzyme. *British Journal of Nutrition* 84 Suppl 1: S33-S37.

Florisa, R., I. Recio, B. Berkhout, and S. Visser. 2003. Antibacterial and antiviral effects of milk proteins and derivatives thereof. *Current Pharmaceutical Design* 9(16): 1257-1275.

Friedman, J.E., and P.W. Lemon. 1989. Effect of chronic endurance exercise on retention of dietary protein. *International Journal of Sports Medicine* 10(2): 118-123.

Fruhbeck, G. 1998. Protein metabolism: Slow and fast dietary proteins. *Nature* 391: 843, 845.

Gattas, V.G. 1990. Protein-energy requirements of prepubertal school-age boys determined by using the nitrogen-balance response to a mixed-protein diet. *American Journal of Clinical Nutrition* 52(6): 1037-1042.

Gattas, V., G.A. Barrera, J.S. Riumallo, and R. Uauy. 1992. Protein-energy requirements of boys 12-14 y old determined by using the nitrogen-balance response to a mixed-protein diet. *American Journal of Clinical Nutrition* 56(3): 499-503.

Gleeson, M., G.I. Lancaster, and N.C. Bishop. 2001. Nutritional strategies to minimise exercise-induced immunosuppression in athletes. *Canadian Journal of Applied Physiology* 26 Suppl: S23-35.

Green, A.L., E. Hultman, I.A. Macdonald, D.A. Sewell, and P.L. Greenhaff. 1996. Carbohydrate ingestion augments skeletal muscle creatine accumulation during creatine supplementation in humans. *American Journal of Physiology* 271(5 Pt 1): E821-E826.

Hayes, A., and P.J. Cribb. 2008. Effect of whey protein isolate on strength, body composition and muscle hypertrophy during resistance training. *Current Opinion in Clinical Nutrition and Metabolic Care* 11(1): 40-44.

Hendler, S.S., and D. Rorvik, eds. 2001. *PDR for nutritional supplements.* 1st ed. Montvale, NJ: Thomson PDR.

Horton, B.S. 1995. Commercial utilization of minor milk components in the health and food industries. *Journal of Dairy Science* 78(11): 2584-2589.

Howarth, K.R., K.A. Burgomaster, S.M. Phillips, and M.J. Gibala. 2007. Exercise training increases branched-chain oxoacid dehydrogenase kinase content in human skeletal muscle. *American Journal of Physiology: Regulatory, Integrative and Comparative Physiology* 293(3): R1335-1341.

Hulmi, J.J., V. Kovanen, H. Selanne, W.J. Kraemer, K. Hakkinen, and A.A. Mero. 2009. Acute and long-term effects of resistance exercise with or without protein ingestion on muscle hypertrophy and gene expression. *Amino Acids* 37: 297-308.

Jenkins, D.J., C.W. Kendall, E. Vidgen, V. Vuksan, C.J. Jackson, L.S. Augustin, B. Lee, et al. 2000. Effect of soy-based breakfast cereal on blood lipids and oxidized low-density lipoprotein. *Metabolism: Clinical and Experimental* 49(11): 1496-1500.

Kalman, D., S. Feldman, M. Martinez, D.R. Krieger, and M.J. Tallon. 2007. Effect of protein source and resistance training on body composition and sex hormones. *Journal of the International Society of Sports Nutrition* 4: 4.

Kendrick, I.P., R.C. Harris, H.J. Kim, C.K. Kim, V.H. Dang, T.Q. Lam, T.T. Bui, M. Smith, and J.A. Wise. 2008. The effects of 10 weeks of resistance training combined with beta-alanine supplementation on whole body strength, force production, muscular endurance and body composition. *Amino Acids* 34(4): 547-554.

Kerksick, C., T. Harvey, J. Stout, B. Campbell, C. Wilborn, R. Kreider, D. Kalman, et al. 2008. International society of sports nutrition position stand: Nutrient timing. *Journal of the International Society of Sports Nutrition* 5: 17.

Kerksick, C.M., C.J. Rasmussen, S.L. Lancaster, B. Magu, P. Smith, C. Melton, M. Greenwood, A.L. Almada, C.P. Earnest, and R.B. Kreider. 2006. The effects of protein and amino acid supplementation on performance and training adaptations during ten weeks of resistance training. *Journal of Strength and Conditioning Research* 20(3): 643-653.

Kerksick, C.M., C. Rasmussen, S. Lancaster, M. Starks, P. Smith, C. Melton, M. Greenwood, A. Almada, and R. Kreider. 2007. Impact of differing protein sources and a creatine containing nutritional formula after 12 weeks of resistance training. *Nutrition* 23(9): 647-656.

Korhonen, H., and A. Pihlanto. 2003. Food-derived bioactive peptides—opportunities for designing future foods. *Current Pharmaceutical Design* 9(16): 1297-1308.

Kraemer, W.J., N.A. Ratamess, J.S. Volek, K. Hakkinen, M.R. Rubin, D.N. French, A.L. Gomez, et al. 2006. The effects of amino acid supplementation on hormonal responses to resistance training overreaching. *Metabolism: Clinical and Experimental* 55(3): 282-291.

Kreider, R.B., and S.M. Kleiner. 2000. Protein supplements for athletes: Need vs. convenience. *Your Patient and Fitness* 14(6): 12-18.

Kreider, R.B., B. Leutholtz, F.I. Katch, and V.L. Katch, eds. 2009. *Exercise and sport nutrition: Principles, promises, science, and recommendations.* Santa Barbara, CA: Fitness Technologies Press.

Kurzer, M.S. 2002. Hormonal effects of soy in premenopausal women and men. *Journal of Nutrition* 132(3): 570S-573S.

Lands, L.C., V.L. Grey, and A.A. Smountas. 1999. Effect of supplementation with a cysteine donor on muscular performance. *Journal of Applied Physiology* 87(4): 1381-1385.

Lemon, P. 2001. Protein requirements for strength athletes. In: *Sports supplements,* edited by J. Antonio and J.R. Stout, 301. Philadelphia: Lippincott, Williams & Wilkins.

Mero, A. 1999. Leucine supplementation and intensive training. *Sports Medicine* 27(6):347-358.

Mero, A., H. Miikkulainen, J. Riski, R. Pakkanen, J. Aalto, and T. Takala. 1997. Effects of bovine colostrum supplementation on serum IGF-I, IgG, hormone, and saliva IgA during training. *Journal of Applied Physiology* 83(4): 1144-1151.

Messina, M. 1999. Soy, soy phytoestrogens (isoflavones), and breast cancer. *American Journal of Clinical Nutrition* 70(4): 574-575.

Messina, M., and V. Messina. 2000. Soyfoods, soybean isoflavones, and bone health: A brief overview. *Journal of Renal Nutrition* 10(2): 63-68.

Nelson, A.G., D.A. Arnall, J. Kokkonen, R. Day, and J. Evans. 2001. Muscle glycogen supercompensation is enhanced by prior creatine supplementation. *Medicine and Science in Sports and Exercise* 33(7): 1096-1100.

Nicholls, J., B.L. Lasley, S.T. Nakajima, K.D. Setchell, and B.O. Schneeman. 2002. Effects of soy consumption on gonadotropin secretion and acute pituitary responses to gonadotropinreleasing hormone in women. *Journal of Nutrition* 132(4): 708-714.

Pelligrini, A. 2003. Antimicrobial peptides from food proteins. *Current Pharmaceutical Design* 9(16): 1225-1238.

Pino, A.M., L.E. Valladares, M.A. Palma, A.M. Mancilla, M. Yanez, and C. Albala. 2000. Dietary isoflavones affect sex hormone-binding globulin levels in postmenopausal women. *Journal of Clinical Endocrinology and Metabolism* 85(8): 2797-2800.

Potter, S.M. 1995. Overview of proposed mechanisms for the hypocholesterolemic effect of soy. *Journal of Nutrition* 125(3 Suppl): 606S-611S.

Puntis, J.W., P.A. Ball, M.A. Preece, A. Green, G.A. Brown, and I.W. Booth. 1989. Egg and breast milk based nitrogen sources compared. *Archives of Disease in Childhood* 64(10):1472-1477.

Rowlands, D.S., K. Rossler, R.M. Thorp, D.F. Graham, B.W. Timmons, S.R. Stannard, and M.A. Tarnopolsky. 2008. Effect of dietary protein content during recovery from high-intensity cycling on subsequent performance and markers of stress, inflammation, and muscle damage in well-trained men. *Applied Physiology, Nutrition, and Metabolism* 33(1): 39-51.

Roy, B.D. 2008. Milk: The new sports drink? A review. *Journal of the International Society of Sports Nutrition* 5: 15.

Shirreffs, S.M., P. Watson, and R.J. Maughan. 2007. Milk as an effective post-exercise rehydration drink. *British Journal of Nutrition* 98: 173-180.

Solerte, S.B., C. Gazzaruso, R. Bonacasa, M. Rondanelli, M. Zamboni, C. Basso, E. Locatelli, N. Schifino, A. Giustina, and M. Fioravanti. 2008. Nutritional supplements with oral amino acid mixtures increases whole-body lean mass and insulin sensitivity in elderly subjects with sarcopenia. *American Journal of Cardiology* 101(11A): 69E-77E.

Takatsuka, N., C. Nagata, Y. Kurisu, S. Inaba, N. Kawakami, and H. Shimizu. 2000. Hypocholesterolemic effect of soymilk supplementation with usual diet in premenopausal normolipidemic japanese women. *Preventive Medicine* 31(4): 308-314.

Tang, J.E., J.J. Manolakos, G.W. Kujbida, P.J. Lysecki, D.R. Moore, and S.M. Phillips. 2007. Minimal whey protein with carbohydrate stimulates muscle protein synthesis following resistance exercise in trained young men. *Applied Physiology, Nutrition, and Metabolism* 32(6):1132-1138.

Tarnopolsky, M.A., J.D. MacDougall, and S.A. Atkinson. 1988. Influence of protein intake and training status on nitrogen balance and lean body mass. *Journal of Applied Physiology* 64(1): 187-193.

Tikkanen, M.J., and H. Adlercreutz. 2000. Dietary soy-derived isoflavone phytoestrogens: Could they have a role in coronary heart disease prevention? *Biochemical Pharmacology* 60(1): 1-5.

Tipton, K.D., T.A. Elliott, M.G. Cree, A.A. Aarsland, A.P. Sanford, and R.R. Wolfe. 2007. Stimulation of net muscle protein synthesis by whey protein ingestion before and after exercise. *American Journal of Physiology: Endocrinology and Metabolism* 292(1): E71-E76.

Tipton, K.D., T.A. Elliott, M.G. Cree, S.E. Wolf, A.P. Sanford, and R.R. Wolfe. 2004. Ingestion of casein and whey proteins result in muscle anabolism after resistance exercise. *Medicine and Science in Sports and Exercise* 36(12): 2073-2081.

Tipton, K.D., and A.A. Ferrando. 2008. Improving muscle mass: Response of muscle metabolism to exercise, nutrition and anabolic agents. *Essays in Biochemistry* 44: 85-98.

Tipton, K.D., A.A. Ferrando, S.M. Phillips, D. Doyle Jr., and R.R. Wolfe. 1999. Postexercise net protein synthesis in human muscle from orally administered amino acids. *American Journal of Physiology* 276(4 Pt 1): E628-E634.

Tipton, K.D., B.B. Rasmussen, S.L. Miller, S.E. Wolf, S.K. Owens-Stovall, B.E. Petrini, and R.R. Wolfe. 2001. Timing of amino acid-carbohydrate ingestion alters anabolic response of muscle to resistance exercise. *American Journal of Physiology: Endocrinology and Metabolism* 281(2): E197-E206.

Toba, Y., Y. Takada, Y. Matsuoka, Y. Morita, M. Motouri, T. Hirai, T. Suguri, et al. 2001. Milk basic protein promotes bone formation and suppresses bone resorption in healthy adult men. *Bioscience, Biotechnology, and Biochemistry* 65(6): 1353-1357.

Tomas, F.M., S.E. Knowles, P.C. Owens, C.S. Chandler, G.L. Francis, L.C. Read, and F.J. Ballard. 1992. Insulin-like growth factor-I (IGF-I) and especially IGF-I variants are anabolic in dexamethasone-treated rats. *Biochemical Journal* 282(Pt 1): 91-97.

Wagenmakers, A.J. 1998. Muscle amino acid metabolism at rest and during exercise: Role in human physiology and metabolism. *Exercise and Sport Sciences Reviews* 26: 287-314.

Watson, P., T.D. Love, R.J. Maughan, and S.M. Shirreffs. 2008. A comparison of the effects of milk and a carbohydrate-electrolyte drink on the restoration of fluid balance and exercise capacity in a hot, humid environment. *European Journal of Applied Physiology* 104(4):633-642.

Williams, M.H. 2002. *Nutrition for health, fitness, and sport.* 6th ed. New York: McGraw-Hill.

Willoughby, D.S., J.R. Stout, and C.D. Wilborn. 2007. Effects of resistance training and protein plus amino acid supplementation on muscle anabolism, mass, and strength. *Amino Acids* 32(4): 467-477.

Wong, C.W., A.H. Liu, G.O. Regester, G.L. Francis, and D.L. Watson. 1997. Influence of whey and purified whey proteins on neutrophil functions in sheep. *Journal of Dairy Research* 64(2): 281-288.

Zawadzki, K.M., B.B. Yaspelkis 3rd, and J.L. Ivy. 1992. Carbohydrate-protein complex increases the rate of muscle glycogen storage after exercise. *Journal of Applied Physiology* 72(5): 1854-1859.

Capítulo 4

Ahrén, B., A. Mari, C.L. Fyfe, F. Tsofliou, A.A. Sneddon, K.W. Wahle, M.S. Winzell, G. Pacini, and L.M. Williams. 2009. Effects of conjugated linoleic acid plus n-3 polyunsaturated fatty acids on insulin secretion and estimated insulin sensitivity in men. *European Journal of Clinical Nutrition* 63(6): 778-786.

Andersson, A., A. Sjodin, A. Hedman, R. Olsson, and B. Vessby. 2000. Fatty acid profile of skeletal muscle phospholipids in trained and untrained young men. *American Journal of Physiology: Endocrinology and Metabolism* 279(4): E744-E751.

Aoyama, T., N. Nosaka, and M. Kasai. 2007. Research on the nutritional characteristics of medium-chain fatty acids. *Journal of Medical Investigation* 54(3-4): 385-388.

Archer, S., D. Green, M. Chamberlain, A. Dyer, and K. Liu. 1998. Association of dietary fish and n-3 fatty acid intake with hemostatic factors in the coronary artery risk development in young adults (CARDIA) study. *Arteriosclerosis, Thrombosis, and Vascular Biology* 18: 1119-1123.

Arterburn, L.M., E.B. Hall, and H. Oken. 2006. Distribution, interconversion, and dose response of n-3 fatty acids in humans. *American Journal of Clinical Nutrition* 83(6 Suppl): 1467S-1476S.

Bastard, J.P., M. Maachi, C. Lagathu, M.J. Kim, M. Caron, H. Vidal, J. Capeau, and B. Feve. 2006. Recent advances in the relationship between obesity, inflammation, and insulin resistance. *European Cytokine Network* 17(1): 4-12.

Boudreau, M.D., P.S. Chanmugam, S.B. Hart, S.H. Lee, and D.H. Hwang. 1991. Lack of dose response by dietary n-3 fatty acids at a constant ratio of n-3 to n-6 fatty acids in suppressing eicosanoid biosynthesis from arachidonic acid. *American Journal of Clinical Nutrition* 54(1): 111-117.

Breslow, J. 2006. n-3 fatty acids and cardiovascular disease. *American Journal of Clinical Nutrition* 83(6 Suppl): 1477S-1482S.

Brooks, G.A. 1997. Importance of the "crossover" concept in exercise metabolism. *Clinical and Experimental Pharmacology and Physiology* 24(11): 889-895.

Browning, L. 2003. n-3 Polyunsaturated fatty acids, inflammation and obesity-related disease. *Proceedings of the Nutrition Society* 62(2): 447-453.

Calabrese, C., S. Myer, S. Munson, P. Turet, and T.C. Birdsall. 1999. A cross-over study of the effect of a single oral feeding of medium chain triglyceride oil vs. canola oil on postingestion plasma triglyceride levels in healthy men. *Alternative Medicine Review* 4(1): 23-28.

Calder, P. 2006. n-3 polyunsaturated fatty acids, inflammation, and inflammatory diseases. *American Journal of Clinical Nutrition* 83(6 Suppl): 1505S-1519S.

Cannon, J.G., M.A. Fiatarone, M. Meydani, J. Gong, L. Scott, J.B. Blumberg, and W.J. Evans. 1995. Aging and dietary modulation of elastase and interleukin-1 beta secretion. *American Journal of Physiology* 268(1 Pt 2): R208-213.

Childs, C.E., M. Romeu-Nadal, G.C. Burdge, and P.C. Calder. 2008. Gender differences in the n-3 fatty acid content of tissues. *Proceedings of the Nutrition Society* 67(1): 19-27.

Curtis, C.L., C.E. Hughes, C.R. Flannery, C.B. Little, J.L. Harwood, and B. Caterson. 2000. n-3 fatty acids specifically modulate catabolic factors involved in articular cartilage degradation. *Journal of Biological Chemistry* 275(2): 721-724.

Delarue, J., O. Matzinger, C. Binnert, P. Schneiter, R. Chiolero, and L. Tappy. 2003. Fish oil prevents the adrenal activation elicited by mental stress in healthy men. *Diabetes and Metabolism* 29(3): 289-295.

Dorgan, J.F., J.T. Judd, C. Longcope, C. Brown, A. Schatzkin, B.A. Clevidence, W.S. Campbell, P.P. Nair, C. Franz, L. Kahle, and P.R. Taylor. 1996. Effects of dietary fat and fiber on plasma and urine androgens and estrogens in men: A controlled feeding study. *American Journal of Clinical Nutrition* 64(6): 850-855.

Ehringer, W., D. Belcher, S.R. Wassall, and W. Stillwell. 1990. A comparison of the effects of linolenic (18:3 omega 3) and docosahexaenoic (22:6 omega 3) acids on phospholipid bilayers. *Chemistry of Physics and Lipids* 54(2): 79-88.

Endres, S., R. Ghorbani, V. Kelley, K. Georgilis, G.J. Lonnemann, J. van der Meer, J. Cannon, T. Rogers, M. Klempner, and P. Weber. 1989. The effect of dietary supplementation with n-3 polyunsaturated fatty acids on the synthesis of interleukin-1 and tumor necrosis factor by mononuclear cells. *New England Journal of Medicine* 320(5): 265-271.

Fernandes, G., R. Lawrence, and D. Sun. 2003. Protective role of n-3 lipids and soy protein in osteoporosis. *Prostaglandins, Leukotrienes and Essential Fatty Acids* 68(6): 361-372.

Fleming, J., M.J. Sharman, N.G. Avery, D.M. Love, A.L. Gomez, T.P. Scheett, W.J. Kraemer, and J.S. Volek. 2003. Endurance capacity and high-intensity exercise performance responses to a high fat diet. *International Journal of Sport Nutrition and Exercise Metabolism* 13(4): 466-478.

Flickinger, B.D., and N. Matsuo. 2003. Nutritional characteristics of DAG oil. *Lipids* 38(2):129-132.

Hamalainen, E.K., H. Adlercreutz, P. Puska, and P. Pietinen. 1983. Decrease of serum total and free testosterone during a low-fat high-fibre diet. *Journal of Steroid Biochemistry* 18(3): 369-370.

Hargreaves, M., J. Hawley, and A. Jeukendrup. 2004. Pre-exercise carbohydrate and fat ingestion: Effects on metabolism and performance. *Journal of Sports Science and Medicine* 22: 31-38.

Hawley, J.A., S.C. Dennis, F.H. Lindsay, and T.D. Noakes. 1995. Nutritional practices of athletes: Are they sub-optimal? *Journal of Sports Science and Medicine* 13: S75-S81.

Helge, J.W., B.J. Wu, M. Willer, J.R. Daugaard, L.H. Storlien, and B. Kiens. 2001. Training affects muscle phospholipid fatty acid composition in humans. *Journal of Applied Physiology* 90(2): 670-677.

Hoffman, D.R., R.C. Theuer, Y.S. Castañeda, D.H. Wheaton, R.G. Bosworth, A.R. O'Connor, S.E. Morale, L.E. Wiedemann, and E.E. Birch. 2004. Maturation of visual acuity is accelerated in breast-fed term infants fed baby food containing DHA-enriched egg yolk. *Journal of Nutrition* 134(9): 2307-2313.

Horowitz, J.F., R. Mora-Rodriguez, L.O. Byerley, and E.F. Coyle. 2000. Preexercise mediumchain triglyceride ingestion does not alter muscle glycogen use during exercise. *Journal of Applied Physiology* 88(1): 219-225.

Horvath, P.J., C.K. Eagen, N.M. Fisher, J.J. Leddy, and D.R. Pendergast. 2000. The effects of varying dietary fat on performance and metabolism in trained male and female runners. *Journal of the American College of Nutrition* 19(1): 52-60.

Innis, S. 2008. Dietary omega 3 fatty acids and the developing brain. *Brain Research* 1237:35-43.

Institute of Medicine. 2002. *Dietary reference intakes for energy, carbohydrate, fiber, fat, fatty acids, cholesterol, protein, and amino acids,* 335-432. Washington, DC: National Academies Press.

Institute of Medicine. 2005. *Dietary reference intakes for energy, carbohydrate, fiber, fat, fatty acids, cholesterol, protein, and amino acids.* Washington, DC: National Academies Press.

Jeukendrup, A.E., J.J. Thielen, A.J. Wagenmakers, F. Brouns, and W.H. Saris. 1998. Effect of medium-chain triacylglycerol and carbohydrate ingestion during exercise on substrate utilization and subsequent cycling performance. *American Journal of Clinical Nutrition* 67(3): 397-404.

Kapoor, R., and Y.S. Huang. 2006. Gamma linolenic acid: An antiinflammatory omega-6 fatty acid. *Current Pharmaceutical Biotechnology* 7(6): 531-534.

Klein, S., E.F. Coyle, and R.R. Wolfe. 1994. Fat metabolism during low-intensity exercise in endurance-trained and untrained men. *American Journal of Physiology* 267(6) Pt 1: E934-940.

Kremer, J., W. Jubiz, A. Michalek, R. Rynes, L. Bartholomew, J. Bigaouette, M. Timchalk, D. Beeler, and L. Lininger. 1987. Fish-oil fatty acid supplementation in active rheumatoid arthritis: A double-blinded, controlled, crossover study. *Annals of Internal Medicine* 106: 497-503.

Lenn, J., T. Uhl, C. Mattacola, G. Boissonneault, J. Yates, W. Ibrahim, and G. Bruckner. 2002. The effects of fish oil and isoflavones on delayed onset muscle soreness. *Medicine and Science in Sports and Exercise* 34(10): 1605-1613.

Lindgren, B.F., E. Ruokonen, K. Magnusson-Borg, and J. Takala. 2001. Nitrogen sparing effect of structured triglycerides containing both medium-and long-chain fatty acids in critically ill patients; a double blind randomized controlled trial. *Clinical Nutrition* 20(1): 43-48.

Logan, A. 2003. Neurobehavioral aspects of omega-3 fatty acids: Possible mechanisms and therapeutic value in major depression. *Alternative Medicine Review* 8(4): 410-425.

Lowery, L. 1999. Effects of conjugated linoleic acid on body composition and strength in novice male bodybuilders. In: *International Conference on Weight Lifting and Strength Training conference book,* edited by K. Hakkinen, 241-242. Lahti, Finland: Gummerus.

Lowery, L. 2004. Dietary fat and sports nutrition: A primer. *Journal of Sports Science and Medicine* 3: 106-117.

Mann, N.J., L.G. Johnson, G.E. Warrick, and A.J. Sinclair. 1995. The arachidonic acid content of the Australian diet is lower than previously estimated. *Journal of Nutrition* 125(10): 2528-2535.

Mathews, E.M., and D.R. Wagner. 2008. Prevalence of overweight and obesity in collegiate American football players, by position. *Journal of American College Health* 57(1): 33-38.

McDonald, B. 2004. The Canadian experience: Why Canada decided against an upper limit for cholesterol. *Journal of the American College of Nutrition* 23(6 Suppl): 616S-620S.

Mensink, R.P. 2005. Effects of stearic acid on plasma lipid and lipoproteins in humans. *Lipids* 40(12): 1201-1205.

Meyer, B.J., N.J. Mann, J.L. Lewis, G.C. Milligan, A.J. Sinclair, and P.R. Howe. 2003. Dietary intakes and food sources of omega-6 and omega-3 polyunsaturated fatty acids. *Lipids* 38(4): 391-398.

Mickleborough, T.D., R.L. Murray, A.A. Ionescu, and M.R. Lindley. 2003. Fish oil supplementation reduces severity of exercise-induced bronchoconstriction in elite athletes. *American Journal of Respiratory and Critical Care Medicine* 168(10): 1181-1189.

Morcos, N.C., and K. Camilo. 2001. Acute and chronic toxicity study of fish oil and garlic combination. *International Journal for Vitamin and Nutrition Research* 71(5): 306-312.

Muskiet, F.A., M.R. Fokkema, A. Schaafsma, E.R. Boersma, and M.A. Crawford. 2004. Is docosahexaenoic acid (DHA) essential? Lessons from DHA status regulation, our ancient diet, epidemiology and randomized controlled trials. *Journal of Nutrition* 134(1): 183-186.

Pariza, M., Y. Park, and M. Cook. 2001. The biologically active isomers of conjugated linoleic acid. *Progress in Lipid Research* 40: 283-298.

Park, Y., K.J. Albright, W. Liu, J.M. Storkson, M.E. Cook, and M.W. Pariza. 1997. Effect of conjugated linoleic acid on body composition in mice. *Lipids* 32(8): 853-858.

Perez-Jimenez, F., J. Lopez-Miranda, and P. Mata. 2002. Protective effect of dietary monounsaturated fat on arteriosclerosis: Beyond cholesterol. *Atherosclerosis* 163(2): 385-398.

Phillips, T., A.C. Childs, D.M. Dreon, S. Phinney, and C. Leeuwenburgh. 2003. A dietary supplement attenuates IL-6 and CRP after eccentric exercise in untrained males. *Medicine and Science in Sports and Exercise* 35(12): 2032-2037.

Piper, S.N., K.D. Röhm, J. Boldt, B. Odermatt, W.H. Maleck, and S.W. Suttner. 2008. Hepatocellular integrity in patients requiring parenteral nutrition: Comparison of structured MCT/LCT vs. a standard MCT/LCT emulsion and a LCT emulsion. *European Journal of Anaesthesiology* 25(7): 557-565.

Raatz, S.K., D. Bibus, W. Thomas, and P. Kris-Etherton. 2001. Total fat intake modifies plasma fatty acid composition in humans. *Journal of Nutrition* 131(2): 231-234.

Rasmussen, O.W., C.H. Thomsen, K.W. Hansen, M. Vesterlund, E. Winther, and K. Hermansen. 1995. Favourable effect of olive oil in patients with non-insulin-dependent diabetes. The effect on blood pressure, blood glucose and lipid levels of a high-fat diet rich in monounsaturated fat compared with a carbohydrate-rich diet. *Ugeskr Laeger* 157(8): 1028-1032.

Reed, M.J., R.W. Cheng, M. Simmonds, W. Richmond, and V.H. James. 1987. Dietary lipids: An additional regulator of plasma levels of sex hormone binding globulin. *Journal of Clinical Endocrinology and Metabolism* 64(5): 1083-1085.

Richter, W. 2003. Long-chain omega-3 fatty acids from fish reduce sudden cardiac death in patients with coronary heart disease. *European Journal of Medical Research* 8(8): 332-336.

Riechman, S.E., R.D. Andrews, D.A. Maclean, and S. Sheather. 2007. Statins and dietary and serum cholesterol are associated with increased lean mass following resistance training. *Journals of Gerontology: Biological Sciences and Medical Sciences* 62(10): 1164-1171.

Sidossis, L.S., A. Gastaldelli, S. Klein, and R.R. Wolfe. 1997. Regulation of plasma fatty acid oxidation during low- and high-intensity exercise. *American Journal of Physiology* 272(6) Pt 1: E1065-1070.

Simopoulos, A. 2002. The importance of the ratio of omega-6/omega-3 essential fatty acids. *Biomedicine and Pharmacotherapy* 56(8): 365-379.

Simopoulos, A. 2007. Omega-3 fatty acids and athletics. *Current Sports Medicine Reports* 6(4): 230-236.

Stepto, N. 2002. Effect of short term fat adaptation on high intensity training. *Medicine and Science in Sports and Exercise* 34: 449-455.

Su, H.M., L. Bernardo, M. Mirmiran, X.H. Ma, P.W. Nathanielsz, and J.T. Brenna. 1999. Dietary 18:3n-3 and 22:6n-3 as sources of 22:6n-3 accretion in neonatal baboon brain and associated organs. *Lipids* 34 Suppl: S347-S350.

Su, K.P., S.Y. Huang, C.C. Chiu, and W.W. Shen. 2003. Omega-3 fatty acids in major depressive disorder. A preliminary double-blind, placebo-controlled trial. *European Neuropsychopharmacology* 13(4): 267-271.

Takeuchi, H., S. Sekine, K. Kojima, and T. Aoyama. 2008. The application of medium-chain fatty acids: Edible oil with a suppressing effect on body fat accumulation. *Asia Pacific Journal of Clinical Nutrition* 17 Suppl 1: 320-323.

Terpstra, A.H. 2004. Effect of conjugated linoleic acid on body composition and plasma lipids in humans: An overview of the literature. *American Journal of Clinical Nutrition* 79(3):352-361.

Thomsen, C., O.W. Rasmussen, K.W. Hansen, M. Vesterlund, and K. Hermansen. 1995. Comparison of the effects on the diurnal blood pressure, glucose, and lipid levels of a diet rich in monounsaturated fatty acids with a diet rich in polyunsaturated fatty acids in type 2 diabetic subjects. *Diabetic Medicine* 12(7): 600-606.

U.S. Department of Health and Human Services and U.S. Department of Agriculture. 2005. *Dietary guidelines for Americans.* Washington, DC: U.S. Government Printing Office.

van Loon, L.J., R. Koopman, R. Manders, W. van der Weegen, G.P. van Kranenburg, and H.A. Keizer. 2004. Intramyocellular lipid content in type 2 diabetes patients compared with overweight sedentary men and highly trained endurance athletes. *American Journal of Physiology: Endocrinology and Metabolism* 287(3): E558-E565.

Van Zant, R.S., J.M. Conway, and J.L. Seale. 2002. A moderate carbohydrate and fat diet does not impair strength performance in moderately trained males. *Journal of Sports Medicine and Physical Fitness* 42(1): 31-37.

Venkatraman, J.T., X. Feng, and D. Pendergast. 2001. Effects of dietary fat and endurance exercise on plasma cortisol, prostaglandin E2, interferon-gamma and lipid peroxides in runners. *Journal of the American College of Nutrition* 20(5) (Oct): 529-536.

Venkatraman, J.T., J. Leddy, and D. Pendergast. 2000. Dietary fats and immune status in athletes: Clinical implications. *Medicine and Science in Sports and Exercise* 32(7 Suppl): S389-S395.

Vistisen, B., L. Nybo, X. Xu, C.E. Høy, and B. Kiens. 2003. Minor amounts of plasma mediumchain fatty acids and no improved time trial performance after consuming lipids. *Journal of Applied Physiology* 95(6): 2434-2443.

Vogt, M., A. Puntschart, H. Howald, B. Mueller, C. Mannhart, L. Gfeller-Tuescher, P. Mullis, and H. Hoppeler. 2003. Effects of dietary fat on muscle substrates, metabolism, and performance in athletes. *Medicine and Science in Sports and Exercise* 35(6) (Jun): 952-960.

Wang, Y.W., and P.J. Jones. 2004. Conjugated linoleic acid and obesity control: Efficacy and mechanisms. *International Journal of Obesity and Related Metabolic Disorders* 28(8): 941-955.

Weisinger, H.S., A.J. Vingrys, and A.J. Sinclair. 1996. The effect of docosahexaenoic acid on the electroretinogram of the guinea pig. *Lipids* 31(1): 65-70.

Whigham, L.D., A.C. Watras, and D.A. Schoeller. 2007. Efficacy of conjugated linoleic acid for reducing fat mass: A meta-analysis in humans. *American Journal of Clinical Nutrition* 85(5): 1203-1211.

Williams, M. 2005. *Nutrition for health, fitness and sport.* New York: McGraw-Hill.

Zderic, T.W., C.J. Davidson, S. Schenk, L.O. Byerley, and E.F. Coyle. 2004. High-fat diet elevates resting intramuscular triglyceride concentration and whole body lipolysis during exercise. *American Journal of Physiology: Endocrinology and Metabolism* 286(2): E217-E225.

Capítulo 5

Armstrong, L.E., C.M. Maresh, J.W. Castellani, M.F. Bergerson, R.W. Kenefick, K.E. LaGasse, and D. Riebe. 1994. Urinary indices of hydration status. *International Journal of Sport Nutrition* 4(3): 265-279.

Ballauff, A., M. Kersting, and F. Manz. 1988. Do children have an adequate intake? Water balance studies carried out at home. *Annals of Nutrition and Metabolism* 32: 332-339.

Bar-Or, O. 1980. Climate and the exercising child. *International Journal of Sports Medicine* 1:53-65.

Bar-Or, O. 1989. Temperature regulation during exercise in children and adolescents. In: *Perspectives in exercise science and sports medicine: Youth, exercise and sport*, edited by C.V. Gisolfi and D.R. Lamb. Carmel, IN: Benchmark Press.

Bar-Or, O. 1996. Thermoregulation in females from a life span perspective. In: *Perspectives in exercise science and sports medicine: Exercise and the female. A life span approach*, edited by O. Bar-Or, D.R. Lamb, and P.M. Clarkson. Carmel, IN: Cooper Publishing Group.

Bar-Or, O., S. Barr, M. Bergeron, R. Carey, P. Clarkson, L. Houtkooper, A. Rivera-Brown, T. Rowland, and S. Steen. 1997. Youth in sport: Nutritional needs. *Gatorade Sport Science Institute Sports Science Exchange Roundtable* 8(4).

Bar-Or, O., C.J.R. Blimkie, J.A. Hay, J.D. MacDougall, D.S. Ward, and W.M. Wilson. 1992. Voluntary dehydration and heat tolerance in patients with cystic fibrosis. *Lancet* 339: 696-699.

Beetham, R. 2000. Biochemical investigation of suspected rhabdomyolysis. *Annals of Clinical Biochemistry* 37: 581-587.

Bergeron, M.F., D.B. McKeag, D.J. Casa, P.M. Clarkson, R.W. Dick, E.R. Elchner, C.A. Horswill, A.C. Luke, F. Mueller, T.A. Munce, W.O. Roberts, and T.W. Rowland. 2005. Youth football: Heat stress and injury risk. *Medicine and Science in Sports and Exercise* 37: 1421-1430.

Burrell, L.M., J.M. Palmer, and P.H. Baylis. 1992. Atrial natriuretic peptide inhibits fluid intake in hyperosmolar subjects. *Clinical Science* 83: 35-39.

Campbell, W.W., and R.A. Geik. 2004. Nutritional considerations for the older adult. *Nutrition* 20: 603-608.

Cheuvront, S.N., R. Carter III, S.J. Montain, and M.N. Sawka. 2004. Daily body mass variability and stability in active men undergoing exercise-heat stress. *International Journal of Sport Nutrition and Exercise Metabolism* 14: 532-540.

Crowe, M.J., M.L. Forsling, B.J. Rolls, P.A. Phillips, J.G.G. Ledingham, and R.F. Smith. 1987.Altered water secretion in healthy elderly men. *Age and Aging* 16: 285-293.

Dunford, M. 2006. *Sports nutrition: A practice manual for professionals.* Chicago: American Dietetic Association.

Dunford, M., and J.A. Doyle. 2008. *Nutrition for sport and exercise.* Belmont, CA: Thompson Higher Education.

Epstein, M., and N.K. Hollenberg. 1976. Age as a determinant of renal sodium concentration. *Journal of Laboratory and Clinical Medicine* 87: 411-417.

Falk, B., O. Bar-Or, and J.D. MacDougall. 1992. Thermoregulatory responses of pre-mid- and late-pubertal boys. *Medicine and Science in Sports and Exercise* 24: 688-694.

Godek, S.F., A.R. Bartolozzi, R. Burkholder, E. Sugarman, and C. Peduzzi. 2008. Sweat rates and fluid turnover in professional football players: A comparison of National Football League lineman and backs. *Journal of Athletic Training* 43(2): 184-189.

Greiwe, J.S., K.S. Staffey, D.R. Melrose, M.D. Narve, and R.G. Knowlton. 1998. Effects of dehydration on isometric muscular strength and endurance. *Medicine and Science in Sports and Exercise* 30: 284-288.

Hayes, L.D., and C.I. Morse. 2010. The effects of progressive dehydration on strength and power: Is there a dose response? *European Journal of Applied Physiology* 108: 701-707.

Hew-Butler, T., C. Almond, J.C. Ayus, J. Dugas, W. Meeuwisse, T. Noakes, S. Reid, A. Siegel, D. Speedy, K. Stuempfle, J. Verbalis, and L. Weschler. 2005. Consensus statement of the 1st International Exercise-Associated Hyponatremia Consensus Development Conference, Cape Town, South Africa. *Clinical Journal of Sports Medicine* 15(4): 206-211.

Institute of Medicine. 1994. *Fluid replacement and heat stress.* Washington, DC: Committee on Military Nutrition Research, Food and Nutrition Board, Institute of Medicine.

Institute of Medicine. 2005. *Dietary reference intakes for water, sodium, chloride, potassium and sulfate,* 73-185. Washington, DC: National Academies Press.

Jeukendrup, A.E., R. Jentjens, and L. Moseley. 2005. Nutritional considerations in triathlon. *Sports Medicine* 35: 163-181.

Judelson, D.A., C.M. Maresh, J.M. Anderson, D.J. Casa, W.J. Kraemer, and J.S. Volek. 2007a. Hydration and muscular performance: Does fluid balance affect strength, power and high-intensity endurance? *Sports Medicine* 37: 907-921.

Judelson, D.A., C.M. Maresh, M.J. Farrell, L.M. Yamamoto, L.E. Armstrong, W.J. Kraemer, J.S. Volek, B.A. Spiering, D.J. Casa, and J.M. Anderson. 2007b. Effect of hydration state on strength, power, and resistance exercise performance. *Medicine and Science in Sports and Exercise* 39: 1817-1824.

Judelson, D.A., C.M. Maresh, L.M. Yamamoto, M.F. Farrell, L.E. Armstrong, W.J. Kraemer, J.S. Volek, B.A. Spiering, D.J. Casa, and J.M. Anderson. 2008. Effect of hydration state on resistance exercise-induced endocrine markers of anabolism, catabolism and metabolism. *Journal of Applied Physiology* 105: 816-824.

Kenney, W.L., and P. Chiu. 2001. Influence of age on thirst and fluid intake. *Medicine and Science in Sports and Exercise* 33(9): 1524-1532.

Kenney, W.L., and S.R. Fowler. 1988. Methylcholine-activated eccrine sweat gland density and output as a function of age. *Journal of Applied Physiology* 65: 1082-1086.

Kenney, W.L., C.G. Tankersley, D.L. Newswanger, D.E. Hyde, S.M. Puhl, and S.L. Turner. 1990. Age and hypohydration independently influence the peripheral vascular system response to heat stress. *Journal of Applied Physiology* 68: 1902-1908.

Kiningham, R.B., and D.W. Gorenflo. 2001. Weight loss methods of high school wrestlers. *Medicine and Science in Sports and Exercise* 33(5): 810-813.

Kirchengast, S., and M. Gartner. 2002. Changes in fat distribution (WHR) and body weight across the menstrual cycle. *Collegium Antropologicum* 26 Suppl: 47-57.

Knochel, J.P. 1992. Hypophosphatemia and rhabdomyolysis. *American Journal of Medicine* 92:455-457.

Laursen, P.B., R. Suriano, M.J. Quod, H. Lee, C.R. Abbiss, K. Nosaka, D.T. Martin, and D. Bishop. 2006. Core temperature and hydration status during an Ironman triathlon. *British Journal of Sports Medicine* 40: 320-325.

Maughan, R., and S.M. Shirreffs. 2008. Development of individual hydration strategies for athletes. *International Journal of Sport Nutrition and Exercise Metabolism* 18: 457-472.

McArdle, W.D., F.I. Katch, and V.L. Katch. 2006. Factors affecting physiological function: The environment and special aids to performance. In: *Essentials of exercise physiology.* Baltimore: McGraw-Hill.

Meyer, F., O. Bar-Or, J.D. MacDougall, and J.F. Heigenhauser. 1992. Sweat electrolyte loss during exercise in the heat: Effects of gender and maturation. *Medicine and Science in Sports and Exercise* 24: 776-781.

Montain, S. 2008. Strategies to prevent hyponatremia during prolonged exercise. *Current Sports Medicine Reports* 7(4): S28-S35.

Noonan, B., G. Mack, and N. Stachenfeld. 2007. The effects of hockey protective equipment on high-intensity intermittent exercise. *Medicine and Science in Sports and Exercise* 39(8): 1327-1335.

Olsson, K., and B. Saltin. 2008. Variation in total body water with muscle glycogen changes in man. *Acta Physiologica Scandinavica* 80: 11-18.

Petrie, H.J., E.A. Stover, and C.A. Horswill. 2004. Nutritional concerns for the child and adolescent competitor. *Nutrition* 20: 620-631.

Phillips, P.A., M. Bretherton, C.I. Johnston, and L. Gray. 1993a. Reduced osmotic thirst in healthy elderly men. *American Journal of Physiology* 261: R166-R171.

Phillips, P.A., M. Bretherton, J. Risvanis, D. Casley, C. Johnston, and L. Gray. 1993b. Effects of drinking on thirst and vasopressin in dehydrated elderly men. *American Journal of Physiology* 264: R877-R881.

Ray, M.L., M.W. Bryan, T.M. Ruden, S.M. Baier, R.L. Sharp, and D.S. King. 1998. Effect of sodium in a rehydration beverage when consumed as a fluid or meal. *Journal of Applied Physiology* 85: 1329-1336.

Reaburn, P. 2000. Nutrition and the ageing athlete. In: *Clinical sports nutrition,* edited by L. Burke and V. Deakin. Melbourne: McGraw-Hill.

Rehrer, N.J., F. Brouns, E.J. Beckers, F. ten Hoor, and W.H. Saris. 1990. Gastric emptying with repeated drinking during running and bicycling. *International Journal of Sports Medicine* 11(3): 238-243.

Rolls, B.J., and P.A. Phillips. 1990. Aging and disturbances of thirst and fluid balance. *Nutrition Reviews* 48(3): 137-144.

Rosenbloom, C.A., and A. Dunaway. 2007. Nutrition recommendations for masters athletes. *Clinical Sports Medicine* 26: 91-100.

Rosenfeld, D., D. Livne, O. Nevo, L. Dayan, V. Milloul, S. Lavi, and G. Jacob. 2008. Hormonal and volume dysregulation in women with premenstrual syndrome. *Hypertension* 51(4): 1225-1230.

Sawka, M.N., L.M. Burke, E.R. Eichner, R.J. Maughan, S.J. Montain, and N.S. Stachenfeld. 2007. Exercise and fluid replacement position stand. *Medicine and Science in Sports and Exercise* 39(2): 377-389.

Sawka, M.N., and K.B. Pandolf. 1990. Effects of body water loss in physiological function and exercise performance. In: *Perspectives in exercise science and sports medicine: Fluid homeostasis during exercise*, edited by D.R. Lamb and C.V. Gisolfi. Indianapolis: Benchmark Press.

Sawka, M.N., C.B. Wenger, and K.B. Pandolf. 1996. Thermoregulatory responses to acute exercise-heat stress and heat acclimation. In: *Handbook of physiology, section 4: Environmental physiology*, edited by C.M. Blatteis and M.J. Fregly. New York: Oxford University Press for the American Physiological Society.

Seckl, J.R., T.D.M. Williams, and S.L. Lightman. 1986. Oral hypertonic saline causes transient fall of vasopressin in humans. *American Journal of Physiology* 251: R214-R217.

Seifert, J., J. Harmon, and P. DeClercq. 2006. Protein added to a sports drink improves fluid retention. *International Journal of Sport Nutrition and Exercise Metabolism* 16(4): 420-429.

Speedy, D.B., T.D. Noakes, and C. Schneider. 2001. Exercise-associated hyponatremia: A review. *Emergency Medicine Journal* 13: 17-27.

Tarnopolsky, M.A. 2008. Nutritional consideration in the aging athlete. *Clinical Journal of Sports Medicine* 18(6): 531-538.

Thompson, C.J., J. Burd, and P.H. Baylis. 1987. Acute suppression of plasma vasopressin and thirst after drinking in hypernatremic humans. *American Journal of Physiology* 240:R1138-R1142.

Unnithan, V.B., and S. Goulopoulou. 2004. Nutrition for the pediatric athlete. *Current Sports Medicine Reports* 3: 206-211.

Yamamoto, L.M., D.A. Judelson, M.F. Farrell, E.C. Lee, L.E. Armstrong, D.J. Casa, W.J. Kraemer, J.S. Volek, and C.M. Maresh. 2008. Effects of hydration state and resistance exercise on markers of muscle damage. *Journal of Strength and Conditioning Research* 22(5): 1387-1393.

Capítulo 6

Aguilo, A., P. Tauler, A. Sureda, N. Cases, J. Tur, and A. Pons. 2007. Antioxidant diet supplementation enhances aerobic performance in amateur sportsmen. *Journal of Sports Sciences* 25(11): 1203-1210.

Beals, K.A., and M.M. Manore. 1998. Nutritional status of female athletes with subclinical eating disorders. *Journal of the American Dietetic Association* 98(4): 419-425.

Belko, A.Z., M.P. Meredith, H.J. Kalkwarf, E. Obarzanek, S. Weinberg, R. Roach, G. McKeon, and D.A. Roe. 1985. Effects of exercise on riboflavin requirements: Biological validation in weight reducing women. *American Journal of Clinical Nutrition* 41(2): 270-277.

Belko, A.Z., E. Obarzanek, R. Roach, M. Rotter, G. Urban, S. Weinberg, and D.A. Roe. 1984. Effects of aerobic exercise and weight loss on riboflavin requirements of moderately obese, marginally deficient young women. *American Journal of Clinical Nutrition* 40(3): 553-561.

Benson, J., D.M. Gillen, K. Bourdet, and A.R. Loosli. 1985. Inadequate nutrition and chronic calorie restriction in adolescent ballerinas. *Physician and Sports Medicine* 13: 79-90.

Beshgetoor, D., and J.F. Nichols. 2003. Dietary intake and supplement use in female master cyclists and runners. *International Journal of Sport Nutrition and Exercise Metabolism* 13(2): 166-172.

Bischoff-Ferrari, H.A., T. Dietrich, E.J. Orav, F.B. Hu, Y. Zhang, E.W. Karlson, and B. Dawson-Hughes. 2004. Higher 25-hydroxyvitamin D concentrations are associated with better lower-extremity function in both active and inactive persons aged > or =60 y. *American Journal of Clinical Nutrition* 80(3): 752-758.

Bredle, D.L., J.M. Stager, W.F. Brechue, and M.O. Farber. 1988. Phosphate supplementation, cardiovascular function, and exercise performance in humans. *Journal of Applied Physiology* 65(4): 1821-1826.

Brilla, L.R., and T.F. Haley. 1992. Effect of magnesium supplementation on strength training in humans. *Journal of the American College of Nutrition* 11(3): 326-329.

Brownlie, T. 4th, V. Utermohlen, P.S. Hinton, and J.D. Haas. 2004. Tissue iron deficiency without anemia impairs adaptation in endurance capacity after aerobic training in previously untrained women. *American Journal of Clinical Nutrition* 79(3): 437-443.

Brun, J.F., C. Dieu-Cambrezy, A. Charpiat, C. Fons, C. Fedou, J.P. Micallef, M. Fussellier, L. Bardet, and A. Orsetti. 1995. Serum zinc in highly trained adolescent gymnasts. *Biological Trace Element Research* 47(1-3): 273-278.

Brutsaert, T.D., S. Hernandez-Cordero, J. Rivera, T. Viola, G. Hughes, and J.D. Haas. 2003. Iron supplementation improves progressive fatigue resistance during dynamic knee extensor exercise in iron-depleted, nonanemic women. *American Journal of Clinical Nutrition* 77(2): 441-448.

Cannell, J.J., B.W. Hollis, M.B. Sorenson, T.N. Taft, and J.J. Anderson. 2009. Athletic performance and vitamin D. *Medicine and Science in Sports and Exercise* 41(5): 1102-1110.

Cannell, J.J., B.W. Hollis, M. Zasloff, and R.P. Heaney. 2008. Diagnosis and treatment of vitamin D deficiency. *Expert Opinion on Pharmacotherapy* 9(1): 107-118.

Ciocoiu, M., M. Badescu, and I. Paduraru. 2007. Protecting antioxidative effects of vitamins E and C in experimental physical stress. *Journal of Physiology and Biochemistry* 63(3): 187-194.

Cohen, J.L., L. Potosnak, O. Frank, and H. Baker. 1985. A nutritional and hematological assessment of elite ballet dancers. *Physician and SportsMedicine* 13: 43-54.

Cook, J.D., M.B. Reddy, J. Burri, M.A. Juillerat, and R.F. Hurrell. 1997. The influence of different cereal grains on iron absorption from infant cereal foods. *American Journal of Clinical Nutrition* 65(4): 964-969.

Deuster, P.A., and J.A. Cooper. 2006. Choline. In: *Sports nutrition,* edited by J.A. Driskell and I. Wolinsky. Boca Raton, FL: CRC Press.

Deuster, P.A., E. Dolev, S.B. Kyle, R.A. Anderson, and E.B. Schoomaker. 1987. Magnesium homeostasis during high-intensity anaerobic exercise in men. *Journal of Applied Physiology* 62(2): 545-550.

Deuster, P.A., S.B. Kyle, P.B. Moser, R.A. Vigersky, A. Singh, and E.B. Schoomaker. 1986. Nutritional survey of highly trained women runners. *American Journal of Clinical Nutrition* 44(6): 954-962.

Doyle, M.R., M.J. Webster, and L.D. Erdmann. 1997. Allithiamine ingestion does not enhance isokinetic parameters of muscle performance. *International Journal of Sport Nutrition* 7(1): 39-47.

Dressendorfer, R.H., and R. Sockolov. 1980. Hypozincemia in runners. *Physician and Sports-Medicine* 8: 97-100.

Economos, C.D., S.S. Bortz, and M.E. Nelson. 1993. Nutritional practices of elite athletes. Practical recommendations. *Sports Medicine (Auckland, NZ)* 16(6): 381-399.

Edgerton, V.R., Y. Ohira, J. Hettiarachchi, B. Senewiratne, G.W. Gardner, and R.J. Barnard. 1981. Elevation of hemoglobin and work tolerance in iron-deficient subjects. *Journal of Nutritional Science and Vitaminology* 27(2): 77-86.

Evans, G.W. 1989. The effect of chromium picolinate on insulin-controlled parameters in humans. *International Journal of Bioscience and Medical Research* 11: 163-180.

Faber, M., and A.J. Benade. 1991. Mineral and vitamin intake in field athletes (discus-, hammer-, javelin-throwers and shotputters). *International Journal of Sports Medicine* 12(3):324-327.

Filaire, E., and G. Lac. 2002. Nutritional status and body composition of juvenile elite female gymnasts. *Journal of Sports Medicine and Physical Fitness* 42(1): 65-70.

Fletcher, R.H., and K.M. Fairfield. 2002. Vitamins for chronic disease prevention in adults. Clinical applications. *Journal of the American Medical Association* 287: 3127-3129.

Fogelholm, G.M., J.J. Himberg, K. Alopaeus, C.G. Gref, J.T. Laakso, J.J. Lehto, and H. Mussalo-Rauhamaa. 1992. Dietary and biochemical indices of nutritional status in male athletes and controls. *Journal of the American College of Nutrition* 11(2): 181-191.

Fogelholm, M., I. Ruokonen, J.T. Laakso, T. Vuorimaa, and J.J. Himberg. 1993. Lack of association between indices of vitamin B1, B2, and B6 status and exercise-induced blood lactate in young adults. *International Journal of Sport Nutrition* 3(2): 165-176.

Gaeini, A.A., N. Rahnama, and M.R. Hamedinia. 2006. Effects of vitamin E supplementation on oxidative stress at rest and after exercise to exhaustion in athletic students. *Journal of Sports Medicine and Physical Fitness* 46(3): 458-461.

Galbo, H., J.J. Holst, N.J. Christensen, and J. Hilsted. 1976. Glucagon and plasma catecholamines during beta-receptor blockade in exercising man. *Journal of Applied Physiology* 40(6): 855-863.

Gardner, G.W., V.R. Edgerton, B. Senewiratne, R.J. Barnard, and Y. Ohira. 1977. Physical work capacity and metabolic stress in subjects with iron deficiency anemia. *American Journal of Clinical Nutrition* 30(6): 910-917.

Golf, S.W., D. Bohmer, and P.E. Nowacki. 1993. Is magnesium a limiting factor in competitive exercise? A summary of relevant scientific data. In: *Magnesium*, edited by S. Golf, D. Dralle, and L. Vecchiet, 209-220. London: John Libbey.

Guilland, J.C., T. Penaranda, C. Gallet, V. Boggio, F. Fuchs, and J. Klepping. 1989. Vitamin status of young athletes including the effects of supplementation. *Medicine and Science in Sports and Exercise* 21(4): 441-449.

Haas, J.D., and T. Brownlie 4th. 2001. Iron deficiency and reduced work capacity: A critical review of the research to determine a causal relationship. *Journal of Nutrition* 131(2S-2):676S, 688S; discussion 688S-690S.

Hallberg, L., M. Brune, M. Erlandsson, A.S. Sandberg, and L. Rossander-Hulten. 1991. Calcium: Effect of different amounts on nonheme- and heme-iron absorption in humans. *American Journal of Clinical Nutrition* 53(1): 112-119.

Hallberg, L., L. Hulten, and E. Gramatkovski. 1997. Iron absorption from the whole diet in men: How effective is the regulation of iron absorption? *American Journal of Clinical Nutrition* 66(2): 347-356.

Haymes, E.M. 2006. Iron. In: *Sports nutrition*, edited by J.A. Driskell and I. Wolinsky, 203-216. Boca Raton, FL: CRC Press.

Heath, E.M. 2006. Niacin. In: *Sports nutrition*, edited by J.A. Driskell and I. Wolinsky, 69-80.Boca Raton, FL: CRC Press.

Herrmann, M., R. Obeid, J. Scharhag, W. Kindermann, and W. Herrmann. 2005. Altered vitamin B12 status in recreational endurance athletes. *International Journal of Sport Nutrition and Exercise Metabolism* 15(4): 433-441.

Hickson, J.F. Jr., J. Schrader, and L.C. Trischler. 1986. Dietary intakes of female basketball and gymnastics athletes. *Journal of the American Dietetic Association* 86(2): 251-253.

Hinton, P.S., C. Giordano, T. Brownlie, and J.D. Haas. 2000. Iron supplementation improves endurance after training in iron-depleted, nonanemic women. *Journal of Applied Physiology* 88(3): 1103-1111.

Holick, M.F. 2007. Vitamin D deficiency. *New England Journal of Medicine* 357(3): 266-281.

Hoogendijk, W.J., P. Lips, M.G. Dik, D.J. Deeg, A.T. Beekman, and B.W. Penninx. 2008. Depression is associated with decreased 25-hydroxyvitamin D and increased parathyroid hormone levels in older adults. *Archives of General Psychiatry* 65(5): 508-512.

Institute of Medicine, Food and Nutrition Board. 1997. *Dietary reference intakes for calcium,phosphorus, magnesium, vitamin D, and fluoride*. Washington, DC: National Academies Press.

Institute of Medicine, Food and Nutrition Board. 1998. *Dietary references intakes for thiamin, riboflavin, niacin, vitamin B12, folate, pantothenic acid, biotin, and choline.* Washington, DC: National Academy Press.

Institute of Medicine, Food and Nutrition Board. 2000. *Dietary reference intakes for vitamin C, vitamin E, selenium, and carotenoids.* Washington, DC: National Academy Press.

Institute of Medicine, Food and Nutrition Board. 2001. *Dietary reference intakes for vitamin A, vitamin K, arsenic, boron, chromium, copper, iodine, iron, manganese, molybdenum, nickel, silicon, vanadium, and zinc.* Washington, DC: National Academy Press.

Institute of Medicine, Food and Nutrition Board. 2003. *Dietary reference intakes: Applications in dietary planning.* Washington, DC: National Academy Press.

Institute of Medicine, Food and Nutrition Board. 2005. *Dietary reference intakes for water, potassium, chloride, and sodium.* Washington, DC: National Academy Press.

Isaacson, A., and A. Sandow. 1963. Effects of zinc on responses of skeletal muscle. *Journal of General Physiology* 46: 655-677.

Johnston, C.S., P.D. Swan, and C. Corte. 1999. Substrate utilization and work efficiency during submaximal exercise in vitamin C depleted-repleted adults. *International Journal for Vitamin and Nutrition Research* 69(1): 41-44.

Keith, R.E. 2006. Ascorbic acid. In: *Sports nutrition,* edited by J.A. Driskell and I. Wolinsky, 29-46. Boca Raton, FL: CRC Press.

Keith, R.E., and L.A. Alt. 1991. Riboflavin status of female athletes consuming normal diets. *Nutrition Research* 11: 727-734.

Keith, R.E., K.A. O'Keeffe, L.A. Alt, and K.L. Young. 1989. Dietary status of trained female cyclists. *Journal of the American Dietetic Association* 89(11): 1620-1623.

Keys, A., A.F. Henschel, O. Michelsen, and J.M. Brozek. 1943. The performance of normal young men on controlled thiamin intakes. *Journal of Nutrition* 26: 399-415.

Khaled, S., J.F. Brun, J.P. Micallel, L. Bardet, G. Cassanas, J.F. Monnier, and A. Orsetti. 1997. Serum zinc and blood rheology in sportsmen (football players). *Clinical Hemorheology and Microcirculation* 17(1): 47-58.

Kirchner, E.M., R.D. Lewis, and P.J. O'Connor. 1995. Bone mineral density and dietary intake of female college gymnasts. *Medicine and Science in Sports and Exercise* 27(4): 543-549.

Kreider, R.B., G.W. Miller, M.H. Williams, C.T. Somma, and T.A. Nasser. 1990. Effects of phosphate loading on oxygen uptake, ventilatory anaerobic threshold, and run performance. *Medicine and Science in Sports and Exercise* 22(2): 250-256.

Krotkiewski, M., M. Gudmundsson, P. Backstrom, and K. Mandroukas. 1982. Zinc and muscle strength and endurance. *Acta Physiologica Scandinavica* 116(3): 309-311.

Lawrence, J.D., R.C. Bower, W.P. Riehl, and J.L. Smith. 1975. Effects of alpha-tocopherol acetate on the swimming endurance of trained swimmers. *American Journal of Clinical Nutrition* 28(3): 205-208.

Leklem, J.E. 1990. Vitamin B-6: A status report. *Journal of Nutrition* 120(Suppl 11): 1503-1507. Lemmel, G. 1938. Vitamin C deficiency and general capacity for work. *Munchener Medizinische Wochenschrift* 85: 1381.

Loosli, A.R., and J. Benson. 1990. Nutritional intake in adolescent athletes. *Pediatric Clinics of North America* 37(5): 1143-1152.

Loosli, A.R., J. Benson, D.M. Gillen, and K. Bourdet. 1986. Nutritional habits and knowledge in competitive adolescent female gymnasts. *Physician and SportsMedicine* 14: 118-121.

Lukaski, H. 1999. Chromium as a supplement. *Annual Review of Nutrition* 19: 279-302.

Lukaski, H. 2004. Vitamin and mineral status: Effects on physical performance. *Nutrition* 20(7-8): 632-644.

Lukaski, H.C. 2005. Low dietary zinc decreases erythrocyte carbonic anhydrase activities and impairs cardiorespiratory function in men during exercise. *American Journal of Clinical Nutrition* 81(5): 1045-1051.

Lukaski, H.C. 2006. Zinc. In: *Sports nutrition,* edited by J.A. Driskell and I. Wolinsky, 217-234. Boca Raton, FL: CRC Press.

Lukaski, H.C. 2007. Effects of chromium(III) as a nutritional supplement. In: *The nutritional biochemistry of chromium(III),* edited by J.B. Vincent, 71-84. New York: Elsevier.

Lukaski, H.C., C.B. Hall, and W.A. Siders. 1991. Altered metabolic response of iron-deficient women during graded, maximal exercise. *European Journal of Applied Physiology and Occupational Physiology* 63(2): 140-145.

Lukaski, H.C., B.S. Hoverson, S.K. Gallagher, and W.W. Bolonchuk. 1990. Physical training and copper, iron, and zinc status of swimmers. *American Journal of Clinical Nutrition* 51(6):1093-1099.

Lukaski, H.C., and F.H. Nielsen. 2002. Dietary magnesium depletion affects metabolic responses during submaximal exercise in postmenopausal women. *Journal of Nutrition* 132(5): 930-935.

Magkos, F., and M. Yannakoulia. 2003. Methodology of dietary assessment in athletes: Concepts and pitfalls. *Current Opinion in Clinical Nutrition and Metabolic Care* 6(5): 539-549.

Manore, M.M. 2000. Effect of physical activity on thiamine, riboflavin, and vitamin B-6 requirements. *American Journal of Clinical Nutrition* 72(2 Suppl): 598S-606S.

Marzani, B., M. Balage, Vénien, T. Astruc, I. Papet, D. Dardevet, and L. Mosoni. 2008. Antioxidant supplementation restores defective leucine stimulation of protein synthesis in skeletal muscle from old rats. *Journal of Nutrition* 138(11): 2205-2211.

Matter, M., T. Stittfall, J. Graves, K. Myburgh, B. Adams, P. Jacobs, and T.D. Noakes. 1987. The effect of iron and folate therapy on maximal exercise performance in female marathon runners with iron and folate deficiency. *Clinical Science* 72(4): 415-422.

McClung, J.P., L.J. Marchitelli, K.E. Friedl, and A.J. Young. 2006. Prevalence of iron deficiency and iron deficiency anemia among three populations of female military personnel in the US army. *Journal of the American College of Nutrition* 25(1): 64-69.

Monsen, E.R. 1988. Iron nutrition and absorption: Dietary factors which impact iron bioavailability. *Journal of the American Dietetic Association* 88(7): 786-790.

Montoye, H.J., P.J. Spata, V. Pinckney, and L. Barron. 1955. Effects of vitamin B12 supplementation on physical fitness and growth of young boys. *Journal of Applied Physiology* 7(6):589-592.

Murray, R., W.P. Bartoli, D.E. Eddy, and M.K. Horn. 1995. Physiological and performance responses to nicotinic-acid ingestion during exercise. *Medicine and Science in Sports and Exercise* 27(7): 1057-1062.

Niekamp, R.A., and J.T. Baer. 1995. In-season dietary adequacy of trained male cross-country runners. *International Journal of Sport Nutrition* 5(1): 45-55.

Nielsen, F.H., and H.C. Lukaski. 2006. Update on the relationship between magnesium and exercise. *Magnesium Research* 19(3): 180-189.

Pernow, B., and B. Saltin. 1971. Availability of substrates and capacity for prolonged heavy exercise in man. *Journal of Applied Physiology* 31(3): 416-422.

Peters, A.J., R.H. Dressendorfer, J. Rimar, and C.L. Keen. 1986. Diet of endurance runners competing in a 20-day road race. *Physician and SportsMedicine* 14: 63-70.

Pfeifer, M., B. Begerow, and H.W. Minne. 2002. Vitamin D and muscle function. *Osteoporosis International* 13(3): 187-194.

Plotnikoff, G.A., and J.M. Quigley. 2003. Prevalence of severe hypovitaminosis D in patients with persistent, nonspecific musculoskeletal pain. *Mayo Clinic Proceedings* 78(12): 1463-1470.

Read, M.H., and S.L. McGuffin. 1983. The effect of B-complex supplementation on endurance performance. *Journal of Sports Medicine and Physical Fitness* 23(2): 178-184.

Richardson, J.H., and P.D. Drake. 1979. The effects of zinc on fatigue of striated muscle. *Journal of Sports Medicine and Physical Fitness* 19(2): 133-134.

Rodriguez, N.R., N.M. DiMarco, and S. Langley. 2009. Position of the American Dietetic Association, Dietitians of Canada, and the American College of Sports Medicine: Nutrition and athletic performance. *Journal of the American Dietetic Association* 109(3): 509-527.

Rokitzki, L., E. Logemann, G. Huber, E. Keck, and J. Keul. 1994. Alpha-tocopherol supplementation in racing cyclists during extreme endurance training. *International Journal of Sport Nutrition* 4(3) (Sep): 253-264.

Rowland, T.W., M.B. Deisroth, G.M. Green, and J.F. Kelleher. 1988. The effect of iron therapy on the exercise capacity of nonanemic iron-deficient adolescent runners. *American Journal of Diseases of Children* 142(2): 165-169.

Schoene, R.B., P. Escourrou, H.T. Robertson, K.L. Nilson, J.R. Parsons, and N.J. Smith. 1983. Iron repletion decreases maximal exercise lactate concentrations in female athletes with minimal iron-deficiency anemia. *Journal of Laboratory and Clinical Medicine* 102(2): 306-312.

Sharman, I.M., M.G. Down, and N.G. Norgan. 1976. The effects of vitamin E on physiological function and athletic performance of trained swimmers. *Journal of Sports Medicine and Physical Fitness* 16(3): 215-225.

Sharman, I.M., M.G. Down, and R.N. Sen. 1971. The effects of vitamin E and training on physiological function and athletic performance in adolescent swimmers. *British Journal of Nutrition* 26(2): 265-276.

Shephard, R.J., R. Campbell, P. Pimm, D. Stuart, and G.R. Wright. 1974. Vitamin E, exercise, and the recovery from physical activity. *European Journal of Applied Physiology and Occupational Physiology* 33(2): 119-126.

Short, S.H., and W.R. Short. 1983. Four-year study of university athletes' dietary intake. *Journal of the American Dietetic Association* 82(6): 632-645.

Siegenberg, D., R.D. Baynes, T.H. Bothwell, B.J. Macfarlane, R.D. Lamparelli, N.G. Car, P. MacPhail, U. Schmidt, A. Tal, and F. Mayet. 1991. Ascorbic acid prevents the dosedependent inhibitory effects of polyphenols and phytates on nonheme-iron absorption. *American Journal of Clinical Nutrition* 53(2): 537-541.

Simon-Schnass, I., and H. Pabst. 1988. Influence of vitamin E on physical performance. *International Journal for Vitamin and Nutrition Research* 58(1): 49-54.

Singh, A., P.A. Deuster, and P.B. Moser. 1990. Zinc and copper status in women by physical activity and menstrual status. *Journal of Sports Medicine and Physical Fitness* 30(1): 29-36.

Singh, A., F.M. Moses, and P.A. Deuster. 1992. Chronic multivitamin-mineral supplementation does not enhance physical performance. *Medicine and Science in Sports and Exercise* 24: 726-732.

Soric, M., M. Misigoj-Durakovic, and Z. Pedisic. 2008. Dietary intake and body composition of prepubescent female aesthetic athletes. *International Journal of Sport Nutrition and Exercise Metabolism* 18(3): 343-354.

South, P.K., and D.D. Mille. 1998. Iron binding by tannic acid: Effects of selected ligands. *Food Chemistry* 63(2): 167-172.

Speich, M., A. Pineau, and F. Ballereau. 2001. Minerals, trace elements and related biological variables in athletes and during physical activity. *Clinical Chimica Acta* 312: 1-11.

Stacewicz-Sapuntzakis, M., and G. Borthakur. 2006. Vitamin A. In: *Sports nutrition,* edited by J.A. Driskell and I. Wolinsky, 163-174. Boca Raton, FL: CRC Press.

Steen, S.N., K. Mayer, K.D. Brownell, and T.A. Wadden. 1995. Dietary intake of female collegiate heavyweight rowers. *International Journal of Sport Nutrition* 5(3): 225-231.

Steen, S.N., and S. McKinney. 1986. Nutritional assessment of college wrestlers. *Physician and SportsMedicine* 14: 101-116.

Stofan, J.R., J.J. Zachwieja, C.A. Horswill, R. Murray, S.A. Anderson, and E.R. Eichner. 2005. Sweat and sodium losses in NCAA football players: A precursor to heat cramps? *International Journal of Sport Nutrition and Exercise Metabolism* 15(6): 641-652.

Suboticanec, K., A. Stavljenic, W. Schalch, and R. Buzina. 1990. Effects of pyridoxine and riboflavin supplementation on physical fitness in young adolescents. *International Journal for Vitamin and Nutrition Research* 60(1): 81-88.

Telford, R.D., E.A. Catchpole, V. Deakin, A.G. Hahn, and A.W. Plank. 1992. The effect of 7 to 8 months of vitamin/mineral supplementation on athletic performance. *International Journal of Sport Nutrition* 2(2): 135-153.

Tin-May-Than, Ma-Win-May, Khin-Sann-Aung, and M. Mya-Tu. 1978. The effect of vitamin B12 on physical performance capacity. *British Journal of Nutrition* 40(2): 269-273.

van der Beek, E.J., W. van Dokkum, J. Schrijver, A. Wesstra, C. Kistemaker, and R.J. Hermus. 1990. Controlled vitamin C restriction and physical performance in volunteers. *Journal of the American College of Nutrition* 9(4): 332-339.

van der Beek, E.J., W. van Dokkum, M. Wedel, J. Schrijver, and H. van den Berg. 1994. Thiamin, riboflavin and vitamin B6: Impact of restricted intake on physical performance in man. *Journal of the American College of Nutrition* 13(6): 629-640.

Van Loan, M.D., B. Sutherland, N.M. Lowe, J.R. Turnlund, and J.C. King. 1999. The effects of zinc depletion on peak force and total work of knee and shoulder extensor and flexor muscles. *International Journal of Sport Nutrition* 9(2): 125-135.

Vincent, J.B. 2003. The potential value and toxicity of chromium picolinate as a nutritional supplement, weight loss agent and muscle development agent. *Sports Medicine* 33(3): 213-30.

Virk, R.S., N.J. Dunton, J.C. Young, and J.E. Leklem. 1999. Effect of vitamin B-6 supplementation on fuels, catecholamines, and amino acids during exercise in men. *Medicine and Science in Sports and Exercise* 31(3): 400-408.

Volek, J.S., R. Silvestre, J.P. Kirwan, M.J. Sharman, D.A. Judelson, B.A. Spiering, J.L. Vingren, C.M. Maresh, J.L. Vanheest, and W.J. Kraemer. 2006. Effects of chromium supplementation on glycogen synthesis after high-intensity exercise. *Medicine and Science in Sports and Exercise* 38(12): 2102-2109.

Volpe, S.L. 2007. Micronutrient requirements for athletes. *Clinics in Sports Medicine* 26(1): 119-130.

Wald, G., L. Brougha, and R. Johnson. 1942. Experimental human vitamin A deficiency and ability to perform muscular exercise. *American Journal of Physiology* 137: 551-554.

Watt, T., T.T. Romet, I. McFarlane, D. McGuey, C. Allen, and R.C. Goode. 1974. Letter: Vitamin E and oxygen consumption. *Lancet* 2(7876): 354-355.

Webster, M.J. 1998. Physiological and performance responses to supplementation with thiamin and pantothenic acid derivatives. *European Journal of Applied Physiology and Occupational Physiology* 77(6): 486-491.

Weight, L.M., K.H. Myburgh, and T.D. Noakes. 1998. Vitamin and mineral supplementation: Effect on the running performance of trained athletes. *American Journal of Clinical Nutrition* 47: 192-195.

Welch, P.K., K.A. Zager, J. Endres, and S.W. Poon. 1987. Nutrition education, body composition and dietary intake of female college athletes. *Physician and SportsMedicine* 15: 63-74.

Williams, M.H. 2004. Dietary supplements and sports performance: Introduction and vitamins. *Journal of the International Society of Sports Nutrition* 1(2): 1-6.

Williams, M.H. 2005. Dietary supplements and sports performance: Minerals. *Journal of the International Society of Sports Nutrition* 2(1): 43-49.

Wood, B., A. Gijsbers, A. Goode, S. Davis, J. Mulholland, and K. Breen. 1980. A study of partial thiamin restriction in human volunteers. *American Journal of Clinical Nutrition* 33(4): 848-861.

Woolf, K., and M.M. Manore. 2006. B-vitamins and exercise: Does exercise alter requirements? *International Journal of Sport Nutrition and Exercise Metabolism* 16(5): 453-484.

Ziegler, P.J., J.A. Nelson, and S.S. Jonnalagadda. 1999. Nutritional and physiological status of U.S. national figure skaters. *International Journal of Sport Nutrition* 9(4): 345-360.

Capítulo 7

Armstrong, L.E. 2002. Caffeine, body fluid-electrolyte balance, and exercise performance. *International Journal of Sport Nutrition and Exercise Metabolism* 12: 189-206.

Balsom, P.D., K. Soderlund, and B. Ekblom. 1994. Creatine in humans with special reference to creatine supplementation. *Sports Medicine* 18(4): 268-280.

Besset, A., A. Bonardet, G. Rondouin, B. Descomps, and P. Passouant. 1982. Increase in sleep related GH and Prl secretion after chronic arginine aspartate administration in man. *Acta Endocrinologica (Copenhagen)* 99: 18-23.

Biolo, G., S.P. Maggi, B.D. Williams, K.D. Tipton, and R.R. Wolfe. 1995. Increased rates of muscle protein turnover and amino acid transport after resistance exercise in humans. *American Journal of Physiology* 268(3 Pt 1): E514-E20.

Biolo, G., K.D. Tipton, S. Klein, and R.R. Wolfe. 1997. An abundant supply of amino acids enhances the metabolic effect of exercise on muscle protein. *American Journal of Physiology* 273(1 Pt 1): E122-E129.

Boirie, Y., M. Dangin, P. Gachon, M.P. Vasson, J.L. Maubois, and B. Beaufrere. 1997. Slow and fast dietary proteins differently modulate postprandial protein accretion. *Proceedings of the National Academy of Sciences* 94(26): 14930-14935.

Branch, J.D. 2003. Effect of creatine supplementation on body composition and performance: A meta-analysis. *International Journal of Sport Nutrition and Exercise Metabolism* 13(2): 198-226.

Brose, A., G. Parise, and M.A. Tarnopolsky. 2003. Creatine supplementation enhances isometric strength and body composition improvements following strength exercise training in older adults. *Journals of Gerontology: Series A, Biological Sciences and Medical Sciences* 58(1): B11-B19.

Brown, G.A., M.D. Vukovich, E.R. Martini, M.L. Kohut, W.D. Franke, D.A. Jackson, and D.S. King. 2000. Endocrine responses to chronic androstenedione intake in 30- to 56-year-old men. *Journal of Clinical Endocrinology and Metabolism* 85: 4074-4080.

Brown, G.A., M.D. Vukovich, R.L. Sharp, T.A. Reifenrath, K.A. Parsons, and D.S. King. 1999. Effect of oral DHEA on serum testosterone and adaptations to resistance training in young men. *Journal of Applied Physiology* 87: 2274-2283.

Buford, T.W., R.B. Kreider, J.R. Stout, M. Greenwood, B. Campbell, M. Spano, T. Ziegenfuss, H. Lopez, J. Landis, and J. Antonio. 2007. International society of sports nutrition position stand: Creatine supplementation and exercise. *Journal of the International Society of Sports Nutrition* 4: 6.

Campbell, B., R.B. Kreider, T. Ziegenfuss, P. La Bounty, M. Roberts, D. Burke, J. Landis, H. Lopez, and J. Antonio. 2007. International society of sports nutrition position stand: Protein and exercise. *Journal of the International Society of Sports Nutrition* 4: 8.

Campbell, B., M. Roberts, C. Kerksick, C. Wilborn, B. Marcello, L. Taylor, E. Nassar, B. Leutholtz, R. Bowden, C. Rasmussen, M. Greenwood, and R. Kreider. 2006. Pharmacokinetics, safety, and effects on exercise performance of l-arginine alpha-ketoglutarate in trained adult men. *Nutrition* 22: 872-881.

Candow, D.G., P.D. Chilibeck, D.G. Burke, K.S. Davison, and T. Smith-Palmer. 2001. Effect of glutamine supplementation combined with resistance training in young adults. *European Journal of Applied Physiology* 86: 142-149.

Castell, L.M., and E.A. Newsholme. 1997. The effects of oral glutamine supplementation on athletes after prolonged, exhaustive exercise. *Nutrition* 13(7-8): 738-742.

Chrusch, M.J., P.D. Chilibeck, K.E. Chad, K.S. Davison, and D.G. Burke. 2001. Creatine supplementation combined with resistance training in older men. *Medicine and Science in Sports and Exercise* 33(12): 2111-2117.

Clarkson, P.M. 1993. Nutritional ergogenic aids: Caffeine. *International Journal of Sport Nutrition* 3: 103-111.

Costill, D.L., G.P. Dalsky, and W.J. Fink. 1978. Effects of caffeine ingestion on metabolism and exercise performance. *Medicine and Science in Sports* 10: 155-158.

Cribb, P.J., A.D. Williams, M.F. Carey, and A. Hayes. 2006. The effect of whey isolate and resistance training on strength, body composition, and plasma glutamine. *International Journal of Sport Nutrition and Exercise Metabolism* 16(5): 494-509.

Dangin, M., Y. Boirie, C. Garcia-Rodenas, P. Gachon, J. Fauquant, P. Callier, O. Ballevre, and B. Beaufrere. 2001. The digestion rate of protein is an independent regulating factor of postprandial protein retention. *American Journal of Physiology: Endocrinology and Metabolism* 280(2): E340-348.

Demling, R..H., and L. DeSanti. 2000. Effect of a hypocaloric diet, increased protein intake and resistance training on lean mass gains and fat mass loss in overweight police officers. *Annals of Nutrition and Metabolism* 44(1): 21-29.

Driskell, J., and I. Wolinsky. 2000. *Energy-yielding macronutrients and energy metabolism in sports nutrition*. Boca Raton, FL: CRC Press.

Dunnett, M., and R.C. Harris. 1999. Influence of oral beta-alanine and L-histidine supplementation on the carnosine content of the gluteus medius. *Equine Veterinary Journal Supplement* 30: 499-504.

Earnest, C.P., P.G. Snell, R. Rodriguez, A.L. Almada, and T.L. Mitchell. 1995. The effect of creatine monohydrate ingestion on anaerobic power indices, muscular strength and body composition. *Acta Physiologica Scandinavica* 153(2): 207-209.

Eckerson, J.M., J.R. Stout, G.A. Moore, N.J. Stone, K. Nishimura, and K. Tamura. 2004. Effect of two and five days of creatine loading on anaerobic working capacity in women. *Journal of Strength and Conditioning Research* 18: 168.

Elam, R.P., D.H. Hardin, R.A. Sutton, and L. Hagen. 1989. Effects of arginine and ornithine on strength, lean body mass and urinary hydroxyproline in adult males. *Journal of Sports Medicine and Physical Fitness* 29: 52-56.

Esmarck, B., J.L. Andersen, S. Olsen, E.A. Richter, M. Mizuno, and M. Kjaer. 2001. Timing of postexercise protein intake is important for muscle hypertrophy with resistance training in elderly humans. *Journal of Physiology* 535(Pt 1): 301-311.

Falkoll, P., R. Sharp, S. Baier, D. Levenhagen, C. Carr, and S. Nissen. 2004. Effect of betahydroxy-beta-methylbutyrate, arginine, and lysine supplementation on strength, functionality, body composition, and protein metabolism in elderly women. *Nutrition* 20(5): 445-451.

Forslund, A.H., A.E. El-Khoury, R.M. Olsson, A.M. Sjodin, L. Hambraeus, and V.R. Young. 1999. Effect of protein intake and physical activity on 24-h pattern and rate of macronutrient utilization. *American Journal of Physiology* 276(5 Pt 1): E964-E976.

Friedman, J.E., and P.W. Lemon. 1989. Effect of chronic endurance exercise on retention of dietary protein. *International Journal of Sports Medicine* 10(2): 118-123.

Gallagher, P.M., J.A. Carrithers, M.P. Godard, K.E. Schulze, and S.W. Trappe. 2000a. Betahydroxy-beta-methylbutyrate ingestion, part I: Effects on strength and fat free mass. *Medicine and Science in Sports and Exercise* 32(12): 2109-2115.

Gallagher, P.M., J.A. Carrithers, M.P. Godard, K.E. Schulze, and S.W. Trappe. 2000b. Betahydroxy-beta-methylbutyrate ingestion, part II: Effects on hematology, hepatic and renal function. *Medicine and Science in Sports and Exercise* 32(12): 2116-2119.

Graham, T.E., and L.L. Spriet. 1991. Performance and metabolic responses to a high caffeine dose during prolonged exercise. *Journal of Applied Physiology* 71: 2292-2298.

Greenwood, M., J. Farris, R. Kreider, L. Greenwood, and A. Byars. 2000. Creatine supplementation patterns and perceived effects in select division I collegiate athletes. *Clinical Journal of Sport Medicine* 10(3): 191-194.

Greenwood, M., D.S. Kalman, and J. Antonio, eds. 2008. *Nutritional supplements in sports and exercise.* New York: Humana Press.

Greenwood, M., R.B. Kreider, C. Melton, C. Rasmussen, S. Lancaster, E. Cantler, P. Milnor, and A. Almada. 2003. Creatine supplementation during college football training does not increase the incidence of cramping or injury. *Molecular and Cellular Biochemistry* 244: 83-88.

Harris, R.C., C.A. Hill, H.J. Kim, L. Boobis, C. Sale, D.B. Harris, and J.A. Wise. 2005. Betaalanine supplementation for 10 weeks significantly increased muscle carnosine levels. *FASEB Journal* 19. A1125.

Harris, R.C., M.J. Tallon, M. Dunnett, L. Boobis, J. Coakley, H.J. Kim, J.L. Fallowfield, C.A. Hill, C. Sale, and J.A. Wise. 2006. The absorption of orally supplied -alanine and its effect on muscle carnosine synthesis in human vastus lateralis. *Amino Acids* 30(3): 279-289.

Heymsfield, S.B., C. Arteaga, C. McManus, J. Smith, and S. Moffitt. 1983. Measurement of muscle mass in humans: Validity of the 24-hour urinary creatinine method. *American Journal of Clinical Nutrition* 37(3): 478-494.

Hirvonen, J., S. Rehunen, H. Rusko, and M. Harkonen. 1987. Breakdown of high-energy phosphate compounds and lactate accumulation during short supramaximal exercise. *European Journal of Applied Physiology and Occupational Physiology* 56(3): 253-259.

Hoffman, J.R., J. Cooper, M. Wendell, J. Im, and J. Kang. 2004. Effects of b-hydroxy-bmethylbutyrate on power performance and indices of muscle damage and stress during high intensity training. *Journal of Strength and Conditioning Research* 18(94): 745-752.

Hoffman, J.R., N.A. Ratamess, A.D. Faigenbaum, R. Ross, J. Kang, J.R. Stout, and J.A. Wise. 2008a. Short duration beta-alanine supplementation increases training volume and reduces subject feelings of fatigue in college football players. *Nutrition Research* 28(1): 31-35.

Hoffman, J., N. Ratamess, J. Kang, G. Mangine, A. Faigenbaum, and J. Stout. 2006. Effect of creatine and beta-alanine supplementation on performance and endocrine responses in strength/power athletes. *International Journal of Sport Nutrition and Exercise Metabolism* 16(4): 430-446.

Hoffman, J., N.A. Ratamess, R. Ross, J. Kang, J. Magrelli, K. Neese, A.D. Faigenbaum, and J.A. Wise. 2008b. Beta-alanine and the hormonal response to exercise. *International Journal of Sports Medicine* 29(12): 952-958.

Hoffman, J.R., and J.R. Stout. 2008. Performance enhancing supplements. In: *Essentials of strength training and conditioning,* edited by T.R. Baechle and R.W. Earle. Champaign, IL: Human Kinetics.

Jones, A.M., T. Atter, and K.P. Georg. 1999. Oral creatine supplementation improves multiple sprint performance in elite ice-hockey players. *Journal of Sports Medicine and Physical Fitness* 39(3): 189-196.

Joyner, M.J. 2000. Over-the-counter supplements and strength training. *Exercise and Sport Sciences Reviews* 28: 2-3.

Kendrick, I.P., R.C. Harris, H.J. Kim, C.K. Kim, V.H. Dang, T.Q. Lam, T.T. Bui, M. Smith, and J.A. Wise. 2008. The effects of 10 weeks of resistance training combined with beta-alanine supplementation on whole body strength, force production, muscular endurance and body composition. *Amino Acids* 34(4): 547-554.

Kerksick, C.M., C.J. Rasmussen, S.L. Lancaster, B. Magu, P. Smith, C. Melton, M. Greenwood, A.L. Almada, C.P. Earnest, and R.B. Kreider. 2006. The effects of protein and amino acid supplementation on performance and training adaptations during ten weeks of resistance training. *Journal of Strength and Conditioning Research* 20(3): 643-653.

King, D.S., R.L. Sharp, M.D. Vukovich, G.A. Brown, T.A. Reifenrath, N.L. Uhl, K.A. Parsons, et al. 1999. Effect of oral androstenedione on serum testosterone and adaptations to resistance training in young men: A randomized controlled trial. *Journal of the American Medical Association* 281: 2020-2028.

Kirksey, K.B., M.H. Stone, B.J. Warren, R.L. Johnson, M. Stone, G.G. Haff, F.E. Williams, and C. Proulx. 1999. The effects of 6 weeks of creatine monohydrate supplementation on performance measures and body composition in collegiate track and field athletes. *Journal of Strength and Conditioning Research* 13: 148.

Knitter, A.E., L. Panton, J.A. Rathmacher, A. Petersen, and R. Sharp. 2000. Effects of betahydroxy-beta-methylbutyrate on muscle damage after a prolonged run. *Journal of Applied Physiology* 89(4): 1340-1344.

Kreider, R.B. 2003a. Effects of creatine supplementation on performance and training adaptations. *Molecular and Cellular Biochemistry* 244(1-2): 89-94.

Kreider, R.B. 2003b. Species-specific responses to creatine supplementation. *American Journal of Physiology: Regulatory, Integrative and Comparative Physiology* 285(4): R725-R726.

Kreider, R.B., M. Ferreira, M. Wilson, and A.L. Almada. 1999. Effects of calcium beta-hydroxy-beta-methylbutyrate (HMB) supplementation during resistance-training on markers of catabolism, body composition and strength. *International Journal of Sports Medicine* 20(8): 503-9.

Kreider, R.B., M. Ferreira, M. Wilson, P. Grindstaff, S. Plisk, J. Reinardy, E. Cantler, and A.L. Almada. 1998. Effects of creatine supplementation on body composition, strength, and sprint performance. *Medicine and Science in Sports and Exercise* 30(1): 73-82.

Kreider, R.B., R. Klesges, K. Harmon, P. Grindstaff, L. Ramsey, D. Bullen, L. Wood, Y. Li, and A. Almada. 1996. Effects of ingesting supplements designed to promote lean tissue accretion on body composition during resistance training. *International Journal of Sport Nutrition* 6(3): 234-246.

Kreider, R.B., B.C. Leutholtz, and M. Greenwood. 2004. Creatine. In: *Nutritional ergogenic aids,* edited by I. Wolinsky and J. Driskel, 81-104. Boca Raton, FL: CRC Press.

Kreider, R.B., C. Melton, C.J. Rasmussen, M. Greenwood, S. Lancaster, E.C. Cantler, P. Milnor, and A.L. Almada. 2003. Long-term creatine supplementation does not significantly affect clinical markers of health in athletes. *Molecular and Cellular Biochemistry* 244: 95-104.

Lamont, L.S., D.G. Patel, and S.C. Kalhan. 1990. Leucine kinetics in endurance-trained humans. *Journal of Applied Physiology* 69(1): 1-6.

Lemon, P.W. 1991. Protein and amino acid needs of the strength athlete. *International Journal of Sport Nutrition* 1(2): 127-145.

Lemon, P.W. 1998. Effects of exercise on dietary protein requirements. *International Journal of Sport Nutrition* 8(4): 426-447.

Lemon, P.W., M.A. Tarnopolsky, J.D. MacDougall, and S.A. Atkinson. 1992. Protein requirements and muscle mass/strength changes during intensive training in novice bodybuilders. *Journal of Applied Physiology* 73(2): 767-775.

Meredith, C.N., M.J. Zackin, W.R. Frontera, and W.J. Evans. 1989. Dietary protein requirements and body protein metabolism in endurance-trained men. *Journal of Applied Physiology* 66(6): 2850-2856.

Mero, A.A., K.L. Keskinen, M.T. Malvela, and J.M. Sallinen. 2004. Combined creatine and sodium bicarbonate supplementation enhances interval swimming. *Journal of Strength and Conditioning Research* 18(2): 306-310.

Mujika, I., S. Padilla, J. Ibanez, M. Izquierdo, and E. Gorostiaga. 2000. Creatine supplementation and sprint performance in soccer players. *Medicine and Science in Sports and Exercise* 32(2): 518-525.

Nissen, S., T.D. Faidley, D.R. Zimmerman, R. Izard, and C.T. Fisher. 1994. Colostral milk fat percentage and pig performance are enhanced by feeding the leucine metabolite betahydroxy-beta-methyl butyrate to sows. *Journal of Animal Science* 72(9): 2331-2337.

Nissen, S., R. Sharp, M. Ray, J.A. Rathmacher, D. Rice, J.C. Fuller Jr., A.S. Connelly, and N. Abumrad. 1996. Effect of leucine metabolite beta-hydroxy-beta-methylbutyrate on muscle metabolism during resistance-exercise training. *Journal of Applied Physiology* 81(5):2095-2104.

Noonan, D., K. Berg, R.W. Latin, J.C. Wagner, and K. Reimers. 1998. Effects of varying dosages of oral creatine relative to fat free body mass on strength and body composition. *Journal of Strength and Conditioning Research* 12: 104.

O'Connor, D.M., and M.J. Crowe. 2003. Effects of beta-hydroxy-beta-methylbuterate and creatine monohydrate supplementation on the aerobic and anaerobic capacity of highly trained athletes. *Journal of Sports Medicine and Physical Fitness* 43: 64-68.

Ostojic, S.M. 2004. Creatine supplementation in young soccer players. *International Journal of Sport Nutrition and Exercise Metabolism* 14(1): 95-103.

Peeters, B., C. Lantz, and J. Mayhew. 1999. Effects of oral creatine monohydrate and creatine phosphate supplementation on maximal strength indices, body composition, and blood pressure. *Journal of Strength and Conditioning Research* 13: 3.

Peterson, A.L., M.A. Qureshi, P.R. Ferket, and J.C. Fuller Jr. 1999a. Enhancement of cellular and humoral immunity in young broilers by the dietary supplementation of beta-hydroxybeta-methylbutyrate. *Immunopharmacology and Immunotoxicology* 21(2): 307-330.

Peterson, A.L., M.A. Qureshi, P.R. Ferket, and J.C. Fuller Jr. 1999b. In vitro exposure with beta-hydroxy-beta-methylbutyrate enhances chicken macrophage growth and function. *Veterinary Immunology and Immunopathology* 67(1): 67-78.

Phillips, S.M., S.A. Atkinson, M.A. Tarnopolsky, and J.D. MacDougall. 1993. Gender differences in leucine kinetics and nitrogen balance in endurance athletes. *Journal of Applied Physiology* 75(5): 2134-2141.

Phillips, S.M., K.D. Tipton, A. Aarsland, S.E. Wolf, and R.R. Wolfe. 1997. Mixed muscle protein synthesis and breakdown after resistance exercise in humans. *American Journal of Physiology* 273(1 Pt 1): E99-E107.

Phillips, S., K. Tipton, A. Ferrando, and R. Wolfe. 1999. Resistance training reduces the acute exercise-induced increase in muscle protein turnover. *American Journal of Physiology* 276(1 Pt 1): E118-E124.

Preen, D., B. Dawson, C. Goodman, S. Lawrence, J. Beilby, and S. Ching. 2001. Effect of creatine loading on long-term sprint exercise performance and metabolism. *Medicine and Science in Sports and Exercise* 33(5): 814-821.

Rasmussen, B.B., E. Volpi, D.C. Gore, and R.R. Wolfe. 2000. Androstenedione does not stimulate muscle protein anabolism in young healthy men. *Journal of Clinical Endocrinology and Metabolism* 85: 55-59.

Rennie, M.J., H. Wackerhage, E.E. Spangenburg, and F.W. Booth. 2004. Control of the size of the human muscle mass. *Annual Review of Physiology* 66: 799-828.

Rohle, D., C. Wilborn, L. Taylor, C. Mulligan, R. Kreider, and D. Willoughby. 2007. Effects of eight weeks of an alleged aromatase inhibiting nutritional supplement 6-OXO (androst-4-ene-3,6,17-trione) on serum hormone profiles and clinical safety markers in resistance-trained, eugonadal males. *Journal of the International Society of Sports Nutrition* 19(4): 13.

Skare, O.C., Skadberg, and A.R. Wisnes. 2001. Creatine supplementation improves sprint performance in male sprinters. *Scandinavian Journal of Medicine and Science in Sports* 11(2): 96-102.

Slater, G., D. Jenkins, P. Logan, H. Lee, M. Vukovich, J.A. Rathmacher, and A.G. Hahn. 2001. Beta-hydroxy-beta-methylbutyrate (HMB) supplementation does not affect changes in strength or body composition during resistance training in trained men. *International Journal of Sport Nutrition and Exercise Metabolism* 11(3): 384-396.

Stone, M.H., K. Sanborn, L.L. Smith, H.S. O'Bryant, T. Hoke, A.C. Utter, R L. Johnson, R. Boros, J. Hruby, K.C. Pierce, M.E. Stone, and B. Garner. 1999. Effects of in-season (5 weeks) creatine and pyruvate supplementation on anaerobic performance and body composition in american football players. *International Journal of Sport Nutrition* 9(2): 146-165.

Stout, J.R., J.T. Cramer, M. Mielke, J. O'Kroy, D.J. Torok, and R.F. Zoeller. 2006. Effects of twenty-eight days of beta-alanine and creatine monohydrate supplementation on the physical working capacity at neuromuscular fatigue threshold. *Journal of Strength and Conditioning Research* 20(4): 928-931.

Stout, J., J. Eckerson, K. Ebersole, G. Moore, S. Perry, T. Housh, A. Bull, J. Cramer, and A. Batheja. 2000. Effect of creatine loading on neuromuscular fatigue threshold. *Journal of Applied Physiology* 88(1): 109-112.

Stout, J.R., J. Eckerson, and D. Noonan. 1999. Effects of 8 weeks of creatine supplementation on exercise performance and fat-free weight in football players during training. *Nutrition Research* 19: 217.

Stout, J.R., B.S. Graves, A.E. Smith, M.J. Hartman, J.T. Cramer, T.W. Beck, and R.C. Harris. 2008. The effect of beta-alanine supplementation on neuromuscular fatigue in elderly (55-92 years): A double-blind randomized study. *Journal of the International Society of Sports Nutrition* 5: 21.

Tarnopolsky, M. 2004. Protein requirements for endurance athletes. *Nutrition* 20(7-8): 662-668.

Tarnopolsky, M.A., S.A. Atkinson, J.D. MacDougall, A. Chesley, S. Phillips, and H.P. Schwarcz. 1992. Evaluation of protein requirements for trained strength athletes. *Journal of Applied Physiology* 73(5): 1986-1995.

Tarnopolsky, M.A., and D.P. MacLennan. 2000. Creatine monohydrate supplementation enhances high-intensity exercise performance in males and females. *International Journal of Sport Nutrition and Exercise Metabolism* 10(4): 452-463.

Theodorou, A.S., C.B. Cooke, R.F. King, C. Hood, T. Denison, B.G. Wainwright, and K. Havenetidis. 1999. The effect of longer-term creatine supplementation on elite swimming performance after an acute creatine loading. *Journal of Sports Sciences* 17(11): 853-859.

Tipton, K.D., T.A. Elliot, M.G. Cree, S.E. Wolf, A.P. Sanford, and R.R. Wolf. 2004. Ingestion of casein and whey proteins result in muscle anabolism after resistance exercise. *Medicine and Science in Sports and Exercise* 36(12): 2073-2081.

Tipton, K.D., A.A. Ferrando, S.M. Phillips, D. Doyle Jr., and R.R. Wolfe. 1999. Postexercise net protein synthesis in human muscle from orally administered amino acids. *American Journal of Physiology* 276(4 Pt 1): E628-E634.

Vandenberghe, K., M. Goris, P. Van Hecke, M. Van Leemputte, L. Vangerven, and P. Hespel. 1997. Long-term creatine intake is beneficial to muscle performance during resistance training. *Journal of Applied Physiology* 83(6): 2055-2063.

Van Koevering, M.T., H.G. Dolezal, D.R. Gill, F.N. Owens, C.A. Strasia, D.S. Buchanan, R. Lake, and S. Nissen. 1994. Effects of beta-hydroxy-beta-methyl butyrate on performance and carcass quality of feedlot steers. *Journal of Animal Science* 72(8): 1927-1935.

van Loon, L.J., A.M. Oosterlaar, F. Hartgens, M.K. Hesselink, R.J. Snow, and A.J. Wagenmakers. 2003. Effects of creatine loading and prolonged creatine supplementation on body composition, fuel selection, sprint and endurance performance in humans. *Clinical Science* 104(2): 153-162.

van Someren, K.A., A.J. Edwards, and G. Howatson. 2003. The effects of HMB supplementation on indices of exercise induced muscle damage in man. *Medicine and Science in Sports and Exercise* 35(5): 270.

van Someren, K.A., A.J. Edwards, and G. Howatson. 2005. Supplementation with betahydroxy-beta-methylbutyrate (HMB) and alpha-ketoisocaproic acid (KIC) reduces signs and symptoms of exercise-induced muscle damage in man. *International Journal of Sport Nutrition and Exercise Metabolism* 15(4): 413-424.

Volek, J.S., N.D. Duncan, S.A. Mazzetti, R.S. Staron, M. Putukian, A.L. Gomez, D.R. Pearson, W.J. Fink, and W.J. Kraemer. 1999. Performance and muscle fiber adaptations to creatine supplementation and heavy resistance training. *Medicine and Science in Sports and Exercise* 3(8): 1147-1156.

Volek, J.S., W.J. Kraemer, J.A. Bush, M. Boetes, T. Incledon, K.L. Clark, and J.M. Lynch.1997. Creatine supplementation enhances muscular performance during high-intensity resistance exercise. *Journal of the American Dietetic Association* 97(7): 765-770.

Vukovich, M.D., N.B. Stubbs, and R.M. Bohlken. 2001. Body composition in 70-year-old adults responds to dietary beta-hydroxy-beta-methylbutyrate similarly to that of young adults. *Journal of Nutrition* 131(7): 2049-2052.

Wagenmakers, A.J. 1999. Tracers to investigate protein and amino acid metabolism in human subjects. *Proceedings of the Nutrition Society* 58(4): 987-1000. Welbourne, T.C. 1995. Increased plasma bicarbonate and growth hormone after an oral glutamine load. *American Journal of Clinical Nutrition* 61: 1058-1061.

Willoughby, D.S., and J. Rosene. 2001. Effects of oral creatine and resistance training on myosin heavy chain expression. *Medicine and Science in Sports and Exercise* 33(10): 1674-1681.

Willoughby, D.S., J.R. Stout, and C.D. Wilborn. 2007. Effects of resistance training and protein plus amino acid supplementation on muscle anabolism, mass, and strength. *Amino Acids* 32(4): 467-477.

Willoughby, D.S., C. Wilborn, L. Taylor, and B. Campbell. 2007. Eight weeks of aromatase inhibition using the nutritional supplement Novedex XT: Effects in young, eugonadal men. *International Journal of Sport Nutrition and Exercise Metabolism* 17: 92-108.

Wiroth, J.B., S. Bermon, S. Andrei, E. Dalloz, X. Hebuterne, and C. Dolisi. 2001. Effects of oral creatine supplementation on maximal pedalling performance in older adults. *European Journal of Applied Physiology* 84(6): 533-539.

Zoeller, R.F., J.R. Stout, J.A. O'kroy, D.J. Torok, and M. Mielke. 2007. Effects of 28 days of beta-alanine and creatine monohydrate supplementation on aerobic power, ventilatory and lactate thresholds, and time to exhaustion. *Amino Acids* 33(3): 505-510.

Capítulo 8

Acheson, K.J., Y. Schutz, T. Bessard, K. Anantharaman, J.P. Flatt, and E. Jéquier. 1988. Glycogen storage capacity and de novo lipogenesis during massive carbohydrate overfeeding in man. *American Journal of Clinical Nutrition* 48(2): 240-247.

American College of Sports Medicine, American Dietetic Association, and Dietitians of Canada. 2000. Joint position statement: Nutrition and athletic performance. *Medicine and Science in Sports and Exercise* 32(12): 2130-2145.

Aulin, K.P., K. Soderlund, and F. Hultman. 2000. Muscle glycogen resynthesis rate in humans after supplementation of drinks containing carbohydrates with low and high molecular masses. *European Journal of Applied Physiology* 81: 346-351.

Baker, L.B., T.A. Munce, and W.L. Kenney. 2005. Sex differences in voluntary fluid intake by older adults during exercise. *Medicine and Science in Sports and Exercise* 37: 789-796.

Banister, E.W., M.E. Allen, I.B. Mekjavic, A.K. Singh, B. Legge, and B.J.C. Mutch. 1983. The time course of ammonia and lactate accumulation in blood during bicycle exercise. *European Journal of Applied Physiology* 51: 195-202.

Barr, S.I. 1999. Effects of dehydration on exercise performance. *Canadian Journal of Applied Physiology* 24(2): 164-172.

Bassit, R.A., L.A. Sawada, R.F.P. Bacarau, F. Navarro, and L.F.B.P. Costa Rosa. 2000. The effect of BCAA supplementation upon the immune response of triathletes. *Medicine and Science in Sports and Exercise* 32: 1214-1219.

Bell, D.G., and T.M. McLellan. 2003. Effect of repeated caffeine ingestion on repeated exhaustive exercise aerobic endurance. *Medicine and Science in Sports and Exercise* 35(8): 1348-1354.

Berardi, J.M., T.B. Price, E.E. Noreen, and P.W. Lemon. 2006. Postexercise muscle glycogen recovery enhanced with a carbohydrate-protein supplement. *Medicine and Science in Sports and Exercise* 38(60): 1106-1113.

Bernadot, D. 2006. *Advanced sports nutrition*. Champaign, IL: Human Kinetics.

Betts, J.A., C. Williams, L. Boobis, and K. Tsintzas. 2008. Increased carbohydrate oxidation after ingesting carbohydrate with added protein. *Medicine and Science in Sports and Exercise* 40(5). 903-912.

Blomstrand, E., E. Celsing, and E.A. Newsholme. 1988. Changes in plasma concentrations of aromatic and branched-chain amino acids during sustained exercise in man and their possible role in fatigue. *Acta Physiologica Scandinavica* 133(1): 115-121.

Blomstrand, E., P. Hassmen, S. Ek, B. Ekblom, and E.A. Newsholme. 1997. Influence of ingesting a solution of branched-chain amino acids on perceived exertion during exercise. *Acta Physiologica Scandinavica* 159(1): 41-49.

Blomstrand, E., P. Hassmen, B. Ekblom, and E.A. Newsholme. 1991. Administration of branched-chain amino acids during sustained exercise; effect on performance and on plasma concentration of some amino acids. *European Journal of Applied Physiology* 63: 83-88.

Brouns, F. 1991. Heat-sweat-dehydration-rehydration: A praxis oriented approach. *Journal of Sports Science* 9: 143-152.

Butterfield, G.E., and D.H. Calloway. 1984. Physical activity improves protein utilization in young men. *British Journal of Nutrition* 51: 171-184.

Carli, G., M. Bonifazi, L. Lodi, C. Lupo, G. Martelli, and A. Viti. 1992. Changes in the exercise induced hormone response to branched chain amino acid administration. *European Journal of Applied Physiology and Occupational Physiology* 64: 272-277.

Castell, L.M. 2003. Glutamine supplementation in vitro and vivo, in exercise and in immunodepression. *Sports Medicine* 33: 323-345.

Coggan, A.R., and E.F. Coyle. 1991. Carbohydrate ingestion during prolonged exercise: Effects on metabolism and performance. *Exercise and Sport Sciences Reviews* 19: 1-40.

Coombes, J.S., and L.R. McNaughton. 2000. Effects of branched-chain amino acid supplementation on serum creatine kinase and lactate dehydrogenase after prolonged exercise. *Journal of Sports Medicine and Physical Fitness* 40: 240-246.

Cureton, K.J., G.L. Warren, M.L. Millard-Stafford, J.E. Wingo, J. Trilk, and M. Buyckx. 2007. Caffeinated sports drink: Ergogenic effects and possible mechanisms. *International Journal of Sport Nutrition and Exercise Metabolism* 17: 35-55.

Currell, K., and A.E. Jeukendrup. 2008. Superior aerobic endurance performance with ingestion of multiple transportable carbohydrates. *Medicine and Science in Sports and Exercise* 40(2): 275-281.

Demura, S., T. Yamada, and N. Terasawa. 2007. Effect of coffee ingestion on physiological responses and ratings of perceived exertion during submaximal aerobic endurance exercise. *Perceptual and Motor Skills* 105(3 Pt 2): 1109-1116.

Doherty, M., and P.M. Smith. 2004. Effects of caffeine ingestion on exercise testing: A metaanalysis. *International Journal of Sport Nutrition and Exercise Metabolism* 14(6): 626-646.

Dulloo, A.G., C.A. Geissler, T. Horton, A. Collins, and D.S. Miller. 1989. Normal caffeine consumption: Influence on thermogenesis and daily energy expenditure in lean and postobese human volunteers. *American Journal of Clinical Nutrition* 49(1): 44-50.

Dunford, M. 2006. *Sports nutrition: A practice manual for professionals.* 4th ed. American Dietetic Association. Chicago, IL.

Fredholm, B., K. Battig, J. Holmen, A. Nehlig, and E.E. Zvartau. 1999. Actions of caffeine in the brain with special reference to factors that contribute to its widespread use. *Pharmacological Reviews* 51(1): 83-133.

Fujisawa, T., J. Riby, and N. Kretchmer. 1991. Intestinal absorption of fructose in the rat. *Gastroenterology* 101: 360-367.

Gleeson, M. 2005. Interrelationship between physical activity and branched-chain amino acids. *Journal of Nutrition* 135: 1591S-1595S.

Goodpaster, B.H., D.L. Costill, W.J. Fink, T.A. Trappe, A.C. Jozi, R.D. Starling, and S.W. Trappe. 1996. The effects of pre-exercise starch ingestion on aerobic endurance performance. *International Journal of Sports Medicine* 17(5): 366-372.

Graham, T.E. 2001. Caffeine and exercise: Metabolism, aerobic endurance and performance. *Sports Medicine* 31: 785-807. Graham, T.E., and L.L. Spriet. 1996. Caffeine and exercise performance. *Gatorade Sports Science Exchange* 9(1): 1-5.

Green, M.S., B.T. Corona, J.A. Doyle, and C.P. Ingalls. 2008. Carbohydrate-protein drinks do not enhance recovery from exercise-induced muscle injury. *International Journal of Sport Nutrition and Exercise Metabolism* 18: 1-18.

Greer, B.K., J.L. Woodard, J.P. White, E.M. Arguello, and E.M. Haymes. 2007. Branchedchain amino acid supplementation and indicators of muscle damage after aerobic endurance exercise. *International Journal of Sport Nutrition and Exercise Metabolism* 17: 595-607.

Halton, T.L., and F.B. Hu. 2004. The effects of high protein diets on thermogenesis, satiety and weight loss: A critical review. *Journal of the American College of Nutrition* 23(5): 373-385.

Hargreaves, M. 2004. Muscle glycogen and metabolic regulation. *Proceedings of the Nutrition Society* 63(2): 217-220.

Hassmen, P., E. Blomstrand, B. Ekblom, and E.A. Newsholme. 1994. Branched-chain amino acid supplementation during 30-km competitive run: Mood and cognitive performance. *Nutrition* 10(5): 405-410.

Hawley, J.A., and T. Reilly. 1997. Fatigue revisited. *Journal of Sports Science* 15: 245-246.

Hoffman, J.R., J. Kang, N.A. Ratamess, P.F. Jennings, G.T. Mangine, and A.D. Faigenbaum. 2007. Effect of nutritionally enriched coffee consumption on aerobic and anaerobic exercise performance. *Journal of Strength and Conditioning Research* 21(2): 456-459.

Jentjens, R.L., J. Achten, and A.E. Jeukendrup. 2004. High oxidation rates from combined carbohydrates ingested during exercise. *Medicine and Science in Sports and Exercise* 36: 1551-1558.

Jeukendrup, A., and M. Gleeson. 2004. *Sports nutrition: An introduction to energy production and performance.* Champaign, IL: Human Kinetics.

Johannsen, N.M., and R.L. Sharp. 2007. Effect of preexercise ingestion of modified cornstarch on substrate oxidation during aerobic endurance exercise. *International Journal of Sport Nutrition Exercise Metabolism* 17(3): 232-243.

Jozsi, A.C., T.A. Trappe, R.D. Starling, B.H. Goodpaster, S.W. Trappe, W.J. Fink, and D.L. Costill. 1996. The influence of starch structure on glycogen resynthesis and subsequent cycling performance. *International Journal of Sports Medicine* 17(5): 373-378.

Kiens, B., A.B. Raben, A.K. Valeur, and E.A. Richter. 1990. Benefit of dietary simple carbohydrates on the early post-exercise muscle glycogen repletion in male athletes. *Medicine and Science in Sports and Exercise* 22: S88.

Koopman, R., D.L.E. Pannemans, A.E. Jeukendrup, A.P. Gijsen, J.M.G. Senden, D. Halliday, W.H. Saris, L.J. van Loon, and A.J. Wagenmakers. 2004. Combined ingestion of protein and carbohydrate improves protein balance during ultra-aerobic endurance exercise. *American Journal of Physiology, Endocrinology and Metabolism* 287: E712-E720.

Lamont, L.S., A.J. McCullough, and S.C. Kalhan. 1999. Comparison of leucine kinetics in aerobic endurance-trained and sedentary humans. *Journal of Applied Physiology* 86: 320-325.

Latner, J.D., and M. Schwartz. 1999. The effects of a high-carbohydrate, high-protein or balanced lunch upon later food intake and hunger ratings. *Appetite* 33(1): 119-128.

Leiper, J.B., K.P. Aulin, and K. Soderlund. 2000. Improved gastric emptying rate in humans of a unique glucose polymer with gel-forming properties. *Scandinavian Journal of Gastroenterology* 35: 1143-1149.

Lemon, P.W.R. 1998. Effects of exercise on dietary protein requirements. *International Journal of Sport Nutrition* 8: 426-447.

Lemon, P.W., and D.N. Proctor. 1991. Protein intake and athletic performance. *Sports Medicine* 12: 313-325.

Luden, N.D., M.J. Saunders, and M.K. Todd. 2007. Postexercise carbohydrate-protein-antioxidant ingestion decreases plasma creatine kinase and muscle soreness. *International Journal of Sport Nutrition and Exercise Metabolism* 17: 109-123.

Maughan, R.J. 1991. Fluid and electrolyte loss and replacement in exercise. *Journal of Sports Science* 9: 117-142.

Maughan, R.J., and R. Murray. 2001. Gastric emptying and intestinal absorption of fluids, carbohydrates, and electrolytes. In: *Sports drinks: Basic science and practical aspects.* New York: CRC Press.

McLellan, T.M., G.D. Bell, and G.H. Kamimori. 2004. Caffeine improves physical performance during 24 h of active wakefulness. *Aviation, Space, and Environmental Medicine* 75(8): 666-672.

Millard-Stafford, M.L., K.J. Cureton, J.E. Wingo, J. Trilk, G.J. Warren, and M. Buyckx. 2007. Hydration during exercise in warm, humid conditions: Effect of a caffeinated sports drink. *International Journal of Sport Nutrition and Exercise Metabolism* 17: 163-177.

Morgan, R.M., M.J. Patterson, and M.A. Nimmo. 2004. Acute effects of dehydration on sweat composition in men during prolonged exercise in the heat. *Acta Physiologica Scandinavica* 182(1): 37-43.

Murray, R., and W.L. Kenney. 2008. Sodium balance and exercise. *Current Sports Medicine Reports* 7(4): S1-S2.

Murray, R., G.L. Paul, J.G. Seifert, D.E. Eddy, and G.A. Halaby. 1989. The effects of glucose, fructose, and sucrose ingestion during exercise. *Medicine and Science in Sports and Exercise* 21: 275-282.

National Collegiate Athletic Association. 2009-10 NCAA banned drugs. June 10, 2009. Accessed August 25, 2010.

Noakes, T.D. 1993. Fluid replacement during exercise. In: *Exercise and sport sciences reviews* 21, edited by J.O. Holloszy. Baltimore: Williams & Wilkins.

Ohtani, M., M. Sugita, and K. Maruyama. 2006. Amino acid mixture improves training efficiency in athletes. *Journal of Nutrition* 136: 538S-543S.

Otukonyong, E.E., and D.D. Oyebola. 1994. Electrolyte loss during exercise in apparently healthy Nigerians. *Central African Journal of Medicine* 40(3): 74-77.

Paddon-Jones, D., M. Sheffield-Moore, X.J. Zhang, E. Volpi, S.E. Wolf, A. Aarsland, A.A. Ferrando, and R.R. Wolfe. 2004. Amino acid ingestion improves protein synthesis in the young and elderly. *American Journal of Physiology: Endocrinology and Metabolism* 286: E321-E328.

Paik, I.Y., M.H. Jeong, H.E. Jin, Y.I. Kim, A.R. Suh, S.Y. Cho, H.T. Roh, C.H. Jin, and S.H. Suh. 2009. Fluid replacement following dehydration reduces oxidative stress during recovery. *Biochemical and Biophysical Research Communications.* [e-pub ahead of print]

Pederson, D.L., S.J. Lessard, V.G. Coffey, E.G. Churchley, A.M. Wootton, T. Ng, M.J. Watt, and J.A. Hawley. 2008. High rates of muscle glycogen resynthesis after exhaustive exercise when carbohydrate is coingested with caffeine. *Journal of Applied Physiology* 105(1): 7-13.

Rehrer, N.J. 2001. Fluid and electrolyte balance in ultra-aerobic endurance sport. *Sports Medicine* 31(10): 701-715.

Requena, B., M. Zabala, P. Padial, and B. Feriche. 2005. Sodium bicarbonate and sodium citrate: Ergogenic aids? *Journal of Strength and Conditioning Research* 19(1): 213-224.

Roberts, M., C. Lockwood, V.J. Dalbo, P. Tucker, A. Frye, R. Polk, J. Volek, and C. Kerksick. 2009. Ingestion of a high molecular weight modified waxy maize starch alters metabolic responses to prolonged exercise in trained cyclists. FASEB abstract.

Rowlands, D.S., R.M. Thorp, K. Rossler, D.F. Graham, and M.J. Rockell. 2007. Effect of protein-rich feeding on recovery after intense exercise. *International Journal of Sport Nutrition and Exercise Metabolism* 17: 521-543.

Sanders, B., T.D. Noakes, and S.C. Dennis. 1999. Water and electrolyte shifts with partial fluid replacement during exercise. *European Journal of Applied Physiology* 80: 318-323.

Sawka, M.N., L.M. Burke, R.E. Eichner, R.J. Maughan, S.J. Montain, and N.S. Stachenfeld. 2007. American College of Sports Medicine position stand: Exercise and fluid replacement. *Medicine and Science Sports and Exercise* 39: 377-390.

Seifert, J., J. Harmon, and P. DeClercq. 2006. Protein added to a sports drink improves fluid retention. *International Journal of Sport Nutrition and Exercise Metabolism* 16(4): 420-429.

Shirreffs, S.M., L.E. Armstrong, and S.N. Cheuvront. 2004. Fluid and electrolyte needs for preparation and recovery from training and competition. *Journal of Sports Science* 22: 57-63.

Shirreffs, S.M., L.F. Aragon-Vargas, M. Keil, T.D. Love, and S. Phillips. 2007. Rehydration after exercise in the heat: A comparison of 4 commonly used drinks. *International Journal of Sport Nutrition and Exercise Metabolism* 17: 244-258.

Shirreffs, S.M., and R.J. Maughan. 1998. Volume repletion after exercise-induced volume depletion in humans: Replacement of water and sodium losses. *American Journal of Physiology* 274: F868-F875.

Smith, A., A. Kendrick, A. Maben, and J. Salmon. 1994. Effects of breakfast and caffeine on cognitive performance, mood and cardiovascular functioning. *Appetite* 22(1): 39-55.

Struder, H.K., W. Hollman, P. Platen, R. Wöstmann, A. Ferrauti, and K. Weber. 1997. Effect of exercise intensity on free tryptophan to branched-chain amino acids ratio and plasma prolactin during aerobic endurance exercise. *Canadian Journal of Applied Physiology* 22(3): 280-291.

Tipton, K.D., and R.R. Wolfe. 1998. Exercise-induced changes in protein metabolism. *Acta Physiologica Scandinavica* 162: 377-387.

Tipton, K.D., and R.R. Wolfe. 2004. Protein and amino acids for athletes. *Journal of Sports Science* 22: 65-79.

Turinsky, J., and C.L. Long. 1990. Free amino acids in muscle: Effect of muscle fiber population and denervation. *American Journal of Physiology* 258: E485-E491.

U.S. Anti-Doping Agency. 2010. DRO drug reference online. www.usada.org/dro/search/search.aspx.

Van Hall, G., J.S. Raaymakers, W.H. Saris, and A.J. Wagenmakers. 1995. Ingestion of branched-chain amino acids and tryptophan during sustained exercise in man: Failure to affect performance. *Journal of Physiology* 486(Pt 3): 789-94.

Van Hall, G., S.M. Shirreffs, and J.A. Calbet. 2000. Muscle glycogen resynthesis during recovery from cycle exercise: No effect of additional protein ingestion. *Journal of Applied Physiology* 88(5): 1631-1636.

Van Nieuwenhoven, M.A., R.B. Brummer, and F. Brouns. 2000. Gastrointestinal function during exercise: Comparison of water, sports drink, and sports drink with caffeine. *Journal of Applied Physiology* 89: 1079-1085.

Vist, G.E., and R.J. Maughan. 1994. Gastric emptying of ingested solutions in man: Effect of beverage glucose concentration. *Medicine and Science in Sports and Exercise* 10: 1269-1273.

Wolfe, R.R., M.H. Wolfe, E.R. Nadel, and J.H. Shaw. 1984. Isotopic determination of amino acid-urea interactions in exercise in humans. *Journal of Applied Physiology* 56: 221-229.

Yeo, S.E., R.L. Jentjens, G.A. Wallis, and A.E. Jeukendrup. 2005. Caffeine increases exogenous carbohydrate oxidation during exercise. *Journal of Applied Physiology* 99: 844-850.

Zawadzki, K.M., B.B. Yaspelkis 3rd, and J.L. Ivy. 1992. Carbohydrate-protein complex increases the rate of muscle glycogen storage after exercise. *Journal of Applied Physiology* 72(5): 1854-1859.

Capítulo 9

American College of Sports Medicine, American Dietetic Association, and Dietitians of Canada. 2000. Joint position statement: Nutrition and athletic performance. Medicine and Science in Sports and Exercise 32(12): 2130-2145.

Baty, J.J., H. Hwang, Z. Ding, J.R. Bernard, B. Wang, B. Kwon, and J.L. Ivy. 2007. The effect of a carbohydrate and protein supplement on resistance exercise performance, hormonal response, and muscle damage. *Journal of Strength and Conditioning Research* 21(2): 321-329.

Beelen, M., R. Koopman, A.P. Gijsen, H. Vandereyt, A.K. Kies, H. Kuipers, W.H. Saris, and L.J. Van Loon. 2008. Protein coingestion stimulates muscle protein synthesis during resistance-type exercise. *American Journal of Physiology: Endocrinology and Metabolism* 295(1): E70-77.

Berardi, J.M., E.E. Noreen, and P.W. Lemon. 2008. Recovery from a cycling time trial is enhanced with carbohydrate-protein supplementation vs. isoenergetic carbohydrate supplementation. *Journal of the International Society of Sports Nutrition* 5: 24.

Berardi, J.M., T.B. Price, E.E. Noreen, and P.W. Lemon. 2006. Postexercise muscle glycogen recovery enhanced with a carbohydrate-protein supplement. *Medicine and Science in Sports and Exercise* 38(6): 1106-1113.

Bergstrom, J., L. Hermansen, E. Hultman, and B. Saltin. 1967. Diet, muscle glycogen and physical performance. *Acta Physiologica Scandinavica* 71(2): 140-150.

Bergstrom, J., and E. Hultman. 1966. Muscle glycogen synthesis after exercise: An enhancing factor localized to the muscle cells in man. *Nature* 210(5033): 309-310.

Biolo, G., K.D. Tipton, S. Klein, and R.R. Wolfe. 1997. An abundant supply of amino acids enhances the metabolic effect of exercise on muscle protein. *American Journal of Physiology* 273(1 Pt 1): E122-129.

Bird, S.P., K.M. Tarpenning, and F.E. Marino. 2006a. Effects of liquid carbohydrate/essential amino acid ingestion on acute hormonal response during a single bout of resistance exercise in untrained men. *Nutrition* 22(4): 367-375.

Bird, S.P., K.M. Tarpenning, and F.E. Marino. 2006b. Independent and combined effects of liquid carbohydrate/essential amino acid ingestion on hormonal and muscular adaptations following resistance training in untrained men. *European Journal of Applied Physiology* 97(2): 225-238.

Bird, S.P., K.M. Tarpenning, and F.E. Marino. 2006c. Liquid carbohydrate/essential amino acid ingestion during a short-term bout of resistance exercise suppresses myofibrillar protein degradation. *Metabolism: Clinical and Experimental* 55(5): 570-577.

Boirie, Y., M. Dangin, P. Gachon, M.P. Vasson, J.L. Maubois, and B. Beaufrere. 1997. Slow and fast dietary proteins differently modulate postprandial protein accretion. *Proceedings of the National Academy of Sciences* 94(26): 14930-14935.

Borsheim, E., M.G. Cree, K.D. Tipton, T.A. Elliott, A. Aarsland, and R.R. Wolfe. 2004. Effect of carbohydrate intake on net muscle protein synthesis during recovery from resistance exercise. *Journal of Applied Physiology* 96(2): 674-678.

Borsheim, E., K.D. Tipton, S.E. Wolf, and R.R. Wolfe. 2002. Essential amino acids and muscle protein recovery from resistance exercise. *American Journal of Physiology: Endocrinology and Metabolism* 283(4): E648-657.

Bosch, A.N., S.C. Dennis, and T.D. Noakes. 1993. Influence of carbohydrate loading on fuel substrate turnover and oxidation during prolonged exercise. *Journal of Applied Physiology* 74(4): 1921-1927.

Bucci, L., and U. Lm. 2000. Proteins and amino acid supplements in exercise and sport. In: *Energy-yield macronutrients and energy metabolism in sports nutrition*, edited by J. Driskell and I. Wolinsky, 191-212. Boca Raton, FL: CRC Press.

Buford, T.W., R.B. Kreider, J.R. Stout, M. Greenwood, B. Campbell, M. Spano, T. Ziegenfuss, H. Lopez, J. Landis, and J. Antonio. 2007. International society of sports nutrition position stand: Creatine supplementation and exercise. *Journal of the International Society of Sports Nutrition* 4: 6.

Burke, L.M. 2001. Nutritional needs for exercise in the heat. *Comparative Biochemistry and Physiology* 128: 735-748.

Burke, L.M., B. Kiens, and J.L. Ivy. 2004. Carbohydrates and fat for training and recovery. *Journal of Sports Science* 22: 15-30.

Bussau, V.A., T.J. Fairchild, A. Rao, P. Steele, and P.A. Fournier. 2002. Carbohydrate loading in human muscle: An improved 1 day protocol. *European Journal of Applied Physiology* 87(3): 290-295.

Candow, D.G., N.C. Burke, T. Smith-Palmer, and D.G. Burke. 2006. Effect of whey and soy protein supplementation combined with resistance training in young adults. *International Journal of Sport Nutrition and Exercise Metabolism* 16(3): 233-244.

Coburn, J.W., D.J. Housh, T.J. Housh, M.H. Malek, T.W. Beck, J.T. Cramer, G.O. Johnson, and P.E. Donlin. 2006. Effects of leucine and whey protein supplementation during eight weeks of unilateral resistance training. *Journal of Strength and Conditioning Research* 20(2): 284-291.

Conlee, R.K., R.M. Lawler, and P.E. Ross. 1987. Effects of glucose or fructose feeding on glycogen repletion in muscle and liver after exercise or fasting. *Annals of Nutrition and Metabolism* 31: 126-132.

Coyle, E.F., A.R. Coggan, M.K. Hemmert, and J.E. Ivy. 1986. Muscle glycogen utilization during prolonged strenuous exercise when fed carbohydrate. *Journal of Applied Physiology* 61(1): 165-172.

Coyle, E.F., A.R. Coggan, M.K. Hemmert, R.C. Lowe, and T.J. Walters. 1985. Substrate usage during prolonged exercise following a preexercise meal. *Journal of Applied Physiology* 59(2): 429-433.

Cribb, P.J., and A. Hayes. 2006. Effects of supplement timing and resistance exercise on skeletal muscle hypertrophy. *Medicine and Science in Sports and Exercise* (11): 1918-1925.

Cribb, P.J., A.D. Williams, and A. Hayes. 2007. A creatine-protein-carbohydrate supplement enhances responses to resistance training. *Medicine and Science in Sports and Exercise* 39(11): 1960-1968.

Cribb, P.J., A.D. Williams, C.G. Stathis, M.F. Carey, and A. Hayes. 2007. Effects of whey isolate, creatine, and resistance training on muscle hypertrophy. *Medicine and Science in Sports and Exercise* 39(2): 298-307.

Currell, K., and A.E. Jeukendrup. 2008. Superior endurance performance with ingestion of multiple transportable carbohydrates. *Medicine and Science in Sports and Exercise* 40(2):275-281.

Dangin, M., Y. Boirie, C. Garcia-Rodenas, P. Gachon, J. Fauquant, P. Callier, O. Ballevre, and B. Beaufrere. 2001. The digestion rate of protein is an independent regulating factor of postprandial protein retention. *American Journal of Physiology: Endocrinology and Metabolism* 280(2): E340-348.

Dennis, S.C., T.D. Noakes, and J.A. Hawley. 1997. Nutritional strategies to minimize fatigue during prolonged exercise: Fluid, electrolyte and energy replacement. *Journal of Sports Science* 15(3): 305-313.

Earnest, C.P., S.L. Lancaster, C.J. Rasmussen, C.M. Kerksick, A. Lucia, M.C. Greenwood, A.L. Almada, P.A. Cowan, and R.B. Kreider. 2004. Low vs. high glycemic index carbohydrate gel ingestion during simulated 64-km cycling time trial performance. *Journal of Strength and Conditioning Research* 18(3): 466-472.

Erickson, M.A., R.J. Schwarzkopf, and R.D. Mckenzie. 1987. Effects of caffeine, fructose, and glucose ingestion on muscle glycogen utilization during exercise. *Medicine and Science in Sports and Exercise* 19(6): 579-583.

Febbraio, M.A., A. Chiu, D.J. Angus, M.J. Arkinstall, and J.A. Hawley. 2000a. Effects of carbohydrate ingestion before and during exercise on glucose kinetics and performance. *Journal of Applied Physiology* 89(6): 2220-2226.

Febbraio, M.A., J. Keenan, D.J. Angus, S.E. Campbell, and A.P. Garnham. 2000b. Pre-exercise carbohydrate ingestion, glucose kinetics, and muscle glycogen use: Effect of the glycemic index. *Journal of Applied Physiology* 89(5): 1845-1851.

Febbraio, M.A., and K.L. Stewart. 1996. CHO feeding before prolonged exercise: Effect of glycemic index on muscle glycogenolysis and exercise performance. *Journal of Applied Physiology* 81(3): 1115-1120.

Fielding, R.A., D.L. Costill, W.J. Fink, D.S. King, M. Hargreaves, and J.E. Kovaleski. 1985. Effect of carbohydrate feeding frequencies and dosage on muscle glycogen use during exercise. *Medicine and Science in Sports and Exercise* 17(4): 472-476.

Foster, C., D.L. Costill, and W.J. Fink. 1979. Effects of preexercise feedings on endurance performance. *Medicine and Science in Sports and Exercise* 11: 1-5.

Gleeson, M., D.C. Nieman, and B.K. Pedersen. 2004. Exercise, nutrition and immune function. *Journal of Sports Science* 22: 115-125.

Goforth, H.W., D. Laurent, W.K. Prusaczyk, K.E. Schneider, K.F. Petersen, and G.I. Shulman. 2003. Effects of depletion exercise and light training on muscle glycogen supercompensation in men. *American Journal of Physiology: Endocrinology and Metabolism* 285: 1304-1311.

Haff, G.G., A.J. Koch, J.A. Potteiger, K.E. Kuphal, L.M. Magee, S.B. Green, and J.J. Jakicic. 2000. Carbohydrate supplementation attenuates muscle glycogen loss during acute bouts of resistance exercise. *International Journal of Sport Nutrition and Exercise Metabolism* 10(3): 326-339.

Hargreaves, M., D.L. Costill, A. Coggan, W.J. Fink, and I. Nishibata. 1984. Effect of carbohydrate feedings on muscle glycogen utilization and exercise performance. *Medicine and Science in Sports and Exercise* 16(3): 219-222.

Hartman, J.W., J.E. Tang, S.B. Wilkinson, M.A. Tarnopolsky, R.L. Lawrence, A.V. Fullerton, and S.M. Phillips. 2007. Consumption of fat-free fluid milk after resistance exercise promotes greater lean mass accretion than does consumption of soy or carbohydrate in young, novice, male weightlifters. *American Journal of Clinical Nutrition* 86: 373-81.

Hawley, J.A., A.N. Bosch, S.M. Weltan, S.C. Dennis, and T.D. Noakes. 1994. Glucose kinetics during prolonged exercise in euglycaemic and hyperglycaemic subjects. *Pflugers Archives* 426(5): 378-386.

Hawley, J.A., and L.M. Burke. 1997. Effect of meal frequency and timing on physical performance. *British Journal of Nutrition* 77(Suppl 1): S91-S103.

Hawley, J.A., E.J. Schabort, T.D. Noakes, and S.C. Dennis. 1997. Carbohydrate-loading and exercise performance. An update. *Sports Medicine* 24(2): 73-81.

Hoffman, J.R., N.A. Ratamess, C.P. Tranchina, S.L. Rashti, J. Kang, and A.D. Faigenbaum. 2009. Effect of protein-supplement timing on strength, power, and body-composition changes in resistance-trained men. *International Journal of Sport Nutrition and Exercise Metabolism* 19(2): 172-185.

Ivy, J.L. 1998. Glycogen resynthesis after exercise: Effect of carbohydrate intake. *International Journal of Sports Medicine* 19 Suppl 2: S142-145.

Ivy, J.L., H.W. Goforth Jr., B.M. Damon, T.R. Mccauley, E.C. Parsons, and T.B. Price. 2002. Early postexercise muscle glycogen recovery is enhanced with a carbohydrate-protein supplement. *Journal of Applied Physiology* 93(4): 1337-1344.

Ivy, J.L., P.T. Res, R.C. Sprague, and M.O. Widzer. 2003. Effect of a carbohydrate-protein supplement on endurance performance during exercise of varying intensity. *International Journal of Sport Nutrition and Exercise Metabolism* 13(3): 382-395.

Jentjens, R., J. Achten, and A.E. Jeukendrup. 2004. High rates of exogenous carbohydrate oxidation from multiple transportable carbohydrates ingested during prolonged exercise. *Medicine and Science in Sports and Exercise* 36(9): 1551-1558.

Jentjens, R., and A.E. Jeukendrup. 2003. Determinants of post-exercise glycogen synthesis during short-term recovery. *Sports Medicine* 33: 117-144.

Jentjens, R., and A.E. Jeukendrup. 2005. High exogenous carbohydrate oxidation rates from a mixture of glucose and fructose ingested during prolonged cycling exercise. *British Journal of Nutrition* 93(4): 485-492.

Jentjens, R.L., L. Moseley, R.H. Waring, L.K. Harding, and A.E. Jeukendrup. 2004. Oxidation of combined ingestion of glucose and fructose during exercise. *Journal of Applied Physiology* 96(4): 1277-1284.

Jentjens, R., C. Shaw, T. Birtles, R.H. Waring, L.K. Harding, and A.E. Jeukendrup. 2005. Oxidation of combined ingestion of glucose and sucrose during exercise. *Metabolism: Clinical and Experimental* 54: 610-618.

Jentjens, R., M.C. Venables, and A.E. Jeukendrup. 2004. Oxidation of exogenous glucose, sucrose, and maltose during prolonged cycling exercise. *Journal of Applied Physiology* 96: 1285-1291.

Jentjens, R.L.P.G., L. Van Loon, C.H. Mann, A.J.M. Wagenmakers, and A.E. Jeukendrup. 2001. Addition of protein and amino acids to carbohydrates does not enhance postexercise muscle glycogen synthesis. *Journal of Applied Physiology* 91: 839-846.

Jeukendrup, A.E. 2004. Carbohydrate intake during exercise and performance. *Nutrition* 20(7-8): 669-677.

Jeukendrup, A.E., and R. Jentjens. 2000. Oxidation of carbohydrate feedings during prolonged exercise: Current thoughts, guidelines and directions for future research. *Sports Medicine* 29(6): 407-424.

Jeukendrup, A.E., R.L. Jentjens, and L. Moseley. 2005. Nutritional considerations in triathlon. *Sports Medicine* 35(2): 163-181.

Karlsson, J., and B. Saltin. 1971. Diet, muscle glycogen, and endurance performance. *Journal of Applied Physiology* 31(2): 203-206.

Kavouras, S.A., J.P. Troup, and J.R. Berning. 2004. The influence of low versus high carbohydrate diet on a 45-min strenuous cycling exercise. *International Journal of Sport Nutrition and Exercise Metabolism* 14(1): 62-72.

Keizer, H., H. Kuipers, and G. Van Kranenburg. 1987. Influence of liquid and solid meals on muscle glycogen resynthesis, plasma fuel hormone response, and maximal physical working capacity. *International Journal of Sports Medicine* 8: 99-104.

Kerksick, C., T. Harvey, J. Stout, B. Campbell, C. Wilborn, R. Kreider, D. Kalman, T. Ziegenfuss, H. Lopez, J. Landis, J. Ivy, and J. Antonio. 2008. International society of sports nutrition position stand: Nutrient timing. *Journal of the International Society of Sports Nutrition* 5(1): 17.

Kerksick, C.M., C.J. Rasmussen, S.L. Lancaster, B. Magu, P. Smith, C. Melton, M. Greenwood, A.L. Almada, C.P. Earnest, and R.B. Kreider. 2006. The effects of protein and amino acid supplementation on performance and training adaptations during ten weeks of resistance training. *Journal of Strength and Conditioning Research* 20(3): 643-653.

Kerksick, C.M., C. Rasmussen, S. Lancaster, M. Starks, P. Smith, C. Melton, M. Greenwood, A. Almada, and R. Kreider. 2007. Impact of differing protein sources and a creatine containing nutritional formula after 12 weeks of resistance training. *Nutrition* 23(9): 647-656.

Koopman, R., D.L. Pannemans, A.E. Jeukendrup, A.P. Gijsen, J.M. Senden, D. Halliday, W.H. Saris, L.J. Van Loon, and A.J. Wagenmakers. 2004. Combined ingestion of protein and carbohydrate improves protein balance during ultra-endurance exercise. *American Journal of Physiology: Endocrinology and Metabolism* 287(4): E712-720.

Kraemer, W.J., D.L. Hatfield, B.A. Spiering, J.L. Vingren, M.S. Fragala, J.Y. Ho, J.S. Volek, J.M. Anderson, and C.M. Maresh. 2007. Effects of a multi-nutrient supplement on exercise performance and hormonal responses to resistance exercise. *European Journal of Applied Physiology* 101(5): 637-646.

Kreider, R.B. 2003. Effects of creatine supplementation on performance and training adaptations. *Molecular and Cellular Biochemistry* 244(1-2): 89-94.

Levenhagen, D.K., J.D. Gresham, M.G. Carlson, D.J. Maron, M.J. Borel, and P.J. Flakoll. 2001. Postexercise nutrient intake timing in humans is critical to recovery of leg glucose and protein homeostasis. *American Journal of Physiology: Endocrinology and Metabolism* 280(6): E982-993.

McConell, G., R.J. Snow, J. Proietto, and M. Hargreaves. 1999. Muscle metabolism during prolonged exercise in humans: Influence of carbohydrate availability. *Journal of Applied Physiology* 87(3): 1083-1086.

Miller, S.L., K.D. Tipton, D.L. Chinkes, S.E. Wolf, and R.R. Wolfe. 2003. Independent and combined effects of amino acids and glucose after resistance exercise. *Medicine and Science in Sports and Exercise* 35(3): 449-455.

Neufer, P.D., D.L. Costill, M.G. Flynn, J.P. Kirwan, J.B. Mitchell, and J. Houmard. 1987. Improvements in exercise performance: Effects of carbohydrate feedings and diet. *Journal of Applied Physiology* 62(3): 983-988.

Nicholas, C.W., P.A. Green, and R.D. Hawkins. 1997. Carbohydrate intake and recovery of intermittent running capacity. *International Journal of Sport Nutrition* 7: 251-260.

Nicholas, C.W., C. Williams, H.K. Lakomy, G. Phillips, and A. Nowitz. 1995. Influence of ingesting a carbohydrate-electrolyte solution on endurance capacity during intermittent, high-intensity shuttle running. *Journal of Sports Sciences* 13(4): 283-290.

Patterson, S.D., and S.C. Gray. 2007. Carbohydrate-gel supplementation and endurance performance during intermittent high-intensity shuttle running. *International Journal of Sport Nutrition and Exercise Metabolism* 17(5): 445-455.

Phillips, S.M., K.D. Tipton, A.A. Ferrando, and R.R. Wolfe. 1999. Resistance training reduces the acute exercise-induced increase in muscle protein turnover. *American Journal of Physiology* 276: E118-E124.

Pitkanen, H.T., T. Nykanen, J. Knuutinen, K. Lahti, O. Keinanen, M. Alen, P.V. Komi, and A.A. Mero. 2003. Free amino acid pool and muscle protein balance after resistance exercise. *Medicine and Science in Sports and Exercise* 35(5): 784-792.

Rasmussen, B.B., K.D. Tipton, S.L. Miller, S.E. Wolf, and R.R. Wolfe. 2000. An oral essential amino acid-carbohydrate supplement enhances muscle protein anabolism after resistance exercise. *Journal of Applied Physiology* 88(2): 386-392.

Reed, M.J., J.T. Brozinick, M.C. Lee, and J.L. Ivy. 1989. Muscle glycogen storage postexercise: Effect of mode of carbohydrate administration. *Journal of Applied Physiology* 66(2): 720-726.

Saunders, M.J., M.D. Kane, and M.K. Todd. 2004. Effects of a carbohydrate-protein beverage on cycling endurance and muscle damage. *Medicine and Science in Sports and Exercise* 36(7): 1233-1238.

Saunders, M.J., N.D. Luden, and J.E. Herrick. 2007. Consumption of an oral carbohydrate-protein gel improves cycling endurance and prevents postexercise muscle damage. *Journal of Strength and Conditioning Research* 21(3): 678-684.

Sherman, W.M., G. Brodowicz, D.A. Wright, W.K. Allen, J. Simonsen, and A. Dernbach.1989. Effects of 4 h preexercise carbohydrate feedings on cycling performance. *Medicine and Science in Sports and Exercise* 21(5): 598-604.

Sherman, W.M., D.L. Costill, W.J. Fink, F.C. Hagerman, L.E. Armstrong, and T.F. Murray. 1983. Effect of a 42.2-km footrace and subsequent rest or exercise on muscle glycogen and enzymes. *Journal of Applied Physiology* 55: 1219-1224.

Sherman, W.M., D.L. Costill, W.J. Fink, and J.M. Miller. 1981. Effect of exercise-diet manipulation on muscle glycogen and its subsequent utilization during performance. *International Journal of Sports Medicine* 2(2): 114-118.

Tarnopolsky, M.A., M. Bosman, J.R. Macdonald, D. Vandeputte, J. Martin, and B.D. Roy. 1997. Postexercise protein-carbohydrate and carbohydrate supplements increase muscle glycogen in men and women. *Journal of Applied Physiology* 83(6): 1877-1883.

Tarnopolsky, M.A., M. Gibala, A.E. Jeukendrup, and S.M. Phillips. 2005. Nutritional needs of elite endurance athletes. Part I: Carbohydrate and fluid requirements. *European Journal of Sport Science* 5(1): 3-14.

Tarnopolsky, M.A., G. Parise, N.J. Yardley, C.S. Ballantyne, S. Olatinji, and S.M. Phillips. 2001. Creatine-dextrose and protein-dextrose induce similar strength gains during training. *Medicine and Science in Sports and Exercise* 33(12): 2044-2052.

Tipton, K.D., T.A. Elliott, M.G. Cree, A. Aarsland, A.P. Sanford, and R.R. Wolfe. 2007. Stimulation of net muscle protein synthesis by whey protein ingestion before and after exercise. *American Journal of Physiology: Endocrinology and Metabolism* 292: E71-E76.

Tipton, K.D., T.A. Elliott, M.G. Cree, S.E. Wolf, A.P. Sanford, and R.R. Wolfe. 2004. Ingestion of casein and whey proteins results in muscle anabolism after resistance exercise. *Medicine and Science in Sports and Exercise* 36(12): 2073-2081.

Tipton, K.D., A.A. Ferrando, S.M. Phillips, D.J. Doyle, and R.R. Wolfe. 1999a. Postexercise net protein synthesis in human muscle from orally administered amino acids. *American Journal of Physiology* 276(4 Pt 1): E628-634.

Tipton, K.D., B.E. Gurkin, S. Matin, and R.R. Wolfe. 1999b. Nonessential amino acids are not necessary to stimulate net muscle protein synthesis in healthy volunteers. *Journal of Nutritional Biochemistry* 10: 89-95.

Tipton, K.D., B.B. Rasmussen, S.L. Miller, S.E. Wolf, S.K. Owens-Stovall, B.E. Petrini, and R.R. Wolfe. 2001. Timing of amino acid-carbohydrate ingestion alters anabolic response of muscle to resistance exercise. *American Journal of Physiology: Endocrinology and Metabolism* 281(2): E197-206.

Tipton, K.D., and R.R. Wolfe. 2001. Exercise, protein metabolism, and muscle growth. *International Journal of Sport Nutrition and Exercise Metabolism* 11(1): 109-132.

Van Loon, L.J., W.H. Saris, M. Kruijshoop, and A.J. Wagenmakers. 2000. Maximizing postexercise muscle glycogen synthesis: Carbohydrate supplementation and the application of amino acid or protein hydrolysate mixtures. *American Journal of Clinical Nutrition* 72(1): 106-111.

Wallis, G.A., D.S. Rowlands, C. Shaw, R. Jentjens, and A.E. Jeukendrup. 2005. Oxidation of combined ingestion of maltodextrins and fructose during exercise. *Medicine and Science in Sports and Exercise* 37(3): 426-432.

White, J.P., J.M. Wilson, K.G. Austin, B.K. Greer, N. St John, and L.B. Panton. 2008. Effect of carbohydrate-protein supplement timing on acute exercise-induced muscle damage. *Journal of the International Society of Sports Nutrition* 5: 5.

Widrick, J.J., D.L. Costill, W.J. Fink, M.S. Hickey, G.K. Mcconell, and H. Tanaka. 1993. Carbohydrate feedings and exercise performance: Effect of initial muscle glycogen concentration. *Journal of Applied Physiology* 74(6): 2998-3005.

Wilkinson, S.B., M.A. Tarnopolsky, M.J. Macdonald, J.R. Macdonald, D. Armstrong, and S.M. Phillips. 2007. Consumption of fluid skim milk promotes greater muscle protein accretion after resistance exercise than does consumption of an isonitrogenous and isoenergetic soyprotein beverage. *American Journal of Clinical Nutrition* 85(4): 1031-1040.

Willoughby, D.S., J.R. Stout, and C.D. Wilborn. 2007. Effects of resistance training and protein plus amino acid supplementation on muscle anabolism, mass, and strength. *Amino Acids* 32(4): 467-477.

Wright, D.A., W.M. Sherman, and A.R. Dernbach. 1991. Carbohydrate feedings before, during, or in combination improve cycling endurance performance. *Journal of Applied Physiology* 71(3): 1082-1088.

Yaspelkis, B.B., J.G. Patterson, P.A. Anderla, Z. Ding, and J.L. Ivy. 1993. Carbohydrate supplementation spares muscle glycogen during variable-intensity exercise. *Journal of Applied Physiology* 75(4): 1477-1485.

Zawadzki, K.M., B.B. Yaspelkis, and J.L. Ivy. 1992. Carbohydrate-protein complex increases the rate of muscle glycogen storage after exercise. *Journal of Applied Physiology* 72(5): 1854-1859.

Capítulo 10

Andersen, L.L., G. Tufekovic, M.K. Zebis, R.M. Crameri, G. Verlaan, M. Kjaer, C. Suetta, P. Magnusson, and P. Aagaard. 2005. The effect of resistance training combined with timed ingestion of protein on muscle fiber size and muscle strength. *Metabolism* 54(2):151-156.

Anderson, J.W., E.C. Konz, R.C. Frederich, and C.L. Wood. 2001. Long-term weight-loss maintenance: A meta-analysis of US studies. *American Journal of Clinical Nutrition* 74(5):579-584.

Ball, S.D., K.R. Keller, L.J. Moyer-Mileur, Y.W. Ding, D. Donaldson, and W.D. Jackson. 2003. Prolongation of satiety after low versus moderately high glycemic index meals in obese adolescents. *Pediatrics* 111(3): 488-494.

Barkeling, B., S. Rossner, and H. Bjorvell. 1990. Effects of a high-protein meal (meat) and a high-carbohydrate meal (vegetarian) on satiety measured by automated computerized monitoring of subsequent food intake, motivation to eat and food preferences. *International Journal of Obesity* 14(9): 743-751.

Biolo, G., S.P. Maggi, B.D. Williams, K.D. Tipton, and R.R. Wolfe. 1995. Increased rates of muscle protein turnover and amino acid transport after resistance exercise in humans. *American Journal of Physiology* 268(3 Pt 1): E514-520.

Borsheim, E., A. Aarsland, and R.R. Wolfe. 2004. Effect of an amino acid, protein, and carbohydrate mixture on net muscle protein balance after resistance exercise. *International Journal of Sport Nutrition and Exercise Metabolism* 14(3): 255-271.

Borsheim, E., K.D. Tipton, S.E. Wolf, and R.R. Wolfe. 2002. Essential amino acids and muscle protein recovery from resistance exercise. *American Journal of Physiology: Endocrinology, and Metabolism* 283(4): E648-657.

Bouche, C., S.W. Rizkalla, J. Luo, H. Vidal, A. Veronese, N. Pacher, C. Fouquet, V. Lang, and G. Slama. 2002. Five-week, low-glycemic index diet decreases total fat mass and improves plasma lipid profile in moderately overweight nondiabetic men. *Diabetes Care* 25(5): 822-828.

Branch, J.D. 2003. Effect of creatine supplementation on body composition and performance: A meta-analysis. *International Journal of Sport Nutrition and Exercise Metabolism* 13(2): 198-226.

Bray, G.A. 2000. Afferent signals regulating food intake. *Proceedings of the Nutrition Society* 59(3): 373-384.

Bray, G.A. 2003. Risks of obesity. *Endocrinology and Metabolism Clinics of North America* 32(4): 787-804, viii.

Brehm, B.J., and D.A. D'Alessio. 2008. Benefits of high-protein weight loss diets: Enough evidence for practice? *Current Opinions in Endocrinology, Diabetes, and Obesity* 15(5): 416-421.

Brose, A., G. Parise, and M.A. Tarnopolsky. 2003. Creatine supplementation enhances isometric strength and body composition improvements following strength exercise training in older adults. *Journals of Gerontology: Series A, Biological Sciences and Medical Sciences* 58(1): 11-19.

Brynes, A.E., J. Adamson, A. Dornhorst, and G.S. Frost. 2005. The beneficial effect of a diet with low glycaemic index on 24 h glucose profiles in healthy young people as assessed by continuous glucose monitoring. *British Journal of Nutrition* 93(2): 179-182.

Campbell, B., R. Kreider, T. Ziegenfuss, P. La Bounty, M. Roberts, D. Burke, J. Landis, H. Lopez, and J. Antonio. 2007. International Society of Sports Nutrition position stand: Protein and exercise. *Journal of the International Society of Sports Nutrition* 4: 8.

Candow, D.G., N.C. Burke, T. Smith-Palmer, and D.G. Burke. 2006. Effect of whey and soy protein supplementation combined with resistance training in young adults. *International Journal of Sport Nutrition and Exercise Metabolism* 16(3): 233-244.

Chrusch, M.J., P.D. Chilibeck, K. Chad, K. Davison, and D.G. Burke. 2001. Creatine supplementation combined with resistance training in older men. *Medicine and Science in Sports and Exercise* 33(12): 2111-2117.

Cook, C.M., and M.D. Haub. 2007. Low-carbohydrate diets and performance. *Current Sports Medicine Reports* 6(4): 225-229.

Cox, K.L., V. Burke, A.R. Morton, L.J. Beilin, and I.B. Puddey. 2003. The independent and combined effects of 16 weeks of vigorous exercise and energy restriction on body mass and composition in free-living overweight men—a randomized controlled trial. *Metabolism: Clinical and Experimental* 52(1): 107-115.

Cribb, P.J., A.D. Williams, C.G. Stathis, M.F. Carey, and A. Hayes. 2007. Effects of whey isolate, creatine, and resistance training on muscle hypertrophy. *Medicine and Science in Sports and Exercise* 39(2): 298-307.

Das, S.K., C.H. Gilhooly, J.K. Golden, A.G. Pittas, P.J. Fuss, R.A. Cheatham, S. Tyler, M. Tsay, M.A. McCrory, A.H. Lichtenstein, G.E. Dallal, C. Dutta, M.V. Bhapkar, J.P. Delany, E. Saltzman, and S.B. Roberts. 2007. Long-term effects of 2 energy-restricted diets differing in glycemic load on dietary adherence, body composition, and metabolism in CALERIE: A 1-y randomized controlled trial. *American Journal of Clinical Nutrition* 85(4): 1023-1030.

Demling, R.H., and L. DeSanti. 2000. Effect of a hypocaloric diet, increased protein intake and resistance training on lean mass gains and fat mass loss in overweight police officers. *Annals of Nutrition and Metabolism* 44(1): 21-29.

Dengel, D.R., J.M. Hagberg, P.J. Coon, D.T. Drinkwater, and A.P. Goldberg. 1994a. Comparable effects of diet and exercise on body composition and lipoproteins in older men. *Medicine and Science in Sports and Exercise* 26(11): 1307-1315.

Dengel, D.R., J.M. Hagberg, P.J. Coon, D.T. Drinkwater, and A.P. Goldberg. 1994b. Effects of weight loss by diet alone or combined with aerobic exercise on body composition in older obese men. *Metabolism* 43(7): 867-871.

de Rougemont, A., S. Normand, J.A. Nazare, M.R. Skilton, M. Sothier, S. Vinoy, and M. Laville. 2007. Beneficial effects of a 5-week low-glycaemic index regimen on weight control and cardiovascular risk factors in overweight non-diabetic subjects. *British Journal of Nutrition* 98(6): 1288-1298.

Earnest, C.P., P.G. Snell, R. Rodriguez, A.L. Almada, and T.L. Mitchell. 1995. The effect of creatine monohydrate ingestion on anaerobic power indices, muscular strength and body composition. *Acta Physiologica Scandinavica* 153(2): 207-209.

Eston, R.G., S. Shephard, S. Kreitzman, A. Coxon, D.A. Brodie, K.L. Lamb, and V. Baltzopoulos. 1992. Effect of very low calorie diet on body composition and exercise response in sedentary women. *European Journal of Applied Physiology and Occupational Physiology* 65(5):452-458.

Forbes, G.B. 2000. Body fat content influences the body composition response to nutrition and exercise. *Annals of the New York Academy of Sciences* 904: 359-365.

Frimel, T.N., D.R. Sinacore, and D.T. Villareal. 2008. Exercise attenuates the weight-lossinduced reduction in muscle mass in frail obese older adults. *Medicine and Science in Sports and Exercise* 40(7): 1213-1219.

Gilden Tsai, A., and T.A. Wadden. 2006. The evolution of very-low-calorie diets: An update and meta-analysis. *Obesity (Silver Spring)* 14(8): 1283-1293.

Gornall, J., and R.G. Villani. 1996. Short-term changes in body composition and metabolism with severe dieting and resistance exercise. *International Journal of Sport Nutrition* 6(3):285-294.

Gotshalk, L.A., J.S. Volek, R.S. Staron, C.R. Denegar, E.C. Hagerman, and W.J. Kraemer. 2002. Creatine supplementation improves muscular performance in older men. *Medicine and Science in Sports and Exercise* 34(3): 537-543.

Halton, T.L., and F.B. Hu. 2004. The effects of high protein diets on thermogenesis, satiety and weight loss: A critical review. *Journal of the American College of Nutrition* 23(5): 373-385.

Horswill, C.A., R.C. Hickner, J.R. Scott, D.L. Costill, and D. Gould. 1990. Weight loss, dietary carbohydrate modifications, and high intensity, physical performance. *Medicine and Science in Sports and Exercise* 22(4): 470-476.

Hunter, G.R., N.M. Byrne, B. Sirikul, J.R. Fernandez, P.A. Zuckerman, B.E. Darnell, and B.A. Gower. 2008. Resistance training conserves fat-free mass and resting energy expenditure following weight loss. *Obesity* 16(5): 1045-1051.

Jeukendrup, A., and M. Gleeson. 2004. *Sport nutrition: An introduction to energy production and performance*. Champaign, IL: Human Kinetics.

Johnston, C.S., C.S. Day, and P.D. Swan. 2002. Postprandial thermogenesis is increased 100% on a high-protein, low-fat diet versus a high-carbohydrate, low-fat diet in healthy, young women. *Journal of the American College of Nutrition* 21(1): 55-61.

Kelly, V., and D. Jenkins. 1998. Effect of oral creatine supplementation on near-maximal strength and repeated sets of high intensity bench press exercise. *Journal of Strength and Conditioning Research* 12(2): 109-115.

Kerksick, C.M., C.J. Rasmussen, S.L. Lancaster, B. Magu, P. Smith, C. Melton, M. Greenwood, A.L. Almada, C.P. Earnest, and R.B. Kreider. 2006. The effects of protein and amino acid supplementation on performance and training adaptations during ten weeks of resistance training. *Journal of Strength and Conditioning Research* 20(3): 643-653.

Kraemer, W.J., J.S. Volek, K.L. Clark, S.E. Gordon, T. Incledon, S.M. Puhl, N.T. Triplett-McBride, J.M. McBride, M. Putukian, and W.J. Sebastianelli. 1997. Physiological adaptations to a weight-loss dietary regimen and exercise programs in women. *Journal of Applied Physiology* 83(1): 270-279.

Kreider, R.B., M. Ferreira, M. Wilson, P. Grindstaff, S. Plisk, J. Reinardy, E. Cantler, and A. Almada. 1998. Effects of creatine supplementation on body composition, strength, and sprint performance. *Medicine and Science in Sports and Exercise* 30(1): 73-82.

Kreider, R.B., R. Klesges, K. Harmon, P. Grindstaff, L. Ramsey, D. Bullen, L. Wood, Y. Li, and A. Almada. 1996. Effects of ingesting supplements designed to promote lean tissue accretion on body composition during resistance training. *International Journal of Sport Nutrition* 6(3): 234-246.

Krotkiewski, M., K. Landin, D. Mellstrom, and J. Tolli. 2000. Loss of total body potassium during rapid weight loss does not depend on the decrease of potassium concentration in muscles. Different methods to evaluate body composition during a low energy diet. *International Journal of Obesity and Related Metabolic Disorders* 24(1): 101-107.

Kushner, R.F., and B. Doerfler. 2008. Low-carbohydrate, high-protein diets revisited. *Current Opinion in Gastroenterology* 24(2): 198-203.

Lambert, C.P., L.L. Frank, and W.J. Evans. 2004. Macronutrient considerations for the sport of bodybuilding. *Sports Medicine* 34(5): 317-327.

Latner, J.D., and M. Schwartz. 1999. The effects of a high carbohydrate, high-protein or balanced lunch upon later food intake and hunger ratings. *Appetite* 33(1): 119-128.

Layman, D.K., R.A. Boileau, D.J. Erickson, J.E. Painter, H. Shiue, C. Sather, and D.D. Christou. 2003. A reduced ratio of dietary carbohydrate to protein improves body composition and blood lipid profiles during weight loss in adult women. *Journal of Nutrition* 133(2): 411-417.

Livesey, G. 2001. A perspective on food energy standards for nutrition labelling. *British Journal of Nutrition* 85(3): 271-287.

Meredith, C.N., W.R. Frontera, K.P. O'Reilly, and W.J. Evans. 1992. Body composition in elderly men: Effect of dietary modification during strength training. *Journal of the American Geriatrics Society* 40(2): 155-162.

Moayyedi, P. 2008. The epidemiology of obesity and gastrointestinal and other diseases: An overview. *Digestive Diseases and Sciences* 53(9): 2293-2299.

Mourier, A., A.X. Bigard, E. de Kerviler, B. Roger, H. Legrand, and C.Y. Guezennec. 1997. Combined effects of caloric restriction and branched-chain amino acid supplementation on body composition and exercise performance in elite wrestlers. *International Journal of Sports Medicine* 18(1): 47-55.

National Task Force on the Prevention and Treatment of Obesity and National Institutes of Health. 1993. Very low-calorie diets. *Journal of the American Medical Association* 270(8): 967-974.

Nieman, D.C., D.W. Brock, D. Butterworth, A.C. Utter, and C.C. Nieman. 2002. Reducing diet and/or exercise training decreases the lipid and lipoprotein risk factors of moderately obese women. *Journal of the American College of Nutrition* 21(4): 344-350.

Noble, C.A., and R.F. Kushner. 2006. An update on low-carbohydrate, high-protein diets. *Current Opinion in Gastroenterology* 22(2): 153-159.

Rasmussen, B.B., K.D. Tipton, S.L. Miller, S.E. Wolf, and R.R. Wolfe. 2000. An oral essential amino acid-carbohydrate supplement enhances muscle protein anabolism after resistance exercise. *Journal of Applied Physiology* 88(2): 386-392.

Reaven, G.M. 2008. Insulin resistance: The link between obesity and cardiovascular disease. *Endocrinology and Metabolism Clinics of North America* 37(3): 581-601, vii-viii.

Redman, L.M., L.K. Heilbronn, C.K. Martin, A. Alfonso, S.R. Smith, and E. Ravussin. 2007. Effect of calorie restriction with or without exercise on body composition and fat distribution. *Journal of Clinical Endocrinology and Metabolism* 92(3): 865-872.

Rennie, M.J., and K.D. Tipton. 2000. Protein and amino acid metabolism during and after exercise and the effects of nutrition. *Annual Review of Nutrition* 20: 457-483.

Rodriguez, N.R., N.M. DiMarco, S. Langley; American Dietetic Association; and Dietitians of Canada; American College of Sports Medicine. 2009. Position of the American Dietetic Association, Dietitians of Canada, and the American College of Sports Medicine: Nutrition and athletic performance. *Journal of the American Dietetic Association* 109(3): 509-527.

Saris, W.H., A. Astrup, A.M. Prentice, H.J. Zunft, X. Formiguera, W.P. Verboeket-van de Venne, A. Raben, S.D. Poppitt, B. Seppelt, S. Johnston, T.H. Vasilaras, and G.F. Keogh. 2000. Randomized controlled trial of changes in dietary carbohydrate/fat ratio and simple vs complex carbohydrates on body weight and blood lipids: The CARMEN study. The Carbohydrate Ratio Management in European National diets. *International Journal of Obesity and Related Metabolic Disorders* 24(10): 1310-1318.

Sichieri, R., A.S. Moura, V. Genelhu, F. Hu, and W.C. Willett. 2007. An 18-mo randomized trial of a low-glycemic-index diet and weight change in Brazilian women. *American Journal of Clinical Nutrition* 86(3): 707-713.

Skov, A.R., S. Toubro, B. Ronn, L. Holm, and A. Astrup. 1999. Randomized trial on protein vs carbohydrate in ad libitum fat reduced diet for the treatment of obesity. *International Journal of Obesity and Related Metabolic Disorders* 23(5): 528-536.

Sloth, B., I. Krog-Mikkelsen, A. Flint, I. Tetens, I. Bjorck, S. Vinoy, H. Elmstahl, A. Astrup, V. Lang, and A. Raben. 2004. No difference in body weight decrease between a low-glycemicindex and a high-glycemic-index diet but reduced LDL cholesterol after 10-wk ad libitum intake of the low-glycemic-index diet. *American Journal of Clinical Nutrition* 80(2): 337-347.

Stevenson, E., C. Williams, M. Nute, P. Swaile, and M. Tsui. 2005. The effect of the glycemic index of an evening meal on the metabolic responses to a standard high glycemic index breakfast and subsequent exercise in men. *International Journal of Sport Nutrition and Exercise Metabolism* 15(3): 308-322.

Stiegler, P., and A. Cunliffe. 2006. The role of diet and exercise for the maintenance of fatfree mass and resting metabolic rate during weight loss. *Sports Medicine* 36(3): 239-262.

Stone, M.H., K. Sanborn, L.L. Smith, H.S. O'Bryant, T. Hoke, A.C. Utter, R.L. Johnson, R. Boros, J. Hruby, K.C. Pierce, M.E. Stone, and B. Garner. 1999. Effects of in-season (5 weeks) creatine and pyruvate supplementation on anaerobic performance and body composition in American football players. *International Journal of Sport Nutrition* 9(2): 146-165.

Stout, J., J. Eckerson, and D. Noonan. 1999. Effects of 8 weeks of creatine supplementation on exercise performance and fat-free weight in football players during training. *Nutrition Research* 19(2): 217-225.

Strasser, B., A. Spreitzer, and P. Haber. 2007. Fat loss depends on energy deficit only, independently of the method for weight loss. *Annals of Nutrition and Metabolism* 51(5): 428-432.

Strychar, I. 2006. Diet in the management of weight loss. *Canadian Medical Association Journal* 174(1): 56-63.

Tappy, L. 1996. Thermic effect of food and sympathetic nervous system activity in humans. *Reproduction, Nutrition, Development* 36(4): 391-397.

Terjung, R.L., P. Clarkson, E.R. Eichner, P.L. Greenhaff, P.J. Hespel, R.G. Israel, W.J. Kraemer, R.A. Meyer, L.L. Spriet, M.A. Tarnopolsky, A.J. Wagenmakers, and M.H. Williams. 2000. American College of Sports Medicine roundtable. The physiological and health effects of oral creatine supplementation. *Medicine and Science in Sports and Exercise* 32(3): 706-717.

Tipton, K.D., E. Borsheim, S.E. Wolf, A.P. Sanford, and R.R. Wolfe. 2003. Acute response of net muscle protein balance reflects 24-h balance after exercise and amino acid ingestion. *American Journal of Physiology: Endocrinology, and Metabolism* 284(1): E76-89

Tipton, K.D., T.A. Elliott, M.G. Cree, A.A. Aarsland, A.P. Sanford, and R.R. Wolfe. 2007. Stimulation of net muscle protein synthesis by whey protein ingestion before and after exercise. *American Journal of Physiology: Endocrinology, and Metabolism* 292(1): E71-76.

Tipton, K.D., T.A. Elliott, M.G. Cree, S.E. Wolf, A.P. Sanford, and R.R. Wolfe. 2004. Ingestion of casein and whey proteins result in muscle anabolism after resistance exercise. *Medicine and Science in Sports and Exercise* 36(12): 2073-2081.

Tipton, K.D., A.A. Ferrando, S.M. Phillips, D. Doyle Jr., and R.R. Wolfe. 1999a. Postexercise net protein synthesis in human muscle from orally administered amino acids. *American Journal of Physiology* 276(4 Pt 1): E628-634.

Tipton, K.D., B.E. Gurkin, S. Matin, and R.R. Wolfe. 1999b. Nonessential amino acids are not necessary to stimulate net muscle protein synthesis in healthy volunteers. *Journal of Nutritional Biochemistry* 10(2): 89-95.

Tipton, K.D., B.B. Rasmussen, S.L. Miller, S.E. Wolf, S.K. Owens-Stovall, B.E. Petrini, and R. Wolfe. 2001. Timing of amino acid-carbohydrate ingestion alters anabolic response of muscle to resistance exercise. *American Journal of Physiology: Endocrinology, and Metabolism* 281(2): E197-206.

Valtuena, S., S. Blanch, M. Barenys, R. Sola, and J. Salas-Salvado. 1995. Changes in body composition and resting energy expenditure after rapid weight loss: Is there an energy-metabolism adaptation in obese patients? *International Journal of Obesity and Related Metabolic Disorders* 19(2): 119-125.

Vandenberghe, K., M. Goris, P. Van Hecke, M. Van Leemputte, L. Vangerven, and P. Hespel. 1997. Long-term creatine intake is beneficial to muscle performance during resistance training. *Journal of Applied Physiology* 83(6): 2055-2063.

van Loon, L.J., A.M. Oosterlaar, F. Hartgens, M.K. Hesselink, R.J. Snow, and A.J. Wagenmakers. 2003. Effects of creatine loading and prolonged creatine supplementation on body composition, fuel selection, sprint and endurance performance in humans. *Clinical Science (London)* 104(2): 153-162.

Vgontzas, A.N. 2008. Does obesity play a major role in the pathogenesis of sleep apnoea and its associated manifestations via inflammation, visceral adiposity, and insulin resistance? *Archives of Physiology and Biochemistry* 114(4): 211-223.

Volek, J.S., N.D. Duncan, S.A. Mazzetti, R.S. Staron, M. Putukian, A.L. Gomez, D.R. Pearson, W.J. Fink, and W.J. Kraemer. 1999. Performance and muscle fiber adaptations to creatine supplementation and heavy resistance training. *Medicine and Science in Sports and Exercise* 31(8): 1147-1156.

Wadden, T.A., and D.L. Frey. 1997. A multicenter evaluation of a proprietary weight loss program for the treatment of marked obesity: A five-year follow-up. *International Journal of Eating Disorders* 22(2): 203-212.

World Health Organization. 2000. Obesity: Preventing and managing the global epidemic. Report of a WHO consultation. *World Health Organization Technical Report Series* 894, i-xii: 1-253.

Willoughby, D.S., and J. Rosene. 2001. Effects of oral creatine and resistance training on myosin heavy chain expression. *Medicine and Science in Sports and Exercise* 33(10): 1674-1681.

Zahouani, A., A. Boulier, and J.P. Hespel. 2003. Short- and long-term evolution of body composition in 1389 obese outpatients following a very low calorie diet (Program 18 VLCD). *Acta Diabetologica* 40(Suppl 1): S149-150.

Capítulo 11

Ball, S.D., and T.S. Altena. 2004. Comparison of the BOD POD and dual energy x-ray absorptiometry in men. *Physiological Measures* 25: 671-678.

Bentzur, K.M., L. Kravitz, and D.W. Lockner. 2008. Evaluation of the BOD POD for estimating percent body fat in collegiate track and field female athletes: A comparison of four methods. *Journal of Strength and Conditioning Research* 22: 1985-1991.

Chang, C.J., C.H. Wu, C.S. Chang, W.J. Yao, Y.C. Yang, J.S. Wu, and F.H. Lu. 2003. Low body mass index but high percent body fat in Taiwanese subjects: Implications of obesity cutoffs. *International Journal of Obesity* 27: 253-259.

Hollis, J.F., C.M. Gullion, V.J. Stevens, P.J. Brantley, L.J. Appel, J.D. Ard, C.M. Champagne, A. Dalcin, T.P. Erlinger, K. Funk, D. Laferriere, P. Lin, C.M. Loria, C. Samuel-Hodge, W.M. Vollmer, and L.P. Svetkey. 2008. Weight loss during the intensive intervention phase of the weight-loss maintenance trial. *American Journal of Preventive Medicine* 35: 118-126.

Jones, L.M., M. Legge, and A. Goulding. 2003. Healthy body mass index values often underestimate body fat in men with spinal cord injury. *Archives of Physical Medicine and Rehabilitation* 84: 1068-1071.

Lee, S.Y., and D. Gallagher. 2008. Assessment methods in human body composition. *Current Opinion in Nutrition and Metabolic Care* 11: 566-572.

Lukaski, H.C. 1993. Soft tissue composition and bone mineral status: Evaluation by dual energy x-ray absorptiometry. *Journal of Nutrition* 123: 438-443.

Lukaski, H.C., P.E. Johnson, W.W. Bolonchuk, and G.I. Lykken. 1985. Assessment of fat-free mass using bioelectrical impedance measurements of the human body. *American Journal of Clinical Nutrition* 41: 810.

McArdle, W.D., F.I. Katch, and V.L. Katch. 2005. *Essentials of exercise physiology.* Baltimore: Lippincott, Williams & Wilkins.

McCrory, M.A., P.A. Mole, T.D. Gomez, K.G. Dewey, and E.M. Bernauer. 1998. Body composition by air-displacement plethysmography by using predicted and measured thoracic gas volumes. *Journal of Applied Physiology* 84: 1475-1479.

Moon, J.R., A.E. Smith, K.L. Kendall, J.L. Graef, D.H. Fukuda, T.W. Beck, J.T. Cramer, M.L. Rea, and J.R. Stout. 2009. Concerns and limitations of dual-energy x-ray absorptiometry (DXA) for the evaluation of fat and fat-free mass in older men and women. NSCA Conference Abstracts.

Moon, J.R., S.E. Tobkin, P.B. Costa, M. Smalls, W.K. Mieding, J.A. O'Kroy, R.F. Zoeller, and J.R. Stout. 2008. Validity of the BOD POD for assessing body composition in athletic high school boys. *Journal of Strength and Conditioning Research* 22: 263-268.

Ortiz-Hernández, L., N.P. López Olmedo, M.T. Genis Gómez, D.P. Melchor López, and J. Valdés Flores. 2008. Application of body mass index to schoolchildren of Mexico City. *Annals of Nutrition and Metabolism* 53: 205-214.

Piers, L.S., M.J. Soares, S.L. Frandsen, and K. O'Dea. 2000. Indirect estimates of body composition are useful in groups but unreliable in individuals. *International Journal of Obesity* 24: 1145-1152.

Romero-Corral, A., V.K. Somers, J. Sierra-Johnson, R.J. Thomas, M.L. Collazo-Clavell, J. Korinek, T.G. Allison, J.A. Batsis, F.H. Sert-Kuniyoshi, and F. Lopez-Jimenez. 2008. Accuracy of body mass index in diagnosing obesity in the adult general population. *International Journal of Obesity* 32: 959-966.

Saunders, M.J., J.E. Blevins, and C. Broeder. 1998. Effects of hydration changes on bioelectrical impedance in endurance trained individuals. *Medicine and Science in Sports and Exercise* 30: 885-892.

Sinha, R., W.H. Chow, M. Kulldorff, J. Denobile, J. Butler, M. Garcia-Closas, R. Weil, R.N. Hoover, and N. Rothman. 1999. Well-done, grilled red meat increases the risk of colorectal adenomas. *Cancer Research* 59: 4320-4324.

Sun, G., C.R. French, G.R. Martin, B. Younghusband, R.C. Green, Y. Xie, M. Mathews, J.R. Barron, D.G. Fitzpatrick, W. Gulliver, and H. Zhang. 2005. Comparison of multifrequency bioelectrical impedance analysis with dual-energy X-ray absorptiometry for assessment of percentage body fat in a large, healthy population. *American Journal of Clinical Nutrition* 81: 74-78.

Tylavsky, F., T. Lohman, B.A. Blunt, D.A. Schoeller, T. Fuerst, J.A. Cauley, M.C. Nevitt, M. Visser, and T.B. Harris. 2008. QDR 4500A DXA overestimates fat-free mass compared with criterion methods. *Journal of Applied Physiology* 94: 959-965.

United States Department of Health and Human Services, and Centers for Disease Control and Prevention. 2009. Body mass index. www.cdc.gov/nccdphp/dnpa/healthyweight/assessing/bmi/index.htm.

United States Department of Health and Human Services, and Centers for Disease Control and Prevention. 2010. National Health and Nutrition Examination Survey. www.cdc.gov/nchs/nhanes/new_nhanes.htm.

Witt, K., and E. Bush. 2005. College athletes with an elevated body mass index often have a high upper arm muscle area, but not elevated triceps and subscapular skinfolds. *Journal of the American Dietetic Association* 105: 599-602.

World Health Organization. 2010. BMI classification. www.who.int/bmi/index.jsp?introPage=intro_3.html.

Capítulo 12

American College of Sports Medicine, American Dietetic Association, and Dietitians of Canada. 2000. Joint position statement: Nutrition and athletic performance. *Medicine and Science in Sports and Exercise* 32(12): 2130-2145.

American Dietetic Association. n.d. Become a registered dietitian. www.eatright.org/students/education/starthere.aspx.

American Psychiatric Association. 1994. *Diagnostic and statistical manual of mental disorders, DSM-IV.* 4th ed. Washington, DC: American Psychiatric Association.

Antonio, J., M. Gann, D. Kalman, F. Katch, S. Kleiner, R. Kreider, and D. Willoughby. 2005. ISSN roundtable: FAQs about the ISSN. *Journal of the International Society of Sports Nutrition* 2(2): 1-3.

Baum, A. 2006. Eating disorders in male athletes. *Sports Medicine* 36(1): 1-6.

Becker, C.B., S. Bull, K. Schaumberg, A. Cauble, and A. Franco. 2008. Effectiveness of peer-led eating disorder prevention: A replication trial. *Journal of Consulting and Clinical Psychology* 76(2): 347-354.

Bonci, C.M., L.J. Bonci, L.R. Granger, C.L. Johnson, R.M. Malina, L.W. Miline, R.R. Ryan, and E.M. Vanderbunt. 2008. National Athletic Trainers' Association position statement: Preventing, detecting and managing disordered eating in athletes. *Journal of Athletic Training* 43(1): 80-108.

Burke, L.M., G.R. Cox, N.K. Cummings, and B. Desbrow. 2001. Guidelines for daily carbohydrate intake: Do athletes achieve them? *Sports Medicine* 31: 267-299.

Campbell, B., R.B. Kreider, T. Ziegenfuss, P. La Bounty, M. Roberts, D. Burke, J. Landis, H. Lopez, and J. Antonio. 2007. International society of sports nutrition position stand: Protein and exercise. *Journal of the International Society of Sports Nutrition* 4: 8.

Casa, D.J., L.E. Armstrong, S.K. Hilllman, S.J. Montain, R.V. Reiff, B.S.E. Rich, W.O. Roberts, and J.A. Stone. 2000. National Athletic Trainers' Association position statement: Fluid replacement for athletes. *Journal of Athletic Training* 35(2): 212-224.

Dandoval, W., K. Heller, and W. Wiese. 1994. Stages of change model for nutritional counseling. *Topics in Clinical Nutrition* 9: 64-69.

Dionne, M.M., and F. Yeudall. 2005. Monitoring of weight in weight loss programs: A double-edged sword. *Journal of Nutrition Education Behavior* 37: 315-318.

Esmarck, B., J.L. Anderson, S. Olsen, E.A. Richter, M. Mizuno, and M. Kjaer. 2001. Timing of postexercise protein intake is important for muscle hypertrophy with resistance training in elderly humans. *Journal of Physiology* 535(Pt 1): 301-131.

Glazer, J.L. 2008. Eating disorders among male athletes. *Current Sports Medicine Reports* 7(6): 332-337.

Institute of Medicine. 2004. Dietary reference intakes: Water, potassium, sodium, chloride, and sulfate. www.nap.edu/catalog.php?record_id=10925#toc.

Jeukendrup, A.E., R. Jentjens, and L. Moseley. 2005. Nutritional considerations in triathlon. *Sports Medicine* 35: 163-181.

Karp, J.R., J.D. Johnston, S. Tecklenburg, T.D. Mickleborough, A.D. Fly, and J.M. Stager.2006. Chocolate milk as a post-exercise recovery aid. *International Journal of Sport Nutrition and Exercise Metabolism* 16: 78-91.

Kerksick, C., J. Stout, B. Campbell, C. Wilborn, R. Kreider, D. Kalman, T. Ziegenfuss, H. Lopez, J. Landis, J. Ivy, and J. Antonio. 2008. International society of sports nutrition position stand: Nutrient timing. *Journal of the International Society of Sports Nutrition* 5: 17.

Lacey, K., and E. Pritchett. 2003. Nutrition care process model: ADA adopts roadmap to quality care and outcomes management. *Journal of the American Dietetic Association* 103: 1061-1072.

Louisiana Board of Examiners in Dietetics and Nutrition. 2009. Rules and regulations title 46, professional and occupational standards part LXX: Registered dieticians. www.lbedn.org/rules.pdf.

McArdle, W.D., F. Katch, and V. Katch. 2005. *Sports and exercise nutrition.* 3rd ed. Baltimore: Lippincott, Williams & Wilkins.

Michael, P., and E. Pritchett. 2002. Complying with Health Insurance Portability and Accountability Act: What it means to dietetic practitioners. *Journal of the American Dietetic Association* 102: 1402-1403.

Nattiv, A., A.B. Loucks, M.M. Manore, C.F. Sanborn, J. Sundgot-Borgen, and M.P. Warren. 2007. American College of Sports Medicine position stand: The female athlete triad. *Medicine Science Sports and Exercise* 39(10): 1867-1882.

Phillips, S. 2006. Dietary protein for athletes. *Applied Physiology, Nutrition, and Metabolism* 31: 647-654.

Prochaska, J.O., J.C. Norcross, and C.C. DiClemente. 1994. *Changing for good.* New York: William Morrow.

Rosenbloom, C. 2005. Sports nutrition: Applying ADA's nutrition care process and model to achieve quality care and outcomes for athletes. *SCAN Pulse* 24:10-17.

Rosenbloom, C. 2007. Sports nutrition: Applying the science. *Nutrition Today* 42: 248-254.

Santana, J.C., J. Dawes, J. Antonio, and D. Kalman. 2007. The role of the fitness professional in providing sports/exercise nutrition advice. *Strength and Conditioning Journal* 29(3): 69-71.

Sawka, M.N., L.M. Burke, E.R. Eichner, R.J. Maughan, S.J. Montain, and N.S. Stachenfeld. 2007. Exercise and fluid replacement position stand. *Medicine and Science in Sports and Exercise* 39(2): 377-389.

Sundgot-Borgen, J., and M.K. Tortsveit. 2004. Prevalence of eating disorders in elite athletes is higher than in the general population. *Clinical Journal of Sports Medicine* 14(1): 25-32.

Thiel, A. 1993. Subclinical eating disorders in male athletes: A study of the low weight category of rowers and wrestlers. *Acta Psychiatrica Scandinavica* 88: 259.

Tipton, K.D., T.A. Elliott, M.G. Cree, A. Aarsland, A.P. Sanford, and R.R. Wolfe. 2007. Stimulation of net muscle protein synthesis by whey protein ingestion before and after exercise. *American Journal of Physiology: Endocrinology and Metabolism* 292: E71-E76.

Tipton, K.D., B.B. Rasmussen, S.L. Miller, S.E. Wolf, S.K. Owens-Stovall, B.E. Petrini, and R.R. Wolfe. 2001. Timing of amino acid-carbohydrate ingestion alters anabolic response of muscle to resistance exercise. *American Journal of Physiology: Endocrinology and Metabolism* 281(2): E197-206.

Zawila, L.G., C. Steib, and B. Hoogenboom. 2003. The female collegiate cross country runner: Nutritional knowledge and attitudes. *Journal of Athletic Training* 38(1): 67-74.

ÍNDICE REMISSIVO

Observação: as letras *f*, *t* e *q* em itálico seguidas do número da página referem-se a figuras, tabelas e quadros, respectivamente.

A

ácido alfacetoisocaproico 156
ácido ascórbico 120*t*, 132-133
ácido butírico 80*t*
ácido cáprico 75*f*, 93
ácido docosaexanoico 76, 81*t*, 83-84, 89-93
ácido eicosapentanoico 76, 81*t*, 89-93
ácido elaídico 75*f*, 80*t*
ácido esteárico 75*f*, 76, 80*t*
ácido láctico
    fadiga causada pelo acúmulo de 40, 43
    liberação de 38, 40
    produção de 38, 40
ácido linoleico 75*f*, 76, 80*t*, 82
ácido linoleico conjugado 13, 77, 91
ácido linolênico 75*f*, 76-77, 79, 81*t*, 82
ácido oleico 75*f*, 76-77, 80*t*
ácido palmítico 80*t*
ácido pantotênico 122*t*, 131
ácidos graxos
    altamente insaturados 76
    cadeia curta 78
    cadeia longa 79, 94
    cadeia média 79, 93-94
    comprimento da cadeia 78
    comprimento 78, 93
    definição de 71
    essenciais 19*q*, 82- 84
    livres 72, 124, 175
    monoinsaturados 75*f*, 76
    ômega-3 77, 79, 82, 90
    ômega-6 77, 84
    ômega-9 77, 84
    poli-insaturados 75*f*, 76-79, 80*t*
    posição de dupla-ligação entre carbonos 77
    posição dos 82
    saturados 80*t*
    suplementos 89-90
aconselhamento nutricional 295
açúcares simples 29
adenosina trifosfato
    definição de 36
    descrição 15
    fonte para a ressíntese de carboidratos 16
    creatina fosfato 16, 152
    produção de energia de 37-38
    quebra de glicogênio 36-37, 43
    síntese de proteína 225
adipômetro 266-267, 268*f*
adolescentes 21
água corporal total 99, 102
água corporal 170, 192
alanina 16
albumina 175
alfacetoácido 53
amido 28*f*, 29
amilopectina 28*f*, 30
amilose 30
aminoácido(s)
    atletas de resistência aeróbia, uso de 174-180
    de cadeia ramificada 13, 16, 19*q*, 65, 174-179, 188*q*, 193
    condicionalmente essencial(is) 52
    em bebidas esportivas 17
    essencial(is) 13, 51-52, 65-67, 175, 225, 232-233
    estrutura do(s) 52*f*
    ingestão depois do exercício 223-225, 232
    ingestão de carboidrato com 216, 220, 223
    não essencial(is) 52

pool de aminoácidos livres 53, 159
produção de energia de 16
suplementação de 160
aminoácidos condicionalmente essenciais 52
aminoácidos não essenciais 52
amônia 54
anabolismo 66-67
anaerobiose 138
análise das necessidades nutricionais. *Veja* medidas da composição corporal.
   controle da ingestão alimentar 271- 279, 273f, 274q, 276f
   estudos de caso de 279-282
   mensurações da composição corporal. *Veja* mensurações da
análise de dieta 278
Anderson, J. W. 259
anemia 140
ânion 99-100
aneroxia nervosa 311-313
anticatabólico 156
antioxidantes
   definição de 132
   suplementos esportivos 150q
Archer, S. 90
arginina 148q
Arterburn, L. M. 83
Associação Internacional de Ciências do Esporte (International Sports Sciences Association – ISSA) 292
atleta(s)
   bebidas esportivas para 115
   conhecimento em Nutrição 21
   diretrizes para 316
   do ensino médio 20-21
   escalas de ingestão com carboidratos para 47-48
   estimativa de necessidades calóricas 300
   jovens 17
   ingestão de proteínas 54
   necessidades de micronutrientes 124-125f
   recomendações de hidratação para 115
   resistência aeróbia. *Veja* atletas de resistência aeróbia.
atletas de força-potência
   creatina utilizada por 151-155, 165
   programa nutricional 147
   utilização de HMB por 155-158
atletas de resistência aeróbia
   aminoácidos para 174-180
   bebidas esportivas para. *Veja* bebidas esportivas.
   carboidratos de alto peso molecular para 180-181, 190q
   consumo de carboidratos por 192, 203
   glutamina por 180, 190q, 194
   lanches pós-atividade física 192-193
   produtos de *waxy maize* para 182, 183q-184q
   proteína para 174-180
   recuperação para 177-180
   uso de cafeína por 185,186, 194
avaliação nutricional 295, 298-299, 310f
azeite de oliva 76, 84, 95

B

balanço proteico
   definição de 212
   pós-treino 222-225
balanço energético 240-242, 241f
balanço nitrogenado 54, 61
bebida hipertônica 101
bebida hipotônica 101
bebida isotônica 101
bebidas esportivas
   carboidratos nas 171-172, 192, 305
   como substâncias ergogênicas 169-174, 191q
   composição das 108, 171
   descrição das 17, 191q
   propósito das 170
   recomendações para 115
   reposição de eletrólitos utilizando 172-173, 189q
   resumo das 192-193
   sódio nas 172-174
bebidas isotônicas 20q
Beelen, M. 222
Berardi, J. M. 215
beta-alanina 162-165, 167, 187
bicarbonato 38
bicarbonato de sódio 187, 191q, 194
bioimpedância elétrica 267
Biolo, G. 160
biologicamente ativa 127
biotina 122t, 131
Bird, S. P. 222

Bod Pod 269-271
Bouche, C. 247
Brehm, B. J. 249
bulimia nervosa 311-313
Burke, L. M. 203

C

cafeína 19*q*, 150*q*, 185-187, 189*q*, 194
cãibras 137
cálcio 122*t*, 137, 172
capacidade de trabalho físico no limiar
    da fadiga 163
carboidrato(s)
    alto peso molecular 180-181, 190*q*
    catabolismo 16, 26, 241
    complexo(s) 26, 30
    consumo de carboidrato(s) durante o
        exercício 42, 204-212, 231
    definição de 25
    desempenho atlético afetado por 41-48
    dietas ricas em carboidratos e pobres
        em gorduras 245-248
    durante o exercício 303
    efeitos da cafeína no(s) 186
    energia de treinamento de força
        de 45-48
    energia de exercício aeróbio do(s)
        41-43, 47, 171-172, 204-212, 235*t*
    energia do exercício anaeróbio
        43-44, 47
    escalas de ingestão de 48-49
    fontes de 16
    fontes dietéticas de 25-26
    frequência e momento da ingestão
        206-207
    funções do(s) 25-26
    glicólise do(s) 37-38, 39*f*
    índice glicêmico 32-33
    ingestão de aminoácidos essenciais
        com 65-66
    ingestão de aminoácidos com 216,
        220, 223
    ingestão de carboidrato(s) baseada no
        peso corporal 214, 232
    ingestão de carboidrato depois do
        exercício 226, 231-232, 303
    ingestão de carboidrato antes do
        exercício 201-202, 208*f*, 230-231
    ingestão de proteínas com 65-66, 178,
        210-212, 215, 220-223, 231, 233, 303
    ingestão diária 302
    manutenção de carboidrato(s) por meio
        de bebida esportiva 170-171, 192, 303
    metabolismo da gordura afetado pela
        disponibilidade de 40
    metabolismo do(s) 171
    monossacarídeos 26-27, 28*f*
    níveis de insulina afetados pelo(s)
        46, 202
    oligossacarídeos 29
    oxidação do(s) 202-206, 231
    pesquisa sobre 12
    polissacarídeos. *Veja* polissacarídeos.
    produção de energia de 14, 25-26, 88*t*
    reserva de carboidrato(s), como
        glicogênio 32
    ressíntese 212-214
    tipos de 26-33, 232-233
    treino (ou treinamento) de força
        216-217, 234*t*
carboidrato complexo 26, 30
carga de carboidrato
    definição de 199
    descrição de 198
carga de gorduras 88-89
carne 56, 61, 67, 140
carnosina 162-163
caseína 56*t*, 66, 161-162, 228, 260
catabolismo
    carboidrato(s) 16, 26, 241
    músculo esquelético 60
cátion 99-100
celulose 30
Certificado de Consultor de Controle de
    peso e estilo de vida do ACE 293
certificações 292-293
Certificado de Especialista em Dietética
    Esportiva (Board Certified Specialist in
    Sports Dietetics – CSSD) 292
ceruloplasmina 142
cianocobalamina 120*t*
ciclo de Krebs 26, 37, 39*f*, 127, 139-140
citrato 187, 191*q*, 193
cloro 123*t*, 136, 172
Coburn, J. W. 218
cobre 121*t*, 142
coeficiente de eficácia proteica
    do colostro bovino 63
    definição de 55
    do leite 58

coenzima 127
colecalciferol 135
colecistoquinina 249
colesterol 85
colina 122*t*, 131
colostro bovino 57*t*, 62
composição corporal
    definição de 264
    desempenho atlético afetado pela 239
    dietas pobres em carboidratos para alterar 245
    efeitos da suplementação proteica na 260
    objetivos para mudar 239
    suplementos esportivos para melhorar a 257-260
compostos orgânicos 124
construção de relacionamento 308
condicionamento 40
confidencialidade 293-296
corrinoides 130
creatina 19*q*, 151-155, 164, 165, 229-230, 232, 257-259
creatina fosfato 137
creatina quinase 179
crianças 111
Cribb, P. J. 219, 229
cromo 123*t*, 143

D

D´Alessio, D. A. 249
Das, S. K. 246
Demling, R. H. 252
densidade mineral óssea 314
densitometria de duplo feixe de raio X 269-270
de Rougemont, A. 247
DeSanti, L. 252
desempenho atlético
    efeito dos carboidratos no 41-48
    efeitos da desidratação no 115
    efeitos da hidratação no 106-111
    efeitos da proteína no 63-68
    efeitos das gorduras no 85-96
    efeitos dos ácidos graxos essenciais no 84
desaminação 53
desempenho cognitivo 176
desempenho de potência 109
desempenho do exercício
    efeitos da ingestão de carboidrato sobre o 204-212
    efeitos de desidratação no 17
    efeitos de suplementação de vitaminas sobre o 146
    efeitos de suplementação mineral sobre o 146
    efeitos do zinco sobre 142
    função de macronutrientes no 14-15, 15*q*
desidratação. Veja também líquido(s); hidratação.
    descrição da 17, 102
    desempenho atlético afetado por 115
    força afetada pela 110-111
desidratação voluntária 112
diacilglicerol 81*t*, 82, 94
dieta
    baixa caloria 244, 245, 248
    balanceada 145
    com baixo índice glicêmico 247
    do Mediterrâneo 84
    exercício e dieta para perda de peso 251-253
    hipercalórica 240, 253-257, 261
    hiperenergética 240, 253
    hipocalórica 240-245, 248, 250-252, 261
    muito baixa em calorias 243-244, 248, 253
    normocalórica 240
    pobre em gorduras 245-248
    pobre em proteínas 249
    restrita em energia 243, 251
    rica em carboidrato, pobre em gordura 245-248
    rica em proteína 248-252
dieta muito baixa em calorias 243-244, 248, 253
Dine Healthy 7 277
dissacarídeos 29
distúrbios alimentares 309-313
doença relacionada ao calor 17, 102, 111-112
Doerfler, B. 246
2,3-difosfoglicerato 137

E

Eckerson, J. M. 153
efeito da duração 87

efeito metabólico cruzado 86-87
efeito térmico de alimentos 241-242
eicosanoides 82
elementos traço
   cobre 121*t*, 142
   cromo 123*t*, 143
   definição de 136, 139
   ferro 121*t*, 139-141
   selênio 121*t*, 143
   zinco 121*t*, 124, 142-143
ergogênico 148
energia
   adenosina trifosfato como fonte de 37, 38
   macronutrientes para produção 14-15
epinefrina 185
equivalentes de folato dietético 130
equivalentes de retinol 133
escore químico de aminoácidos corrigido pela digestibilidade proteica (PDCAA) 12, 55, 67
ESHA Food Processor Standard 277
Esmark, B. 160
espécies reativas de oxigênio 150*q*
estabelecimento de objetivos 287*f*
esterificação 94
estresse oxidativo 150*q*
etiologia 300
euglicemia 200
euidratação 99, 107-110
exercício. *Veja também* exercício aeróbio; exercício anaeróbio; treinamento de força
   alta intensidade. *Veja* exercício de alta intensidade.
   anaerobiose induzida pelo 138
   baixa intensidade 87
   dieta e exercício para a perda de peso 251-253
   durante o balanço hídrico 101-104
   exigências de proteínas 17, 54
   hidratação para 106-109
   ingestão de carboidrato durante 204-212, 231, 303-304
   perda de gordura corporal por meio do 87-88
   recuperação do. *Veja* recuperação.
   refeição rica em carboidrato antes 202
   restrição calórica e 251, 261
exercício aeróbio
   efeitos da hidratação no 106-109

exigências de proteína 63-65
fadiga durante 42, 44
função do carboidrato no 41-44, 47, 108, 171-172
glicogênio muscular como energia para 35
macronutrientes como energia para 15-16
níveis de glicogênio hepático reduzido por meio do 41
exercício anaeróbio
   exigências de proteína 65
   fadiga no 43-44
   função do carboidrato no 43-44
   glicogênio como energia para 35, 43-44
   macronutrientes como energia para 15-16
exercícios associado à hiponametria 103-104
exercício de alta intensidade
   benefícios da beta-alanina no 167
   benefícios da creatina para o 154
   depleção de glicogênio durante o 87, 199
   estado inflamatório causado pelo 77
   produção de lactato durante o 40
   proteína como fonte de energia durante o 65
exercício de resistência aeróbia
   ingestão de carboidrato 204-212, 231, 233, 234*t*
   ingestão de proteína durante 210-212, 235*t*
   ingestão de nutrientes antes 200-204, 234*t*
   ingestão de nutrientes durante 204-212, 235*t*
   nutrição antes do exercício 201-204, 208*f*, 230-231
   recuperação após 108

F

fadiga
   acúmulo de ácido láctico como causa da 40, 44
   causas da 180
   central 175-176, 193
   definição de 40
   efeitos da beta-alanina na 167
   no exercício aeróbio 42, 44

no exercício anaeróbio 44
Febbraio, M. A. 203, 206
ferritina 140-141
ferro 121*t*, 139-141
fibra 30-32
   dietética 30
   funcional 30
   insolúvel 31
   solúvel 31
   total 30
fígado 53
fisiculturismo 255
fitoestrógenos 61
flavina adenina dinucleotídeo 128
flavina mononucleotídeo 128
flúor 122*t*, 136
folato 120*t*, 130
fome 174
FoodProdigy 277
FoodWorks 276
Forbes, G. B. 253
força 109
fosforilação 36
fósforo 121*t*, 137
Foster, C. 203
Friedman, J. E. 64
Frimel, T. N. 252
frutose 28*f*, 29, 172

G

galactose 28*f*, 29
gelatina 55, 62-63
Gilden Tsai, A. 243
glicerol
   definição de 71
   descrição de 17, 19*q*
glicogênio
   água corporal total afetada pelo 102
   depleção de glicogênio no exercício de alta intensidade 87, 199-200
   descrição do 32
   hepático. *Veja* glicogênio hepático.
   músculo esquelético. *Veja* glicogênio do músculo esquelético.
   níveis de glicogênio basal 207
   níveis de glicogênio depois do exercício 214*f*
   quebra de 36
   reserva de carboidrato como 34
   ressíntese de 192, 212-215, 231, 247
   síntese 35
glicogênio muscular. *Veja* glicogênio do músculo esquelético.
glicogênio do músculo esquelético
   definição do 198
   descrição do 32
   efeitos da alimentação antes do exercício sobre o glicogênio do músculo esquelético 201*f*
   funções do 32
   níveis de glicogênio do músculo esquelético antes do exercício 42-44
   níveis de glicogênio do músculo esquelético no repouso 43
   reposição de glicogênio do músculo esquelético depois do exercício 43, 44, 213-215, 214*f*
   utilização do glicogênio do músculo esquelético no exercício aeróbio 41-43
   utilização do glicogênio do músculo esquelético no exercício anaeróbio 43-44
glicogênio hepático
   definição de 200-201
   descrição de 35-36
   efeitos do exercício aeróbio de alta intensidade 41
glicogenólise 34
glicólise 32, 37*f*, 37-38, 39*f*
gliconeogênese 27, 34
glicose
   absorção de 27
   níveis de glicose no sangue. *Veja* glicose sanguínea.
   utilização de glicose pelo cérebro 25
   fórmula química da 25, 28*f*
   síntese de 27
glicose sanguínea
   bebida esportiva na manutenção da 170
   definição de 200
   efeitos da insulina na 32, 34
   efeitos do exercício aeróbio na 41
   função do glicogênio na homeostase da 32
   ingestão de carboidrato durante o exercício para sustentar os níveis de 207
   manutenção da 34, 181
   níveis normais da 41

glicose-1-fosfato 35-36
glicose-6-fosfato 35-36, 37f
glucagon 34, 35f
glutamina 149t, 180, 190q, 194
gordura
    absorção 72-73
    como combustível do exercício 86-88
    desempenho atlético afetado
        pela 85-96
    dieta pobre em gordura 245-248
    dietético 80t-81t, 85
    digestão da 72-73
    efeito da duração 87
    efeito metabólico cruzado 86-87
    efeitos de duração do exercício sobre
        a utilização da 87, 88t
    energia do exercício aeróbio de 15-16
    função da 13
    ingestão diária de 233
    ingestão reduzida de 247
insaturada. *Veja* gordura insaturada.
    antes do exercício 305
    produção de energia da 14-15, 88t
    reservada 89
    saturada 74-76, 75f
    suplementos 89-94
    tipos de 73-82
    utilização de gordura no exercício de
        baixa intensidade 87
gordura trans 78
gordura saturada 74-76, 75f, 95
gorduras insaturadas
    descrição das 74
    estrutura química 75f
    monoinsaturadas 74, 75f, 76
    poli-insaturadas 74, 75f, 76
gorduras monoinsaturadas
    descrição das 74, 76
    estrutura química das 75f
    fontes alimentares das 95
gorduras poli-insaturadas
    estrutura química das 75f, 76
    descrição das 74
    fontes alimentares das 95
gravidade específica da urina 104, 106

H
Haff, G. G. 221
Harris, R. C. 165
Hawley, J. A. 203
Hayes, A. 219

hemoglobina 138, 140, 144
histidina 163
hidratação. *Veja* também desidratação;
    líquido(s).
    desempenho atlético afetado pela
        106-111
    monitoramento da 308
    pré-exercício 302
    recomendações para 115, 302
    avaliações do nível de 105-106, 114
    descrição da 13, 17
hidrogenação 78
hidrólise 87
hiperidratação 99, 107
hipernatremia 113
hipoglicemia 42, 203
hipoidratação 99, 110-111
hiponatremia 17, 103-104, 114-115, 189q
hipovolemia 113
HMB 19q, 155-158, 165
Hoffman, J. R. 157, 164-165, 219
Horvath, P. J. 96

I
idoso
    desidratação em 114
    necessidades hídricas do 112-114
    riscos de doenças relacionadas ao calor
        em 17
    riscos de hiponatremia em 113
índice de massa corporal 264-265, 265t
índice glicêmico 32-33, 203, 230, 246
ingestão adequada
    cálcio 137
    definição de 119-120
    micronutrientes 122t
ingestão alimentar
    softwares para traçar a 272-279, 273f,
        274q, 274q, 276f
    recordatório alimentar da 271-272
    registro alimentar de três dias
        284f-286f, 299
Ingestões Dietéticas de Referência
    (Dietary Reference Intakes – DRIs)
    119, 125
insulina
    efeitos do carboidrato na 46, 202
    efeitos do cromo na 143
    efeitos do exercício na 213
    funções da 34

níveis de glicose sanguínea afetados pela 32, 35f
Ingestão Dietética Recomendada (Recommended Dietary Allowance – RDA)
  ácido ascórbico 132
  ácido pantotênico 131
  biotina 131
  cálculo de 119
  cobre 142
  definição de 119
  ferro 139
  folato 130
  fósforo 137
  magnésio 138
  micronutrientes 120t-121t
  niacina 128
  proteína 55
  riboflavina 128
  selênio 106
  tiamina 127
  vitamina A 133
  vitamina B_{12} 130
  vitamina B_6 129
  vitamina D 135
  vitamina E 134
  zinco 142
intensificadores de óxido nítrico 20q
iodo 121t, 136
isocalórica
  definição de 178
  dietas 96
isoflavonas 61
isômeros 91
Ivy, J. L. 213

J

Jeukendrup, A. E. 205
Johnston, C. S. 248

K

Kendrick, I. P. 164
Kerksick, C. M. 161, 228
Kraemer, W. J. 217, 251
Kreider, R. B. 154
Kushner, R. F. 250

L

lactato 38, 139
lactato desidrogenase 142
lactose 27

Lambert, C. P. 255
lanches depois do exercício 192-193
Lands, L. C. 59
Lantz, C. 153
Layman, D. K. 249
leite desnatado 58
Lemon, P. W 63
Levenhagen, D. K. 225
limiar anaeróbio 38
lipase 72-73
lipase lipoproteica 72
lipólise 186
lipoproteína de baixa densidade de colesterol 76
líquido(s). *Veja* também desidratação; hidratação.
  balanço hídrico durante o exercício 101-104
  exigências no dia de competição 304
  extracelular 99-100f
  intracelular 99-100f
  necessidade hídrica relacionada com a idade 111-114
  para crianças 111
  recomendações baseadas no peso corporal 115
  retenção de 108
Lowery, L. 71

M

macrominerais 136-139
macronutrientes
  como substâncias ergogênicas 18
  definição de 15
  descrição de 14
  função de produção de energia de 14-16
  funções dos 14-16
  momento da ingestão 256
magnésio 121t, 138-139, 172
maltodextrina 28f, 181
maltose 29
manganês 123t, 136, 144
massa corporal
  efeitos da creatina na 153
  magra. *Veja* massa corporal magra.
massa corporal magra
  efeitos da creatina na 257-259
  função das proteínas na construção da 16

gordura corporal e 243
proteína de soja para 221
massa muscular magra
   dicas para aumento 255
   dietas hipercalóricas para 254-257, 261
   ganho de 255-257, 262
   ingestão proteica para promover 256, 261
   no fisiculturismo 255
   regras para aumento 261
   treino de força e dieta hipocalórica para 252
Mayhew, J. 153
McConell, G. 206
medicações 299
medidas da composição corporal
   bioimpedância elétrica 267
   densitometria de duplo feixe de raio X 269-270
   descrição das 263
   dobras cutâneas para 266-267, 268f
   índice de massa corporal 264-265, 265t
   medidas laboratoriais 269-270
   métodos de campo 265-267, 268f
   pesagem hidrostática 267
Meredith, C. N. 255
metabólito 155-156
3-metil-histidina 156
micronutrientes
   exigências do atleta 124, 125f
   deficiência de 13
   definição de 13, 119
   desempenho físico afetado por 125f-126f
   Ingestões Adequadas de 122t
   Ingestões Dietéticas Recomendadas (Recommended Dictary Allowances – RDAs) 120t-123t
minerais
   definição de 136
   desempenho físico afetado por 125f
   funções dos 144-145
   Ingestões Adequadas de 122t
   macrominerais 136-139
   suplementação de 145
   Ingestões Dietéticas Recomendadas (Recommended Dietary Allowances – RDAs) 120t-121t
mitocôndria 37

modelo de estágios de mudança 297-299
molibdênio 121t, 136
momento da ingestão de proteína 68
monitoramento da gordura corporal 308
monossacarídeos 26-28, 28f
Mourier, A. 243
polivitamínicos 20q
músculo esquelético
   carnosina no 162
   catabolismo 60
   fontes de energia para 15-16, 25-26
   hipertrofia do 158, 160, 254

N

NCAA 194
Neiman, D. C. 251
niacina 120t, 128
nicotinamida adenina dinucleotídeo fosfato 128
nicotinamida adenina nucleotídeo 128
Nissen, S. 156-157
NutriBase 277
nutrição
   conhecimento do atleta em 21
   monitoramento e estimativa da 308-309
   tópicos de interesse em 14-21
nutricionista esportivo
   certificações 292-293
   descrição do 11
   responsabilidades do 306, 315
Nutricionista esportivo certificado 292
Nutritionist Pro 278
dieteta registrado 290
nutrient timing
   descrição de 12
   desempenho da resistência aeróbia e 198-212
   exercício durante 204-212, 303
   história do 197
   pós-exercício 211-215
   pré-exercício 202-204, 208f, 230-231, 302
   recomendações para 234t
   treino de força 216-225, 234t, 255
nutrientes. *Veja* macronutrientes; micronutrientes.
Nutriinfo.com 276

O

óleo de canola 76, 80t
óleos de peixe 77, 82-83, 90-91
oligossacarídeos 29
osmolaridade 100-101
ovoalbumina 56t

P

Peeters, B. 153
peptídeos 51
percepção subjetiva de esforço 89
perda de gordura corporal
   dicas para 251
   dietas ricas em proteínas para 251
   exercício para 86-87
   perda de peso 250-253, 260-262
   pesagem hidrostática 267
   pesagem dentro d'água 267
peso corporal
   avaliações do nível de hidratação 105
   divulgação da informação sobre 296
   efeitos da creatina no 257
   exigências de líquidos baseadas no 115
   ingestão de carboidrato baseada no 214, 232
   monitoramento do 308
   perda de 250-252, 261-262
   recomendações de proteínas baseadas 68
pesquisa
   carboidratos 12
   novos desenvolvimentos 12-14
   proteína 12
   suplementos 14
Pesquisa de Exame de Nutrição e Saúde Nacional (National Health and Nutrition Examination Survey – NHANES) 265
plano nutricional. *Veja* plano nutricional do atleta.
plano nutricional do atleta
   considerações de temporada ou fase de treino 298
   desenvolvimento do 296-309
   dia de competição 304
   elementos do 296
   especificidade do 296
   exercício durante 303-304
   monitoramento e estimativa nutricional 308-309

   passo da avaliação do 298-299
   passo da estimativa do 300-305
   passo da intervenção e educação 305-307
   poliminerais 20q
   pool de aminoácidos 53, 158, 177
   livres 53, 158
   pós-exercício 303
   pré-exercício 302
plano nutricional do dia perfeito 306, 308q
polissacarídeos
   amido 28f, 29
   definição 29
   fibra 30-32
   glicogênio 32
Portabilidade de Seguro Saúde e Ato de Responsabilidade (Health Insurance Portability and Accountability Act – HIPAA) 293-296
pós-exercício
   ingestão de aminoácidos 223-225, 232
   ingestão de carboidrato 231-233, 304
   ingestão de proteína 304
   nutrient timing 210-216
   treino de força 234t
potássio 123t, 136, 172
pré-exercício
   exercício de resistência aeróbia 202-204, 208f, 229-230
   hidratação 303
   ingestão de carboidratos 202-203, 208f, 230-231, 302
   treino de força 217-221, 234t
privacidade 293-296
produtos de *waxy maize* 182, 183q-184q
profissionais da atividade física
   informações nutricionais de 290-292
   dieteta registrado 291
programa de nutrição esportiva
   descrição do 289
   elementos do 306f
   indivíduos envolvidos no 290f
pró-hormônios 151q
proteases 53
proteína(s)
   alterações na composição corporal 260
   balanço 158
   balanço nitrogenado para avaliar adequação da 54
   colostro bovino 57t, 62

completa 161
de origem animal 56t, 62, 67
definição de 51
degradação de 155-156, 171, 222
desempenho atlético afetado por 63-68
digestão de 53
do trigo 55
durante o exercício 303
efeitos da HMB na degradação da 155-156
efeitos da insulina na 46
excreção de 54
exigências do treino de força 66, 160, 218-219, 303-304
exigências no exercício aeróbio 63-65, 210-212, 234t
exigências no exercício anaeróbio 65
função da 67
gelatina 55, 62-63
hormônios como 51
incompleta 161
ingestão de 17, 159-161, 174
ingestão de carboidrato com 64-65, 178, 209-212, 215, 220-222, 231, 234, 303
ingestão de proteína depois do exercício 303
ingestão de proteína antes do exercício 302, 305
ingestão diária de 302
ingestão diária recomendada de 17
Ingestão Dietética Recomendada (Recommended Dietary Allowance – RDAs) 54, 64, 68, 159
leite 56t-60, 63, 228
massa corporal magra e 16
massa muscular magra e 257, 262
metabolismo da 65
momento da ingestão 256
nível de exercício e 16, 54
ovo 56t, 60, 162
pesquisa sobre 12
produção de energia de 16, 65
recomendações baseadas no peso corporal 68
recuperação afetada pela 177-180
síntese de 175, 212, 223, 255
soja 56t, 61, 67, 68, 221
soro do leite 56t-60, 63, 66, 161-162, 178, 220, 228, 255, 260

tipos de 55, 63
trigo 55-55t
proteína de soja 56t, 61, 67, 221
proteína do leite 56t-60, 63, 228
proteína do ovo 56, 60, 162
proteína miofibrilar 259
proteínas isoenergéticas 259
proteólise 155
Pure Wellness 277
piridoxina 120t, 129, 132
piruvato 38

Q

quebra de proteína 211, 222
questionário de frequência alimentar 271

R

rabdomiólise 110
ramificação 36
razão de troca respiratória 88t
receptor de transferrina sérica 140
recordatório alimentar 283f-287f, 299
recordatório alimentar de três dias 283f-286f, 299
recuperação
    efeitos da proteína na 177-180
    efeitos da suplementação de aminoácido de cadeia ramificada na 176, 179
    ingestão de nutriente 212-215
    lanches para 192-193
Redman, L. M. 252
registros alimentares 271-272
Rennie, M. J. 162, 256
reposição de eletrólito 172-174, 189, 193
restrição calórica 251, 261
retenção de nitrogênio 60, 64, 94
retinol 120t, 133-134
riboflavina 120t, 128, 132
Riechman, S. E. 85
Rosene, J. 259

S

saldo líquido de proteína 158
sarcoplasma 38, 40
Saunders, M. J. 210
sede 17, 114
segurança 299
selênio 121t, 143
Simopoulos, A. 91

sistema fosfagênio 152-153
Sloth, B. 189
Sociedade Internacional de Nutrição Esportiva (International Society of Sports Nutrition – ISSN) 292
sódio 108-109, 122*t*, 136, 172-174
softwares de análise
   de alimentos 272
   de nutrientes 279
softwares de informática 272-279, 273*f*, 274*q*, 276*f*
solução de polímero de glicose de alto peso molecular 20*q*
soro da proteína do leite 57*t*-59, 63, 66, 161-162, 177, 221, 228, 255, 260
SQL 277
Stewart, K. L. 203
Stout, J. R. 164
Strychar, I. 247
suplementos ergogênicos
   bebidas esportivas como 169-174, 191*q*
   beta-alanina como 164
   cafeína como. *Veja* cafeína.
   categorias de 18
   considerações antes de utilizar 195
   definição de 18
   descrição de 14-15
   histórico da utilização de 20
   nutricionais 18-21
   prevalência da utilização 20-21
   utilização de substâncias ergogênicas por atletas do ensino médio 20-21
sacarose 29, 178
superóxido dismutase 142
suplementos. *Veja* também suplementos esportivos.
   aminoácidos e carboidratos 66
   aminoácidos 160
   após o treino de força 225-230
   considerações antes de utilizar 195
   definição de 18, 169
   ferro 141
   gordura 89-94
   magnésio 138
   pesquisa sobre 14
   proteína 68
   proteína do ovo 162
   rótulo de 306
   segurança de 306
   utilização histórica de 20

zinco 142
suplementos de carboidratos e aminoácidos 66
suplementos dietéticos. *Veja* suplementos.
suplementos esportivos
   antioxidantes 150*q*
   arginina 148*q*
   beta-alanina 162-165, 167, 187
   cafeína 150*q*, 185-187, 189*q*
   caseína em 161-162, 260
   creatina 151-155, 164, 165, 229-230, 232, 257-259
   descrição dos 18, 19*q*
   glutamina 149*q*, 190*q*, 194
   HMB 20*q*, 155-158, 166
   inibidores da aromatase 149*q*
   melhoras da composição corporal utilizando 256-260
   pró-hormônios 151*q*
   proteína em 161-162, 190*q*
   resumo dos 148*q*-151*q*, 165
   tipos de 188*q*-191*q*
   utilização de suplementos esportivos por atleta de ensino médio 20-21
   whey protein em 57*t*-60, 161-162, 260

T

taninos 140
Tarnopolsky, M. A. 63, 215, 229
taxa de filtração glomerular 113
taxa de suor 113, 116
taxa metabólica basal 300
Telford, R. D. 146
temporada ou fase de treino 298-299
termogênese 185
termogênese induzida pela dieta 240
testosterona 86
tiamina 120*t*, 127, 132
Tipton, K. D. 66, 160, 225, 256-257
tocoferóis 120*t*, 134-135
treinamento de força
   adaptações 226-230
   balanço de nutrientes após 223-225, 234*t*
   balanço de proteína após 223-225, 234*t*
   demandas metabólicas de 111
   descrição do 45
   dieta hipocalórica e 253
   efeitos da desidratação no 111

exigências de proteína 66-67, 160
função do carboidrato no 45-46
hipertrofia muscular esquelética por meio do 158, 160, 253
ingestão de aminoácidos após 223
ingestão de carboidratos 45-46, 217, 231, 234*t*, 303
ingestão de energia e 255
ingestão de nutrientes e 216-225, 234*t*
ingestão de proteína durante 66, 218, 235*t*, 303
intensidade do 45
massa muscular magra mantida com 252, 255
pré-exercício 216-221, 234*t*
recomendações pós-exercício 235*t*
suplementação após 226-230
suplementação de creatina no 153, 165, 229-230, 232
nutrient timing 216-225, 234*t*, 255
utilização de glicose no 44-46
triacilglicerol estruturado 81*t*, 82, 94
tracilgliceróis
    descrição de 71, 94
    estruturados 81*t*, 82
    posições diferentes 82
    tríade da mulher atleta 314-315
    triglicérides de cadeia média 13, 20*q*, 94
triglicérides estruturados 94
triptofano 175-176

U

1-repetição máxima 153-154
unidades de acetil-CoA 26
ureia 54
uridina difosfato-glicose 35
urocromo 105

uso
    de aminoácidos e proteínas por atletas de resistência aeróbia 174-180
    de suplemento esportivo de 19*q*, 68, 161-162, 188

V

vanádio 144
Van Someren, K. A. 156
vitamina(s)
    B 120*t*, 126-131, 141
    desempenho físico afetado pela 125*f*-126*f*
    hidrossolúveis 126-133
    lipossolúveis 133-136
    suplementação de 145
vitamina A 120*t*, 133-134
vitamina B_{12} 130
vitamina C 120*t*, 124, 132-133, 144
vitamina D 122*t*, 135
vitamina E 134-135, 143
vitamina K 122*t*
volume total sanguíneo 34
$\dot{V}O_2$máx 198, 210
Vukovich, M. D. 157

W

Wadden, T.A. 243
Widrick, J. J. 207
Wilkinson, S. B. 228
Willoughby, D. S. 162, 218, 259

X

xarope de milho com alta dose de frutose 29

Z

zinco 121*t*, 124, 142-143

Sobre os organizadores

Bill I. Campbell, PhD, CSCS, FISSN, é professor assistente e diretor do Exercise and Performance Nutrition Laboratory, na Universidade do Sul da Flórida, um laboratório de pesquisa dedicado à inovação em pesquisa de nutrição esportiva. Como pesquisador e autor, Campbell publicou mais de 100 resumos e artigos científicos relacionados com a nutrição esportiva e o aumento do desempenho esportivo. Além disso, Campbell publicou mais de 50 artigos para revistas de saúde e condicionamento físico (mídia impressa e eletrônica). Ele é consultor de organizações de equipes esportivas profissionais e de corporações de esportes recreativos, tendo dado palestras sobre vários temas relacionados à nutrição esportiva e ao desempenho no exercício para um público que abrange cinco países e quatro continentes. Ele foi o principal autor do *Position Stand: Protein and Exercise*, da International Society of Sports Nutrition, que aborda algumas dúvidas frequentes e mitos sobre a ingestão de proteína e suplementação para atletas e pessoas fisicamente ativas.

Campbell é membro da National Strength and Conditioning Association (NSCA), do American College of Sports Medicine (ACSM) e da International Society of Sports Nutrition (ISSN), onde também é *fellow* e atua no conselho consultivo da organização.

Ele recebeu seu doutorado em Exercício, Nutrição e Saúde Preventiva na Universidade Baylor, em 2007. Nesse mesmo ano, ele também recebeu o Outstanding Doctoral Student Award para pesquisa e ensino. Em 2009, Campbell recebeu o Outstanding Undergraduate Teaching Award na Universidade do Sul da Flórida.

Marie A. Spano, MS, RD, LD, CSCS, CSSD, FISSN, está entre os principais nutricionistas esportivos do país. Ela combina ciência com experiência prática para ajudar atletas olímpicos, profissionais e recreativos a implementar planos de nutrição personalizados para maximizar seu desempenho. Especialista em comunicação no âmbito da nutrição, Spano é consultora das principais empresas de alimentos, bebidas e suplementos para assuntos de relações públicas e estratégias de comunicação.

Spano aprecia o desafio de comunicar a informação científica de um modo compreensível e acessível a uma variedade de audiências. Ela apareceu em redes afiliadas da NBC, ABC, Fox e CBS. Ela também foi autora de centenas de artigos de revistas, artigos de publicações comerciais, capítulos de livros, e-zines e materiais de marketing.

Triatleta na faculdade, Spano alcançou seu mestrado em Nutrição na Universidade da Georgia e seu bacharelado em Exercício e Ciência do Esporte na Universidade da Carolina do Norte, em Greensboro (UNCG), onde também correu na Divisão I de *cross country*. Sua experiência na faculdade como atleta amplia sua perspectiva sobre o trabalho com atletas de todos os níveis, especialmente estudantes-atletas. Ela tem um conhecimento próprio de como as demandas dos aspectos esportivos e psicológicos da lesão, do sono, da recuperação e da boa nutrição podem afetar o bem-estar e o desempenho de um atleta.

Spano é membro da National Strength and Conditioning Association (NSCA), da American Dietetic Association (ADA), da International Society of Sports Nutrition (ISSN), e da Sports, Cardiovascular, and Wellness Nutrition (SCAN). Ela atualmente é vice-presidente da ISSN e membro do NSCA's Nutrition Special Interest Group.

Colaboradores

Jose Antonio, PhD, CSCS[1], FACSM[2], FISSN[3], FNSCA[4]
Nova Southeastern University, Fort Lauderdale, Florida

Bill I. Campbell, PhD, CSCS[1], FISSN[3]
University of South Florida, Tampa

Donovan L. Fogt, PhD
The University of Texas, San Antonio

Chad M. Kerksick, PhD; ATC[5]; CSCS,*D[6]; NSCA-CPT,*D[7]
University of Oklahoma, Norman

Richard B. Kreider, PhD, FACSM[2], FISSN[3]
Texas A&M University, College Station

Paul La Bounty, PhD, MPT[8], CSCS[1]
Baylor University, Waco, Texas

Lonnie Lowery, PhD, RD[9], LD[10]
Winona State University, Winona, Minnesota

Henry C. Lukaski, PhD, FACSM[2]
USDA, ARS Grand Forks Human Nutrition Research Center, Grand Forks, North Dakota

Amanda Carlson Phillips, MS[11], RD[9], CSSD[12]
Athletes' Performance, Tempe, Arizona

Bob Seebohar, MS[11], RD[9], CSCS[1], CSSD[12]
Fuel4mance, LLC, Littleton, Colorado

Marie A. Spano, MS[11], RD[9], LD[10], CSCS[1], CSSD[12], FISSN[3]
Spano Sports Nutrition Consulting, Atlanta, Georgia

Colin Wilborn, PhD, ATC[5], CSCS[1], FISSN[3]
University of Mary Hardin-Baylor, Belton, Texas

---

[1] Certified Strength and Conditioning Specialist; [2] Fellow of the American College of Sports Medicine; [3] Fellow of the International Society of Sports Nutrition; [4] Fellow of the National Strength and Conditioning Association; [5] Athletic Trainer, Certified; [6] Certified Strength and Conditioning Specialist, with distinction; [7] National Strength and Conditioning Association – Certified Personal Trainer, with distinction; [8] Master of Physical Therapy; [9] Registered Dietitian; [10] Licensed Dietitian; [11] Master of Science; [12] Certified Specialist in Sports Dietetics